CHRISTIAN LUTZ
Leben und Arbeiten in der Zukunft

CHRISTIAN LUTZ

Leben und Arbeiten in der Zukunft

Wirtschaftsverlag | EDITION SEMINAR | Langen Müller/Herbig

2. Auflage 1997

© 1995 by Wirtschaftsverlag Langen Müller Herbig in
F.A. Herbig Verlagsbuchhandlung GmbH, München
Alle Rechte vorbehalten
Schutzumschlag: Adolf Bachmann, Reischach
Satz: Fotosatz Völkl, Puchheim
Druck: Jos. C. Huber KG, Dießen
Binden: Thomas Buchbinderei, Augsburg
Printed in Germany
ISBN 3-7844-7340-7

Inhalt

Vorwort von Dr. Lothar Späth, Vorsitzender der Geschäftsführung JENOPTIK GmbH, Jena 11

Einleitung: Was hat das Jahr 2005 mit hier und heute zu tun? 13
- Die neue Lebensgestaltung 14
- Frauenpower 16
- Wozu noch Manager? 18
- Das Ende der Gewerkschaften? 21
- Die Neupositionierung der Politiker 24

Das Szenario: Ein Landstädtchen am Rhein 29
- Weindorf 29
- Haus Rheinblick 31

Analytischer Anhang über Szenarien 35
- Was sind Szenarien? 35
- Was ist ein Attraktor? 36

Kapitel 1: Die Lebensunternehmer 39
- Juana: Dynamische Gestalterin und Seele des Hauses 40
- Percy: Der junge Privatkundenbankier und Gemeinderat 43
- Consuelo: Die Verkäuferin der neuen Art und ihre erotischen Verwirrnisse 46
- Anja: Die Haushaltshilfe mit Vergangenheit und ihre logistischen Probleme 49
- Guido: Der Ausgesteuerte und alte Macho mit neuer Berufung 55

Analytischer Anhang über die Lebensunternehmer 57
- Der Wertewandel der Post-Postmoderne: Keim eines neuen Rationalitätsbegriffs 57
- Über die Individualisierung zum Lebensunternehmertum 61
- Was sind Lebensunternehmer? 63
- Wer ist wo zuzuordnen? 64
- Die Lebensrealität der Lebensunternehmer und ihr Einfluß auf die Gesellschaft 68

Kapitel 2: Die neue »Polis« 71

– Umweltanalyse als Demokratie-Instrument 72
– Ein peinlicher Zwischenfall 75
– Dorfidylle und Global Village 78
– Wer fährt wofür wohin? 81

Analytischer Anhang über die neue »Polis« 84
– Gobalisierung: Der Trend zur Weltgesellschaft 84
– Regionalisierung: Der Druck zur Ausdifferenzierung
  der Weltgesellschaft 86
– Der Attraktor: Die »neue Polis« 94
– Die Götterdämmerung der Nationalstaaten 96
– Die verschiedenen Dimensionen der Subsidiarität
  als staatliches Ordnungsprinzip 99
– Subsidiarität als Neuordnung der Staatsrolle und
  Demokratie 102

Kapitel 3: Das neue Handwerk 105

– Brot und Biere 105
– Privatkundenbank 106
– Schneiderei Zürcher 109

Analytischer Anhang über das neue Handwerk 111
– Die zwei Phasen des Informationszeitalters 111
– Die Grundelemente des neuen Handwerks 114
– Vive la petite différence! 117
– Die Identität des Handels im Zeitalter des neuen Handwerks:
  Der Hintergrund der Handelskrise 118

Kapitel 4: Dialogische Organisationen 123

– Der Fall Interfabric 123
– Der Zusammenbruch hierarchischer Organisationen 125
– Die innere Organisation der Privatkundenbank 127

Analytischer Anhang über dialogische Organisationen 130
– Vom Zeitalter der perfekten Organisationsmaschinen
  zur Götterdämmerung der Dinosaurier 130
– Theorie und Terminologie der dialogischen
  Organisation 133
– Die Praxis der dialogischen Organisation 140

Kapitel 5: Das postindustrielle Welt- und Menschenbild 145

- Ein Mittagessen im Rebstock:
  Über Authentizität und Inszenierung 145
- Der Apéritif: Über Wirklichkeiten und Wahrnehmungen 146
- Die Vorspeise: Über Persönlichkeit und Persönlichkeiten 149
- Der Hauptgang: Über Beschränktheit und innere
  Betriebssysteme 150
- Die Nachspeise: Über Sinnkrisen und
  fundamentalistischen Kulturpessimismus 151
- Der Kaffee: Über die Vision einer sinngesteuerten
  Gesellschaft 153

Analytischer Anhang über das postindustrielle
Welt- und Menschenbild 155
- Die »Moderne« – ein abendländischer Mythos 155
- Die hyperindustrielle Phase des Informationszeitalters 157
- Das industrielle Paradigma 159
- Die Theorie des Paradigmenwechsels 159
- Der erkenntnistheoretische Paradigmenwechsel 160
- Die Selbstüberwindung des gesellschaftlichen Paradigmas 163
- Der Kern des neuen Paradigmas 168
- Das »Projekt Moderne« im neuen Paradigma 170

Kapitel 6: Das kulturelle Zeitalter 175

- Anjas Geschichte 175
- Ballett des Anstoßes 176
- Gute und schlechte Kunst 178
- Kultur und Kommerz 180
- Eine schöne Bank 184
- Interkulturelle Dialoge 185

Analytischer Anhang über das kulturelle Zeitalter 188
- Wendezeit? 188
- Kultur als Code sozialer Systeme 189
- Kultur als Klassenmerkmal 191
- Ein Terminologie-Vorschlag 193
- Die anschwellende Flut der Optionen 195
- Die zunehmende Vielfalt der Werte 199
- Der wachsende Gestaltungsbedarf 201
- Antworten auf das Problem der »Sustainability« 202
- Ergebnis: Das kulturelle Zeitalter 205

Kapitel 7: Die Zweidrittelgesellschaft 207
- Einkaufen mit Anja 207
- Modetrends 208
- Immigrantenschicksale 210
- Straßentänze 212
- Choreographie im Supermarkt 214

Analytischer Anhang über die Zweidrittelgesellschaft 218
- Licht und Schatten in der sozialen Entwicklung
  der OECD-Länder 219
- ... und der übrigen Weltregionen 221
- Die Ursachen der Zweidrittelgesellschaft 223
- Wege aus der Armutsfalle 226

Kapitel 8: Das hybride Management 233
- Ein Streitgespräch über eine Begriffsverwirrung 233
- Über neue Managementrollen, Macht und Hierarchie 233
- Über Flexibilität und Routine 236
- Über Fremdbestimmung und Selbstbestimmung 238
- Über Führung und Anschlußfähigkeit 239

Analytischer Anhang über das hybride Management 241
- Handlungen des Rollenverständnisses 241
- Was heißt Management in dialogischen Organisationen? 243
- Von den dialogischen Organisationen zum
  pluralistischen Pragmatismus 245
- Zwischen Kontrolle und Loslassen 248
- Wanderer zwischen Welten: Vom hybriden zum
  anschlußfähigen Manager 250

Kapitel 9: Der interkulturelle Dialog 255
- Dialog zwischen Berner Platte 255
- ... und Szechuan-Küche 257
- Vom Lob der Dialogkultur 258
- ... und den Vorzügen des Abschottens 259
- Fazit: Das neue Biedermeier? 261

Analytischer Anhang über den interkulturellen Dialog 263
- Die verlorene Unschuld des Begriffs 263
- Erfolgsbedingungen 264
- Erfolgsgeschichten 266
- Weiche Lösung für harte Probleme 267

Kapitel 10: Kultur der Vieldeutigkeit 271

- Consuelos Besuch 271
- Frühstück mit Juana und Consuelo 274
- Ein Kaleidoskop auf Bildplatte 276
- Multikulti-Instrumente 279

Analytischer Anhang über die Kultur der Vieldeutigkeit 282
- Nichts Neues in der Post-Postmoderne 282
- Die Explosion der Optionen 283
- Die Explosion der kulturellen Vielfalt 285
- Die Explosion der Geister im Kopf 287
- Die Virtualität der Wirklichkeit oder
  die Wirklichkeit der Virtualität 289
- Multikids 290
- ... Individualisten 292
- ... und Fundamentalisten 293
- Die entscheidende Weichenstellung 296

Kapitel 11: Der Multiscreen 297

- Die Hausbesichtigung 297
- Die »Holzer-Show« 298
- Zukunftsmusik 300
- Verantwortungslose Spielereien? 301

Analytischer Anhang über den Multiscreen 303
- Die Ablösung des Autos durch den Multiscreen
  als Schlüsseltechnologie 303
- Die Systemelemente 305
- Die Diffusionsproblematik: Corriger la fortune! 305
- Zwiespältige Lageanalyse 307

Kapitel 12: Renaissance des Abendlandes 309

- Ein Dankesbrief 309
- Frauen: Gärtnerinnen einer blühenden Gesellschaft 309
- Netzwerke: Verwandeln Dissonanzen in Resonanzen 310
- Grundmuster: Lose gekoppelte, kleine Zellen 311
- Projekt Moderne: Neue Grundlagen 312
- Weindorf: Neue Verkörperung des abendländischen
  Traums 313
- Die Mendozas: Inbegriff der Dialogkultur 316

Analytischer Anhang über die Renaissance des Abendlandes 317
– Die Kunst, mit Vielfalt und Widersprüchen umzugehen 317
– Weder ein Bundesstaat noch ein Staatenbund,
sondern ein vielfältiger Suchprozeß 318
– Pragmatische Vielfalt der Gewaltenteilung und Demokratie ... 320
– Währungsunion durch Eigendynamik statt durch Vertrag 321
– Außen- und sicherheitspolitische Identität durch
Differenzierung 323
– Variable Geometrie der europäischen Grenzen 324
– Kulturelle Identität durch Offenheit und Dialog 325
– Allgegenwart durch Anschlußfähigkeit statt
Machtkonzentration 327
– Das erste postindustrielle Staatsgebilde 329

Nachwort zur 2. Auflage 331

Literaturverzeichnis 333

Vorwort von Dr. Lothar Späth, Vorsitzender der Geschäftsführung JENOPTIK GmbH, Jena

Zukunft – ein entwerteter Begriff? Fast möchte man bejahen, wenn man sieht, wie unklar und mit Zweifeln behaftet unser Bild der Zukunft heute ist. Früher jedenfalls war Zukunft eindeutig positiv besetzt, die Assoziation mit Fortschritt war selbstverständlich. Und es war auch klar, daß dieser Fortschritt zu immer besseren Bedingungen für die Menschheit führen werde. Die Eschatologie war einfach, der Heilsweg war als eine ansteigende Gerade vorgezeichnet, deren Verlauf mit fortschreitendem Wissen entdeckt wurde. Dagegen erscheint unsere Gegenwart manchen als ein Labyrinth, aus dem der Ausweg ungewiß ist. Da es keine gültige Landkarte mehr gibt, hilft nur »muddling through«, Durchwursteln.

Verständlich, daß sich nicht wenige zu dem Zustand zurücksehnen, da die Welt noch in Ordnung war. Bei aller Unsicherheit ist jedoch eines gewiß: Die Geschichte ist eine Einbahnstraße, ein Zurück gibt es nicht. Oder, wie es eine indische Weisheit formuliert: Man kann nicht zweimal in denselben Fluß springen.

Ordnung zu suchen und zu schaffen, war seit jeher eine der vornehmsten Aufgaben des menschlichen Geistes und entspricht einem Grundbedürfnis des Menschen als sozialem Wesen. Erst Ordnung gibt den Dingen eine Bedeutung, weil sie diese in sinnhafte Zusammenhänge einbettet. In solchen Strukturen ist unser Wissen um das Funktionieren der Welt gespeichert, das letztlich unsere Wahrnehmung und unser Handeln bestimmt. Diese Sinnstrukturen, egal ob sie das Verhältnis zwischen den Geschlechtern oder das zwischen den Supermächten definieren, müssen im sozialen Prozeß heranwachsen, sie sind Resultat einer »gesellschaftlichen Konstruktion«: Die Wirklichkeit und ihre Regeln werden durch menschliches Handeln oft über Generationen ausgeformt, sie sind ein Produkt menschlichen Zusammenlebens.

Neue Ereignisse müssen also erst in die Wirklichkeit eingebunden werden, sie müssen allmählich ihren Platz in der bestehenden Ordnung finden. Angesichts der Vielzahl von Prozessen und Veränderungen, mit denen wir nicht erst seit dem politischen Umbruch in Osteuropa konfrontiert sind, wird das heute nicht möglich sein, ohne diese Ordnung selbst in manchen Bereichen grundlegend in Frage zu stellen. Zu vieles ist in den vergangenen Jahrzehnten aufgelaufen, das sich in unsere bestehenden Systeme nicht einfügt und förmlich nach neuen Konzepten in der Wirtschaft, im Staat und im gesellschaftlichen Zusammenleben verlangt.

Es ist ferner klar, daß eine neue Ordnung nicht durch simplen Rekurs auf die Vergangenheit, sondern durch aktives Handeln, durch die Konstruktion einer neuen Wirklichkeit geschaffen wird. Die Wahrnehmung eines Labyrinths resultiert daher, daß viele Tatsachen und Entwicklungen um uns herum nicht mehr richtig in unser überkommenes Wahrnehmungsmuster »passen«. Es ist uns überlassen, was wir mit dem neuen Wirklichkeitsmaterial machen, welche Ordnung, welchen Sinn und damit auch welche Entwicklungsperspektive wir hineinbringen. Der Mensch schafft Ordnung, indem er »schafft«.

Der wirkliche Engpaßfaktor für die Gestaltung der Zukunft liegt also in unserem Kopf, in unserer Fähigkeit und vor allem Bereitschaft, das Neue zu denken, in uns hineinzulassen und bei unserem Handeln mit ins Kalkül zu ziehen. Das ist so mit den neuen Anforderungen, die der Schutz der Umwelt heute überall stellt, mit der neuen Konkurrenzsituation auf den Weltmärkten, den politischen und wirtschaftlichen Integrations- und Desintegrationserscheinungen in Europa, den Verhinderungen im Arbeitsleben, den neuen Computer- und Kommunikationstechnologien usw. usw.

Wie bringen wir das alles »zusammen«? Ergibt das alles noch einen Sinn? Wo soll und wird das nur hinführen? Das genau sind die Fragen, die wir beantworten müssen und auch beantworten werden – es bleibt uns gar keine andere Wahl. Wir können nur entscheiden, ob wir sie noch eine Weile vor uns herschieben und uns ihrer Beantwortung noch länger innerlich verweigern. Oder, ob wir sie offensiv angehen und – statt von den Entwicklungen geformt zu werden – selbst als aktive Gestalter unsere Zukunft entwerfen.

Genau das unternimmt Christian Lutz, unterstützt vom Team des Gottlieb-Duttweiler-Instituts, im vorliegenden Band auf ebenso anschauliche wie wissenschaftlich fundierte Weise. In einer »wahren Geschichte« hat er die Konstruktion der neuen Wirklichkeit vorweggenommen. Er ist damit unserem Handeln vorausgeeilt und hat unserem Vorstellungsvermögen eine Brücke gebaut, bei deren Beschreiten dem Leser viele Überraschungen garantiert sind. Zukunft beginnt mit neuen Ideen – und mit einer Portion Neugierde.

Einleitung:
Was hat das Jahr 2005 mit hier und heute zu tun?

Liebe Leserin, lieber Leser!

Auch Ihnen naht die Jahrtausendwende mit Riesenschritten. Viele von Ihnen werden sie bereits am 1. Januar 2000 einläuten. Das ist zwar ein Jahr zu früh, denn unsere Zeitrechnung hat schließlich nicht mit dem Jahre Null begonnen, aber auch bis zum 1. Januar 2001 dauert's nur noch wenige Jahre. Sie alle spüren bereits den Sog, den solche Zeitenwenden auf die Gemüter ausüben. Der Zeithorizont weitet sich, unser Blick schweift über die Jahrhunderte hinweg, und in unserem Geist werden Zeitenwenden zu Wendezeiten. Zwar haben die Menschen schon in früheren Jahrhunderten in Wendezeiten gelebt, denn zu allen Zeiten mußte sich in den Fragen, die die Zeitgenossen am meisten beschäftigten, »alles, alles wenden!«. Aber eine Jahrtausendwende schärft den Blick besonders für die großen Visionen der Endzeit und des Neubeginns. Da unsere Wahrnehmung auch unser Handeln bestimmt, wird aus der Wahrnehmung der Wendezeit dann unweigerlich auch eine Wirklichkeit der Wendezeit.

Es ist die Absicht dieses Buches, Ihnen eine Vorstellung davon zu vermitteln, was nach der Zeitenwende anders aussehen könnte. Sie können es als lockere Unterhaltung angehen, indem Sie das Leben der »Familie« Mendoza durch die verschiedenen Kapitel hindurch verfolgen. Sie können Ihre Vorstellungen aber auch analytisch schärfen durch das Studium des Anhangs, der jedem Kapitel beigefügt ist. Sie werden sogleich erkennen, was der kürzlich verstorbene Pionier der Zukunftsforschung, Robert Jungk, vor Jahren in einem Buchtitel festgehalten hat: »Die Zukunft hat schon begonnen.« Daß wir unsere Darstellung auf das Jahr 2005 verlegt haben, hat folgenden Grund: Es ist etwa gleich weit von der Jahrtausendwende entfernt, wie wir es sind, wenn dieses Buch auf den Markt gelangt. Das bis dahin verstreichende Jahrzehnt dauert lange genug, um die tiefgreifenden Veränderungen im Vergleich zur Gegenwart deutlich zu machen, und es ist kurz genug, um zu erkennen, daß sie alle schon begonnen haben. Jeder neue Trend hat einmal klein angefangen. Je früher wir uns auf ihn einstellen, desto besser können wir ihn reiten und desto weniger laufen wir Gefahr, von ihm erschlagen zu werden.

Deshalb möchten wir die Nutzanwendung der nachfolgenden Lektüre für Sie, liebe Leserin, lieber Leser, in dieser Einleitung vorwegnehmen, indem wir die Frage aufwerfen: »Was heißt es für Sie ganz persönlich, hier und heute, sich auf die kommenden Veränderungen einzustellen, in Ihrem privaten und beruflichen Leben, und wo auch immer Sie tätig sein mögen?«

Die neue Lebensgestaltung

Leserinnen und Leser, die bereits im reifen Alter des Autors stehen, haben die fünfziger Jahre als Halbwüchsige erlebt. Sie werden den Jüngeren bestätigen: Damals war die Welt noch in Ordnung. Es war kein größeres Problem, sich darüber zu einigen, was schön und häßlich, gut und schlecht, wahr und unwahr, fortschrittlich und rückständig war. Die Biographien waren so ziemlich vorgezeichnet, je nach der Umgebung, in die man hineingeboren war, und wir glaubten, einen guten Überblick zu haben über die Lebensformen, beruflichen Möglichkeiten, Unterhaltungsangebote, Reiseziele und Träume, die uns zur Verfügung standen.

Seither haben wir erlebt, daß sich die Vielfalt des Wissens, der beruflichen Tätigkeiten, der Unterhaltungsmöglichkeiten, des Medienangebots, der Waren- und Dienstleistungssortimente immer rascher und in den letzten Jahren geradezu explosiv vermehrt hat und daß das Tempo der Veränderung unserer Wirklichkeit ständig zunimmt. Praktisch nichts mehr ist vorgezeichnet. Ob wir es wollen oder nicht, wir stehen ständig vor der Qual der Wahl; sie wird um so schmerzlicher, als wir immer weniger absehen können, welche Konsequenzen mit der einen oder anderen Weichenstellung verbunden sind. Wir wissen nur, daß sie immer auch den Unterschied zwischen Aufstieg und Absturz bedeuten kann. Ein riesiges Potential an Möglichkeiten steht einem ebensolchen an Gefährdungen gegenüber, ohne daß wir das eine vom anderen verläßlich unterscheiden könnten.

Nichts spricht dafür, daß diese Entwicklung in den kommenden zehn Jahren zu einem Ende kommen wird. Die andauernde gegenseitige Aufschaukelung der verschiedenen Beschleunigungskräfte verheißt eher das Gegenteil. Wir tun also gut daran, uns darauf einzustellen. Nehmen wir Abschied von gradlinigen Lebensläufen, an deren Beginn wir einen soliden Beruf erlernten, der uns eine verläßliche Erwerbsgrundlage bescherte, bis wir uns im dafür vorbestimmten Alter aus dem »aktiven Leben« zurückzogen! Beginnen wir eher an einen Lebenspfad zu denken, den wir in einem ständig in Bewegung befindlichen Dschungel suchen, uns ständig neu orientierend, ständig neue Fähigkeiten entwickelnd, uns damit abfindend, daß wir nie wissen, was wir nächstes Jahr wissen werden oder was uns nach der nächsten Wende erwartet, aber in der Zuversicht, daß uns gerade dieses Nichtwissen für alles Neue offen, lernfähig und flexibel macht, wie wir es in dieser Welt benötigen.

Jede Person entwickelt ihre eigene Wahrheit, ihre eigenen Stärken, eigenen Werte und Lebenshaltungen. Aus der Erfahrung, daß Leben und Lernen ein und dasselbe ist, entwickelt sie ihr eigenes, maßgeschneidertes Leben. Sie tut sich im Beruf und im Privatleben mit jenen Menschen in jener Weise zusammen, die den Neigungen und Möglichkeiten der Beteiligten entspricht, und sie lebt dementsprechend in einem einzigartigen Spannungsfeld verschiedener Kulturen, für die sie ihre eigene Anschlußfähigkeit entwickelt hat. Ihr Lebensrhythmus ist anders als jener der meisten anderen Menschen. Zu welchen Tageszeiten, an welchen Wochentagen, zu welchen Jahreszeiten und in welchen Lebensabschnitten sie was tut, ist eine persönliche Gestaltungsfrage. Phasen des Klotzens werden sich mit solchen des Rückzugs, Phasen intensiven Schaffens mit solchen des engagierten Familienlebens, Phasen der Lebensgier mit solchen der Beschaulichkeit und Muße abwechseln. Aber nichts entbindet von der persönlichen Verantwortung für das eigene Leben, für die eigene Entwicklung und dafür, daß sie sich in einem Beziehungsnetz abspielt, in dem Sie sich heimisch fühlen.

In der wachsenden Vielfalt und im rascheren Wandel bedeutet Lebensqualität Selbstbescheidung – nicht im Sinn einer moralinsauren Verzichthaltung, sondern in der weisen Erkenntnis, daß es ein hoffnungsloses und selbstzerstörerisches Unterfangen wäre, alle Möglichkeiten ausloten zu wollen. Gerade weil wir den virtuellen Zugriff zu allen Möglichkeiten dieser Welt haben, können wir uns mit jenen Wirklichkeiten begnügen, die in Resonanz mit unserem jeweiligen Geisteszustand schwingen. Gerade weil wir in jedem Augenblick ans Global Village angeschlossen sind, brauchen wir nicht mehr ständig physisch unterwegs zu sein. Wir nehmen Abschied vom ewigen Pendlerdasein – zwischen den Schlafstädten an den Rändern und den Arbeitsplätzen im Zentrum der Agglomerationen, zu den Einkaufszentren, Naherholungsgebieten und fernen Urlaubszielen. Unsere verschiedenen Lebensfunktionen dürfen wieder näher zusammenrücken, auf Fußgängerdistanz oder in der Wohngemeinschaft oder im eigenen Haus, und sie dürfen sich zeitlich durchmischen, wie es unseren Bedürfnissen und jenen des Beziehungsnetzes am besten entspricht. Es wird ohnehin schwieriger, noch klar zu unterscheiden, wieweit ich mich jetzt gerade mit meinem Hobby, meiner Ausbildung, meiner persönlichen Weiterentwicklung, meiner Unterhaltung, meiner Eigenarbeit oder meiner Erwerbstätigkeit befasse und ob die letztere stärker einem Anstellungs-, Auftragnehmer- oder Selbständigerwerbenden-Verhältnis entspricht.

Nichts spricht also dafür, daß menschliche Beziehungen noch radikaler als heute durch technische Kommunikation ersetzt werden. Alles deutet im Gegenteil darauf hin, daß die Möglichkeiten der letzteren mehr Raum, auch mehr Notwendigkeit zur direkten, unvermittelten Auseinandersetzung in einem zunehmend personalisierten Beziehungsnetz schaffen und daß unsere organisatorischen und räumlichen Strukturen dem Vorschub leisten werden.

Damit soll nicht ein neues goldenes Zeitalter heraufbeschworen werden. Aber wie so oft dürften die Gefahren aus ganz anderen Richtungen drohen, als wir es heute befürchten. Die größte Gefahr ist jene der ständigen Überforderung persönlicher Orientierungs-, Gestaltungs-, Kommunikations-, Beziehungs- und Lernfähigkeiten. Wer in diesen Belangen nicht auf der Höhe bleibt, ist vom Absturz bedroht, und der kann für Menschen, die es nicht geschafft haben, ein tragfähiges Beziehungsnetz aufzubauen, bodenlos sein.

Dementsprechend zählt zu den großen Gefahren auch die Versuchung, sich dauerhaft, d. h. nicht nur für überlebensnotwendige Mußephasen, zurückzuziehen aus dieser Welt der ständigen Weiterentwicklung und Neuorientierung, der Vielfalt der Kulturen und Lebensformen, und sich den Kulturen geschlossener Gruppen anzuschließen, die jene Sicherheit und Geborgenheit verläßlicher unverbrüchlicher Wahrheiten und Werte ausstrahlen, die nur durch Abschottung vom vielfältig dahinfließenden Umfeld zu gewinnen sind. Wer Vielfalt und Entwicklung anzuhalten oder auszublenden versucht, kommt darin um. Wer es versteht, sie als Potential für eigene Entwicklung und jene des eigenen Beziehungsfeldes zu nutzen, zählt zur zukunftstauglichen Spezies der »Lebensunternehmer«.

Frauenpower

Frauen sind unter dem Aspekt der Wendezeit besondere Menschen. Deshalb sei ihnen ein besonderer Abschnitt dieser Einleitung gewidmet. Für sie verspricht die Zeitenwende in besonderem Maße zur Wendezeit zu werden. Zwar sind die alten Rollensterotypen, denen gemäß Frauen auf die »drei K«, Kinder, Küche, Kirche, reduziert waren, seit Jahrzehnten überholt, jedenfalls in weiten Bereichen unserer Gesellschaft. Aber was ist an ihre Stelle getreten? Frauen können sich entscheiden zwischen der Kombination der alten und der neuen Funktionen und dem Verzicht auf eine der beiden. Keine der drei Optionen ist befriedigend geregelt: Die Doppelrolle bedeutet entweder eine Doppelbelastung oder eine Vernachlässigung der einen oder anderen Seite mit entsprechenden gesellschaftlichen Diskriminierungen, oder beides. Der Verzicht auf die Rolle der Hausfrau und Mutter oder auf die Berufstätigkeit bedeutet einen Verzicht auf Selbstentfaltung und ist ebenfalls mit gesellschaftlichen Diskriminierungen verbunden, sei es die der »Nur-Hausfrau«, sei es die der Karrierefrau, die sich im Vergleich zu den Männern doppelt zu bewähren hat.

Nun aber stehen wir am Beginn eines Zeitalters, in dem die maßgeschneiderte Kombination verschiedener Rollen und Tätigkeiten im Rahmen einer zunehmenden zeitlichen und einer ausgeprägten finanziellen Flexibilität nicht nur zur Regel wird, auch für Männer, sondern in dem sich überdies der Lebenserfolg am Geschick bemißt, mit der diese Kombinationen betrieben werden. Es ist klar, daß Frauen von ihren eigenen Lebenserfahrungen und jenen ihrer Mütter her in dieser Hinsicht einen Vorsprung haben. Sie haben auch insofern einen Vorsprung, als Männer fast ausschließlich berufs- und karriereorientiert »programmiert« wurden, und dies im Rahmen weitgehend vorgefertigter Konzepte, die in immer rascherem Rhythmus von der Wirklichkeit überrollt werden, während die Frauen im allgemeinen eine breitbandigere Sozialisierung erleben. Außerdem verfügen Frauen teils aus biologischen, teils aus gesellschaftlichen Gründen im allgemeinen über ein Spektrum von Eigenschaften, das sie bei der Übernahme von Schlüsselfunktionen in künftigen Organisationen im gleichen Maße privilegiert, wie es sie in der Vergangenheit benachteiligt hat: nicht nur Sachorientierung, sondern auch soziale Orientierung; weniger Vorreiter- als Teambildungsfunktionen; mehr Pragmatismus, weniger Ideologie; mehr Eigenständigkeit, weniger Opportunismus; keine Beschränkung auf kognitiv-rationale Fähigkeiten, sondern stärkere Entwicklung der Intuition, der spontanen Assoziation und des emotionalen Engagements.

In dem Maße, wie Frauen aufgrund dieser neuartigen Konstellation an Einfluß gewinnen in unseren politischen und wirtschaftlichen Institutionen, werden sie auch die Rahmenbedingungen zu ihren Gunsten verändern, bis hin zu den Kinderkrippen und anderen Einrichtungen, die zur Verwirklichung der erforderlichen Zeitautonomie noch fehlen. Aus all diesen Gründen könnte die Zeitenwende deshalb auch eine Wende von einem männlich zu einem weiblich geprägten Zeitalter werden.

Das bedeutet nicht, daß die Männer zu Verlierern werden – im Gegenteil: Die Männer haben einen hohen Preis der Selbstverkrüppelung bezahlt für ihre dominierende Rolle. Dieser Preis wird nun zum Handicap, so daß die Männer gezwungen sein werden und sich gleichzeitig auch leisten können, ihre bisher unterdrückten Seiten zu entwickeln, auszuleben und einzubringen. In diesem Sinn handelt es sich also – typisch für das kommende Zeitalter – nicht um ein Nullsummenspiel, in dem der eine zwangsläufig verliert, was der andere gewinnt, sondern um ein Synergiespiel, in dem beide gewinnen.

Allerdings bedeuten die besonderen Chancen der Frauen nicht, daß die mit ihnen verbundenen Gefährdungen geringer wären als die der Männer. Bei beiden Geschlechtern liegen sie in jenen Faktoren, die die rasche und vielfältige Anschlußfähigkeit behindern. Das kann das Alter sein, das Frauen nach wie vor häufiger erleben als Männer – allerdings im allgemeinen auch in weit lebensfähigerem Zustand. Das kann die Immigration sein; Immigrantinnen sind im Durchschnitt stärker behindert als Männer, weil ihnen die Sorge für die Kinder obliegt. Auch in der einheimischen Bevölkerung aber bleibt die Rolle der immer zahlreicheren Alleinerziehenden nach wie vor überwiegend den Müttern überlassen. Sie stürzen besonders leicht in die neue Armut ab, weil die Sorge um die Kinder ihnen kaum Zeit und Energie läßt, sich neu zu orientieren und weiterzuentwickeln. Bei den Männern ist der Engpaß demgegenüber weniger die Zeit als vielmehr die Überspezialisierung und Festgefahrenheit, die Aussteuerung produziert.

Wozu noch Manager?

Der Grundtypus künftiger Organisationen ist jener der sich selbst entwickelnden Netzwerke, kleiner, sich selbst entwickelnder, unternehmerisch autonomer Teams – auch dies eine Tendenz, die in unseren traditionellen Unternehmen und mehr noch in den kreativen Klitschen der Kommunikations-, Software- und Beratungsbranche längst eingesetzt hat. Ist das inzwischen gerade etwa 100 Jahre während Zeitalter der Manager damit zu Ende? Ja, es ist zu Ende, wenn wir als Manager jenen souveränen Lenker eines Unternehmens betrachten, dessen Vierspänner »Planen – Entscheiden – Anweisen – Kontrollieren« heißt und der mit Hilfe dieses Gespanns einen Apparat so dirigiert, daß er sich genau so entwickelt, wie sein Beherrscher es geplant hat. Diese Zeit ist nicht deshalb abgelaufen, weil die Manager schlechter geworden wären, sondern weil diese Art des Managements nicht mehr den Verhältnissen angemessen ist: Unsere Organisationen gleichen immer weniger jenen Maschinen, in denen wohldefinierte Teile in genau geplanter Weise ineinandergreifen. Das zutreffende Bild ist immer häufiger jenes lebender Organismen, die sich in ständiger Auseinandersetzung mit einem immer vielfältigeren und sich immer rascher verändernden Umfeld selbst immer rascher wandeln und ausdifferenzieren. Ihre Entwicklung läßt sich immer weniger verläßlich planen; das Zusammenspiel ihrer Teile läßt sich immer weniger klar beschreiben, und dementsprechend müssen wir auch die Illusion der Kontrollierbarkeit solcher Gebilde über Bord werfen.

Daß das Zeitalter der Firmenherrscher vom alten Schrot und Korn vorbei ist, bedeutet aber bei weitem nicht, daß wir keine Manager mehr brauchen, ganz im Gegenteil: Die Rolle des Managers verändert sich, und sie wird von immer mehr Menschen immer kontinuierlicher wahrgenommen. Es gibt mehr unternehmerisch autonome Teams, und die Entscheidungsfunktionen verlagern sich zunehmend zu den einzelnen Arbeitsplätzen. Die rein ausführenden, wohldefinierten Tätigkeiten werden an die Technik delegiert und zum Teil in Billiglohnländer exportiert. Übrig bleiben die eigentlich unternehmerischen Aufgaben: die ständige Auseinandersetzung mit den sich verändernden und ausdifferenzierenden Kundenwünschen und den neuen technischen Möglichkeiten, auf deren Grundlage neue Einkaufs-, Verarbeitungs- und Absatzmethoden sowie neue Produkte und Dienstleistungen entwickelt werden.

Der neue Manager ist besonders häufig eine Managerin und thront nicht mehr in einsamer Macht inmitten seiner Statusinsignien. Er/sie ist teamorientiert, und immer häufiger wird sich die Management-Funktion mit anderen Aufgaben durchmischen. Management bedeutet, dazu beizutragen, daß Menschen möglichst wirksam miteinander und mit ihren Hilfsmitteln zusammenwirken können. Das bedeutet, Menschen zu finden und ihnen zu Fähigkeiten zu verhelfen, die den künftigen Bedürfnissen entsprechen, Bedingungen zu schaffen, die den Individuen und Teams das Lernen, die Meinungsbildung, die Entwicklung neuer Ideen und Ansätze erleichtern, zu sehen, wo es harzt und was dagegen zu tun ist, für geeignete Unterstützung und Rahmenbedingungen zu sorgen, Hindernisse zu beseitigen, anzuregen zum Dialog über neue Visionen, Erfolgskriterien, Anreizsysteme und Methoden ...

Manager sind also Mitglieder von Teams und als solche Katalysatoren, Fazilitatoren, Impulsgeber, Dialogpartner und Coaches. Sie werden aber noch für Jahre gezwungen sein, mechanistische und sich selbst entwickelnde Organisationsformen miteinander zu verbinden, obwohl die Routineabläufe zunehmend an die Technik delegiert werden. Mehr als heute werden sie sich in einem Spannungsfeld zwischen zunehmender Globalisierung der Märkte und zentralen Funktionen einerseits sowie der wachsenden regionalen, kulturellen und individuellen Ausdifferenzierung sowie der zunehmenden organisatorischen und räumlichen Dezentralisierung andererseits bewegen müssen. Sie müssen zunehmende unternehmerische Selbständigkeit der Mitarbeiter/innen und ihrer Organisationsteams in der eigenen Kultur unter einen Hut bringen mit gänzlich anderen Bedingungen in Entwicklungsländern und z. T. auch in Osteuropa. Sie müssen die Disziplin der Leistungsmaximierung mit der Kreativität der Innovation verbinden. Sie müssen die Verläßlichkeit jener Bestimmungen und Vorgänge, die festgeschrieben sein müssen, kombinieren mit der Offenheit gegenüber neuen Einfällen, neuen Bedürfnissen und neuen Möglichkeiten, aber auch gegenüber Fehlern und Abweichungen, die sich oft genug als Innovationsquellen entpuppen.

Sie sind mehr als je Wanderer zwischen verschiedenen Welten und deren Widersprüchen und kognitiven Dissonanzen. Sie benötigen auch in Zukunft noch alte Managertugenden wie cartesianische Logik, Zielstrebigkeit, Unerbittlichkeit, Konsequenz und Härte gegen sich selbst und andere, Arbeitstempo und Leistungswille. Aber sie müssen sie verbinden können mit kommunikativer und sozialer Kompetenz, Lern- und Entwicklungsfähigkeit, Intuition und Kreativität, Flexibilität und Offenheit, Sinn für kulturelle und ästhetische Qualitäten, mit Empathie und emotionalem Engagement.

Die gewaltige Erweiterung der Bandbreite gefragter Fähigkeiten und die damit einhergehende Verlagerung von Leistungen der Konstanz zu solchen der Flexibilität und Anpassung hängt nicht nur mit dem Übergang von überwiegend mechanistischen Strukturen zu sich selbst organisierenden und ausdifferenzierenden Prozessen zusammen, sondern auch damit, daß im Zuge dieses Übergangs die funktionale Arbeitsteilung zwischen Kapitaleigentümer, Innovator und Verwalter, die sich im Hochkapitalismus durchgesetzt hatte, wieder überwunden wird: Der bereits heute immer häufiger zu beobachtende Prototyp des »Intrapreneurs« (John Naisbitt), des Unternehmers am Arbeitsplatz, verbindet wieder häufiger alle drei klassischen Unternehmerfunktionen: Er ist für seinen Zuständigkeitsbereich funktional verantwortlich, an dessen Erfolg und Kapitalausstattung finanziell beteiligt und entwickelt als kreativer Macher und Innovator im Dialog mit Kunden, Lieferanten und Kollegen die überzeugenden Marktleistungen.

Dabei kommt es nicht nur auf bewährtes Fachwissen und Know-how sowie organisatorisches Können an. In einem Umfeld von Kunden, Lieferanten und Mitarbeiter/innen, bei denen die individuelle Gestaltung ihres Lebens und ihrer Arbeit eine wachsende Rolle spielt, erhält neben der als selbstverständlich betrachteten Funktionalität der Leistungen und Produkte die kulturelle Resonanzleistung ein wachsendes Gewicht. Damit meine ich die Fähigkeit, jene qualitative Übereinstimmung mit den Selbstbeschreibungen meiner Leistungslieferanten und -bezieher herzustellen, die es diese als sinnvoll erleben läßt, mit mir zusammenzuwirken. In diesem Sinn rückt die kulturelle Komponente der Managementfunktion zunehmend ins Zentrum.

So zeigt sich im Management noch deutlicher als in anderen Lebensbereichen, daß die Zeitenwende nicht eine Wende von einem bestehenden zu einem entgegengesetzten Strickmuster, von hart zu weich bedeutet, sondern von einem Spezialfall zu einer viel weiter gespannten, Gegensätze verbindenden und fließend-prozeßhaften Haltung. Auch daraus geht wieder hervor, wie sehr Eigenschaften, wie sie von unserer Gesellschaft und von der genetischen Veranlagung eher bei Frauen gefördert werden, wiederum den Erfolg innerhalb des erweiterten Anforderungsprofils begünstigen.

Das Ende der Gewerkschaften?

Eine ganz ähnliche Frage wie hinsichtlich der Manager stellt sich hinsichtlich der Gewerkschaften: Brauchen wir sie noch? Sie wird von Gewerkschaftsvertretern selbst mit wachsender Insistenz und Besorgnis gestellt, und auch mit wachsender Berechtigung. Es ist unverkennbar, daß mit der zunehmenden Individualisierung und Ausdifferenzierung der Arbeitsverhältnisse, der fortschreitenden Verwischung der Grenzen zwischen Anstellungs-, Auftrags- und Zulieferverhältnissen eine Aushöhlung des Kollektivvertragsinstruments verbunden ist:

Erstens wird die Substanz dessen, was Gegenstand von kollektivvertraglichen Abmachungen bilden kann, ständig geschmälert, weil immer mehr Bestimmungen zwischen Industriezweigen, Regionen, Unternehmen und Unternehmensteilen differenziert werden müssen, Gegenstand individueller Arbeitsverträge werden oder gänzlich der laufenden Abstimmung mit dem Arbeitgeber bzw. der Selbstbestimmung des Arbeitnehmers überantwortet werden.

Zweitens schrumpft aus mehreren Gründen der Organisationsgrad der Gewerkschaften: Die Autonomie des individuellen Arbeitnehmers als selbständiger Vertragspartner des Arbeitgebers wächst. Er tritt als gleichgewichtiger Verhandlungspartner auf, der seine Rechte durchzusetzen weiß und nicht auf gewerkschaftlichen Schutz angewiesen ist. Das hängt mit dem langsamen Wandel der Mitarbeiter/innen zum Unternehmer am Arbeitsplatz, mit ihrer wachsenden finanziellen und zeitlichen Autonomie, ihrer Individualisierung und natürlich mit dem wachsenden Bildungs-, Qualifikations- und Informationsniveau zusammen. In dieselbe Richtung wirkt auch die Verlagerung der Beschäftigung auf den tertiären Sektor – zu Dienstleistungen, zu denen wir hier der Klarheit halber auch den Informations- und Kommunikationssektor und den Bildungs- und Freizeitsektor rechnen – sowie die Tertiarisierung des sekundären Sektors, also die Verlagerung auf Dienstleistungstätigkeiten innerhalb der Industrie: Die Dienstleistungsberufe weisen aufgrund traditioneller Statusunterschiede und ihrer wachsenden Ausdifferenzierung generell einen geringeren Organisationsgrad auf.

Drittens wird der Funktionsverlust der Gewerkschaften verstärkt durch den strukturellen Prozeß der Aussteuerung von nicht mehr genügend anpassungsfähigen Arbeitskräften, der den Prozentsatz der Arbeitbesitzenden vermindert, und zwar besonders drastisch bei den Tätigkeiten mit hohem gewerkschaftlichem Organisationsgrad, und der gleichzeitig die weitgehende Hilflosigkeit der Gewerkschaften gegenüber diesen Strukturwandlungsprozessen aufzeigt. In dieselbe Richtung wirkt die Immigration und die Tendenz zur Aufspaltung des Arbeitsmarktes in einen gewerkschaftlich geschützten und einen expandierenden nichtorganisierten »Mac-Job«-Bereich, in dem zu Dumping-Bedingungen gearbeitet wird.

Die Gewerkschaften stehen deshalb vor einer Existenzkrise, die sie selbst verschärfen, indem sie immer wieder in eine der drei folgenden Fallen tappen:

– Falle 1: Sie konzentrieren sich auf die Vertretung der Arbeitbesitzenden. Das ist die Gruppe, die Gewerkschaften immer weniger benötigt, während die Probleme der Ausgesteuerten gerade durch diese gewerkschaftliche Strategie ständig zunehmen.

– Falle 2: Die Gewerkschaften erkennen Falle 1 und konzentrieren sich statt dessen auf die Probleme der Ausgesteuerten und der neuen Ausbeutung in den grauen und schwarzen Märkten, müssen aber erkennen, daß sie sich damit ihre angestammte finanzielle und politische Basis entziehen, ohne eine neue hinzuzugewinnen, weil die neuen Schützlinge nicht nur mittellos sind, sondern durch gewerkschaftlichen Schutz den geringen noch verbliebenen Manövrierraum einbüßen.

– Falle 3: So scheint nur noch die Strategie übrigzubleiben, sich den Veränderungen entgegenzustemmen, die für das ganze Elend verantwortlich sind, und eine Politik der Status-quo-Verteidigung und der Strukturkonservierung zu betreiben. Das ist freilich der sichere Selbstmord, weil die Klientel der Gewerkschaften damit am schnellsten die internationale Wettbewerbsfähigkeit einbüßt und vom Arbeitsmarkt gefegt wird, während die Gewerkschaften selbst sich der Chance einer Neupositionierung berauben.

Gibt es überhaupt Auswege? Vielleicht müssen wir die Vorfrage stellen: Brauchen wir überhaupt Auswege, oder können wir in der Wendezeit, in der wir stehen, getrost auf Gewerkschaften verzichten? Die Frage stellen, heißt sie beantworten, indem wir nach jenen Funktionen suchen, für die in Zukunft Gewerkschaften erfunden werden müßten, wenn es sie nicht schon gäbe:

1. Nicht alle Arbeitnehmer entsprechen dem Bild jenes »Lebensunternehmers«, der seinem Bildungs- und Qualifikationsniveau, seiner Persönlichkeitsentwicklung und seiner Lebenserfahrung entsprechend einem Arbeitgeber als gleichgewichtiger Verhandlungspartner gegenübertreten kann. Gewerkschaften könnten sich also als Dienstleister verstehen, die ihren Kunden helfen, sich für diese Position fit zu machen, mit juristischer Hilfe, Entwicklung von Verhandlungskompetenz, Hilfe zu beruflicher und persönlicher Weiterentwicklung etc.

2. Die Gesellschaft wird zwingend ein Auffangnetz für die wachsende Zahl von Abgestürzten und Ausgesteuerten benötigen. Jeder Beschäftigte läuft Gefahr, früher oder später zu dieser Gruppe zu stoßen, und hat dementsprechend Interesse daran, sich für diesen Fall abzusichern. Während die finanzielle Absicherung teils durch staatliche Sozialleistungen und teils durch individuelle und kollektive Versicherungsleistungen übernommen werden kann, könnte es sich durchaus als sinnvoll erweisen, wenn die Umschulungs- und Coaching-Dienste, die zur Re-Integration ins Arbeitsleben erforderlich sind, von Gewerkschaften bereitgestellt würden.

3. Die Flexibilisierung und Autonomisierung der Arbeitsverhältnisse hinsichtlich Arbeitszeiten, -inhalten und -orten eröffnet für skrupellose Arbeitgeber neue bzw. längst überwunden geglaubte Möglichkeiten der Ausbeutung von Abhängigen: Auftragsverhältnisse können auch Akkordarbeit zu Hungerlöhnen an Heimarbeitsplätzen bedeuten. Hier können Gewerkschaften an frühere Traditionen als Lobby für den Rechtsschutz zugunsten potentieller Ausbeutungsopfer anknüpfen.

Die Antwort lautet also ähnlich wie hinsichtlich der Manager: Das Zeitalter der Massengewerkschaften, deren Macht und Einfluß darauf beruhte, daß die Verbindung zwischen sozialdemokratischer Politik und Kollektivvertragsverhandlungen die Durchsetzung eines Angebotsmonopols im Arbeitsmarkt ermöglichte – dieses Zeitalter ist eindeutig vorbei. Das bedeutet aber nicht, daß nicht gerade in der Zeitenwende gewisse gewerkschaftliche Funktionen besonders dringend benötigt würden. Jene Gewerkschaften, die sich darauf einzustellen wissen und die schwierige Neupositionierung zum Anbieter von Fitneß- und (Re-)Integrationsdienstleistungen sowie zur politischen Lobby der Schwächsten schaffen, werden nicht nur überleben, sondern an Bedeutung gewinnen.

Die Neupositionierung der Politiker

Aber nicht nur die Gewerkschaften, sondern auch die Politiker, die Beamten – kurz, die Vertreter der öffentlichen Hand – werden sich neu positionieren müssen. Nicht nur die Manager, sondern auch sie werden sich daran gewöhnen müssen, nicht einfach einen »Apparat« – wenngleich einen demokratisch legitimierten – zur Verfügung zu haben, der Probleme identifiziert und mit Hilfe von Vorschriften und Maßnahmen punktgenau löst. Auch die öffentliche Hand verkommt zum sich prozeßhaft entwickelnden und vielfach ausdifferenzierenden Gebilde. Auch Politiker und Beamte stellen nicht mehr die Weichen, sondern sind Dialogpartner, Anreger und Katalysatoren. Auch sie werden Manager, nicht im traditionellen, sondern im zukunftsträchtigen Sinn. Die zentrale Bedingung künftiger Politik ist das Subsidiaritätsprinzip. Am stärksten verändert es, genauer: unterwandert es jenes Gebilde, das bisher das Zentrum der Staatsmacht verkörperte: den Nationalstaat des 19. Jahrhunderts. Er ist immer weniger geeignet zur Identifizierung und noch viel weniger zur Lösung der Probleme. Dazu ist er zu monolithisch, zu formell, zu funktional differenziert und zu verfilzt – und wer in dieser Diagnose Widersprüche entdeckt, täuscht sich nicht. Widersprüche können hilfreich sein – allerdings nicht für die Erhaltung des traditionellen Nationalstaates.

Das Subsidiaritätsprinzip gewinnt nicht nur für die öffentliche Hand an Bedeutung. Hier wie anderswo bedeutet es zunächst einmal, daß Probleme so hoch oben wie nötig und so weit unten wie möglich identifiziert und angegangen werden. Die zunehmende regionale, kulturelle und individuelle Ausdifferenzierung der Gesellschaft und die wachsenden Möglichkeiten dezentraler Organisation führen dazu, daß immer mehr Probleme immer weiter unten angegangen werden können. Das Quartier, die Gemeinde, die Region gewinnen an Gewicht auf Kosten des Nationalstaates. Die wachsende weltweite Interdependenz hat aber gleichzeitig zur Folge, daß immer mehr Probleme oberhalb der nationalstaatlichen, auf der kontinentalen oder globalen Ebene angegangen werden müssen. Nationalstaatliche Kompetenzen wandern also nach unten und nach oben ab. Noch bleibt das Zentrum der Souveränität, nämlich die »Kompetenz-Kompetenz«, die Zuständigkeit für die Frage, welche Ebene zuständig sein soll, beim Nationalstaat, aber der Trend geht dahin, auch sie nach unten und nach oben zu verlagern. Das Ergebnis sieht ähnlich aus wie in der Unternehmenswelt: prozeßhafte Netzwerke sich selbst entwickelnder Einheiten, in deren Auseinandersetzung die Grenzen zerfließen.

Das Subsidiaritätsprinzip greift aber nicht nur hinsichtlich der Entscheidungsebene innerhalb der öffentlichen Hand, sondern es regiert zunehmend auch die Arbeitsteilung zwischen dem staatlichen und dem nichtstaatlichen Bereich: So staatlich wie nötig, so privat wie möglich, könnte man sagen. Wiederum analog zur Unternehmenswelt regiert auch in dieser Grenzziehung zunehmend die Ökonomie der Selbstorganisation, übersetzt in so modische Tendenzen wie Deregulierung und Privatisierung, die ja nicht nur im ehemaligen Sowjetimperium grassieren und gleichzeitig die vereinigten Truppen der Status-quo-, sprich: Pfründenverteidiger auf den Plan rufen. Ähnlich wie bei den Gewerkschaften lautet die Frage auch beim Staat: Wird es gelingen, die öffentliche Hand auf das Minimum an zukunftsträchtigen Funktionen zu reduzieren, das ihr eine neue Dynamik verleiht, oder werden die vereinigten Status-quo-Verteidiger den Kurs bestimmen und damit sicherstellen, daß die Reste des Nationalstaates allenthalben von der Anarchie zerfressen werden und schließlich mit einem Seufzer in sich zusammensinken wie es einmal der US-Verteidigungsminister Weinberger der Sowjetunion vorausgesagt hat?

Das einzige Mittel, in diesem Übergang vom Nationalstaat zu den neuen, sich prozeßhaft ausdifferenzierenden Gebilden Transparenz zu wahren, ist demnach die so martialisch klingende »Ordnungspolitik«, d. h. der offene Diskurs über die Frage, was in Zukunft unbedingt staatlich geregelt werden muß und was nicht. Woher aber sollen die Kriterien stammen, um diese Frage zu entscheiden? Nach allem Nachdenken über die Frage, was künftig anders sein wird, bin ich zum Schluß gelangt, daß die Antwort auf diese Frage jedenfalls in Europa in Zukunft ganz ähnlich ausfallen wird wie im Zeitalter der Aufklärung: Das »Projekt Moderne« ist durch die Zeitenwende nicht überholt, sondern mit neuen Bedingungen und Möglichkeiten ausgestattet worden. Sein Kern bleibt der Wunsch zumindest der abendländischen Menschen, möglichst »Subjekt ihres Handelns« zu sein (Helmut Klages).

Daraus ergeben sich Konsequenzen für die Art des staatlichen Handelns. Trotz demokratischer Legitimation und Gewaltenteilung ist der traditionelle Staat ein Obrigkeitsstaat geblieben: Seine Bürger sind allen schönen Verfassungstexten zum Trotz noch immer Untertanen. Der künftige Staat wird sich ähnlich wie die künftigen Unternehmen im direkten Dialog mit den Betroffenen und Beteiligten entwickeln müssen – dort wo er Regeln setzt und Vorschriften erläßt, dort wo er Maßnahmen ergreift und dort wo er Dienstleistungen anbietet. Wir werden, angefangen bei den untersten Ebenen staatlichen Handelns, eine starke Tendenz von der repräsentativen zur direkten Demokratie und von der Bürokratie zum »neuen Handwerk« – der Entwicklung der Dienstleistungen im Dialog mit dem Kunden – erleben. Wir werden Politiker und Beamte benötigen, die in einem neuen Sinn »ver-antwortlich« sind, indem sie nicht nur geradestehen für die Entscheidungen, die sie getroffen haben, sondern staatliches Handeln im Dialog mit den Beteiligten und Betroffenen entwickeln, als »Antwort« auf deren Interessenlage und Problemsichtpunkt.

Die Dialognetzwerke und die zu ihrer Entwicklung und Handhabung erforderliche »kommunikative Kompetenz« – von der Beherrschung der technischen Medien bis zur Fähigkeit, andere Wahrnehmungswelten zu verstehen – werden an die Repräsentanten der öffentlichen Hand völlig andere, höhere, komplexere Anforderungen stellen als der demokratisch legitimierte Obrigkeitsstaat. Das gilt nicht nur wegen der veränderten Funktionen des Dialogs, sondern auch wegen der Ausdifferenzierung der Gesellschaft, die uns zunehmend ins Bewußtsein rücken wird, daß jeder Dialog im Kern ein interkultureller Dialog ist.

Aber nicht nur der Dialog wird eine andere Qualität erhalten, sondern auch die zu entwickelnden Antworten werden andere Akzente setzen als heute. Die rechtlichen Rahmenbedingungen werden darauf ausgerichtet sein müssen, daß die Bürger/innen weder durch den Staat noch durch private Institutionen oder Personen mehr als zur Sicherung eben dieses Prinzips erforderlich daran gehindert werden, »Subjekte ihres Handelns« zu sein. Neben der Gewährleistung der Bürgerrechte und des Wettbewerbs ist damit auch das umweltpolitische Verursacherprinzip anvisiert, das zu verhindern hat, daß Personen und Institutionen Folgen ihres Tuns unbesehen auf ihre Umwelt abwälzen.

Am Schnittpunkt zwischen Subsidiaritätsprinzip und neuen Aufgabenschwerpunkten staatlichen Handelns befinden sich die Probleme der Zweidrittelgesellschaft, der lernenden Gesellschaft und der neuen Raum- und Siedlungsordnung innerhalb des Global Village. Die Aufgabe, allen Einwohnern ein Leben zu ermöglichen, das nach zeitgenössischen Vorstellungen als menschenwürdig betrachtet wird, erhält unter dem Gesichtspunkt des Subsidiaritätsprinzips und der Neufassung des »Projekts Moderne« zum Teil neuartige Qualitäten. Zentrales Problem bleibt die Gefahr der Desintegration, der Auseinanderentwicklung zweier Welten: einer Mehrheit von Menschen, die mit den Lebensbedingungen ihrer Zeit zu Rande kommen, und einer Minderheit, die in einen Teufelskreis der Überforderung gerät. Die letztere wächst tendenziell an, nicht nur aus demographischen Gründen, sondern weil angesichts der steigenden Anforderungen jene, die von der Mehrheit in die Minderheit abstürzen, zahlreicher sind als jene, die den umgekehrten Weg bewältigen.

Die Problemstellung ist überaus komplex. Finanziell geht es mit Blick auf das Subsidiaritätsprinzip und die Staatsfinanzen darum, allen Einwohnern ein Existenzminimum zu garantieren, die Staatskasse aber nur für die wirklich Bedürftigen zu mobilisieren und den Anreiz, sich als »Lebensunternehmer« bessere Verhältnisse zu schaffen, intakt zu lassen. Die Lösung ist der Ersatz sämtlicher monetärer Ausgleichssysteme durch eine negative Einkommensteuer (beschrieben im Kapitel über die Zweidrittelgesellschaft) und die Delegation der Absicherung darüber hinausgehender Wohlstandsansprüche auf private (kollektive und individuelle) Versicherungen.

Weit wichtiger als der finanzielle Aspekt ist jedoch jener der erforderlichen Dienstleistungen: In einem sich ausdifferenzierenden, alle Lebensbereiche und Lebensalter erfassenden und sich aller Medien und Rechtsformen bedienenden Bildungssystem wird die öffentliche Hand dafür sorgen müssen, daß nicht bereits bei den Nachkommen der von Überforderung bedrohten Gruppen die Überforderung programmiert wird. Sie wird sich außerdem bemühen müssen, daß jene, die den Anschluß verloren oder gar nie gefunden haben, ihn (wieder) zu gewinnen vermögen. Dazu gehört einerseits ein unter Einsatz des gesamten vorhandenen Know-hows über Multimedia und Edutainment entwickeltes Lernangebot auch für Menschen, die nie eine Schule von innen gesehen haben, und andererseits ein hochindividualisiertes Netz der Begleitung, des Coaching i. S. der Hilfe zur Selbsthilfe.

Die Aufgabe macht deutlich, welcher Art die Anforderungen an künftige Politik sein werden:

– Die Aufgaben sind komplex, d. h., sie sind nicht im Rahmen einzelner Ämter und Interventionsebenen zu lösen, sondern erfordern ein Zusammenwirken zahlreicher Amtsbereiche und Ebenen im Rahmen von übergreifenden Konzepten.

– Sie setzen voraus, daß zahlreiche eigenständige Institutionen und Personen zusammenwirken bei der Entwicklung und Implementierung einer Gesamtvision und Gesamtstrategie, die ihrer Natur nach Prozeßcharakter hat, d. h. immer im Stadium des Experimentierens und der Weiterentwicklung bleibt.

– »Die« öffentliche Hand kann in eigener Regie praktisch nichts tun. Die nationalstaatliche Ebene kann vielleicht eine negative Einkommensteuer einführen, muß dies aber koordinieren mit der Einrichtung der erforderlichen privaten Vorsorgeleistungen und mit den hochdifferenzierten Ausbildungs- und Coaching-Angeboten in den Gemeinden, Stadtquartieren und Nachbarschaftsnetzen, die nach dem Subsidiaritätsprinzip überwiegend von privater Hand erbracht werden.

– Die neue »Civitas« des verantwortlichen »Lebensunternehmers« muß sich mit einer neuen Civitas von Politikern verbinden, die ihre Wahlchancen weniger durch Bestechung spezifischer Kundengruppen mit öffentlichen Geldern zu steigern versuchen als vielmehr mit jener Mischung aus kommunikativer Kompetenz und sozialer Phantasie, die den Dialog über Zukunftsvisionen in Gang hält und in konkrete Strategien überführen hilft. Ohne diesen Politikertypus wäre der Kampf gegen die Zweidrittelgesellschaft von vornherein verloren, weil die kurzfristig Hauptbetroffenen, in Ghettos abgeschoben, kaum Gewicht und in vielen Fällen nicht einmal ein Stimmrecht haben.

Es kann nicht Aufgabe dieses einleitenden Kapitels sein, umfassende Politikprogramme für das kommende Jahrtausend zu formulieren. Das Beispiel der Zweidrittelgesellschaft hat aufgezeigt, worauf es ankommen wird: Politik als Katalysator der Entwicklung von übergreifenden Visionen und Strategieprozessen, in die alle Betroffenen und Beteiligten einbezogen sind und die unter Beachtung des Subsidiaritätsprinzips im Zusammenspiel verschiedenster Ebenen, Disziplinen, Institutionen und Personen verwirklicht werden. Ob es sich nun um die Herausbildung einer neuen Raum- und Siedlungsordnung handle – unter den Titeln »neue Polis«, »dezentrale Verdichtung« und »regionale Kreisläufe« – oder um die untrennbar mit dieser verknüpfte Entwicklung der multimedialen Gesellschaft oder um das hochdifferenzierte Bildungsangebot einer lernenden Gesellschaft: die erforderliche Qualität der politischen Katalysatorfunktion ist immer dieselbe. Wir dürfen nicht erwarten, daß die öffentliche Hand sie im hier zugrunde gelegten Zeithorizont zu entwickeln vermag. Wahrscheinlicher ist, daß sie sich durch Status-quo-Verteidigung profilieren und von Entwicklungen außerhalb ihrer Institutionen zunehmend überrollt werden wird, in z. T. chaotisch und anarchisch anmutenden Prozessen, und daß die neuen Entwicklungen, die im vorliegenden Buch aufgezeigt sind, sich nicht wegen, sondern trotz der Politik durchsetzen werden. Mag sein, daß auch dies zur Wendezeit gehört: die relativ lautlose Unterwanderung obsoleter Strukturen durch neuartige Prozesse, aus denen schließlich auch jene prozeßhaften, vielfältig ausdifferenzierten Staatsgebilde herauswachsen werden, die der neuen Zeit entsprechen.

Das Szenario: Ein Landstädtchen am Rhein

Weindorf

Wo liegt Weindorf? Noch heute morgen hätte ich es nicht gewußt. Mein Bildschirm hat mir die günstigste Anfahrt offenbart: Mit dem Mini zum nächsten S-Bahn-Terminal, dann mit der Bahn bis Großkirchen, anschließend erneut mit dem Mini zehn Kilometer durch Felder und Wälder zu diesem Städtchen, dessen alte Fachwerkhäuser sich in die Weinberge kuscheln; an deren Rändern fügen sich mehrere neuere Siedlungsgruppen recht harmonisch in die hügelige Landschaft.

Weshalb haben wir gerade Weindorf gewählt für unseren Bericht über Märkte und Menschen an der Jahrtausendwende? Es gibt in Europa viele idyllische Dörfer von ähnlicher Vitalität – vor allem in den kleinräumigen Regionen rund um die Alpen, von Baden-Württemberg über das Elsaß, Savoyen, die Provence, die Lombardei, Österreich und Bayern bis zum Allgäu; bald werden auch Slowenien und Kroatien wieder zu diesen privilegierten Landschaften zählen. Das schweizerische Beispiel haben wir gewählt, weil es logistisch für uns am nächsten lag, aber auch, weil gewisse Entwicklungen hier wegen der besonders weitgehenden kantonalen und kommunalen Autonomie und der direktdemokratischen Tradition weiter fortgeschritten sind als in anderen Regionen.

Es soll natürlich nicht behauptet werden, das Leben in Weindorf sei repräsentativ für das Leben in Europa, geschweige denn in weniger privilegierten Weltregionen dieses noch jungen Jahrtausends. Um einen repräsentativen Querschnitt zu geben, hätten wir auch die großstädtischen Armenghettos aufsuchen müssen, die sich zunehmend in die öden Schlafvorstädte verlagern, oder die Elendsgürtel der wild wuchernden Millionenstädte der Dritten Welt, um nur zwei Beispiele zu nennen. Wir haben Weindorf gewählt, weil eine Reihe von neuen, zum Teil vor wenigen Jahren noch kaum wahrgenommenen Entwicklungen in solchen Dörfern der privilegierten Voralpenregion am weitesten vorangeschritten sind. Die Vernetzung mit dem weltweiten Umfeld wird uns davor bewahren, dieses bei unseren Weindorfer Gesprächen aus den Augen zu verlieren.

Ich stelle den Mini im Ladeterminal am Ortsrand ab und begebe mich ins sorgfältig gepflasterte verkehrsfreie Zentrum. Unter den gepflegten alten Bauernhäusern dienen offenkundig nur noch wenige landwirtschaftlichen Zwecken. Störend wirkt das häßliche, wohl gut ein Vierteljahrhundert alte Schulhaus, dessen undifferenzierte Architektur auch durch die postmodernen Nachbesserungen anläßlich der Erweiterung zum Gemeindezentrum nicht überzeugender geworden ist. Bei meiner Ankunft um 9.30 Uhr ist das Zentrum enttäuschend menschenleer. 6000 intensiv tätige Einwohner geben natürlich keine buntbelebte großstädtische Fußgängerzone her.

Bei der Gemeindeverwaltung hole ich mir die wichtigsten Daten: 6171 registrierte Einwohner – die Zahl der nicht registrierten hält sich angesichts der übersichtlichen Verhältnisse in Grenzen –, unter ihnen 1209 Ausländer, wohnen in 2040 Haushaltungen, eine angesichts der ständigen Fluktuation wenig zuverlässige Zahl. 2100 Erwachsene und Kinder gehören amtlich registrierten Familien an. Die Mehrzahl der Menschen lebt in Wohngemeinschaften unterschiedlicher Stabilität und Größe. Von den 4926 Erwachsenen sind ihrer 2940 – einige von ihnen trotz ihrer mehr als 70 Jahre – ganz oder teilweise erwerbstätig. Die übrigen 1986 zählen überwiegend, aber keineswegs ausschließlich, über 58 Jahre.

Wir verzichten auf die Wiedergabe der Beschäftigtenstatistik, da die aus der frühen Nachkriegszeit stammenden Kategorien heute kaum noch aussagekräftig sind: Ist ein ausgegliederter Zulieferer eines Großunternehmens ein Selbständigerwerbender oder figuriert er zufällig auf einer Gehaltsliste? Ist der CAD-Berater (CAD = Computer Aided Design = computergestützte Entwicklung) einer Baufirma dem Gewerbe oder dem Dienstleistungssektor zuzuordnen? Wir werden uns über die hinter der Statistik stehenden Realitäten anhand der Einzelfälle ein konkretes Bild machen können. Leider gibt es auch keine Statistik über die Zahl der Pendler. Der Gemeindeschreiber sagt, früher seien fast alle gependelt, aber seit einigen Jahren habe sich das stark verändert.

Ähnlich schwierig ist die Interpretation der Steuerstatistik. Die dort verzeichneten Einkommen muten im Vergleich zum 40 Kilometer entfernten Zürich eher niedrig an. Dennoch strahlt Weindorf auf den ersten Blick jene Atmosphäre des Wohlstands aus, die man an den zahlreichen gepflegten Details erkennt. Der Gemeindeschreiber bestätigt uns denn auch, daß viele Einkommen wegen des starken Interesses an Nichterwerbstätigkeiten freiwillig unterhalb des Durchschnitts lägen und daß dafür manche lokale Leistungen billiger seien als in der Stadt.

Der kleine Rundgang durchs Zentrum bringt nicht viel mehr Aufschluß über die Wirtschaftsstruktur. Mehrere Restaurants, zwei Kleinläden, einige Schilder, die auf Erwerbstätigkeiten hinweisen, etwa auf Weinproduktion, auf eine Gärtnerei, einen Rheinfischer und eine Käserei, ein Architekturbüro, einen Software-Laden, Kinderbetreuung und Laufbahnberatung – mehr ist hier im Dorfkern nicht zu sehen. Der Gemeindeschreiber hat von Industriebetrieben gesprochen, aber die lägen in den neuen Ortsteilen und fielen auch dort im Siedlungsbild kaum auf.

Haus Rheinblick

Soweit unser erster Blick auf Weindorf, das wir ja im Lauf dieser beiden Tage noch näher kennenlernen werden. Von der Gemeindeverwaltung aus haben wir uns zum Haus Rheinblick begeben. Es liegt einige hundert Meter weiter oben am Rand der Weinberge, ein behäbiges altes Fachwerkhaus wie die meisten anderen und sicher nicht das einzige mit Rheinblick. Wir sind dort mit der Hausherrin verabredet, Juana Mendoza, einer Katalanin mit rötlich schimmerndem Haar, die uns mit einem PR-bewußten Lächeln empfängt und im Haus herumführt. Wir erinnern uns an den Gemeindeschreiber: Wer könnte sich in der Großstadt so viel Raum für fünf Personen leisten? Die niedrige alte Bauernstube als gemeinsames Eßzimmer, verbunden mit einer Küche, die eher einem Elektronikzentrum gleicht, daneben das Atelier-Büro Juanas und ein allerdings winziger Arbeitsraum für ihren Lebensgefährten Percy Baumgartner. Eine Toilette, in der oberen Etage drei Schlafzimmer und zwei Bäder und im weiträumigen ehemaligen Dachboden, neben zwei weiteren kleinen Zimmern mit einem kleinen Duschbad dazwischen, die Wohnlandschaft mit dem Medienzentrum. Die große Scheune nebenan steht leer, dagegen hat sich Percys Vater, Guido Baumgartner, im früheren Kuhstall seine Tüftlerwerkstatt eingerichtet.

Auf die Frage, ob das große Haus nicht eine Belastung sei, sagt Juana: »Ja und nein. Finanziell stehen wir am Anschlag, weil die Heizkosten bei den heutigen Preisen kaum noch zu tragen sind und weil wir nur noch zwei Jahre Zeit haben für die Radikalrenovierung, die nun verlangt wird, um auch alte Häuser den neuen Energievorschriften anzupassen. So gesehen sind moderne Häuser natürlich sehr viel billiger. Aber so viel Platz hätten wir uns sonst nicht leisten können, natürlich ohne unsere eigene Fronarbeit beim Umbau zu rechnen. Und dafür können wir jetzt ohne Probleme ein Mädchen beherbergen, das uns bei der Hausarbeit hilft. Das scheitert ja heute nicht mehr am Geld, aber in modernen Häusern meistens am Platzmangel.« Bei dieser Gelegenheit wird uns Anja Gruderian vorgestellt, eine junge Armenierin, die hier nach abenteuerlichen Irrwegen eine vorläufige Bleibe gefunden hat. Als erstes wollen wir von Juana die Personalien und die Lebensgeschichte der Hausbewohner wissen. Hier unsere Notizen:

- Juana Mendoza, geboren 1964 in Barcelona, dort Kunststudium, anschließend Beschäftigung bei Werbeagentur; nach deren Übernahme durch eine Schweizer Firma Übersiedlung nach Zürich. Heute Mitglied der Geschäftsleitung und selbständige Verkaufsanimatorin mit einem durchschnittlichen Brutto-Monatseinkommen von Fr. 20.250.–, bei seit zehn Jahren um rund ein Drittel gestiegenem Preisniveau (Frage: »Was ist eine Verkaufsanimatorin?« Antwort: »Ich bin für die Entwicklung von Verkaufsanimationsprogrammen zuständig, d. h. für Shows, Inszenierungen, Spiele, Infotainment, die über Bildschirm oder live dem Verkauf von Gütern und Dienstleistungen dienen.«)

- Percy Baumgartner, geboren 1974 in Zürich, Angestellter einer Zürcher Großbank, Sparte Privatkundenbank, gegenwärtig mit einem 80-Prozent-Pensum; Grundgehalt Fr. 5.400.–, durchschnittliche Erfolgsbeteiligung Fr. 2.700.– pro Monat. (Frage: »Worauf bezieht sich die Erfolgsbeteiligung?« Antwort: »Percy ist als Kundenberater in einem unternehmerisch eigenständigen Team tätig; dieses betreut die Kundschaft hier im Weinland wie eine kleine Universalbank und ist an allen Erträgen beteiligt.«)

- Consuelo Mendoza, Tochter von Juana, geboren 1987 in Barcelona, Verkäuferinnenlehre bei der Schneiderei Zürcher im benachbarten Großkirchen; Monatseinkommen Fr. 945.–. (Frage: »Weshalb will sie Verkäuferin werden?« Antwort: »Weil es ein so unglaublich vielfältiger und kreativer Beruf ist.« Gedanke: Das ist mir neu, da muß ich später nochmals nachhaken.)

- Guido Baumgartner, Vater von Percy, geboren 1944 in einem Zürcher Vorort, gelernter Dreher, seit 1999 arbeitslos, Tüftler und Gelegenheitsarbeiter, Monatseinkommen durchschnittlich Fr. 2.500.–. (Frage: »Ist es nicht deprimierend, mit 55 arbeitslos, ohne Berufschancen und ohne wirkliche soziale Absicherung?« Antwort: »Für die meisten Betroffenen schon. Aber Guido hat Glück gehabt. Durch den Sozialplan seiner früheren Firma erhält er eine kleine Rente, über die negativen Einkommensteuern hinaus, die in seinem Fall Fr. 1.300.– betragen. Außerdem kann er sich im ganzen Dorf nützlich machen und hat das beste Beziehungsnetz von uns allen.«)

- Anja Gruderian, geboren 1982 in Aserbeidschan, Flucht mit 13 Jahren, schlug sich durch als Gelegenheitsprostituierte und später Nachtclubtänzerin, seit einem Jahr Hausmädchen im Haus Rheindorf. Mit einem Taschengeld von Fr. 600.–, einem Zusatzverdienst von Fr. 500.– vom Club der Tagesmütter und den negativen Einkommensteuern beläuft sich ihr Monatseinkommen auf Fr. 2.150.–. (Frage: »Ist das nicht ein schwieriger Übergang vom großstädtischen Nachtleben zur ländlichen Abgeschiedenheit?« Antwort: »Sicher, aber Anja war kreuzunglücklich in der totalen Abhängigkeit von irgendwelchen Mafiosi, und das, was sie liebt, den Tanz, kann sie hier mit einer wirklichen Perspektive weiterbetreiben.« Gedanke: Auch da müssen wir nochmals nachhaken.)

Nach dieser ersten Tour d'horizon stelle ich mir nochmals die Frage, ob es richtig war, diese kleine Wohngemeinschaft zum Ausgangspunkt unserer Untersuchung zu machen. Natürlich haftet der Wahl etwas Zufälliges an. Wir hätten auch den Weinbauern von nebenan oder den Käser weiter hinten im Städtchen nehmen können; auch sie sind Teil bunter und vielfältiger Lebensgemeinschaften und Netzwerke, ebenso die Architektin, der Kinderbetreuer oder die Krankenpflegergruppe. Oder hätten wir vielleicht in Großkirchen ansetzen sollen? Dort hätten wir wohl weniger Idylle und gleichzeitig mehr auf engem Raum zusammengedrängte öffentliche und halböffentliche Funktionen angetroffen. Bei näherer Betrachtung komme ich aber zu dem Schluß, daß es im Grunde ziemlich gleichgültig ist, wo ich ansetze, denn von jedem Ausgangspunkt her erschließt sich ein Umfeld ähnlicher Vielfalt und Dynamik.

Ich habe also zwei volle Tage und Nächte im Haus Rheinblick verbracht, den Tageslauf seiner Bewohnerinnen und Bewohner sowie die ausführlichen Gespräche mit ihnen und den Personen, mit denen sie in Kontakt stehen, in Ton und Bild aufgezeichnet, habe anschließend ihre Netzwerke auch außerhalb Weindorfs weiterverfolgt und mir dann überlegt, wie ich das riesige Material ordne. Chronologisch? Personenbezogen? Alles schien mir langweilig zu sein. Ich habe mich deshalb gefragt, ob meine Beobachtungen gewisse Grundmuster aufzeigen, die mir typisch scheinen für das, was heute anders ist als, sagen wir, vor zehn Jahren. Dabei ließ ich mich zunächst von der Intuition leiten. Wie es manchmal so geht – mitten in der Arbeit stieß ich auf ein inzwischen zehn Jahre altes Buch mit dem Titel »Die Arbeitswelt der Zukunft«, und ich stellte verblüfft eine frappante Ähnlichkeit zwischen den von mir vermuteten Mustern und dem fest, was da als »Attraktoren« bezeichnet worden war. Ich fühlte mich dadurch in meinen Vermutungen bestärkt und habe mein Material diesen »Attraktoren« entsprechend gegliedert. Das Ergebnis hat zumindest mich selbst überzeugt. Ob ich das auch unseren Lesern zu vermitteln vermag, wird sich zeigen.

Auf keinen Fall möchte ich die Leser mit irgendwelchen Theorien langweilen, aber da ich dieses Buch nun schon einmal gefunden habe, möchte ich jenen, die daran interessiert sind, die darin enthaltenen Ausführungen doch nicht vorenthalten. Jedem Kapitel sind deshalb mehr oder weniger passende Ausführungen über den betreffenden Attraktor beigefügt. Sie finden deshalb nachstehend die grundsätzlichen Ausführungen aus diesem Buch über die Begriffe des Attraktors und des Szenarios. Ich versichere meinen Lesern, daß Sie die Lektüre dieser analysierenden Anhänge ohne Schaden weglassen können. Aber wenn Sie in die Lage gelangen sollten, skeptische Gesprächspartner von der besonderen Wirksamkeit der identifizierten Muster überzeugen zu müssen, mag sie zur Argumentationshilfe von Nutzen sein. Beachten Sie, daß das zitierte Buch so geschrieben ist, als ob es heute, im Jahre 2005 verfaßt worden wäre.

Analytischer Anhang über Szenarien

Was sind Szenarien?
Szenarien sind Beschreibungen möglicher Zukünfte von Systemen, sei es in Form eines Bildes im Zeitpunkt X, sei es in jener eines Entwicklungspfades von heute bis zum Zeitpunkt X. Es gibt keine allgemein anerkannte Methode zur Szenarienbildung: Computermodelle des Systems und seines Umfeldes, Extrapolationen, aus theoretischen Zusammenhängen oder empirischen Beobachtungen abgeleitete qualitative Aussagen, Wunsch- und Angstbilder, Intuition, Fiktion, Phantasie, Vision, Strategieentwicklung, Contingency Planning – dies alles sind mögliche Wege der Szenarienbildung; alle werden benützt und in unterschiedlichster Weise miteinander verknüpft.

Das Szenario ist eine Inszenierung, ein Drehbuch, die Konstruktion einer bestimmten Zukunft. Daß die Prognose als Methode der Auseinandersetzung mit Zukunft durch Szenarien abgelöst wurde, hat etwas mit dem wissenschaftlichen Paradigmenwechsel zu tun. Als das Wirklichkeitsmodell der Newtonschen Maschine durch jenes des sich in der Auseinandersetzung mit einem sich selbst entwickelnden Organismus abgelöst wurde, erkannten wir, daß Prognose nicht nur etwas aufgrund der Komplexität der Wirklichkeit Schwieriges, sondern etwas grundsätzlich Unmögliches ist, weil die Grundeigenschaft der Zukunft darin besteht, offen zu sein. Sie ist es schon deshalb, weil sie von unseren eigenen Haltungen und Handlungen abhängt, die wiederum von unseren eigenen Prognosen abhängen. Das zeigt die Erfahrung der sich selbst erfüllenden und der sich selbst verunmöglichenden Prognose (»self-fulfilling« und »self-defeating prophecy«). Als Beispiel sei der Devisenmarkt erwähnt, wo einerseits Erwartungen sich selbst erfüllen, andererseits aber eine funktionierende Prognosemethode die Annahmen, auf denen sie beruht, nämlich die Verhaltensmuster der Akteure, sofort zerstören würde.

Dennoch sind wir darauf angewiesen, Annahmen über die Zukunft zu machen, wenn wir uns ihr gegenüber verhalten oder sie gar mitgestalten wollen. Das hat zur Szenarienbildung geführt: Wir denken uns mehrere mögliche, plausible, wünschbare oder zu befürchtende Zukünfte aus, aufgrund eines Netzes von Wenn-dann-Überlegungen, und versuchen uns so zu verhalten, daß die Wirklichkeit sich in Richtung eines möglichst erwünschten Szenarios bewegt. Wir tun dies, bewußt oder unbewußt, immer wieder, sei es in unserer persönlichen Lebensgestaltung, sei es als Mitglieder von sozialen Organismen. Je nach unserer Interessenlage und unserem Aktionsfeld definieren wir unterschiedliche Systeme, für die wir unsere Szenarien entwickeln, und je nachdem sind es eher Umfeldszenarien, für deren Entwicklung wir uns selbst keine Einflußmöglichkeit zubilligen, oder Strategieszenarien für unseren eigenen Einflußbereich.

Im Zuge des wissenschaftlichen Paradigmenwechsels hat sich allerdings die klare Abgrenzung zwischen eigenem Handlungssystem und Umfeld zunehmend verwischt. Soziale Organismen sind Netzwerkprozesse, die sich in der Auseinandersetzung mit ihrem Umfeld entwickeln, und zu diesem Umfeld gehören auch die Menschen, die »in ihnen« oder »für sie« tätig sind. Planungs- und Strategieentwicklungsprozesse erhalten damit vor allem die Funktion, die Vorstellungen und Handlungsweisen der Beteiligten und Betroffenen zu koordinieren, und Szenarien werden zu einem Kommunikationsinstrument auf diesem Weg: Sie können die Offenheit der Zukunft abbilden; sie können als offenes Gefäß für die Vielfalt des Wissens, der Emotionen und Intuitionen der Beteiligten und für die Komplexität von deren Wirklichkeitswahrnehmung genutzt werden; sie können aber gleichzeitig als Vehikel einer koordinierenden Komplexitätsreduktion dienen, die ja wiederum Voraussetzung einer Verständigung bleibt.

Szenarien werden hier also als Kommunikationsinstrument für die Auseinandersetzung über mögliche und über mehr oder weniger wünschbare Zukünfte verstanden. Als Methode der Szenarienbildung wählen wir die Suche nach möglichen Attraktoren, die sich hinter den Turbulenzen und Aufschaukelungsprozessen der Gegenwart verbergen könnten. Bei ihrer Identifizierung helfen uns alle vertrauten Methoden der Früherkennung gesellschaftlicher Veränderungen: Ergebnisse der empirischen Sozialforschung, statistischer Extrapolation, ökonometrischer Prognosen, journalistisch-historischer Beobachtungen, kulturanthropologischer Spekulationen, soziotheoretischer Überlegungen, systemdynamischer Analysen etc. Wir huldigen somit einem durch Erfahrung gestützten und durch ein Netzwerk von Fachleuten verschiedenster Disziplinen kontrollierten Pragmatismus, den böse Zungen als »postmodern« bezeichnen mögen.

Was ist ein Attraktor?

Eine neuere, der wachsenden Turbulenz der gesellschaftlichen Entwicklung besonders gut angepaßte Methode der Szenarienbildung beruht auf der Suche nach Attraktoren. Der Begriff des Attraktors stammt aus der Chaostheorie. Diese wurzelt in der Beobachtung von dissipativen Strukturen (Prigogine) und Fraktalen (Zeitler/Neidhardt). Die Fraktalforschung hat durch die Möglichkeit der Computersimulation in den 80er Jahren des letzten Jahrhunderts einen ungeahnten Aufschwung genommen. Fraktale können dargestellt werden als Systeme aus nichtlinearen Gleichungen, die durch Irritationen in Fluktuationen geraten, in eine Chaosphase. Sie wird so genannt, weil sie keine Systemgestalt erkennen läßt, sondern nur chaotisch anmutende Fluktuationen. Vor der großen Welle der simulierten Fraktale sprach man eher von der Turbulenzphase. Aus dem, was auf sie folgt, können wir aber schließen, daß sie nicht eigentlich chaotisch ist, sondern eine Bifurkationssituation darstellt, eine Wegscheide des Systems: Die Irritation von außen bewirkt, daß sich das System aufschaukelt zu Fluktuationen, die eine Art Suchverhalten darstellen. Das System sucht nach einer neuen Gestalt, die es im Umfeld, das durch die Irritation komplexer geworden ist, wieder überlebens- oder entwicklungsfähig macht. Es gibt bei komplexen Systemen mehrere solcher Gestalten, die sich hinter der Bifurkation verbergen und in die es über die Suchbewegung der Fluktuation sozusagen hineinfällt. Sie werden Attraktoren genannt, weil sie die Gestalten verkörpern, als welche das System weiterleben kann. Was für einen Attraktor das System finden wird, kann nicht vorher gesagt werden. In welchen von mehreren möglichen es hineinfällt, kann von kleinsten Zufallsdifferenzen der Irritation abhängen. Das hat zum Bild des Schmetterlingsflügelschlags geführt, der einen Orkan auslösen kann. Ein fraktales Gleichungssystem, das für meteorologische Vorgänge typisch ist, hat übrigens graphische Ähnlichkeit mit einem Schmetterling.

Fraktale sind eine Art Informationsverarbeitungssysteme. Ihre nichtlinearen Gleichungen sind der Code, der bestimmt, was für Veränderungsschritte die Irritationen – Informationen über Veränderungen des Umfeldes – im Inneren auslösen. Sie sind also Wahrnehmungsfilter und Systemoperatoren zugleich und damit die Chiffren der Systemgestalt, der Systemidentität, welche die Selbstentwicklung des Systems und dessen mögliche künftige Gestalten bestimmen, auch die Möglichkeiten ihrer eigenen Veränderungen aufgrund der Irritationen des Umfelds. Deshalb haben Fraktale die Eigenschaft der «Selbstähnlichkeit»: Ihre Gestalt bleibt immer ungefähr dieselbe, ob wir sie nun mit dem Teleobjektiv beobachten oder mit dem Rastermikroskop immer tiefer in die Details eindringen. Jeder Teil enthält das Ganze, daher der Ausdruck »Fraktale«. Sie haben in diesem Sinn die Qualität von Hologrammen: Indem der Laser deren Leitdifferenz aufzeigt, enthüllt er immer die ganze Gestalt, mehr oder weniger deutlich, je nach der benützten Informationsmenge.

Der Code, der die Systemgestalt als Leitdifferenz enthält und damit die Weiterentwicklung des Systems einschließlich seiner eigenen Veränderung bestimmt, ist die Grundfigur »autopoietischer«, sich selbst schaffender Systeme, laut Maturana das Grundmodell lebender Systeme. Zu ihnen gehören auch soziale Organismen, für die Luhmann die Theorie der Autopoiese adaptiert hat. Es bietet sich deshalb an, auch in der menschlichen Gesellschaft nach jenen Attraktoren zu suchen, die hinter den Turbulenz-, Chaos- oder Bifurkationsphasen auf ihre Entdeckung warten. Da die Entwicklung komplexer Systeme nicht prognostizierbar ist, ist das freilich kein wissenschaftlicher Akt, sondern einer der Intuition. Allerdings wissen wir aus der Wissenschaftsgeschichte, daß auch sie nach dem Modell der Chaostheorie verläuft: Der Prozeß der Wissensanreicherung führt so lange zu zunehmenden Irritationen und Fluktuationen, bis das Wissenssystem einen neuen Attraktor entdeckt, ein neues »Paradigma«, d. h. ein neues Wirklichkeitsmodell, und diese Entdeckung ist in aller Regel ein Produkt der Intuition, ein spontanes Aha-Erlebnis (Kuhn). Wenn wir aus den Beobachtungen gegenwärtiger gesellschaftlicher Veränderungen auf künftige Attraktoren schließen, so bündeln wir dabei unser historisches, theoretisches und empirisches Wissen, aber letztlich bleibt als Ergebnis eine mehr oder weniger plausible Vermutung. Da sich hinter jeder Bifurkation mehrere Ausgänge verbergen, haben die von uns identifizierten Attraktoren nichts Zwingendes an sich. Unsere LeserInnen sollten sich immer wieder fragen, welche anderen Attraktoren sie denn im Hinterkopf haben, denn schließlich geht es um ihre Zukunft.

Kapitel 1:
Die Lebensunternehmer

Ein Blick auf die Biographien und Tätigkeitsfelder der Familienmitglieder zeigt, daß die maßgeschneiderte Lebensgestaltung das verbindende Merkmal ist. Sie ergibt sich aus den individuellen Lebenspfaden, in deren Verlauf sich persönliche Fähigkeiten und Schwächen, Vorlieben und Abneigungen, aber auch Beziehungsnetze entwickeln, auf die sich zurückgreifen läßt. Daraus wiederum ergibt sich die weitere Richtung der Lebenspfade. Alles im Haus Rheinblick ist darauf ausgerichtet, der individuellen Gestaltung möglichst viel Spielraum einzuräumen, was zu einer besonderen Art der gegenseitigen Offenheit und Verantwortung führt.

Hauptfigur im Haus Rheinblick ist ganz eindeutig Juana. Das Haus und seine Einrichtung zeugen von ausgesuchtem Design, das Elemente verschiedenster Kulturräume und Lebensstile zu einem spannungsreichen und doch Geborgenheit ausstrahlenden Ganzen vereinigt. Fast habe ich das Gefühl, daß Juanas virulenter Gestaltungswille auch die Aspirationen der übrigen Hausbewohner mitgeprägt hat. Jedenfalls scheint uns die Begeisterung darüber, die Vielfalt der Möglichkeiten zu so etwas wie einem dynamischen Gesamtkunstwerk bündeln zu können, eine Art Kulturmerkmal der Familie zu sein.

Ich habe übrigens etwas gezögert, den Ausdruck »Familie« zu benützen – aber die fünf im Haus Rheinblick zusammenlebenden Personen vereinigen mehr Merkmale dessen, was im Lauf der Geschichte als Familie bezeichnet worden ist, auf sich als die typische Kleinfamilie des 20. Jahrhunderts: ein Mann und eine Frau, die sich als Liebes- und Lebenspartner verstehen, drei Generationen, zum Teil in direkter Linie verbunden, eine gemeinsam getragene wirtschaftliche Gemeinschaft mit einer Hilfskraft, ein gemeinsam bewohntes Haus und eine aufeinander abgestimmte individuelle Lebensgestaltung. Von den heutigen Wohngemeinschaften entsprechen die wenigsten dem zivilrechtlichen Familienbegriff aus dem 19. Jahrhundert. Aber sie verbinden in der Regel mehrere Merkmale von Familien verschiedenster Geschichtsperioden in ganz unterschiedlicher Kombination miteinander. Doch sehen wir uns die Lebensbeschreibungen der einzelnen Familienangehörigen jetzt etwas näher an:

Juana: Dynamische Gestalterin und Seele des Hauses

Juana hat einen sehr unregelmäßigen Lebensrhythmus. Sie arbeitet überwiegend zu Hause in ihrem gewöhnlich abgedunkelten Atelier, dessen Multimediaeinheit per Satellit mit dem Firmensitz in Zürich und dem dortigen Hochleistungscomputer verbunden ist. Ihren Terminal für Gespräche, Daten, Fax- und CD-Übertragungen trägt sie jedoch immer bei sich, auch auf Überseereisen. Zu Hause arbeitet sie oft bis gegen Morgen. Dann schläft sie lange und fängt erst nachmittags an, herumzutelephonieren (immer noch die wichtigste, weil informelle und interaktive Art der Telekommunikation, allerdings immer häufiger mit Bildschirmbegleitung). Durchschnittlich zweimal wöchentlich begibt sie sich nachmittags in die Zentrale, um ihre weiteren Projekte mit den Kollegen abzustimmen, und vor allem für die Projektentwicklung mit dem Team, zu der oft auch Kunden hinzustoßen. Grundsätzlich wäre das alles auch über multimediales Teleconferencing zu machen, und in einzelnen Fällen und Phasen mit Kunden in Übersee oder interkontinentalen Teams geschieht das auch. Aber es bleibt eine Notlösung. Die Spontaneität und die Emotionalität der direkten Begegnung, die Zwischentöne, die kleinen Blicke und Gesten, die erotischen Spannungen, der Klatsch bei der Kaffeepause – kurz, alles, was die Kreativität und die gemeinsame Energie eines Teams ausmacht, bleibt dabei auf der Strecke.

Das ist nicht neu, aber noch erinnern wir uns gut genug der hitzigen Auseinandersetzungen der achtziger und neunziger Jahre, ob die Menschen wirklich zu Hause arbeiten möchten, ob das wirklich funktioniert, ob die letztlich doch erforderliche Arbeitsdisziplin und die informellen Prozesse nicht im Regelfall die Anwesenheit am Arbeitsort erfordern etc. Inzwischen können wir darüber nur noch lächeln: Der Streit hat sich nicht entschieden, sondern einfach in nichts aufgelöst, weil es nicht um Grundsätze geht, sondern um eine Reihe von ganz praktischen Gesichtspunkten, die zu ganz unterschiedlichen maßgeschneiderten Arbeitsgestaltungen führen.

So führt Juana auch nie mehr eine Grundsatzdiskussion darüber, ob eine Überseereise nun erforderlich sei oder nicht: Man spürt doch, ob die Beziehung zu einem Kunden tragfähig genug ist, um die Probleme am Bildschirm zu regeln. Und wenn sie Reisekosten verursacht, die sie nicht über kurz oder lang mit zusätzlichen Aufträgen hereinholt, schneidet sie sich ins eigene Fleisch, denn der Cashflow aus den von ihr akquirierten und verantworteten Projekten steht ihr zu, natürlich nach Abzug der Kosten für die gemeinsam benutzten zentralen Dienste und der Honorare an die Kollegen, die an ihren Projekten beteiligt sind. Zu den zentralen

Diensten gehören neben den technischen Einrichtungen, den Qualifikationsangeboten und den Controlling- und Informationssystemen auch der Schwankungsausgleich, der den früheren Fixlohn ersetzt, und die Vorkehrungen der sozialen Absicherung.

Jeder Projektleiter der Firma »Animag« betreibt selbständig, wenn auch mit Unterstützung der Zentrale, Projektakquisition und stellt das maßgeschneiderte Projektteam aus internen und externen Kollegen zusammen oder übergibt den Auftrag einem interessierten Kollegen. So verfügt er über ein Portefeuille von Projekten und arbeitet gleichzeitig an anderen mit. Die Teams und die Portefeuilles sind ständig im Fluß, aber es haben sich gewisse stabile Kerne herausgeschält, sowohl Projektgruppen als auch solche mit besonderen fachlichen Stärken. Es liegt weitgehend in der Hand der Projektleiter, im Lauf der Jahre die Gewichte einmal mehr in Richtung Innovation, einmal mehr auf Kontinuität, aber auch einmal auf maximalen Cashflow und einmal auf mehr persönliche Muße auszurichten. Auch der Einsatz für zentrale Dienstleistungen wie etwa gemeinsame F+E-Projekte und den Aufbau gemeinsamen Know-hows ist Ergebnis von Verständigungsprozessen, die allerdings äußerst konflikttächtig sind, weil der entgangene Cashflow kompensiert werden muß. Juana zeigt etwas Zweifel gegenüber der Hoffnung ihrer Topmanager-Kollegen, daß sich die Sache selbst regeln werde, weil die Honorare für diese zentralen Dienstleistungen sich nach oben oder unten bewegen würden, je nachdem, ob die Dienstleistungen als ausreichend empfunden würden oder nicht.

Diese ganzen organisatorischen Darstellungen sind für mich leichter zu verstehen als die technischen. Fasziniert lasse ich mir ihre Produkte vorführen, und zwar im Multimediaraum im Dachgeschoß, der mit größeren Bildschirmen und Projektionsflächen ausgestattet ist als die Profieinrichtung im kleinen Atelier. Wir üben uns im Golfspiel auf dem berühmtesten Golfplatz der Welt, im argentinischen Süden, mittendrin und mit Handschuhen, die das Golfschlägergefühl voll herstellen – ein Projekt, das für eine Golfhotelkette entwickelt worden ist. Wir stellen ein raffiniertes kantonesisches Menü zusammen, programmieren Juanas Küche zum Abendessen und übermitteln die Computerliste der Zutaten per Datenleitung an den Expreßhauslieferdienst, der bei diesem Projekt Auftraggeber gewesen ist, aber unter Beteiligung einer Reihe von Lebensmittellieferanten wie etwa dem chinesischen Restaurant und Traiteur, der Juana zusammen mit dem Küchenfabrikanten bei der Entwicklung dieses Kochprogramms unterstützt hat.

Wir werden im Lauf weiterer Gespräche noch auf mehrere Juana-Produkte stoßen. Wie kommt man zu einer solchen Tätigkeit? »Zufall, Glück, Flexibilität, Fleiß und ein bißchen Intelligenz und Begabung«, antwortet sie. In Barcelona, wo sie bis zu ihrem 28. Altersjahr gelebt hatte, standen ihre künstlerischen Fähigkeiten, Graphik und Design, völlig im Zentrum des Interesses, abgesehen natürlich von der Liebe, der Consuelo entsprang, als Juana gerade 22 Jahre alt war. Sie hatte das Glück, in dieser katalanischen Hauptstadt aufzuwachsen, die als Brücke zum übrigen Europa seit Jahrhunderten ein Nährboden neuer architektonischer und künstlerischer Gestaltungsmöglichkeiten gewesen ist; hier aufzuwachsen in einer Zeit, als Spanien im ganzen und das eigenständige Katalonien im besonderen nach Jahrzehnten der Unterdrückung plötzlich aus allen Nähten platzten und sich mit einem explodierenden Zukunftsglauben das neue Zeitalter einverleibten. Dadurch hatte Juana auch ein völlig ungebrochenes Verhältnis zur Technologie entwickelt, anders als im übrigen Europa, wo gerade Künstler in den letzten 30 Jahren das Unbehagen gegenüber dem hyperindustriellen Zeitalter repräsentierten.

Juana stürzte sich also auf all die neuen Möglichkeiten des CAD, der Virtual Reality etc., und da sie es mit ungeheurer Energie betrieb, stieß sie jeweils rasch an die Grenze der Entwicklung. Deshalb fing sie frühzeitig an, sich mit deren Software-Seite zu beschäftigen. Sie wurde zum Computerfreak unter lauter Künstlern. Als die neue Muttergesellschaft in Zürich sich entschloß, die Animation als neue Pilotlinie der Werbung und Verkaufsförderung aufzubauen, holte sie Juana deshalb 1993 in die Schweiz. Lange Zeit galt sie hier als Exotin, denn ihre Ankunft fiel mit einer hartnäckigen Wirtschaftsflaute zusammen. Auch nach deren Überwindung lag das Hauptgewicht im Konsumgüter- und Dienstleistungsmarkt noch auf der Produktivitäts- und Preiskonkurrenz. Die Paradiesvögel des Luxuskonsums der achtziger Jahre kämpften ums Überleben, und die immer wieder prognostizierten neuen Vertriebstypen und Verkaufskanäle entwickelten nirgends die nötige Eigendynamik.

Dann aber, kurz vor der Jahrtausendwende, kam plötzlich, scheinbar aus heiterem Himmel, der Durchbruch, aus Gründen, die nicht in dieses Kapitel gehören. Da Juana als eine der ganz wenigen und als Beste in ihrem noch nirgends definierten Metier darauf vorbereitet war und nicht nur mehrere Demonstrationsprojekte, sondern auch jede Menge fertiger Standardsoftware im Computerspeicher hatte, verlief ihr Aufstieg kometenhaft. Ihre Sparte wurde zum Hauptgeschäft der Firma. Deren Name wurde entsprechend abgeändert. Juana wurde Mitglied der zentralen Geschäftsleitung und hatte als solches entscheidenden Einfluß auf die beschriebene branchengerechte Organisation. Konsequenterweise blieb sie gleichzeitig selbst Projektleiterin und beschränkt ihre Topmanagement-Funktion auf das unerläßliche Minimum, denn wenigstens ein Geschäftsleitungsmitglied sollte ihrer Ansicht nach voll in das Kerngeschäft der Firma involviert sein.

Percy bewundert und belächelt sie gleichzeitig deswegen, denn was sie sich damit einhandelt, ist einerseits eine kaum zu bewältigende Arbeitslast und andererseits ein wesentlich geringeres Einkommen als die übrigen Geschäftsleitungsmitglieder: Der größte Teil ihres Einkommens ergibt sich aus dem Cashflow eines Projektleiters, und dessen Akquisitions-, Entwicklungs- und Realisierungsaufwand hat sie nicht nur mit der Geschäftsleitungsfunktion zu kombinieren, sondern darüber hinaus mit jener des bejubelten Medienstars, der sie unweigerlich geworden ist: Attraktive Frau mit spektakulärem Erfolg im Geschäft und noch dazu an vorderster Front der technischen Innovation, mit unterhaltsamen Trendprodukten, und darüber hinaus Ausländerin – was wollte man mehr?

Noch in anderer Hinsicht hatte Juana Glück gehabt: Solange Consuelo ein Baby gewesen war, hatte sich Juana beinahe ins traditionelle Schema gefügt: verheiratete Mutter mit einer Nebenerwerbstätigkeit, die sie mehr als Hobby betrieb, und um den Kontakt nicht zu verlieren. Als sie sich aber der Falle bewußt wurde, stieg sie entschlossen aus, jedoch in eine Designertätigkeit, die ihr viel zeitliche Flexibilität und inhaltliche Entwicklungsmöglichkeiten bot. In der Schweiz traf sie dann den blutjungen Bankangestellten Percy, der sie auf Händen trug und in seiner reichlichen Freizeit den Hausmann spielte, später unterstützt von seinem arbeitslos gewordenen Vater. Als dann der Durchbruch kam, war Consuelo bereits recht verständig und fand in Guido einen väterlichen Berater. Jetzt, mit Anja, sind die Haushaltsprobleme sowieso gelöst. Aber von Freizeit kann wirklich kaum die Rede sein. Juana findet ihren Beruf jedoch in jeder Hinsicht derartig faszinierend, daß sie gegenwärtig nicht besonders darunter leidet und auch wenig Verständnis für die Frustration ihrer Familie hat. »Es gibt für alles eine Zeit«, sagt sie. »In einigen Jahren werde ich vielleicht wieder mehr Bedürfnis nach inneren oder künstlerischen Entwicklungen oder nach Muße, Freunden und Familienleben haben. Dann werde ich entsprechend zurückschrauben. Wer weiß – vielleicht werden wir sogar noch ein spätes Baby produzieren?« Percy zwinkert mir zu und sagt: »So sprechen ahnungslose Workaholics!«

Percy: Der junge Privatkundenbankier und Gemeinderat

»Sind Sie denn keiner?« frage ich. »Noch nicht, und ich hoffe, daß ich mich dagegen wehren kann.« Die Schilderung seines Werdegangs und Tagesablaufs läßt indessen schon heute erhebliche Zweifel aufkommen. Nach einer normalen Banklehre hat er zunächst in Zürich das Leben der zahllosen grauen Mäuse geführt. Dann, als er 22 Jahre alt war, begegnete ihm auf einer Party die zehn Jahre ältere Juana. Für ihn war sie das ganz große, unentrinnbare Faszinosum. Für sie war er zunächst ein reizvolles, mit der Selbstironie und Neugier einer sich selbst älter machenden Frau genossenes Abenteuer. Dann übermannte sie sozusagen das Gestaltungspotential, das sie in diesem Jungen erkannte, der von seinem soliden, von der Nachkriegszeit geprägten Vater auf eine traditionelle Bahn gesetzt worden war: amerikanischer Vorname, Zürich, Großbank ...

Die große Wende kommt in mehreren Schritten: 1997 trifft er Juana. 1998 kauft sie das alte Bauernhaus in Weindorf, sehr zu seinem Entsetzen, denn die tägliche Pendelei ist gar nicht nach seinem Geschmack. 1999 aber stößt er auf das Angebot der Konkurrenz, die etwas experimentierfreudiger ist als sein Arbeitgeber, in ihrem Pilotprojekt mitzuwirken. Es geht darum, kleine kundennahe Betriebsteams mit weitgehender unternehmerischer Selbständigkeit zu bilden. Die heißen dann nach ihrer Region, z. B. »Privatkundenbank Großkirchen«. Die Idee erweist sich nach einigem Experimentieren als entwicklungsfähig. Noch ist erst ein kleiner Teil des Geschäfts auf diese Form umgestellt, aber schon heute ist abzusehen, daß ihr die Zukunft gehört.

Auch in Percys Alltag steht der Beruf im Zentrum, obwohl er nur 80 Prozent der gewöhnlichen Fünf-Tage-Woche leistet. Diese Formulierung wird früher oder später überholt sein, denn nicht die Arbeitszeit zählt, sondern die Leistung, und es bleibt grundsätzlich dem Mitarbeiter überlassen, ob er viel und effizient oder weniger und effizient oder aber viel und gemütlich arbeitet. Allerdings hängt es von den besonderen Stärken ab, die sich im Lauf seiner unternehmerischen Entwicklung zeigen, welche Funktionen, möglicherweise dann eben auch besonders gewinnträchtige, ihm angeboten werden.

Seit Anja im Haus ist, könnte Percy ohne weiteres voll arbeiten. Aber mit dem Workaholic Juana vor Augen konzentriert er sich darauf, die Zeit, die er für den Job aufwendet, so effizient wie möglich einzusetzen; dafür hat er sich kürzlich in den Gemeinderat wählen lassen, wo er seine Kenntnisse und jene Juanas ganz vorzüglich gebrauchen kann. Davon später mehr.

Im Gegensatz zu Juana hat Percy einen ziemlich regelmäßigen Lebensrhythmus: Die erste Stunde nach dem Frühstück, von halb neun bis halb zehn, verbringt er gewöhnlich am Bildschirm. Als erstes holt er sich die Angaben (mit Bild) über die heute zu besuchenden Kunden aus der Zentrale, aus denen ihre Situation, ihre besonderen Eigenheiten und Bedürfnisse und ihre bisherigen Geschäfte zu entnehmen sind, und zwar auf der Anlage-, der Darlehens- und der Versicherungsseite. Dann ruft er die wichtigsten Tagesnachrichten der NZZ, der Financial Times, des Wall

Street Journal etc. ab, ferner die neuesten Finanzmarktdaten und schließlich allfällige Konditionenänderungen seiner Bank oder neue Empfehlungen und Dienstleistungsangebote für Anlage- und Kommerzkunden, alles bereits mit dem Bild der Kunden vor Augen. So füllt er Wirtschaftsinformationen, die interessieren könnten, und die Vorschläge für die Lösung der Kundenprobleme sofort in die Standardvorlage ein. Diese Prozedur wiederholt er im Lauf des Tages des öfteren, dann von unterwegs über das Funknetz.

Gegen zehn Uhr trifft er mit seinem Mini beim ersten Kunden ein. Der Radius seines Teams beträgt etwa 30 Kilometer und entspricht ungefähr der täglichen Reichweite des Elektrofahrzeugs. Zu Besprechungen in der Zürcher Zentrale fährt er durchschnittlich ein- bis zweimal monatlich. Dort geht es um die vertiefte Auseinandersetzung mit der politischen und wirtschaftlichen Lage und deren geschäftlichen Konsequenzen, um die erforderlichen Kenntnisse im Umgang mit Soft- und Hardware-Neuerungen, um die Beurteilung und Verbesserung der Teamergebnisse etc. Jedesmal, wenn er nach Zürich fährt, ärgert er sich, daß er sich hat breitschlagen lassen, einen huckepackgängigen Wagen anzuschaffen, bevor die dazu geeigneten S-Bahn-Züge auch wirklich in Betrieb sind.

Beim Kundenbesuch werden die Vorschläge diskutiert und bereinigt. Das Ergebnis geht als Anweisung zur Ausführung direkt in die Zentrale. Fast jeden Mittag findet eine Teambesprechung statt. Die Mehrzahl der insgesamt zwölf Kolleginnen und Kollegen wohnt in Großkirchen und trifft sich dort im Gemeinschaftsbüro, wo sie mit Teams anderer Firmen zusammen ein Sekretariat beschäftigen. Die Kollegen aus den benachbarten Dörfern begeben sich ungefähr einmal wöchentlich zu diesen Besprechungen oder wenn sie gerade in der Nähe sind. In der Regel aber schalten sie sich von zu Hause über den Bildschirm dazu. Das Gespräch dient dem Erfahrungsaustausch, der Beantwortung von aufgetauchten Fragen, der Planung des kommenden Tages, allenfalls auch Veränderungen der Kundenzuteilung, die aber nur im Notfall vorgenommen werden, da grundsätzlich jeder Kollege seine eigene Kundschaft hat – und natürlich jede Kollegin, denn diese flexible, abwechslungsreiche, intellektuell anspruchsvolle, mit intensiven menschlichen Kontakten verbundene Tätigkeit, die ausgeprägtes Fingerspitzengefühl erfordert, ist bei Frauen besonders beliebt. Von den inzwischen bereits 36 »Privatkundenbanken« haben 21 einen weiblichen Chef gewählt. Hauptaufgabe des Chefs ist der Kontakt mit der Zentrale und die helfende Hand bei Konflikten und menschlichen Problemen. Fachlich sind alle Teammitglieder eigenständig, und die Motivation und Solidarität ist schon durch die teambezogene Erfolgsbeteiligung sichergestellt. Die auszuschüttende

Dividende, die im Durchschnitt etwa ein Drittel der Gesamtbezüge ausmacht, wird mit der Zahl der Kundenbesuche gewichtet, um dem unterschiedlichen Arbeitsaufwand der Kollegen Rechnung zu tragen. Die tägliche Besprechung findet um 14 Uhr statt, um jenen, die sich am Nachmittag anderen Tätigkeiten zuwenden, dazu Gelegenheit zu geben.

Percy macht an zwei Nachmittagen pro Woche davon Gebrauch. Das gibt ihm die Möglichkeit, sich zusammen mit seinem Vater um das Haus und zusammen mit seinen politischen Freunden um die Gemeinde zu kümmern. Zwischen der Politik und den Interessen von Juana und den beiden Mädchen hat er als Kulturreferent des Gemeinderates eine Brücke geschlagen. Deshalb sind die familiären Beziehungen recht intensiv, obwohl eigentlich nur an Wochenenden alle Hausbewohner mehr oder weniger gleichzeitig füreinander Zeit haben. Aber auch abends gibt es immer wieder gemeinsame Anlässe, zumal Juana sich bemüht, ihre Nachtarbeit auf die Zeit von Montag bis Donnerstag zu beschränken.

Consuelo: Die Verkäuferin der neuen Art und ihre erotischen Verwirrnisse

Consuelos berufliche Laufbahn hat mit einer Enttäuschung für Juana begonnen. Für sie war es eine Selbstverständlichkeit gewesen, daß das intelligente Mädchen das Gymnasium absolvieren und anschließend studieren würde. Aber als Consuelo 17 wurde, hielt es sie nicht mehr auf der Schulbank. Sie wollte hinein ins bunte Leben; das allgemeine Bildungs- und Qualifikationsniveau und der durchschnittliche Informationsstand der Menschen sind ohnehin so sehr angestiegen, daß der Unterschied zwischen einem Facharbeiter und einem Akademiker weniger ins Gewicht fällt als früher. Die relativ unbewegliche Schule erhält von allen Seiten wachsende Konkurrenz, nicht nur von den immer raffinierteren Unterhaltungsmöglichkeiten, einschließlich des politischen Infotainment, sondern auch vom überbordenden Reichtum an privaten und betrieblichen Kursen und Weiterbildungsangeboten, die in ihrer Vielfalt eine maßgeschneiderte Entwicklung ermöglichen und sich der Klaviatur der Medien und der Animation souverän bedienen. Außerdem ist im Leben fast nichts mehr endgültig. Die meisten Lebenspfade schlängeln sich so dahin.

Der Prozentsatz der Akademiker scheint in den neunziger Jahren seinen Höhepunkt erreicht zu haben. Dafür steigt der Anteil jener Studenten, die erst nach einigen Jahren der Berufstätigkeit ein Studium aufnehmen. Es ist fast zur Regel geworden, daß sie sich mit allen möglichen

Erwerbstätigkeiten großenteils selbst oder im Rahmen der vielfältigen kleinen Wohngemeinschaften kollektiv ihren Lebensunterhalt verdienen. Papas Söhnchen oder Mamas höhere Töchter sind nicht mehr »in«.

Consuelo stehen also heute, in ihrem 18. Lebensjahr, noch alle Wege offen. Einstweilen schwärmt sie von ihrer Schneiderei. Eine Verkäuferinnenlehre hat heute kaum noch etwas mit dem zu tun, was wir uns vor zehn Jahren darunter vorstellten. Immer wichtiger wird CAD, und zwar die technische Komponente sowohl wie das Know-how, um die Kunden am Bildschirm fachlich und geschmacklich beraten zu können. Auch das Geschick im Umgang mit anspruchsvollen Menschen gewinnt an Bedeutung: Selbsterfahrung, Fremderfahrung, kommunikative Kompetenz lauten die Stichworte. Schließlich werden im Zuge der organisatorischen Dezentralisierung auch Managementfähigkeiten unabdingbar. Fast könnte man sagen, daß eine Verkäuferin heute vor ähnlichen Anforderungen steht wie früher etwa der Chef einer kleinen Werbeagentur.

Anfangs träumte Consuelo davon, später einmal mit Juana zusammenzuspannen, auch wenn ihre konkreten Vorstellungen darüber vage waren. Berührungspunkte gibt es viele. Was sie im Geschäft lernt und in den Kursen, aber auch ihre Hausaufgaben – alles hat eine starke multimediale Komponente. Seit sie sich Anja angeschlossen hat, bewegen sich ihre Interessen aber in anderer Richtung. Doch davon später. Jedenfalls ist sie mit ihrer Lehre vollauf beschäftigt, oft auch bis in die Abendstunden hinein, zumal das Geschäft in Absprache mit den Stammkundinnen an normalen Tagen von 11 Uhr bis 20 Uhr geöffnet ist, am Samstag, dem Haupteinkaufstag, sogar von 9 Uhr bis 20 Uhr.

Obwohl Consuelo in der Regel höchstens 20 Stunden wöchentlich im Laden verbringt, bleibt ihr nicht viel Zeit für andere Tätigkeiten. Sie könne nur lachen über die Behauptung ihrer Volkswirtschaftslehrerin, im Zuge der fortschreitenden Arbeitszeitverkürzung sei auf einem ganz anderen Weg, als Karl Marx sich vorgestellt habe, dessen Traum Wirklichkeit geworden: Der Mensch könne heute am Vormittag fischen und am Nachmittag jagen, ganz wie es ihm beliebe. Beim Abendessen mokiert sie sich darüber gegenüber Juana. »In gewisser Weise hat deine Lehrerin wohl recht«, meint diese. »Wir haben heute fast unbegrenzte Möglichkeiten, unsere Zeit selbst einzuteilen und zu gestalten und uns dabei auch zu überlegen, wieviel Zeit und Energie wir dem Einkommenserwerb widmen wollen oder ob wir uns gar mit dem Minimaleinkommen begnügen wollen. Aber anders als die Theoretiker von gestern gedacht hatten, heißt das nicht, daß wir immer weniger arbeiten und uns immer mehr Freizeitvergnügungen widmen. Es liegt doch eigentlich nahe, daß Menschen, die die Freiheit haben, sich auf das zu konzentrieren, was ihnen liegt, derartig motiviert sind und gleichzeitig derartig belohnt werden, daß sie immer tiefer in dieses Engagement hineingesogen werden. Der Unterschied zwischen Arbeit und Freizeit verliert für sie ihren Sinn. Arbeit ist nicht mehr die Sphäre der fremdbestimmten Notwendigkeit. Dann braucht Freizeit auch nicht mehr die Sphäre des selbstbestimmten Nichtstuns zu sein. Beides fließt zusammen in einem Rhythmus von Anstrengung und Muße, die beide dasselbe Zentrum haben.«

»Aber das ist doch gerade das Problem«, entgegnet Consuelo. »Leute wie du haben nur noch ein einziges Zentrum. Was wird aus Freunden, die nicht Berufskollegen sind? Was wird aus deiner Beziehung zu Percy? Was wird aus deiner Tochter?«

Juana beißt sich auf die Lippen und sagt nach einigem Nachdenken: »Vielleicht hast du recht. Allerdings denke ich immer, meine Lieben profitierten auch davon, daß ich so ein faszinierendes Lebenszentrum habe. Wenn ich mich dazu überwinden würde, mich da weniger zu engagieren und mich mehr meinem Zuhause und meinem privaten Kreis zu widmen, hätte ich einerseits weniger Erfüllung, und andererseits würde ich euch dies insgeheim übelnehmen. Ich denke deshalb, es gibt nur eine wirklich taugliche Lebenshaltung: Tun, was mir selbst im Innersten sinnvoll scheint, und bei der Suche danach die Bedürfnisse meiner Mitmenschen in die Rechnung eingehen lassen, mit dem emotionalen Gewicht, das sie für mich haben. Das heißt nicht unbedingt, daß ich diese Bedürfnisse befriedige. Aber ich entwickle mein Lebenszentrum in der Auseinandersetzung mit ihnen. Dabei gibt es wahrscheinlich auch ganz unterschiedliche Phasen. Einmal knie ich mich voll in die berufliche Entfaltung hinein, und dann habe ich vielleicht einmal selbst das Bedürfnis, andere vernachlässigte Seiten meiner Persönlichkeit zum Zuge kommen zu lassen und eine Weile lang Mutter, Geliebte und Hausfrau zu werden, wer weiß ...«

»Aber kann man denn nicht mehrere Zentren gleichzeitig haben? Ich z. B. habe meine Lehre, die den größten Teil meiner Zeit beansprucht, dann die Tanzschule, dann Anja« – hier errötet sie – »und schließlich euch alle ...«

» – in dieser Reihenfolge«, ergänzt die Mutter sarkastisch. »Aber Spaß beiseite. Nie würde ich behaupten, jeder Mensch sollte oder könnte nur ein Zentrum haben. Es gibt die verschiedensten Lebensmodelle und Lebensphasen. Du bist sicher noch stark am Suchen. Auch die erotische Faszination, die Anja gegenwärtig auf dich ausübt, wird sicher noch andersartigen Quellen der Lust Platz machen.« Juana scheint mir etwas schuldbewußt dreinzublicken, als hätte sie sich dabei ertappt, daß sie sich erneut von ihrem altmodischen Urteil leiten ließ, eine lesbische Beziehung könne doch in der Hierarchie der sexuellen Lust nur den zweiten Rang beanspruchen. Aber Consuelo hört darüber hinweg. Juana fährt fort: »Dann gibt es Menschen, die es phasenweise oder überhaupt nötig haben, im Spannungsverhältnis zwischen verschiedenen Polen zu leben oder einen Ausgleich in ganz gegensätzlichen Tätigkeiten zu suchen. Ferner gibt es die, welche in mehreren Wirklichkeiten gleichzeitig leben wollen, und dann meistens auch noch in rasch wechselnden. Jeder muß selbst herausfinden, was ihm liegt, was ihm sinnvoll erscheint.«

»Sag' mal, Juana, was ist das eigentlich, Sinn?« fragt Consuelo unvermittelt, wie ein kleines Mädchen. Juana denkt nach. »So richtig weiß das wohl niemand. Und doch spüren die meisten, ob sie etwas Sinnvolles tun oder nicht ... Dinge, die für mich eine Bedeutung haben. Vielleicht ist es das. Aber damit habe ich eigentlich nur ein Wort durch ein anderes ersetzt ... Doch dabei kommt mir in den Sinn ... – was ist eigentlich der ›Sinn‹, in den mir das kommt? Never mind. Es kommt mir in den Sinn, was ein kluger Mann einmal über den Sinn gesagt hat: Er erschließe sich beim Versuch, aus der Vielzahl der Möglichkeiten jene Wirklichkeit herauszudestillieren, die der eigenen Selbstbeschreibung, der Vorstellung von der eigenen Identität entspreche ...« Juana bleibt gedankenverloren sitzen und bemerkt offenbar nicht, daß Consuelo sie ziemlich verständnislos ansieht, im vergeblichen Bemühen, den Sinn ihrer Worte über den Sinn zu verstehen.

Anja: Die Haushaltshilfe mit Vergangenheit und ihre logistischen Probleme

Doch kommen wir zum zweiten Zentrum in Consuelos Leben, zur Tanzschule, die gleichzeitig die Brücke zu Anja schlägt. Offenkundig war Anjas Ankunft in Weindorf vor einem Jahr für alle Beteiligten ein Schock von gefährlicher Sprengkraft. Juana war an einem Abend mit männlichen Geschäftsfreunden im Rotlichtviertel auf sie gestoßen, als sie sich nach ihrem Strip-Auftritt an ihren Tisch gesetzt hatte. Die seltene Gelegenheit zum offenen Gespräch mit einer Frau hatte die Schleusen ihrer Lebensgeschichte geöffnet und ein Ausmaß von Leid und Unterdrückung offenbart, das Juana zu ihrer eigenen Überraschung irgendwann sagen ließ: »Wenn Sie wollen, hole ich Sie da raus. Sie ziehen zu uns auf's Land und besorgen uns den Haushalt, und dann überlegen Sie sich in Ruhe, was Sie aus Ihrem Leben machen wollen. Ich werde Ihnen helfen, es zu realisieren.«

Nach Überwindung einiger mafioser Hindernisse und gewisser Bedenken der beiden Männer zu Hause war es dann soweit. Anja zog ein.

Sie brachte eine völlig unbekannte Welt mit sich: die Welt der kaukasischen Bürgerkriegswirren, die Welt der Armenghettos, die Welt der sexuellen Ausbeutung von Frauen, die sich keine Emanzipation leisten konnten. Ihre Aufmachung und ihre Bewegungen entsprachen den Tätigkeiten, denen sie in den letzten acht Jahren nachgegangen war. Auch wenn sie hinter dem Reinigungsautomaten durch die Räume glitt, begleitete sie eine sexuelle Spannung, die wahrscheinlich nur teilweise von ihr und zum größeren Teil vom Wissen der Betrachter um ihre Vergangenheit ausging. Jedenfalls war das Interesse von Percy und Guido an ihrer neuen Hausgenossin so unübersehbar, daß Juana sich bald zu fragen begann, ob sie nicht doch einen Fehler begangen habe. Vollends verlor sie die Fassung, als sie eines Tages die beiden Mädchen im Bett überraschte. Zuerst hatte sie sich über das Vertrauen gefreut, das sich augenblicklich zwischen ihnen entwickelt hatte. Aber mit dieser Wendung hatte sie nicht gerechnet.

Sie bemühte sich allerdings, mit Gleichmut zu reagieren. Seit die Aids-Gefahr durch den endlich entwickelten Impfstoff gebannt ist, prägt eine neue Woge der sexuellen Experimentierlust die Gesellschaft – als ob sie nur darauf gewartet hätte, die zunehmende Vielfalt der Möglichkeiten, die alle anderen Lebensbereiche prägt, auch in Erotik und Sexualität voll auszukosten. Auch auf diesem Gebiet spaltet sich die Gesellschaft auf: Die einen huldigen dem Kult der Beliebigkeit, andere begeben sich in totale Abhängigkeit von charismatischen Führern oder Führerinnen und verabsolutieren irgendwelche Extreme – unter ihnen sowohl neue Formen der klösterlichen Enthaltsamkeit und der innerweltlichen Askese als auch alle Varianten von schwarzen Messen, Hexenverchrung und Sadomasochismus. Wieder andere versuchen auch auf diesem Gebiet über das offene Experimentieren und die Auseinandersetzung mit sich selbst und ihren Mitmenschen die ihnen und dem jeweiligen Lebensabschnitt angemessene Gestaltung zu finden. Juana berichtet uns von ihrem Bemühen, in der Leidenschaft ihrer Tochter ein solches Muster zu erkennen, ängstigt sich aber gleichzeitig, Anja könnte Consuelo mit den Abhängigkeit schaffenden Mechanismen ihres früheren Lebens infizieren.

Das Problem wird dadurch verstärkt, daß Anja zwar eine tiefe Abscheu gegen diese Abhängigkeiten entwickelt hat, gleichzeitig aber ihr natürliches Talent für den Tanz und ihre Freude an ihrem Körper und dessen Zurschaustellung entdeckt hat und diese in angstfreier Umgebung ungehemmt auslebt. Dabei kommt ihr die Enttabuisierung der Erotik in den Medien und in künstlerischen Darbietungen zu Hilfe: Die sogenannte Sexwelle im Fernsehen vor zehn bis 20 Jahren hatte ihre Wirkung auf die Einschaltquoten bald eingebüßt, weil sie nur jene verspäteten Kleinbürger noch eine Weile lang anzog, die seit 1968 nicht mehr gewagt hatten, die Augen aufzumachen. Nun aber geht es um etwas anderes: Erotik und Sexualität werden wie Essen und Trinken, Wohnen, Reisen, Arbeiten etc. zu Gestaltungsdimensionen, zu Gebieten der kulturellen Verfeinerung, die mit derselben Offenheit und demselben engagierten Sachverstand betrachtet und diskutiert werden wie etwa die Spitzenlokale der Haute Cuisine. Erstmals sind sie voll integriert in die Durchmischung und die gegenseitige Befruchtung der verschiedenen Sphären, welche die gestalterische Raffinesse des neuen kulturellen Zeitalters ausmachen.

Es wäre natürlich übertrieben, zu behaupten, daß die Lebensunternehmer von heute, vor allem jene mittleren und höheren Alters, die früheren Tabus gänzlich überwunden hätten. Wie immer gibt es jene, die eine neue Entwicklung wirklich verinnerlicht haben, jene, die sie mehr äußerlich nachvollziehen, weil es zum guten Ton gehört, und jene, die ehrlich genug sind, um ihre Probleme damit kundzutun. Das ist ja auch die Art der Auseinandersetzung, die heute an Bildschirmen und in den Salons zu Hause geführt wird, wenn z. B. wieder einmal ein besonders provokantes Ballett gezeigt wird. Nur in einem Punkt sind sich alle Beteiligten einig: Darbietungen, die nicht das Bemühen um äußerste gestalterische Qualität und Raffinesse ausstrahlen, nach welchen Kriterien auch immer, sind inakzeptabel. Die kruden Pornodarstellungen von einst können sich deshalb nur noch in den Armen- und Ausländerghettos einigermaßen halten, schon ihrer bescheidenen Preise wegen.

Vor diesem Hintergrund ist die Tatsache zu sehen, daß die beiden Mädchen die Tanzschule im benachbarten Großkirchen besuchen. Anja war schnell klargeworden, daß sie das, was sie in ihrer bisherigen Tätigkeit positiv erlebt hatte, weiterpflegen und auf ein handwerkliches und künstlerisches Spitzenniveau bringen wollte. Ein solcher Ehrgeiz wäre noch vor wenigen Jahren durch die schmerzliche Wahl zwischen zweitklassiger Provinz und der auf wenige Auserwählte beschränkten weltstädtischen Topklasse vergällt worden. Inzwischen aber ist Weltniveau auch auf dem Land möglich. Die Qualitätsstandards haben sich durch die Medien angeglichen, mit ihnen die Anforderungen an die Lehrkräfte, und mit diesen die Wege, sie zu erfüllen, etwa durch die Kombination von traditionellem Unterricht und audiovisueller Unterstützung. Anja benützt z. B. Übungskassetten zum Nachtanzen, nimmt sich dabei auf und unterbreitet die Aufzeichnung dann der Klasse und dem Lehrer zur gemeinsamen Kritik.

Daß Consuelo, die sich in Anja verliebt hatte, ihr in die Tanzschule nachfolgte, stieß auf Verständnis. Juana zweifelt allerdings daran, daß Consuelos Begabung reicht, um lange durchzuhalten, auch wenn sie einen hübschen, geschmeidigen Körper hat. Die Liebe zur überlegenen Freundin spornt sie einstweilen noch an, sich selbst zu übertreffen, aber im stillen bereitet sich Juana darauf vor, der Tochter über die absehbare Krise hinwegzuhelfen.

Anja steht von allen Hausbewohnern als erste auf, wie es sich gehört, obwohl dazu eigentlich keine Notwendigkeit bestünde. Kaffeeautomat, die vom Händler gelieferte individuelle Müeslimischung für jeden Hausbewohner etc. – alles ist mit wenigen Handgriffen zu bedienen. Vielleicht ist es ein Überbleibsel ihrer kaukasischen Jugend, daß sie zuerst Guido, der aus alter Gewohnheit um halb sieben in der Früh in der Küche erscheint, das Frühstück auftischt, um eine Stunde später Consuelo und Percy und, weitere ein bis zwei Stunden später, Juana zu bedienen. Die Wartezeit ist allerdings nicht verloren, denn sie verbringt sie mit ihren morgendlichen Tanzübungen. Die Kurse finden mit Rücksicht auf Vollberufstätige oder Lehrlinge wie Consuelo abends statt. Mittags bereitet Anja für sich und jene Hausbewohner, die nach Hause kommen, einen Lunch: meist für Guido, zuweilen für Percy und oft für Juana, die in der Regel nicht vor dem Nachmittag das Haus verläßt.

Das Essen ist allerdings zu einem Zankapfel zwischen Juana und Anja geworden. Letztere hat jetzt erst so richtig den ganzen Fächer der Möglichkeiten entdeckt. Er reicht einerseits vom Hauslieferdienst über den Dorfladen bis zum großstädtischen Einkaufszentrum und andererseits von der haute-cuisine-gerechten Fertigmahlzeit bis zu den Zutaten einfacher Hausmannskost. Am billigsten ist es, diese Zutaten im Quartierladen selbst zu holen. Je mehr Dienstleistungen man in Anspruch nimmt, desto teurer wird die Sache: Der wöchentliche Hauslieferdienst mit Vorbestellung für das Standardsortiment lohnt sich nur im Quervergleich zum Einkaufszentrum, das nicht nur eine längere Fahrt erfordert, sondern auch noch mit allzu vielen Versuchungen verbunden ist. Die teuerste Lösung ist natürlich der Expreßlieferdienst, vor allem wenn noch Wünsche außerhalb des Standardsortiments zu befriedigen sind. Die andere Dimension sind die unterschiedlichen eingebauten Dienstleistungen: Nicht nur das Sortiment an elektronisch gesteuerten Haushaltshilfen ist kaum noch zu überblicken; auch im Lebensmittelangebot reicht das Spektrum der eingebauten Dienstleistungen vom Rohstoff über das Halbfertig- bis zum Fertiggericht. Überdies sind viele Geräte und Zutaten noch mit Instruktions-Software und Sonderkursen verknüpft.

Für Anja mit ihrer Antenne für sinnliche Perfektion ist das eine ständige Versuchung, im Einkaufszentrum mit seinen zahlreichen Animationen und Inszenierungen neue Impulse zu suchen, noch raffiniertere Zutaten auszukundschaften und sich durch Nutzung neuer Software- und Kursangebote weiter zu vervollkommnen; da sie gleichzeitig organisatorisch etwas nachlässig und in Dingen, die sie nicht interessieren, faul ist, nimmt sie allzu oft den Expreßlieferdienst in Anspruch, geht ungern selbst zum Dorfladen, es sei denn in den Sommermonaten mit den vielen Ausflugsgästen auf der Dorfstraße, und außerdem liegt sie Juana ständig in den Ohren wegen irgendeines neuen Haushaltsautomaten. Juana hält ihr vor, schließlich sei sie hier als Hausangestellte tätig, und all diese käuflichen Dienstleistungen seien für Leute gedacht, die keine Zeit hätten, sie selbst zu erbringen. Anja versteht das nicht. Schließlich habe Juana ihr gesagt, sie wolle ihr helfen zu verwirklichen, was ihr liege, und sie nicht als Haussklavin eingestellt. Dem kann Juana dann nur noch entgegenhalten, das sei schon richtig, aber schließlich habe auch alles seine Grenzen. Zwar verdiene sie anständig, aber nicht nur Anja, sondern auch Consuelo und Guido müßten ja zum Teil noch von ihrem Einkommen leben. Dann gibt sich Anja wieder einige Tage lang Mühe, mit dem Sortiment des Dorfladens auszukommen und Guido die nötigen Instruktionen mitzugeben. Der Dorfladen bedeutet übrigens bei richtiger Organisation kaum eine Einschränkung gegenüber dem Einkaufszentrum, denn er ist selbstverständlich an die Teleshop AG angeschlossen, die ihn einmal wöchentlich aus ihrem Gesamtsortiment beliefert. Neben dem Mangel an Organisation ist es mehr die Faszination, die Anja ins Einkaufszentrum zieht.

Für zusätzlichen Konfliktstoff sorgt die Verkehrsfrage: Außer Percy, der seinen eigenen Wagen täglich für die Kundenbesuche braucht, nehmen alle Hausgenossen den Minipool in Anspruch, der auf dem Land praktisch zum einzigen öffentlichen Verkehrsmittel geworden ist: Die kleinen Elektro- und Hybridautos stehen an Aufladestationen bereit, die in der Regel den früheren Bus-Endstationen entsprechen. Die Passagiere können sich dort individuell bedienen, ihren Bestimmungsort eintippen und werden dann durch ein Verkehrsleitsystem dorthin gebracht. An jeder Haltestelle kann ein Fahrzeug angefordert oder von zu Hause aus vorbestellt werden. Das Verkehrsleitsystem ist besorgt, daß immer genügend Fahrzeuge an den Endstationen bereitstehen.

Das System ist im Hinblick auf den S-Bahn-Huckepack konzipiert, dessen Einführung sich aber verzögert hat. Wie so oft bei komplexen technischen Systemen, war der Ersatz der individuellen Automobile durch den Minipool zu langsam vonstatten gegangen, weil der Minipool sich zu langsam verbreitete; dieser verbreitete sich zu langsam, weil der S-Bahn-Huckepack sich verzögerte. Und dieser verzögerte sich, weil es noch zu wenig Minis gab.

Das Problem mit Anja ist, daß es in Ermangelung des Huckepacks recht umständlich ist, zum Einkaufszentrum zu gelangen: Sie muß den

Mini beim S-Bahnhof stehenlassen, dann mit der Bahn einmal umsteigen und anschließend nochmals einen Mini bis zum Einkaufszentrum benützen. Deshalb fährt sie immer, wenn sie Eile vorschützen kann, mit dem Mini über die Autobahn direkt zum Einkaufszentrum und wieder zurück, was mit enormen Mietkosten verbunden ist.

Ihre freien Nachmittage verbringt Anja im Club der Tagesmütter, der Kinder betreut, um die sich die Mütter tagsüber nicht kümmern können oder wollen. Die Beanspruchung dieser Dienstleistung hat das frühere Stigma völlig verloren, nicht nur infolge der gestiegenen Toleranz gegenüber der Vielfalt möglicher Lebensformen, sondern auch, weil das mit dem Zerfall der traditionellen Kleinfamilie verbundene Syndrom des Einzelkindes mit starker Mutterbindung als gesellschaftliches Problem erkannt worden ist. Das hat auch dazu geführt, daß viele Mütter, die sich entschlossen haben, sich zumindest zeitweilig ganz den Kindern und dem Haushalt zu widmen, als Tagesmütter tätig sind. Sie sind dankbar für die Bereicherung, die die Gesellschaft anderer Kinder ihren Zöglingen beschert.

Diese Flexibilität der Wahl zwischen Haushalt und Erwerbsarbeit wird entscheidend erleichtert durch das System der negativen Einkommensteuern, das Sozialhilfe, Arbeitslosenversicherung, staatliche Mindestrente etc. ersetzt hat: Bei einem Brutto-Monatseinkommen von Fr. 4.000.– sinkt die Einkommensteuer auf Null, darunter setzt sich die Progression in Form negativer, also an den Bürger ausbezahlter Steuern fort, bis sie beim Erwerbseinkommen Null das absolute Existenzminimum von Fr. 1.800.– erreicht. Als entscheidender Vorzug dieses Systems hat sich erwiesen, daß es sich immer lohnt, noch etwas dazuzuverdienen, auch wenn sich die negative Einkommensteuer dadurch etwas verringert. Die Leute sind nicht mehr wie früher darauf angewiesen, dies entweder schwarz zu tun, um nicht ihre Bezugsansprüche zu verlieren, oder eben ganz darauf zu verzichten. So kommt Anja mit drei Nachmittagen als Tagesmutter und ihrem Taschengeld auf ein persönliches Einkommen von etwa Fr. 2.150.–.

Der Club der Tagesmütter ist natürlich nicht die einzige soziale Dienstleistung, die auf diese Weise entstanden ist. Es gibt auch einen ähnlich organisierten Hauspflegedienst, und Pflegeheime, Krankenhäuser, Drogenrehabilitierungszentren etc. bewegen sich ebenfalls zunehmend in diese Richtung. Interessanterweise verwischt sich die Grenze zu professionellen Dienstleistungsangeboten immer mehr, auch in der Freizeit- und Unterhaltungsbranche, etwa in Discos und Fitneßzentren, aber auch in der Gastronomie, und das ist gleichzeitig mit einer zunehmenden Professionalisierung der Nebenerwerbstätigen verbunden.

Guido: Der Ausgesteuerte und alte Macho mit neuer Berufung

Kommen wir noch zum letzten Hausbewohner, zu Guido, einem Facharbeiter von altem Schrot und Korn, der aber nach einigen Jahren über die Demütigung seiner »Aussteuerung« aus dem Beruf hinweggefunden hat. Leicht ist es ihm nicht gefallen, zumal die Entlassung eine zweite Demütigung nach sich gezogen hatte: Ein Jahr später, im letzten Jahr des alten Jahrtausends, war ihm seine Frau »durchgebrannt«, wie er sich ausdrückte. Als sie 1974 geheiratet hatten, war sie 19 gewesen, Coiffeuse von Beruf. Mit Percy und später seinem jüngeren Bruder Ronny hatte sie sich aus dem Berufsleben zurückgezogen. Aber seit die beiden Jungen flügge geworden waren, war sie zunehmend eigene Wege gegangen. Seit ihrem 40. Geburtstag hatte sie immer deutlicher das Gefühl, am Leben vorbeigelebt zu haben. Der ganze Zeitgeist unterstützte sie darin – auch in der Freude, die ihr die Bewunderung anderer Männer bereitete. Guido reagierte verstockt, wie eben ein Mann seiner Generation reagierte. Die Entfremdung nahm zu. Seine Entlassung besiegelte den Eindruck seiner Frau, daß in dieser Verbindung keine Zukunft mehr lag. Sie wollte etwas vom Leben haben, solange dazu noch Zeit war.

Guido entgleiste. Er konnte seine Wohnung nicht mehr finanzieren, begann zu trinken und geriet an den Rand der Obdachlosigkeit und Verwahrlosung. Nur Juana war seine Rettung zu verdanken. Percy schwieg sich über seinen Vater möglichst aus, weil er befürchtete, dessen Schicksal könne seine Beziehung zu Juana belasten. Sie aber sagte mit Entschiedenheit, er könne ihn doch nicht einfach so untergehen lassen, und sie wandte ihren ganzen Charme auf, für den Guido nicht unempfänglich war, um seinen Stolz zu überwinden und das Angebot eines Zimmers und einer Werkstatt im Haus Rheinblick für ihn akzeptabel zu machen: Sie überzeugte ihn, daß er das einzig ihr zuliebe tat, damit sie einen Handwerker und Beschützer im Haus hatte – auch gegenüber dem etwas labilen Percy.

Mit der ihr eigenen Fähigkeit, überall Potentiale zu erkennen, aus denen etwas werden könnte, lenkte sie ihn dann unmerklich, einfach durch Begeisterung über alles, was er so tat und konnte, auf eine neue Bahn. Seine ausgeprägte Tüftlernatur, verbunden mit großer Erfahrung im Umgang mit Maschinen und elektronischen Steuerungen, machte ihn zu einem der begehrtesten Figuren im heimtechnisch hochgerüsteten Weindorf. Wann immer er jetzt nach Hause kommt, erwarten ihn mehrere verzweifelte Anrufe auf dem Beantworter. Inzwischen verfügt er über das intensivste Netz dankbarer persönlicher Bekannter im ganzen

Dorf. Daraus hat sich auch eine Stammtischrunde etwa Gleichaltriger und Gleichgesinnter entwickelt und offensichtlich eine nicht enden wollende Serie amouröser Abenteuer. Dafür ist Juana recht dankbar, denn weder sie selbst noch die beiden Mädchen im Hause wären sonst sicher gewesen vor den ständigen Nachstellungen des »alten Machos«, wie sie sich ausdrückte.

Analytischer Anhang über die Lebensunternehmer

Was wir in der Familie Mendoza als Grundmuster getroffen haben, scheint ein zentraler Attraktor in der europäischen Gesellschaft der Jahrtausendwende zu sein: Der ungenannte Verfasser des analytischen Anhangs zeigt auf, daß eine Reihe von gesellschaftlichen Veränderungen gemeinsam darauf hinwirken, daß eine unternehmerische Haltung gegenüber dem eigenen Leben zu einem besonders erfolgreichen und für die Gesellschaft besonders fruchtbaren Verhaltensmuster wird.

Schon seit einigen Jahrzehnten gibt es Untersuchungen über den »Wertewandel« der westlichen Gesellschaft, als dessen Kern im ausgehenden letzten Jahrhundert die »Individualisierung« gesehen wurde (Klages, Inglehart). Die »Cluster-Analysen« der Meinungsforscher (Wyss) förderten damals zutage, daß in einem Koordinatensystem, das auf den beiden Achsen die Häufigkeitsverteilung zwischen passiv-anpassend und aktiv-gestaltend sowie zwischen vergangenheits- und zukunftsorientiert abbildet, eine Tendenz in Richtung einer aktiv-gestaltenden, zukunftsorientierten Minderheit festzustellen ist.

Der Wertewandel der Post-Postmoderne: Keim eines neuen Rationalitätsbegriffs

Mit der Rezession der frühen neunziger Jahre und deren vielfältigen sonstigen Turbulenzen verschwand dieser Trend dann freilich etwas aus dem Blickfeld. Er wurde sichtlich abgelöst durch postmoderne Muster wie die Beliebigkeit, die Gleich-Gültigkeit, die Gleich-Wertigkeit aller Lebensstile und Werte, die zunehmende Zappeligkeit der Trends, den Versuch, ganze Lebenswelten in einen Videoclip zu pressen und in möglichst vielen Filmen gleichzeitig zu leben (Gerken), sich zu orientieren an der Vielfalt einfältiger Moden wie der Swatch oder der Pins. Gleichzeitig aber erlebten wir bei man-

Was sind Lebensunternehmer?

Lebensunternehmer nennen wir Menschen, die sich für ihr eigenes Leben wie für ein Unternehmen verantwortlich fühlen. In der Auseinandersetzung mit einem dynamischen Umfeld – d. h. verantwortlich – entwickeln sie die eigenen Fähigkeiten und Möglichkeiten und nutzen sie zur weiteren Entwicklung sowie zur Mitgestaltung des Umfeldes. Im Lauf dieses Prozesses entstehen aus der Selbstbeschreibung geeignete Filter und Sinnkriterien. Anders ausgedrückt, das Leben wird wahrgenommen als Potential, für dessen Weiterentwicklung man sich eigenständig verantwortlich fühlt; man entwickelt es im Bewußtsein weiter, daß Entwicklung nur in der Synergie mit einem dynamischen Umfeld möglich ist, und daß diese wiederum Verantwortung im Sinn der Offenheit gegenüber den Erwartungen des Umfeldes und des Antwortens auf sie bedingt.

chen, die diese Vielfalt und Turbulenz nicht aushielten oder materiell nicht mithalten konnten, einen Trend zur unreflektierten, radikalen Komplexitätsreduktion: faschistoide Solidarität mit Gleichgesinnten, militanter Ausländerhaß, Wiederbelebung alter nationaler und völkischer Mythen, religiöser, ökologischer, technokratischer und obrigkeitsstaatlicher Fundamentalismus, verbunden mit wachsender Gewalt gegenüber Andersdenkenden oder Außenstehenden ... Alle Hoffnungen der Aufklärung schienen in den allenthalben aufbrechenden kulturellen Konflikten, in einem Zeitalter der apokalyptischen Nullsummenspiele aufzugehen, während eine dahinschwindende Minderheit der Weltgesellschaft über wachsenden Wohlstand verfügt und auf dem Vulkan tanzt, dessen Ausbruch demnächst das ganze Gewimmel unter sich begraben wird ...

Noch vor wenigen Jahren hätte eine solche Lagebeschreibung die gängige Wahrnehmung widergespiegelt. Das hängt damit zusammen, daß die gesellschaftliche Entwicklung zwangsläufig immer voller Widersprüche verläuft und daß es von unseren Wahrnehmungsfiltern abhängt, die wiederum vom »Zeitgeist« mitgeprägt sind, was wir darin wahrnehmen und was nicht. Die eben skizzierte Darstellung ist also nicht falsch, sondern lediglich einseitig – genauso einseitig wie die heute gängige, die wir hier wiedergeben, weil wir selbst an sie glauben, obwohl wir im Grunde wissen, daß wir uns damit ebenfalls wieder dem Zeitgeist unterwerfen. (Hinweis an die LeserInnen: Ich erinnere daran, daß das zitierte Buch 1995, also vor zehn Jahren erschienen ist, aber den Versuch unternommen hat, die Entwicklungen aus der Sicht der Gegenwart, also des Jahres 2005, zu analysieren. Der Verfasser.)

Wir sehen heute die Dinge nicht mehr aus der Sicht der Postmoderne, sondern aus jener einer modernisierten Moderne. Der »Zeitgeist«, diese Ausgeburt der Postmoderne, hat sich sozusagen selbst aufgehoben, indem er heute erneut die Beobachtung zuläßt, daß über alle Krisen und Turbulenzen hinweg eine Grundtendenz der Menschheitsgeschichte sich immer wieder durchgesetzt hat, nämlich jene zur Emanzipation des Menschen. Damit meinen wir eine wachsende Gestaltungsautonomie des einzelnen gegenüber den Vorgaben und der Fremdbestimmung durch Götter und Geister, durch Naturgewalten, durch Mythen und Kirchen, durch Beherrschung seitens anderer Menschen und Intoleranz. Im beginnenden dritten Jahrtausend können wir davon wieder ohne jene augenzwinkernde Selbstironie sprechen, mit der das »Projekt Moderne« während der sogenannten »Postmoderne« traktiert wurde. Es ist uns inzwischen klargeworden, daß die zynische Resignation der Postmoderne im letzten Viertel des 20. Jahrhunderts auf ein Zusammentreffen mehrerer, selten sauber auseinandergehaltener Veränderungen zurückzuführen war, nämlich

– den wissenschaftlichen Paradigmenwechsel vom Weltbild der Aufklärung zu einem »Post-«Weltbild, postmodern, postindustriell, postmateriell oder post-was-auch-immer. Die Fiktion des souveränen Subjekts und seines vom Umfeld losgelösten rationalen Verstandes, der es ja auch zum sogenannten rationalen Diskurs befähigte, dem Königsweg zur rationalen Konsensbildung, verlor sich im Paradigmenwechsel, und mit ihr jener Emanzipationsbegriff, der auf ihr fußte: Der Glaube an die Rationalität des wissenschaftlich-technisch-wirtschaftlichen Fortschrittsdenkens, d. h. daran, daß die Menschheit durch eine immer wirksamere Nutzung der Instrumente abendländischer Zivilisation einem besseren Los entgegenzuführen sei, verlor sich in dem Maße, als die verborgenen und verdrängten Preise des Fortschritts ins Blickfeld rückten.

- Die mediale Vielfalt, die Gleichzeitigkeit und Gleichwertigkeit beliebig zahlreicher Wirklichkeitswahrnehmungen, Lebenshaltungen, Weltbilder und Wertsysteme, die immer raschere Veränderung und wachsende Komplexität der wahrgenommenen Wirklichkeit führten zum Eindruck des »Anything goes«, gleichgültig, ob in der Wissenschaft oder im sonstigen menschlichen Denken, Tun und Verhalten. Damit verschwanden natürlich auch übergreifende Kriterien des Fortschritts, der gesellschaftlichen Rationalität einer irgendwie gearteten Höherentwicklung aus dem Blickfeld. Die allgemeine Verwilderung der Sitten in den um sich greifenden Bürgerkriegswirren oder im Kampf um Arbeitsplätze, Wohnungen etc. wurde mit einem entsprechenden Endzeitfatalismus quittiert.

- Unternehmensführer und Politiker mit besten menschlichen Absichten mußten feststellen, daß rationales Handeln im Sinn einer Verbindung zwischen einem bestimmten Tun und bestimmten gewollten Konsequenzen nicht mehr möglich bzw. vorgebbar war. Die Illusion der Regierbarkeit sozialer Systeme verflüchtigte sich, und der Legitimationsverlust beschleunigte sich, mit zunehmender Tiefe und Wahrnehmung der Diskrepanz zwischen Anspruch und Wirklichkeit.

Heute vermögen wir diese Erscheinung etwas anders einzuordnen. Der wissenschaftliche Paradigmenwechsel hat zwar aufgeräumt mit der Fiktion des souveränen Subjekts und dessen vom Umfeld losgelöstem Verstand. Aber im heute vorherrschenden Wirklichkeitsmodell hat sich eine rationalere, d. h. mit unseren Beobachtungen besser zu vereinbarende Rationalität herausgeschält. Sie geht davon aus, daß unsere Wahrnehmungs- und Erklärungsinstrumente selbst Produkt der ständigen Auseinandersetzung zwischen Organismen und ihrem Umfeld sind und daß rationales Verhalten verantwortliches Verhalten bedeutet. Gemeint ist, daß wir als Individuen oder als Vertreter sozialer Organismen unser bzw. deren Eigeninteresse dann am wirksamsten verfolgen, wenn wir die Interessen unseres Umfeldes wahrnehmen und auf sie antworten und wenn wir dabei nicht nur die analytisch formulierbare Sphäre einbeziehen, sondern auch ihre Wechselwirkungen mit ihrem inneren und äußeren Umfeld. Es gibt keine übergreifende, sondern nur eine Systemrationalität (wobei hier nicht der Ort ist, die Frage zu beantworten, was denn die Rationalität des Systems Weltgesellschaft sei).

Im Zuge dieses Prozesses hat sich erwiesen, daß das Organisationsmodell, das wir dem Weltbild der Aufklärung entnommen hatten, alles andere als rational war. Gerade jenes Weltbild, das den Menschen mittels eines von allen Bedingtheiten losgelösten Verstandes philosophisch radikal emanzipiert hatte, war ja Grundlage einer radikalen Verdrängung aller Energie außerhalb des analytischen Verstandes und der konsequentesten Fremdbestimmung, Unterdrückung und Ausbeutung von Menschen durch Menschen – soweit es sich bei den ersteren eben um die Rädchen in den rationalen Organisationsmaschinen handelte. Souverän waren nur die außerhalb bzw. oberhalb der Maschinen Stehenden, die nach einem Wort aus George Orwells »Farm der Tiere« deshalb »gleicher als gleich« waren. Der Zusammenbruch des

Sich gegenseitig verstärkende Trends

– Optionenflut: Kaufkraft, Freizeit, Informationsangebot, Ausdifferenzierung der Lebensgestaltungsmöglichkeiten.

– Selektionszwang: Die Zahl der Optionen übersteigt zunehmend die begrenzten Möglichkeiten (Zeit, Einkommen, Fähigkeiten).

– Erosion allgemeinverbindlicher Normen: Selektionskriterien (Moral und Ethik, Sitten, Ästhetik) können nicht mehr von dominierenden Instanzen (Kirche, Obrigkeit) durchgesetzt werden, sondern entwickeln sich im vielfältigen Netzwerk der Auseinandersetzung.

– Individualisierung: Entwicklung der Selektionskriterien aus dem individuellen Lebenspfad als erfolgreichster Weg.

– Lebenspfad: Die stabilen Berufsbilder, Klassenstrukturen und vorgegebenen Lebensabschnitte sind durch die Ausdifferenzierung der Möglichkeiten und deren raschen Wandel überfordert. An ihre Stelle tritt ein pragmatisches, individualisiertes Nacheinander und Nebeneinander.

– Autonomie in Organisationen: Arbeitsplätze sind charakterisiert durch eine wachsende Autonomie des Individuums und kleiner Teams in der Wahl der Ziele, der Arbeitsgestaltung, der Arbeitsorte und Arbeitszeiten sowie der organisatorischen Einbindung.

– Humanpotential als strategische Ressource: Die persönlichen Fähigkeiten auf der fachlichen und sozialen Ebene und die in der Organisation bereitgestellten Möglichkeiten, sie zu entwickeln und synergetisch anzuwenden, entscheiden über die Entwicklungsfähigkeit von Organisationen. Nicht mehr die Sachinvestitionen, sondern die Humanpotential-Investitionen sind die zentrale strategische Ressource.

– Auflösung der traditionellen Familie: Die herkömmliche Rollenverteilung zwischen den Geschlechtern wird hinterfragt. Die Konkurrenz zwischen verschiedenen Rollen der Frau in Verbindung mit der steigenden Lebenserwartung rufen nach neuen Formen des Zusammenlebens.

Kommunismus vor anderthalb Jahrzehnten war der Bankrott jenes Gesellschaftssystems, das diesen Widerspruch am konsequentesten durchexerziert hatte, aber die Kommunismuskritik verstellte lange Zeit den Blick dafür, daß die westlichen Organisationen vom selben Modell geprägt waren. Der Widerspruch war jedoch gemildert durch Marktbeziehungen zwischen ihnen sowie durch die Freiheit der Meinungsbildung und die Demokratie der Entscheidungen im nichtwirtschaftlichen Bereich.

Darin lagen auch bereits Keime der Weiterentwicklung: Weshalb sollte man die bewährten Prozesse der Koordination durch Kommunikation wie im Markt oder in der offenen Meinungsbildung nicht in die mechanistischen Organisationen integrieren? Würden damit nicht sogar die Grundprobleme der formalen Demokratie gemildert, nämlich die dauerhafte Delegation der Entscheidungen an zum Teil wenig transparente Organe bzw. die systematische Vergewaltigung der Minderheit durch die Mehrheit? Ahnten wir hinter solchen Entwicklungen nicht schon vor Jahren ein Gestaltungsmodell menschlicher Organisationen, das jenem der Aufklärung überlegen war, indem es eine eben im weiteren Sinne rationalere Selektion zwischen den Wahrnehmungs- und Handlungsmöglichkeiten der postmodernen Vielfalt in Aussicht stellte und Organisationen, wenn schon nicht regierbar, so wenigstens entwicklungsfähig machte?

Heute wissen wir, daß die Antwort »ja« lautet. Unsere Wirklichkeitsvorstellungen sind prozeßhaft und dialogisch geworden, und mit ihnen unsere Lebenshaltungen und unsere Organisationen. Handlungsautonomie ist nichts Absolutes, das mit der Willensfreiheit des Individuums philosophisch begründet oder mit dem Determinismus des naturwissenschaftlichen Weltbildes radikal in Abrede gestellt wird, sondern ist etwas Relatives. Sobald ein Wesen, eine Organisation, eine Gestalt als solche identifizierbar sind, haben sie Handlungsautonomie, indem sie sich vom Umfeld abheben, abgegrenzt sind, beschreibbar sind und damit in einem turbulenten Umfeld gewisse Gestalterhaltungsleistungen oder in einem statischen Umfeld gewisse Veränderungsleistungen erbringen können. Autonomie bedeutet Negentropie, d. h. Bekämpfung der Entropie; die Energie, die Impulse dazu müssen dem Umfeld entnommen werden, und die bei ihrer Verwertung anfallenden Abfälle werden wieder an das Umfeld abgegeben: Negentropie ist verbunden mit Entropieexport. Ein System, das von der Energiezufuhr und/oder von der Entsorgungsmöglichkeit abgeschnitten ist oder sich selbst davon abschneidet, kann seine Autonomie nicht erhalten. Autonome Systeme sind also nicht autonom in dem Sinn, daß sie autark sein könnten. Sie können also ihre Autonomie verlieren, indem sie sich zu sehr abschotten.

Über die Individualisierung zum Lebensunternehmertum

Vor diesem Hintergrund verstehen wir, weshalb die »Individualisierung« die am meisten Erfolg versprechende Strategie einzelner Individuen im heutigen, sich immer rascher verändernden und immer komplexeren Umfeld ist und weshalb das Modell der untereinander lose gekoppelten, sich selbst organisierenden, kleinen Arbeitsteams zum erfolgreichsten Organisationsmuster wird. Dabei verstehen wir »Individualisierung« natürlich nicht im absoluten Sinn der Aufklärung. Vielmehr meinen wir damit, daß ein individueller Mensch im Lauf seiner persönlichen Biographie sein ganz persönliches Bild seines Umfeldes und seiner selbst und die daraus folgenden Prioritäten, Werte und Verhaltensweisen entwickelt. Die persönliche Biographie ist ja nichts anderes als eine ständige Auseinandersetzung mit einem Umfeld, das den Menschen prägt, aber auch von ihm geprägt wird, schon durch seine Wahrnehmung, und das sich weiterentwickelt, zum Teil ohne sein Zutun, zum Teil aber auch durch die Ausdifferenzierung der Lebenswelt, die in der Biographie angelegt ist. Je mehr das Innere der Persönlichkeit sich ausdifferenziert, desto offener kann sie Erwartungen des Umfeldes wahrnehmen und beantworten – im Sinn eben der ver-antwortlichen Lebenshaltung – , desto mehr kann sie ihr Umfeld mitgestalten und gleichzeitig auch deren Impulse für die eigene Entfaltung entgegennehmen. Weil diese Beschreibung eine unternehmerische Haltung gegenüber dem eigenen Leben beinhaltet, nennen wir Personen, deren Biographie ihr entspricht, »Lebensunternehmer«. Das Leben wird wahrgenommen als Potential, für dessen Weiterentwicklung man sich eigenständig verantwortlich fühlt; man entwickelt es im Bewußtsein weiter, daß Entwicklung nur in der Synergie mit einem dynamischen Umfeld möglich ist und daß diese wiederum Verantwortung im Sinn der Offenheit gegenüber den Erwartungen des Umfeldes und des Antwortens auf sie bedingt.

Deutlicher wird die Überlegenheit dieses Modells durch die Abgrenzung von anderen. Wenn wir die Wirklichkeitsmodelle, Werthaltungen und Selbstbilder unhinterfragt aus dem Umfeld aufnehmen – von Kirchen, Diktatoren, Lehrern, charismatischen Führern, Gurus etc. –, müssen wir alles ausblenden, was ihnen nicht entspricht, können uns also keine Offenheit leisten und verlieren zunehmend den Anschluß. Die Synergiepotentiale schwinden, und wir müssen zunehmende Abgrenzungsenergie aufbringen. Das bringt zwar extreme Handlungs- und Entscheidungsfähigkeit, gekoppelt mit Rücksichtslosigkeit, dem Gegenstück der Verantwortung, aber auch Sklerose, kulturelle und materielle Verarmung und schließlich Absterben.

Wenn wir allerdings versuchen, ohne die Ausbildung einigermaßen stabiler Wahrnehmungsfilter auszukommen, indem wir unterschiedslos alle Impulse entgegennehmen, alle Angebote der Beschleunigung aufnehmen und in möglichst vielen Filmen gleichzeitig leben, wird unsere innere und äußere Wirklichkeit konturlos und verliert ihre Gestaltbarkeit. Wir sind somit total »angeschlossen«, »tuned in«, aber gleichzeitig total handlungsunfähig. Wir können keine Richtung erkennen, keine Synergien entwickeln, keine Verantwortungen übernehmen, sind niemand, können nichts in uns entwickeln und behalten, sind auf Durchfall programmiert. Auch für die Untauglichkeit dieses Modells gibt es genügend beobachtbare Beispiele.

Das Lebensunternehmer-Modell bewegt sich also irgendwo auf der Achse zwischen den Extremen; es oszilliert sogar auf ihr; es schließt Experimentieren mit ihnen ein: Die Multiphrenie derer, die Resonanzboden für zahllose

Denk- und Erlebnismöglichkeiten gewesen sind, erschließt ebenso neue Gestaltungsräume wie die Unerbittlichkeit jener, die eine einzige Denk- und Werthaltung bis in ihre letzten Konsequenzen durchgespielt haben. Aber erst die Synergie zwischen Offenheit und Geschlossenheit macht uns nachhaltig entwicklungsfähig.

Dabei geht es um mehr als einfach um die Suche nach einem goldenen Mittelweg. Es geht auch um mehr als das sicherlich wichtige Ertasten der Kombination von Offenheit und Geschlossenheit, zwischen »Tuning in« und »Phasing out«, die dem jeweiligen inneren Zustand und äußeren Umfeld entspricht. Es geht letztlich um Lernfähigkeit. Der Prozeß des Lernens ist die Verbindung zwischen Prozeß und Struktur, und Lernfähigkeit ist konstituiert durch Strukturen, die sich in solchen Prozessen herausbilden und diese Verbindung begünstigen. Die entscheidende Frage ist nicht, zwischen wie vielen Welten jemand hin und her flippert bzw. ob er kohärente Wahrnehmungsfilter entwickelt hat, sondern die, ob er eine in beiden Richtungen dynamische Beziehung herstellen kann zwischen der Zufuhr immer wieder neuer Eindrücke und Möglichkeiten einerseits und der eigenen Selbstbeschreibung andererseits. Wir bezeichnen diesen Vorgang in Anlehnung an Niklas Luhmann als »Sinnprozessieren«, auch wenn die postmoderne Ablehnung jeglicher Sinnbegriffe uns immer noch anhängt.

Nun werden Kollegen von der soziologischen Zunft vielleicht die Nase rümpfen über die Art, wie hier von der individualpsychologischen Ebene auf gesamtgesellschaftliche Entwicklungen geschlossen wird. Wir sind mit ihnen der Auffassung, man sollte die Betrachtungs- und die Erklärungsebenen konsequent voneinander trennen. Das Individuum ist für die Soziologie Umfeld und Blackbox. Welche inneren Vorgänge es mehr oder weniger fähig machen, mit einem sozialen Umfeld zu kommunizieren, gehört in die Sphäre der Psychologie, der Gehirnphysiologie etc. und ist nicht Gegenstand der Soziologie. Aber ein den Kommunikationsstrukturen zugrundeliegendes neues Wirklichkeitsmodell, ein neuer Rationalitätsbegriff, die explodierende Vielfalt der Erlebnis- und Gestaltungsangebote und neue Vorstellungen von Organisationen sind gesellschaftliche Veränderungen, welche gewisse Lebenshaltungen begünstigen. Unter ihnen wird eine besonders prämiert, weil sie in diesem Umfeld besonders erfolgreich ist. Sie ist es nicht nur nach den Kriterien ihrer Vertreter, sondern auch nach jenen ihrer Nachahmer. Diese Lebenshaltung nennen wir »Lebensunternehmerschaft«.

Was sind Lebensunternehmer?
Lebensunternehmer nennen wir Menschen, die sich für ihr eigenes Leben wie für ein Unternehmen verantwortlich fühlen. In der Auseinandersetzung mit einem dynamischen Umfeld – d. h. ver-antwortlich – entwickeln sie die eigenen Fähigkeiten und Möglichkeiten und nutzen sie zur weiteren Entwicklung sowie zur Mitgestaltung des Umfeldes. Im Lauf dieses Prozesses entstehen aus der Selbstbeschreibung geeignete Filter und Sinnkriterien. Anders ausgedrückt, das Leben wird wahrgenommen als Potential, für dessen

Weiterentwicklung man sich eigenständig verantwortlich fühlt; man entwickelt es im Bewußtsein weiter, daß Entwicklung nur in der Synergie mit einem dynamischen Umfeld möglich ist und daß diese wiederum Verantwortung im Sinn der Offenheit gegenüber den Erwartungen des Umfeldes und des Antwortens auf sie bedingt.

Ihre Hauptkonkurrenz erwächst ihr aus der Haltung, die all diese Entwicklungen bekämpft, indem sie sie ausblendet oder dem Feindbild zuordnet. Es handelt sich um die Fundamentalismen aller Spielarten. Da sie aber zwangsläufig Negativsummenspiele spielen und ihr Nachahmerpotential nur auf der Verliererseite finden – ebenfalls nach ihren eigenen Kriterien und jenen ihrer Nachahmer –, verlieren sie zwangsläufig an Prägekraft. Daß sie dennoch ständig Zulauf erhalten, hängt mit anderen Entwicklungen zusammen, die wir im Kapitel über die Zweidrittelgesellschaft vertiefen werden.

Wer ist wo zuzuordnen?
Wir wissen alle, wie problematisch es geworden ist, die Bevölkerung in Kategorien aufzuteilen, zumal wenn es darum geht, eine Kategorie zu identifizieren, die sich dadurch auszeichnet, daß sie sich nicht in Kategorien einordnen läßt. Dennoch hat die empirische Sozialforschung natürlich den Versuch unternommen. Es ist hier nicht der Ort, auf die angewandten Fragetechniken näher einzugehen. Wir geben lediglich die Ergebnisse wieder:

- Die Gruppe der »Fundamentalisten« (einfaches Weltbild und Werte- bzw. Zugehörigkeitssystem, ausgeprägte Freund-/Feindbilder, Intoleranz bis Militanz gegenüber abweichenden Haltungen oder anderen Gruppen) umfaßt in Westeuropa etwa sieben Prozent der Bevölkerung, mit konstanter Tendenz; in Mittel- und Osteuropa sind hier zwölf Prozent einzuordnen, wenn auch mit abnehmender Tendenz.

- Die Gruppe der Wertkonservativen, die das Rad der Geschichte zurückdrehen möchten (je nach sozialer Herkunft und Biographie proletarisch, kapitalistisch-technokratisch, obrigkeitsstaatlich, kirchlich oder bildungsbürgerlich orientiert, der Überzeugung anhängend, daß eine Gesellschaft eine einheitliche Wertorientierung braucht, am besten natürlich ihre eigene, aber andere Interessen und Denkmöglichkeiten akzeptierend), besetzt noch immer 18 Prozent; sie zeigt trotz des zunehmenden Durchschnittsalters der Bevölkerung abnehmende Tendenz, weil der Wertkonservatismus nicht mehr so ausgeprägt eine Alterserscheinung ist wie früher. Merkwürdigerweise sind hier auch kaum Unterschiede zwischen West- und Osteuropa auszumachen. Diese zeigen sich erst, wenn man nach den Spielarten des Wertkonservatismus differenziert.

- Die Anpasser und Nachahmer (keine deutliche Wert- und Lebenshaltung, pragmatisch, materialistisch, privatistisch) bilden mit 46 Prozent in Westeuropa und 48 Prozent in Mittel- und Osteuropa eine größere Gruppe als wohl je in der Geschichte, mit zunehmender Tendenz, was bereits darauf hindeutet, daß vorgegebene, übergreifende Wertordnungen ihre Prägekraft verloren haben; sonst wäre diese Gruppe nämlich im konservativen Lager erschienen, von wo sie in der Regel herkommt. Zum Teil finden wir hier aber vermutlich auch verkappte Lebensunternehmer, da beide Gruppen ähnlich schwer zu identifizieren sind.

– Als Lebensunternehmer (eigenständig, nachdenklich-aktiv, mit deutlichen Vorstellungen über das wünschbare Leben und Umfeld, offen und tolerant) bleiben damit 29 Prozent in Westeuropa und 22 Prozent in Mittel- und Osteuropa, merkwürdigerweise mit abnehmender Tendenz.

Das Ergebnis ist natürlich interpretationsbedürftig. Einerseits ist wohl die Gruppe der Lebensunternehmer überschätzt; es hat sich eben herumgesprochen, daß diese Haltung »schick« ist und Erfolg verspricht, so daß viele, die sie vertreten, eigentlich den Nachahmern zuzuordnen wären. Andererseits denken wir, daß ihr Anteil schwerlich abnehmen kann, sondern daß sich in der Gruppe der Anpasser und Nachahmer eine wachsende Zahl von Lebensunternehmern verbirgt.

Wie wir im Kapitel über die Zweidrittelgesellschaft noch sehen werden, fehlt in diesen Umfrageergebnissen jene Gruppe, deren Angehörige wir als »Multiphrene« oder »Multiminds« bezeichnen; sie ist sozusagen durchs Frageraster der Sozialforscher gefallen und verbirgt sich zweifellos in den Gruppen der Anpasser und Nachahmer sowie der Lebensunternehmer. Vielleicht wäre es fruchtbarer, auszugehen von einem Kontinuum zwischen dem Extrem des Fundamentalismus und jenem der Multiminds; die Wertkonservativen lägen dann in der Nähe der Fundamentalisten, die traditionellen Individualisten in jener der Multiminds, und dazwischen, mit Tendenzen in die eine oder andere Richtung, lägen die Anpasser und Nachahmer. Das zentrale Kriterium dieser Positionierung wäre die Offenheit und Intensität der Auseinandersetzung mit dem Umfeld, die gleichzeitig ein Maß für die Entwicklungsfähigkeit in einem komplexen, sich rasch verändernden Umfeld darstellt.

Doch bleiben wir zunächst bei der oben erwähnten Einteilung. Frappant ist, wie wenig traditionelle Zuordnungen mit ihr noch zusammenspielen. Einzig die Gruppe der Fundamentalisten ist klar der untersten Kaufkraftschicht zuzuordnen. In der Gruppe der Wertkonservativen finden sich überdurchschnittlich viele unselbständig Erwerbende und vor allem Beamte, während bei den Lebensunternehmern besonders die selbständig Erwerbenden stark vertreten sind (vielleicht etwas zu stark, weil selbständige Erwerbstätigkeit bei Befragern und Befragten gewissermaßen bereits den Verdacht der Zugehörigkeit zu dieser Gruppe mit sich bringt). In allen drei nichtfundamentalistischen Gruppen beobachten wir aber ein vergleichbares durchschnittliches Einkommensniveau mit ähnlich breiter Streuung. Die Spitzenverdiener sind weder bei den Konservativen seltener noch bei den Lebensunternehmern häufiger als sonstwo. Ähnliches gilt für die Niedrigeinkommen. Daran zeigt

Gesellschaftliche Konsequenzen

- Beschleunigung und Ausdifferenzierung: Optionenflut und Selektionszwang sind zwei Seiten eines sich selbst verstärkenden Prozesses der immer rascheren Veränderung der Wirklichkeit und deren individueller und gruppenspezifischer Ausdifferenzierung.

- Muße und Gelassenheit: Die Entwicklung von Selektionskriterien (d. h. die Erschließung von »Sinn« in der komplexen Wirklichkeit) setzt im individuellen Leben und in der Organisation die Fähigkeit voraus, von Zeit zu Zeit »auszusteigen«, Distanz zu gewinnen, loszulassen, das Bild von sich selbst und vom eigenen Umfeld neu zu ordnen und sich dadurch eine gewisse Handlungsautonomie zu erschließen.

- Lebensunternehmer: Am erfolgreichsten sind Personen, die aus der ständigen Auseinandersetzung mit einem dynamischen Umfeld ihren persönlichen Lebenspfad entwickeln, der ihren eigenen Stärken und Bedürfnissen entspricht und gleichzeitig die Erwartungen des Umfeldes aufnimmt («Ver-Antwortung«). Diese Grundhaltung wird von allen erwähnten Trends begünstigt.

- Lebenslange Entwicklung: Die Grundhaltung des Lebensunternehmers bedeutet lebenslange Entwicklung in der persönlichen, sozialen und fachlichen Dimension.

- Bildungsrevolution: Die Bedeutung des Humanpotentials und der lebenslangen Entwicklung macht die Bildung zur zentralen gesellschaftlichen Herausforderung. Das traditionelle »Kästchendenken« (drei Lebensabschnitte, auf Lebenszeit angelegte Berufsbilder und Laufbahnebenen) weicht der lebenslangen Bildung in ihren drei Dimensionen. Der Vielfalt der Aufgaben entspricht eine wachsende Vielfalt der Formen und Institutionen im Bildungsangebot.

- Bildung als Standortfaktor: Gesellschaften, die auf diesem Wege am weitesten voran sind, sind es auch im weltweiten Wettbewerb.

- Individuelle Lebensgestaltung: Jeder Mensch sucht sich die Mischung an Tätigkeiten und die Lebensgestaltungskriterien, die ihm am meisten entsprechen. Dabei entwickelt sich auch eine Vielzahl neuer, weniger auf Dauer angelegter Formen des Zusammenlebens.

- Weibliche Prägung: Eine früher als »weiblich« geltende, vermehrt ganzheitliche Lebensgestaltung dringt in bisher männlich dominierte Gesellschaftsbereiche ein; in der Erziehung dominiert die matrimoniale Linie, die auch die männlichen Nachkommen zunehmend prägt.

Unternehmenspolitische Konsequenzen

– Entwicklung des Humanpotentials als zentrale strategische Ressource: Am erfolgreichsten sind jene Unternehmungen, die dies nicht nur im Leitbild stehen haben, sondern zur zentralen Dimension ihrer Strategie machen.

– »Intrapreneurs«: Das Unternehmen braucht Unternehmer am Arbeitsplatz. Mitarbeiterselektion, inner- und außerbetriebliche Weiterbildung und »Learning by doing« müssen die entsprechenden Qualifikationen sicherstellen. Fachlich heißt das optimale Kombination von Lernfähigkeit, Orientierungswissen und funktionsgerechtem Können; Persönlichkeit und soziale Kompetenz gewinnen gegenüber Fachwissen und -können an Bedeutung.

– Selbstorganisation und Selbstbestimmung: Ebenso wichtig wie die Fähigkeiten der Mitarbeiter ist die Möglichkeit, diese dann auch zu nutzen. Kleine, untereinander durch autonome Koordination gekoppelte Profit-Center mit sich selbst organisierenden, unternehmerischen Teams sind dabei am erfolgreichsten.

– Zeit- und Standortautonomie: Wo sich ein Arbeitsteam niederläßt, wie es sich zwischen individueller Heimarbeit, Teleconferencing, Außendienst und Teamarbeit aufteilt und wie weit dabei die individuelle Arbeitszeitflexibilität reicht, sind angesichts der technischen Möglichkeiten offene Fragen, die aufgrund der unternehmerischen Aufgabe und der individuellen Bedürfnisse gemeinsam entschieden werden.

– Grenzverwischung: Die Grenzen zwischen Angestellten und selbständigen Zulieferern verwischen sich und werden Verhandlungsgegenstand. Die Grenzen zwischen erwerbswirtschaftlicher Tätigkeit und Eigenarbeit oder kollektiver nichterwerbswirtschaftlicher Arbeit werden Gegenstand der eigenständigen Lebensgestaltung: Im Beruf genutzte Fähigkeiten und Instrumente kommen auch den anderen Tätigkeiten zugute und umgekehrt.

– Rolle der Frauen: Wer nicht nur den Frauen gleiche Chancen in ihrer beruflichen Entwicklung eröffnet, sondern darüber hinaus dem sogenannt weiblichen Element Gelegenheit gibt, seine kulturelle Prägekraft in der Organisation zu entfalten, wird damit ihre Entwicklungskraft beflügeln.

– »Neues Handwerk«: Die maßgeschneiderte Entwicklung von Produkten und Dienstleistungen im individuellen Dialog mit dem Kunden wird immer mehr zum Grundmuster der Wirtschaft. Die Bereiche, in denen die Konkurrenzfähigkeit von der Stückkostendegression bestimmt wird, verlieren an Bedeutung, zumindest gemessen an der Beschäftigung, und die Größenvorteile verlagern sich auf die gemeinsame Nutzung zentraler Dienstleistungen.

sich, daß die Kaufkraft oberhalb eines minimalen Lebensunterhaltsniveaus nicht mehr jene zentrale Wasserscheide der Lebenshaltung ist wie früher. Gleichzeitig aber verbergen sich hinter dem Einkommen ganz unterschiedliche Phänomene. Wenn Konservative und ein Großteil der Anpasser und Nachahmer wenig verdienen, tun sie das unfreiwillig, im Gegensatz zu den Lebensunternehmern, und wenn die letzteren nicht häufiger Spitzeneinkommen erzielen, dann ist es nicht darauf zurückzuführen, daß sie es nicht könnten, wenn sie wollten.

Die Lebensrealität der Lebensunternehmer und ihr Einfluß auf die Gesellschaft

So leitet die Interpretation dieser Umfrage über zur Lebensweise der Lebensunternehmer. Diese übt, auch durch ihre Prägekraft auf die Gesamtgesellschaft, eher einen wachstumsdämpfenden Effekt auf die Wirtschaft aus, wenn wir das Kriterium der Zunahme des realen Bruttosozialprodukts zugrunde legen. Es hat sich aber seit einiger Zeit herumgesprochen, daß das BSP pro Kopf ein schlechtes Maß für den realen Wohlstand ist, da allzu viele gesellschaftliche Kosten aus der nationalen Buchhaltung ausgeblendet und weitere als Erträge verbucht werden. Das BSP pro Kopf ist aber auch ein schlechtes Maß für das persönliche Wohlbefinden. Dieses variiert mit der Leistungsfähigkeit der staatlichen und sozialen Institutionen, mit der von Preisstrukturen bestimmten realen Kaufkraft, mit der verfügbaren Freizeit, mit der Produktivität der Nichterwerbstätigkeiten, der Qualität der Freizeitbeschäftigungen und des natürlichen Umfeldes etc..

Lebensunternehmer versuchen, aus der Gesamtheit dieser Einflußgrößen, dem Gewicht, das diese in ihrer persönlichen Werthierarchie einnehmen, und ihren Möglichkeiten, sie zu beeinflussen, das Beste zu machen. Indem sie dies tun, tragen sie zu einer maximalen gesamtgesellschaftlichen Produktivität bei, auch wenn diese sich nicht unbedingt im Erwerbseinkommen, sondern ebenso in der Eigenarbeit bzw. im eigenen Lebensgefühl niederschlägt. Sie unterstützen damit einen Trend zum qualitativen Wachstum, in dem Sinn, wie es bereits vor zwei Jahrzehnten aufgrund eines gleichnamigen Expertenberichts zum Fundament der schweizerischen Regierungsrichtlinien erhoben wurde. Die Wertkonservativen haben bis heute Mühe zu begreifen, daß Verzicht auf Maximierung des realen BSP (um nicht von nominellen Umsätzen zu sprechen, die ebenfalls noch von einigen maximiert werden) weder überhaupt Verzicht bedeutet noch eine Bedrohung der Wettbewerbsfähigkeit und Dynamik der Wirtschaft, denn beide leben ja vom überdurchschnittlich wirksamen Einsatz der produktiven Ressourcen, also genau dem, was die Lebensunternehmer tun.

Es liegt in der Natur der Sache, daß wir nicht sagen können, wieviel ein Lebensunternehmer verdient, wieviel er arbeitet, wie er konsumiert etc., weil dies ja alles Gegenstände der individuellen Gestaltung sind. Dennoch können wir einige allgemeine Aussagen machen:

– Lebensunternehmer ziehen unternehmerische Tätigkeiten vor. Sie finden diese in freien Berufen, als selbständige Gewerbetreibende, als Kleinunternehmer und als »Intrapreneurs« (Naisbitt). Letztere sind besonders häufig in den kleinen, unternehmerisch autonomen Arbeitsteams, die auch in Großunternehmen zu Grundzellen der Organisation werden. Sie bieten Menschen mit der hier beschriebenen Lebenshaltung die besten Entwicklungschancen und entwickeln sich ihrerseits mit ihrer Hilfe am besten.

– Lebensunternehmer wollen also auch als Angestellte unternehmerische Verantwortung tragen, aber der Unternehmenserfolg ist für sie nicht Selbstzweck, sondern Teil ihres eigenen Sinnprozessierens. Sie brauchen größtmögliche Flexibilität der Gestaltung von Arbeitszeit, Arbeitsort, Organisation etc. Sie müssen darüber verhandeln und unternehmerisch mitentscheiden können, um jeweils das ihnen gemäße Gleichgewicht zwischen Arbeitszeit, Arbeitsqualität, Erwerbseinkommen, Synergie zwischen Arbeit und anderen Lebensbereichen, Erfolgserlebnissen, Erwerbsarbeit für andere Empfänger, Eigenarbeit, Pflege von Familie und Freundeskreis, kulturellen und politischen Aktivitäten etc. zu finden.

– Das bedeutet nicht, daß Lebensunternehmer weniger arbeiten als andere, eher im Gegenteil. Sie sind hoch motiviert und qualifiziert, arbeiten überdurchschnittlich produktiv und geraten zuweilen in Aufschaukelungsprozesse zwischen Motivation und Erfolg, die an die Grenze des Kollapses führen. Aber Geld ist für sie nur eines von vielen Kriterien – und mindestens im Vergleich zur Gruppe der Anpasser und Nachahmer eher ein sekundäres – für den Arbeitseinsatz. Die volle Agenda als Statussymbol oder das Absitzen von Präsenzzeiten verabscheuen sie. Sie minimieren konsequent ihre leere Zeit. Leere Zeit ist nicht untätig verbrachte Zeit. Im Gegenteil, diese Leute wissen, daß Muße – Auftanken, auch durch passive Unterhaltung, zuweilen auch entspannende Routinetätigkeiten – alles andere als leere Zeit ist. Leere Zeit ist jene fremdbestimmte Zeit, deren Fremdbestimmung nicht Teil der eigenständigen Lebensgestaltung ist ...

– Lebensunternehmer vermeiden es in der Regel, in traditionellen Schlafsilos zu wohnen und größere Pendelfahrten in Kauf zu nehmen – es sei denn, solches gehöre aus irgendeinem Grund zu ihrem Lebenskonzept. Sie sind deshalb Hauptträger der Tendenz zum Zusammenrücken der verschiedenen sozialen Funktionen in den traditionellen ländlichen Siedlungskernen und den Stadtzentren.

– Lebensunternehmer sind Hauptkunden des »neuen Handwerks«, der maßgeschneiderten Entwicklung von Gütern und Dienstleistungen. Sie lehnen aber billige Massenprodukte nicht ab, wo sie in ihr Konzept passen.

- Lebensunternehmer sind Hauptträger der neuen Demokratisierung in Politik, Kultur und Wirtschaft, deren Hauptansatzpunkt nicht mehr die Legitimierung der Fremdbestimmung durch Mehrheitsentscheide ist, sondern die Entwicklung der Lösungen im Dialog der Beteiligten und Betroffenen. Sie dürfen dabei natürlich eine gewisse Mindestzahl nicht übersteigen. Auch müssen die Lösungen Lernprozessen zugänglich sein. Kleine, dezentrale Organisationszellen und flexible, interaktive Technologien sind deshalb gefragt – nicht als Dogma, sondern weil sie in der Regel den Kriterien der Lebensqualität am besten entsprechen.
- Maßgeschneidert wie alles andere entwickeln sich auch die Familienverhältnisse. Es wird mit einer Vielzahl von Formen experimentiert. Dabei spielt die Verbindung zwischen der Kindererziehung und anderen Lebensbereichen eine zentrale Rolle. Die sich entwickelnden flexiblen Lösungen waren übrigens zweifellos der Hauptgrund dafür, daß mindestens die westeuropäischen Bevölkerungen gegenwärtig – die schwedische schon seit Jahrzehnten – auch ohne Zuwanderung wieder leicht wachsen (Lutz, 1992).

Kapitel 2:
Die neue »Polis«

Hier wird über eine Gemeindeversammlung in Weindorf berichtet. Sie zeigt, wie direkte Demokratie sogar bei Entscheidungen über komplexe Projekte funktionieren kann, wenn diese mit Hilfe geeigneter Verfahren unter Hinzuziehung der Beteiligten und Betroffenen entwickelt werden und wenn die Entscheidungverfahren diesen Möglichkeiten Rechnung tragen. Der Bericht läßt auch die neue Urbanität spüren, die im Dorf Einzug hält, und er zeigt, in welcher Weise all diese Entwicklungen mit der geschickten Nutzung der Multimedia- und Telekommunikationstechnologie verbunden sind.

Mein zweiter Abend in Weindorf wird zu einer Lektion in neuer Demokratie. Die Gemeindeversammlung hat über einen Quartierzonenplan zu entscheiden, der für den Bau eines Film- und Animationsstudios der Animag AG erforderlich ist. Meine Fragen über die Bedeutung dieses Entscheidungsverfahrens führen zur Erörterung eines Falls, der vor drei Jahren internationales Aufsehen erregt hat, nämlich die Errichtung des gentechnologischen Experimentierlabors der Genlife AG, den ich kurz in Erinnerung rufen möchte, bevor ich auf die Entscheidung eingehe, deren letztes Stadium ich selbst verfolgen konnte. Damals ging es nicht um Baulinien, sondern um Sicherheits- und Gesundheitsfragen in einer komplexen Gemengelage zwischen Bundes-, Kantons- und Gemeinderecht, die ich hier nicht im einzelnen nachzeichnen kann. Die Nachricht vom Projekt einer gentechnologischen Experimentieranstalt, die auch mit Freilandversuchen operiert, brachte zunächst die Ökofundamentalisten auf den Plan, die aus dem ganzen Land einfielen, um die Bewohner von Weindorf wachzurütteln. Das gelang ihnen auch, aber nicht mit dem erhofften Erfolg. Vielmehr wurde der frischgebackene Gemeinderat Percy Baumgartner beauftragt, die Umweltanalyse durchzuführen, die Weindorf vorschreibt für alle Bewilligungsverfahren, welche die Lebensqualität beeinflussen könnten. Das Originelle am Weindorfer Verfahren ist, daß es nicht wie bei der traditionellen Umweltverträglichkeitsanalyse einfach um Schadensgrenzen geht, sondern um eine Gesamtbilanz möglicher Auswirkungen: Diese werden identifiziert und bewertet, und zwar in einem Prozeß, der alle Beteiligten und Betroffenen einbezieht. Zu ihnen gehörten im vorliegenden Fall die Anwohner selbst, der Investor und die rechtlich zuständigen kantonalen und nationalen Behörden. Der

Prozeß besteht nicht nur in der Beurteilung einer fertigen Projektvorlage, sondern geht von der Frage aus, wie ein Projekt aussehen könnte, das den Interessen aller Beteiligten möglichst gut entspräche.

Umweltanalyse als Demokratie-Instrument

Wie sich in anderen Fällen – wie z. B. jenem eines an sich weit weniger problemgeladenen Hors-Sol-Gemüse-Anbauprojekts – zeigte, haben Investoren, die einfach einen formalen Rechtsstandpunkt durchsetzen wollen und nicht bereit sind, sich auf einen solchen gemeinsamen Entwicklungsprozeß einzulassen, in Weindorf kaum Chancen. Zwar versuchte der Gemüseproduzent, eine große Prozeß- und Pressekampagne zu entfachen, mit dem Argument, in Weindorf herrsche Amtswillkür und eine Moratoriumsmentalität, die jede Investition mit Mitteln von zweifelhafter Legalität verhindere. Aber mehrere zufriedene Investoren hielten dem entgegen, das Weindorfer Verfahren sei für sie eine Chance gewesen, ohne lange rechtliche Auseinandersetzungen mit Hilfe der Gemeinde ein Projekt zu entwickeln, das entwicklungsfähiger und zukunftsträchtiger sei als das ursprünglich vorgelegte. Das gilt vor allem für jene, die bereits Lehren aus dem neuen Verfahren gezogen und nicht ein fix und fertiges Bauvorhaben, sondern eine Projektidee unterbreitet und diese dann zusammen mit der Gemeinde etappenweise konkretisiert hatten. Per Saldo ergibt sich daraus nebst der erwähnten Verbesserung der Resultate sogar eine Beschleunigung des Planungs- und Bewilligungsverfahrens.

Im Fall Genlife hatte Percy zunächst Expertengespräche im kleinen Kreis organisiert, welche die Aufgabe hatten, die wichtigsten Fragen über die Risiken, die rechtlichen Grenzen und Möglichkeiten und die wirtschaftlichen Auswirkungen zu identifizieren. Daraus hatte er mit Hilfe der in Weindorf ansässigen PR-Agentur eine Broschüre destilliert, die in jede Haushaltung geliefert wurde und natürlich auch am Bildschirm abrufbar war. Dem folgte ein öffentliches Hearing mit Experten, an dem sich die Einwohner im Gemeindesaal oder vom Bildschirm zu Hause aus beteiligen konnten und das mit einer Meinungsumfrage über die Gesamtbeurteilung endete. Auf dieser Grundlage handelte ein Projektteam aus Vertretern von Genlife, der Gemeinde und der Grundstücksnachbarn unter Hinzuziehung von Rechtsexperten des Kantons und des Bundes ein revidiertes Projekt aus. Dieses faßte die Experimentalbedingungen schärfer und führte ein laufendes öffentliches Informations- und Controllingverfahren ein; Elemente, die nach auf Auffassung des Investors zwar Restriktionen, gleichzeitig aber auch fruchtbare Impulse für die Konkretisierung der F+E-Vorhaben beinhalteten. Die Gemeinde vertiefte ihren Ruf als Standort für zukunftsorientierte Kleinbetriebe, welche die erhöhte Umweltsensibilität in Gestaltungschancen ummünzten, statt in endlosen Grabenkämpfen scheuklappenbewährter Prinzipienreiter zu ersticken.

Natürlich kam Percys Ausbildung in Projektmanagement, die er bei der Privatkundenbank zur Vorbereitung seiner neuen Tätigkeit erhalten hatte, diesem Verfahren zugute. Nebenbei bemerkt hat das öffentliche Aufsehen, das die Fälle Genlife und Hors-Sol-Produktion erregt hatten, jüngst eine Beratungsfirma für komplexes Projektmanagement bewogen, sich in Weindorf niederzulassen und damit von dessen Image zu profitieren.

An meinem zweiten Abend in Weindorf geht es um ein weit weniger spektakuläres und auf den ersten Blick weniger problematisches Projekt. Die rechtlich im Zentrum stehende Baulinienfrage ist auch nicht das wirkliche Problem, denn sie ist durch ein Bauprojekt mit der erforderlichen architektonischen Qualität erfahrungsgemäß leicht zu lösen. Aber sie war der Grund dafür, daß eine Umweltanalyse durchzuführen war. Eher außergewöhnlich ist, daß sich beim Hearing die von den Experten identifizierten Fragen als irrelevant erwiesen. Es zeigte sich eine Opposition, die nicht von den städtebaulichen Aspekten, sondern von den kulturellen Immissionen des Projekts beunruhigt war. Außerdem – und so gesehen haben wir mit der Wahl unserer Familie eine glückliche Hand gehabt – bestand der Verdacht der Vetternwirtschaft, denn der hier als Verantwortlicher für das Umweltanalyseverfahren und Kulturdezernent zuständige Gemeinderat lebte zusammen mit einem Mitglied der Geschäftsleitung der Firma, die das Projekt unterbreitet hatte.

Nach dem Hearing hatte Percy sich überlegt, ob er das Verfahren seiner Ratskollegin übergeben sollte, die für das Bauwesen zuständig war. Nach langer Diskussion mit Juana entschied der Gemeinderat, das Dossier bei Percy zu belassen – nicht nur wegen dessen Verfahrens-Knowhow, sondern auch aus der grundsätzlichen Überlegung heraus, daß Interessenkollisionen geradezu ein Wesensmerkmal komplexer Netzwerke seien, daß gerade in ihnen ja auch ihr Synergiepotential liege und daß es deshalb nicht darum gehen könne, sie zu vermeiden, sondern lediglich darum, sie rückhaltlos offenzulegen und in die Umweltanalyse einzubeziehen.

Percy organisierte also ein zweites Expertengespräch und ein zweites Hearing, in dem die neu aufgetauchten Fragen beantwortet wurden. Dabei zeigte sich, daß das wirkliche Problem in der Befürchtung einer Gruppe vor allem älterer Anwohner lag, ein Film- und Animationsstudio werde ein ganz neues, betriebsames und hemmungslos hedonistisches

Völkchen ins idyllische Weindorf bringen, einschließlich der damit bekanntermaßen verbundenen sozialen Unruhe, vielleicht gar zunehmende Drogen- und Kriminalitätsprobleme und einen Nachttourismus, den man gerne den Dörfern jenseits der Landesgrenze überlasse.

Für die Weiterbearbeitung ergaben sich aus dem Hearing zwei Konsequenzen. Die eine bestand in einem ganz neuen politischen Projekt: Es hatte sich gezeigt, daß verschiedene Bevölkerungsgruppen ganz unterschiedliche und teilweise gegensätzliche Vorstellungen von der Gesamtentwicklung der Gemeinde hatten. Es gab so etwas wie ein Identitäts- oder Kulturproblem. Daran mußte gearbeitet werden, wenn man nicht in eine Patt-Situation oder in eine Ausgrenzung und innere Emigration eines wichtigen Bevölkerungsteils geraten wollte.

Dieses Projekt ist gegenwärtig noch in vollem Gange. Im Kern geht es darum, in einem ähnlichen mehrphasigen Prozeß wie dem bisher beschriebenen zu einer verbindenden Vorstellung vom künftigen Weindorf zu gelangen, zu so etwas wie einem gemeinsamen Wunschszenario. Ausgangspunkt ist die Identifizierung der Vorstellungen, die Vertreter verschiedener Bevölkerungsgruppen im Hinterkopf haben, und der meist unbewußten Annahmen, die dahinter stehen. So können Konflikte über die Annahmen, aber auch über die Auswirkungen gewisser Grundhaltungen und Wege thematisiert und ausgetragen werden; das soll nicht nur auf der Sachebene, sondern auch emotional geschehen. Der Kulturkampf wird sozusagen inszeniert, mit Theater, audiovisuellen Umsetzungen, Tanz- und Bewegungstherapiemethoden, Virtual Reality etc. Wieweit das Ergebnis tatsächlich so etwas wie ein verbindendes Wunschszenario sein wird oder ob man sich damit begnügen muß, daß gewisse Gruppen einsehen, daß sie abseits des Hauptstroms stehen, ist zur Stunde noch offen. Ganz ohne Risiko ist die Sache nicht, aber die Mitglieder des Gemeinderats sind überzeugt, daß sie die Qualität der politischen Meinungsbildung weiter erhöhen wird.

Solange dieser Prozeß in seinen Anfängen stand, hing das Projekt des Film- und Animationsstudios in der Luft. Sollte man es solange auf Eis legen? Soviel Zeit hatte die Animag nicht. Außerdem blieb ungewiß, ob der identitätsbildende Prozeß ihre Chancen verbessern oder verschlechtern würde. Juanas Kollegen in der Geschäftsleitung tendierten deshalb dazu, einen anderen Standort zu suchen. Juana aber gab aus naheliegenden Gründen nicht so leicht auf. Das erste Hearing hatte durchaus auf eine befürwortende Mehrheit schließen lassen. Wenn es nun gelang – und dies war die zweite Konsequenz – die bestehenden Informationslücken und die durch sie verursachten Ängste abzubauen, würde sich die Stimmung weiter verbessern lassen. Die Animag beschloß deshalb, ein zweites Hearing zu riskieren, wiederum mit vorbereitendem Informationsmaterial. Daraus ging u.a. hervor, daß die Studiobelegschaft aus einem Team von Technikern, Software-Entwicklern, Designern, Projektmanagern, Regisseuren sowie Marketing- und Verkaufsfachleuten bestand, also aus Berufsgruppen, die in Weindorf bestens akzeptiert waren. Es gab auch eine Sammlung von Kurzbeschreibungen der bisher von Animag realisierten Projekte. Anläßlich des Hearings führte Juana einige Ausschnitte am Bildschirm vor und schloß ausdrücklich auch solche ein, die in den Augen der Opponenten die Befürchtung des Sittenverfalls bestätigen mochten, denn das Spiel mit verdeckten Karten war in Weindorfs Umweltanalyseverfahren tabu und hatte sich noch immer früher oder später gerächt. Außerdem präsentierte Juana eine Darstellerstatistik, die zeigte, daß nur ganz wenige Akteure so häufig von Animag engagiert wurden, daß die Standortwahl der Firma ihre eigene hätte beeinflussen können. Auch die Biographien der Darsteller konnten auf Abruf konsultiert werden, natürlich anonymisiert, unter Beachtung der Datenschutzrestriktionen.

Schließlich mußte noch klargestellt werden, daß das Studio mit keinerlei öffentlichem Lokal verbunden war. Bei der Projektweiterentwicklung war diskutiert worden, ob mit Rücksicht auf die Opposition verzichtet werden solle auf das Angebot, die Studioeinrichtungen für Anlässe anderer Veranstalter, einschließlich der Gemeinde, zur Verfügung zu stellen. Juana hatte sich vehement dagegen gewehrt, nicht nur zugunsten der Gemeinde, sondern weil dann auch aus Rentabilitätsgründen ein anderer Standort gewählt werden müßte.

So kam es, daß das zweite Hearing sich auf diesen Punkt konzentrierte. Während die Opponenten ihn als Bestätigung ihrer Befürchtungen anführten, gelang es Juana, mit Beispielen aus dem bisherigen Zürcher Studio ein so verführerisches Bild der kulturellen Möglichkeiten zu entwickeln, das vom Kirchenchor bis zum Silvesterball-Komitee reichte, daß die Umfrage nach dem zweiten Hearing eine überwältigende Mehrheit für das Projekt erbrachte.

Ein peinlicher Zwischenfall

Heute abend soll nun also entschieden werden. Ich habe mich entschlossen, die Versammlung zusammen mit Guido, Anja und Consuelo zu Hause zu verfolgen, während Percy und Juana natürlich im Gemeindesaal präsent sind. Die Spannung ist wegen des persönlichen Engagements meiner Freunde groß, auch wenn nach so eingehender Vorbereitung eigentlich nichts schiefgehen kann und auch Gewähr besteht, daß mit Sachkenntnis entschieden wird. Die einzige Sorge bleibt die Frage, wie breit und radikal die opponierende Minderheit noch ausfallen wird, denn die Weindorfer Philosophie will es ja, daß im Lauf der offenen Konfliktaustragung möglichst konsensfähige Lösungen gesucht werden.

Natürlich ist das Studio nicht das einzige Geschäft der Gemeindeversammlung. Sie plätschert zunächst mit Routineentscheidungen dahin. Beim Haupttraktandum begründet Percy nochmals den zustimmenden Antrag des Gemeinderates, fordert Juana auf, die wichtigsten Elemente des Projekts in Erinnerung zu rufen, und faßt schließlich die Ergebnisse der bisherigen Hearings zusammen. Auch während der allgemeinen Aussprache, an der man sich im Saal und von zu Hause über Telephon, wo vorhanden mit Bild, beteiligen kann, werden zunächst nur bekannte Argumente wiederholt, und zwar praktisch ausschließlich unterstützende. Ich stelle fest, daß meine Freunde zu Hause und im Gemeindesaal unruhig werden, und frage: »Was habt ihr denn? Es läuft doch prima!« Guido entgegnet: »Da stimmt etwas nicht. Ich weiß doch genau, daß meine Stammtischbrüder dagegen sind. Wenn die jetzt die Faust im Sack machen, kommen die Konflikte nur später wieder hoch, wenn das Studio an der Arbeit ist!«

Nun – die Befürchtung war umsonst. Es meldet sich ein Teilnehmer von zu Hause. Er möchte der Versammlung etwas zeigen. Percy bittet ihn um Namen und persönlichen Code. Das tue nichts zur Sache. Dann müsse er ihn leider ausblenden, sagt Percy. Der Unbekannte sagt, er habe etwas Wichtiges in der Angelegenheit zu sagen, aber man werde sofort verstehen, weshalb er sich nicht identifizieren wolle. Percy sagt, es tue ihm leid, die Regeln der Gemeindeversammlung seien für ihn verbindlich, und schaltet den Anrufer aus. Nach einer kurzen Schrecksekunde geht aufgeregtes Gemurmel durch den Saal, und die Gemeinderäte stecken die Köpfe zusammen. Dann erhebt sich einer der älteren Bürger und sagt: »Ich stelle den Antrag, daß wir uns ansehen, was der anonyme Mitbürger uns zeigen will. Am vorliegenden Projekt ist unsere Mitbürgerin Juana Mendoza persönlich interessiert, und der zustimmende Antrag des Gemeinderates wird von ihrem Lebensgefährten Percy Baumgartner vertreten. Beide haben uns versichert, uns voll informiert und nichts verborgen zu haben. Wenn sie uns also nichts zu verbergen haben, dann brauchen sie auch keine Angst vor anonymen Informationen zu haben. Wir Bürger von Weindorf sind schließlich mündig genug, um unterscheiden zu können, ob sie etwas zur Sache tun oder nicht. Ich habe geschlossen.«

Der Saal signalisiert Zustimmung. Nach nochmaliger Diskussion am Gemeinderatstisch verkündet der Gemeindepräsident, von Beruf Rechtsanwalt: »Wie Sie wissen, sind zur Gemeindeversammlung nur stimmberechtigte Mitbürgerinnen und -bürger zugelassen, die sich entweder hier beim Saaleingang oder am Telephon mit Namen, persönlichem Code und Bild oder Stimmprofil ausgewiesen haben. Herr Baumgartner hat den Anrufer deshalb zu Recht ausgeblendet. Da wir aber den offenen Dialog pflegen, schlage ich in Übereinstimmung mit dem Wortlaut der Gemeindeordnung vor, diese so zu interpretieren, daß diese Einschränkung nur für die Entscheidung selbst gilt und daß es der Gemeindeversammlung freisteht, zusätzliche Informationen einzuholen, wenn sie das so will. Ich lasse deshalb über diesen Antrag abstimmen.« Im Saal findet er einhellige Zustimmung; auch unter den zu Hause Zugeschalteten ergibt sich eine deutliche Mehrheit.

Percy lädt also, mit einigem Unwillen in der Stimme, den anonymen Anrufer ein, sich wieder zuzuschalten. »Gut«, hört man aus dem leeren Bildschirm, »ich werde Ihnen also etwas zeigen.« Dann folgt aufpeitschende Musik und die Aufnahme einer ausgesprochen aufreizenden Nackttänzerin in einem Nachtlokal. Nach dem ersten Schock dreht der Anrufer den Ton etwas zurück und kommentiert aus dem Off: »Diese Aufnahme stammt aus der ›Sunstrip-Bar‹ in Zürich. Die Tänzerin heißt Anja. Sie arbeitet heute bei Juana Mendoza als Hausmädchen und besucht die Tanzschule in Großkirchen, übrigens in Gesellschaft der 17jährigen Consuelo Mendoza, mit der sie ein Liebesverhältnis …«

Percy hat einen Augenblick zu lang gezögert, den Anrufer wieder auszuschalten. Offenbar wagte er es zunächst nicht angesichts des demokratischen Antrags, aber beim Namen Consuelos drückt er auf den Knopf, etwas zu spät. Er und Juana sitzen wie vor den Kopf geschlagen. Zu Hause kriegt Anja einen Wutanfall, während Consuelo in Tränen ausbricht. Sie springt auf und stürzt aus dem Zimmer. Guido springt auf und knurrt: »Warte nur, du Sau; deine Stimme kenne ich!«, und im Gemeindesaal bricht ein Tumult aus. Einer schreit: »Soll es so aussehen bei uns?« Andere schreien ihn nieder. Schließlich gelingt es dem Präsidenten, die Ruhe wiederherzustellen. Er sagt: »Ich bedaure zutiefst, mich zu dieser etwas lockeren Interpretation der Gemeindeordnung verleiten lassen zu haben. Wir waren eben Zeugen einer flagranten Verletzung der Personenschutzbestimmungen. Wir werden alles daransetzen, um den anonymen Anrufer einer strafrechtlichen Verfolgung zuzuführen. Ich bin sicher, daß ich im Namen fast aller Mitbürgerinnen und Mitbürger unsere Freunde Percy und Juana und die jungen Damen, deren Intimsphäre hier heimtückisch verletzt worden ist, um Vergebung bitte.« Pfeifen, Trommeln und Klatschen signalisieren überwältigende Zustimmung. Der Gemeindepräsident fährt fort: »Der Zwischenfall ist meinem persönlichen

Leichtsinn zuzuschreiben. Ich übernehme die volle Verantwortung. Wir werden im Gemeinderat über die Konsequenzen sprechen und Ihnen unsere Anträge darüber vorlegen. Jetzt aber sollten wir zu unserem Geschäft zurückkehren. Wer wünscht das Wort?«

Im Saal und am Bildschirm herrscht ein Betrieb wie an den Börsen des vorelektronischen Zeitalters. Hier aber garantiert das elektronische Abstimmungssystem für eiserne Einhaltung der Reihenfolge der Wortmeldungen. Wir wollen nur eine einzige zitieren, welche die Summe aller anderen enthält: »Ich möchte zuerst meinen Abscheu über diesen hinterlistigen Angriff auf unsere Demokratie ausdrücken. Alsdann möchte ich der Tänzerin, die wir hier gesehen haben, zurufen: Sie waren sehr aufregend! Wenn Sie das Gefühl haben, sich noch weiter zu vervollkommnen zu müssen – ich weiß nicht wie, aber mir soll es recht sein. Und dann: Wenn dieser Angriff etwas zeigt, so dies, daß die Opponenten nichts gegen das Projekt in der Hand haben, denn das hier hatte keinerlei Zusammenhang mit ihm! Percy und Juana haben den Meinungsbildungsprozeß mit vorbildlicher Offenheit betrieben. Nach diesem Intermezzo können nur noch ewiggestrige Fundamentalisten dagegen stimmen, und die sollen das meinetwegen tun.« Und so war es denn auch: Die Schlußabstimmung erbrachte einen befürwortenden Stimmenanteil von sage und schreibe 87 Prozent. Offenbar hatte der anonyme Eindringling kaum Stimmen gewonnen, sondern den Großteil der Gegner ins befürwortende Lager getrieben.

Dorfidylle und Global Village

Gleichwohl bleibt die Stimmung im Haus Rheinblick nach Schluß der Versammlung bedrückt. Ist der Preis nicht zu hoch gewesen? Würde Consuelo nicht Schwierigkeiten an ihrer Lehrstelle bekommen? Sie hat sich inzwischen die Tränen getrocknet und ist still zurückgekehrt. Percy und Guido versuchen die Mädchen aufzuheitern. Es sei wirklich schön gewesen. Ob die Mädchen nicht noch eine Probe ihrer Kunst vorlegen möchten? Hier fährt Juana wütend dazwischen: »Ihr unverbesserlichen Machos! Immer noch die alten Hang-ups!« Dann seufzt sie: »Wir haben noch so viel zu tun!« und zieht die beiden Mädchen an sich.

»Ja, sicher«, räume ich ein. »Aber was ich hier an neuer direktdemokratischer Vitalität gesehen habe, hat mich dennoch tief beeindruckt.« »Mich auch«, sagt Juana. »Ich komme ja aus einem Land, das überhaupt keine direkte Demokratie kannte.« Percy wirft ein: »Es ist schon wahr, daß die Schweiz mit ihrer direktdemokratischen Tradition und ihrer ausgeprägten

Gemeindeautonomie besonders prädestiniert war für solche Experimente. Man vergißt oft, daß gar nicht das Mehrheitsprinzip das Entscheidende an der eidgenössischen Tradition war, sondern das Allmendprinzip, das Genossenschaftsprinzip, das Bewußtsein, Teil eines Gemeinwesens zu sein, für dessen Geschick man gemeinsam verantwortlich war. Vieles bildete sich während Jahrhunderten heraus, und wenn einmal eine Entscheidung zu treffen war, beriet man lange, um sich eine Meinung zu bilden. Die Abstimmung war nur noch der formelle Schlußpunkt. Diesem Bild versuchen wir in Weindorf nachzuleben, aber mit Mitteln, die unserer schnellebigen Zeit und der Komplexität unserer Gesellschaft besser entsprechen. Allerdings hat es auch seine Grenzen, wie wir gerade gesehen haben. Manchmal gibt es einfach Gruppen, die den Anschluß verpassen. Aber es ist doch noch lange nicht so wie auf Bundesebene, wo demokratische Entscheidungen allzu oft auf eine Vergewaltigung der Minderheit durch die Mehrheit hinauslaufen oder, noch schlimmer, der Mehrheit durch die Minderheit, im Namen eines überzogenen Minderheitenschutzes. Gar nicht zu reden von der europäischen oder der globalen Ebene, wo keine noch so gutgemeinten Bemühungen um demokratische Legitimation daran vorbeiführen, daß die eigentlichen Entscheidungen von einer kleinen Insider-Gruppe getroffen werden.«

»Sind Sie denn gegen die Europäische Union oder die Erweiterung der UN-Charta, um im Namen der Menschenrechte auch eine Einmischung in innere Angelegenheiten zu ermöglichen?« frage ich Percy.

»Nein, natürlich nicht. Wir brauchen für jede Ebene die erforderlichen Konfliktregelungsmechanismen. Weltweit ist das ein Minimum an Völkerrechts- und Marktregeln mit den entsprechenden Durchsetzungsmöglichkeiten. Weltwahlen oder Weltabstimmungen wären eine Farce, selbst wenn sie technisch durchführbar wären, weil die Qualität der Meinungsbildungsprozesse nicht zu erreichen wäre. Im Rahmen der Europäischen Union sieht es ähnlich aus. Stellen Sie sich vor, wir hätten über den Übergang zur Währungsunion eine europäische Abstimmung veranstaltet! Das hätte das gute Einvernehmen für Jahre vergiftet. Ich weiß nicht, wie ich das Demokratieproblem in Europa lösen würde. Die Stärkung des direkt gewählten Europäischen Parlaments produziert eher noch mehr Distanz zwischen den europäischen Institutionen und den Bürgern. Mir scheint, wenn wir möglichst viel Verfahren vom Tauziehen zwischen den zahlreichen europäischen Institutionen abhängig machen und diese sich auch um einen ständigen öffentlichen Dialog bemühen und nach Mitteln suchen, die Erwartungen verschiedenster Gruppen zu erfahren und auf sie zu reagieren, haben wir ungefähr das Maximum dessen, was auf europäischer Ebene möglich ist.«

Auf meine skeptischen Einwürfe entgegnet Percy: »Natürlich sage ich das nicht gerne. Aber der Trost ist doch, daß wir seit einigen Jahren eine gewaltige Revitalisierung der Demokratie auf anderen Gebieten erleben. Einerseits hat alle Welt jetzt das Prinzip der Subsidiarität, das wir früher Föderalismus genannt haben, begriffen; es lautet einfach gesagt: ›So hoch oben wie nötig, so tief unten wie möglich.‹ Und dieses Prinzip erhält heute ja nicht nur durch eine allgemeine Anerkennung mehr Gewicht, sondern auch dadurch, daß infolge der Intensivierung des regionalen Eigenlebens, die auch von der Technik gestützt wird, immer mehr Entscheidungen immer weiter unten getroffen werden können. Das gilt natürlich nicht nur für die Politik, sondern auch für die Wirtschaft und alle anderen Bereiche. Und so setzt sich das alt-eidgenössische Muster auch in diesen Bereichen immer mehr durch.«

»Aber ist es denn wirklich diese politische Kultur, in deren Rahmen Weindorf offenkundig ein Pionier ist, die Firmen wie Animag hierher lockt, trotz der Risiken, die damit offenbar verbunden sind, wie wir heute gesehen haben, oder haben Sie einfach genug von der Pendelei?« frage ich Juana etwas provozierend.

»Natürlich habe ich genug von der Pendelei, aber das allein würde nicht reichen, denn schließlich muß die Firma ja auch weiter blühen können. Nein, es sind eigentlich ganz nüchterne Standortüberlegungen. Da spielt die Pendelei schon eine Rolle: Hochqualifizierten Leuten attraktive Arbeitsplätze an einem Wohnort mit hoher Lebensqualität bieten zu können, ist heute wahrscheinlich der wichtigste Standortfaktor für Firmen wie die unsere. Da zur Attraktion der Arbeitsplätze und zur Lebensqualität auch die kulturelle Vitalität, der Kontakt mit anregenden Leuten und neuen Ideen gehört, waren früher Orte wie New York, Paris, Wien, Hamburg, München, neuerdings auch wieder Prag oder eben Zürich gefragt. Heute aber können wir andere Aspekte der Lebensqualität wie Landluft und Idylle verbinden mit dem Anschluß an die große weite Welt, und zwar im Umkreis von einer Fahrstunde zur Großstadt, wo die Angehörigen unserer Netzwerke sich jederzeit treffen können, und zwar auch die aus anderen Großstädten, die wenige Hochgeschwindigkeitszugstunden oder im Extremfall Flugstunden auseinanderliegen. Wir müssen uns nicht mehr entscheiden zwischen Dorfidylle und Global Village. Und weil das so ist, werden die Dörfer immer anregender, indem sie immer interessantere Leute anziehen. Wenn dann noch so etwas stattfindet wie hier, eine so intensive Auseinandersetzung über die Gestaltung des Gemeinwesens, dann ist das mehr kulturelle Vitalität, als die meisten kulturellen Metropolen uns bieten können.«

Wer fährt wofür wohin?

»Aber in den alten Stadtzentren findet doch etwas ganz Ähnliches statt?«

»Stimmt; aber es ist doch weniger intensiv, weil die Leute weniger gemeinsame Interessen haben und weit zahlreicher sind; außerdem sind die Stadtkerne oft prohibitiv teuer. Ein guter Standort sind sie nur für Firmen, die auf hohe Frequenzen eines bestimmten großstädtischen Publikums angewiesen sind. Bei Firmen wie der unseren, die jeweils mit einem Kunden über mehrere Monate hinweg an einem Projekt arbeiten, oft auch noch zeitweise in dessen Firma, spielt das keine Rolle. Deshalb ist das Stadtzentrum für uns zu teuer und zudem weniger attraktiv, auch für unsere Mitarbeiter, die nirgends so schön und billig wohnen können wie hier draußen, und so grün und idyllisch.«

»Denken Sie, daß Sie künftig überhaupt weniger pendeln werden? Sie sind doch auch bisher nur zwei- oder dreimal wöchentlich nach Zürich gefahren. In Zukunft werden Sie zwar beide Arbeitsplätze hier haben, aber wie steht es mit Kundenbesuchen?«

»Nun, die Kunden sind früher nach Zürich gekommen. Jetzt werden sie eben nach Weindorf kommen. Ich wette, sie tun das gerne, nicht nur wegen unseres raffinierten Ateliers, sondern auch weil Dörfer wie das unsere ›in‹ sind, und wenn die Kunden nicht schon selbst an einem solchen Ort wohnen, möchten sie zumindest ein wenig schnuppern, weil sie im stillen von so etwas träumen. Schon heute kommt es vor, daß ich mit neuen Kunden einen Weindorf-Trip mache. Die lassen sich dann die Käserei vorführen, gehen nebenan zur Weindegustation, lassen sich zum Abendessen frischgefangene Rheinfische auftischen und sind glücklich, daß dies alles während eines kurzen Ausflugs und ohne Einbuße an Übernachtungskomfort zu haben ist.«

»Das heißt also, Sie pendeln weniger, dafür Ihre Kunden um so mehr. Ähnlich sieht es im Handel aus: Die Kunden fahren nicht mehr in Strömen ins Einkaufszentrum, dafür muß die Ware vom Händler feinverteilt werden.«

Hier mischt Percy sich wieder ein: »Wir haben im Bezirk Großkirchen gerade eine Studie zu dieser Frage ausarbeiten lassen, und zwar über die letzten zehn Jahre. Die Zahl der regelmäßigen Pendler über die Bezirksgrenzen hinweg, d. h. im wesentlichen nach Zürich, ist um etwa 30 Prozent gesunken. Man hat auch versucht, die soziale Zusammensetzung zu eruieren. Es scheint, daß der Rückgang mit zunehmendem Einkommen deutlicher ausfällt, bei allen Vorbehalten, die zu diesem Kriterium zu machen sind. Die Pendlerfahrten innerhalb des Bezirks, also im wesentlichen zwischen Nachbargemeinden, sind um etwa fünf Prozent häufiger geworden. Einkaufsfahrten über die Bezirksgrenzen hinweg haben um 50 Prozent abgenommen und innerhalb des Bezirks um zehn Prozent. Dafür haben sich die Zulieferfahrten zu Läden über die Bezirksgrenzen hinweg verdoppelt, während jene innerhalb des Bezirks zu vernachlässigen sind. Die Frequenz der Hauslieferungen hat sich gleichzeitig verzehnfacht.

So gesehen, haben Sie natürlich recht. Aber es ist Ihnen ja klar, daß es vor zehn Jahren noch kaum Hauslieferdienste gab. Trotz einer Verzehnfachung steht diese Entwicklung noch ganz am Anfang. Sowohl der Längsvergleich als auch jener mit der Zahl der Pendlerfahrten ist problematisch. Nimmt man die Anzahl Fahrten, so sind die Pendlerfahrten natürlich tausendfach häufiger als die Lieferungen. Der Vergleich der Tonnenkilometer würde möglicherweise mehr sagen; er würde allerdings zeigen, daß die durchschnittliche Tonnage der Lieferungen stark abgenommen hat, weil die Feinverteilung eine wachsende Rolle spielt. Um die Gesamtbilanz zu ziehen, müßten wir jetzt noch die Umschichtung der Verkehrsträger berücksichtigen. Der Anteil traditioneller Automobile tendiert beim Pendlerverkehr gegen Null, seit das Verkehrsleitsystem mit den Minis spielt. Der Anteil der Bahn steigt ständig und wird einen zusätzlichen Schub erhalten, sobald das Huckepacksystem funktioniert. In jenem Moment wird natürlich auch der Großteil der Lieferdienste auf Huckepacksysteme umsteigen. Sie sehen, es gibt noch viele Unschärfen. Aber wenn wir eine grobe Energiebilanz machen, können wir sagen, daß der Gesamtenergieverbrauch des Bezirksverkehrs ungefähr um die Größenordnung abgenommen hat, um die das Energiepreisniveau aufgrund der CO_2-Lenkungsabgaben der letzten fünf Jahre angestiegen ist, und daß die Reserven noch bei weitem nicht ausgeschöpft sind.«

»Wie sieht das denn in Ihrem Laden mit dem Verkehr aus?« frage ich Consuelo. »Die Kundinnen kommen entweder zu Fuß aus Großkirchen oder mit der S-Bahn oder dem Mini aus den Nachbargemeinden. Manche kommen sogar mit der S-Bahn aus Zürich, weil sie unser Angebot besonders mögen«, ergänzt sie stolz. »Aber die Ware wird ihnen in der Regel ins Haus geliefert, wenn sie sie nicht gleich mitnehmen können. Wir sind der Firma ›Livrée‹ angeschlossen, die einen Luxuslieferdienst anbietet.« Juana wirft Anja einen Blick zu, der sie wohl davor warnen soll, bei Geschäften einzukaufen, die diesen Lieferdienst benützen.

Percy wirft ein: »Eigentlich erstaunlich, daß das rentiert: Die fahren leer zu eurem Laden und dann dreiviertel leer weiter zu den Kunden.«

»Nein, so geht es natürlich nicht. Livrée holt die Ware, d. h. das fertig Maßgeschneiderte, die Konfektion und die Accessoires, die wir im Laden noch weiter verarbeiten, im Produktionszentrum ab, läßt bei uns stehen, was wir im Laden brauchen, läßt das Maßgeschneiderte für die Hauslieferung durch uns überprüfen, lädt die paar Dinge auf, die aus dem Laden dazukommen, und fährt dann weiter zu den Kunden. Das Ganze natürlich computergesteuert für mehrere Luxusläden.«

»Dennoch, ein verrücktes System«, beharrt Percy. »Sag deiner Chefin, sie werde sich entscheiden müssen zwischen Fernproduktion, Produktion im Laden und reinem Handel. Oder noch besser: Ich besuche sie einmal und biete ihr die Beratungsdienste unserer Bank an.«

»Haben Sie nicht noch eine Variante vergessen?« frage ich. »Weshalb eigentlich nicht CAD vom Heimbildschirm aus?«

»Ach das«, sagt Consuelo verächtlich. »Das funktioniert doch nicht, weil die Leute das nie verstehen werden. Elektronisches Homeshopping geht nur bei simplen Produkten, ohne die feinen Unterschiede, die am Bildschirm nicht zu erkennen sind.«

»Da wirst du dich aber noch wundern!« lacht Juana. »Unser neuestes Projekt für Téléboutique ist genau darauf ausgerichtet. Das kannst du deiner Chefin auch sagen. Jeder Kundin ihren eigenen Couturier, heißt die Parole. Die Animation ist abrufbar für verschiedene Bedarfskategorien. Zuerst siehst du eine tolle Modeschau. Wenn du etwas genauer wissen willst, fragst du. Dann wird dir z. B. die Struktur der Spitze oder die Gewebefeinheit mit dem Zoom-Objektiv gezeigt. Die Spezialitäten und besonderen Wirkungen der Schnitte werden erklärt. Dann geht es weiter mit einem Beratungsdialog, der dir hilft, deine Bedürfnisse zu identifizieren, bis hin zu den Traumszenen mit verschiedenen Modellen. Darin erscheinst immer du, denn im Lauf des Dialogs werden deine Maße und sonstigen Besonderheiten abgefragt. Wenn du willst, kannst du sogar über das Bildtelephon dein Gesicht eingeben. Hast du dich grundsätzlich entschieden, werden Stoffe, Schnitte etc. identifiziert. Dann wird das Kleid auf dein Ebenbild projiziert. Nach letzten Änderungen geht es in die Produktion. Wer braucht da noch einen Laden?«

Juana lacht Consuelo ins Gesicht, aber tröstet sie dann: »Es dauert noch ein Weilchen bis dahin.« Consuelo sagt trotzig: »Ein Bildschirm ist doch nicht dasselbe wie eine echte Anprobe mit einer echten, verständnisvollen Beraterin.« Da sticht Juana wieder der Hafer: »Wart nur ab, bis wir dasselbe mit holographischer Virtual Reality machen! Dann kommt die Beraterin sogar zu dir ins Haus!« Ob sie es wohl ernst meint? So ganz schlau werde ich nicht aus ihr.

Analytischer Anhang über die neue »Polis«

Der neue Globalisierungsschub, der in den neunziger Jahren durch den Zusammenbruch des Sowjetimperiums und die Uruguay-Runde des GATT unterstützt wird, führt zu einer stark vernetzten Welt, die aber nicht über ein eindeutiges Machtzentrum verfügt, sondern nur über ein diffuses Weltmanagementnetz. Unterhalb der globalen Ebene entfaltet sich ein Gerangel, aus dem aber keine klare multipolare Struktur hervorgeht. Nichts behindert die überall hervorbrechenden Regionalisierungstendenzen, welche die Zahl und die Entzündbarkeit der Konflikte vervielfachen, aber auch den interkulturellen Dialog fördern. Neue Notwendigkeiten, Wünsche und Möglichkeiten wirken vor allem in Westeuropa darauf hin, daß die »neue Polis« im Zeichen der regionalen Kreisläufe und der dezentralen Verdichtung zum Hauptpfeiler künftiger Staatlichkeit wird. Demgegenüber werden die traditionellen Nationalstaaten von allen Seiten untergraben. Unter dem Banner der »Subsidiarität« findet die öffentliche Hand zu einer grundsätzlichen Neuordnung.

Globalisierung: Der Trend zur Weltgesellschaft

Seit dem Zusammenbruch des Sowjetimperiums im Jahre 1989 ist die Weltgesellschaft noch rascher zu einem einzigen System zusammengewachsen als in der Nachkriegszeit. Dahinter stand eine Reihe von sich gegenseitig aufschaukelnden Tendenzen:

- An die Stelle der zweipoligen Machtstruktur trat eine einpolige, wenn auch diffuse. Viele sagen, es sei ein Vakuum entstanden. In der Tat konnte oder wollte die übriggebliebene Supermacht, die USA, ihre Führungsrolle nicht wirksam verteidigen. Die Europäische Union (EU) ist – mindestens im traditionellen Verständnis – keine Supermacht geworden. Sollte es endlich gelingen, der NATO eine klare Zweipfeilerstruktur zu verleihen – oder vielleicht gar eine Dreipfeilerstruktur unter Einbezug Rußlands –, könnte sie zu einem sicherheitspolitischen Machtzentrum werden. Aber das ist bis heute nicht geschehen. China hat seinen raschen wirtschaftlichen Aufstieg mit einer weitgehenden Entmachtung der zentralstaatlichen Institutionen bezahlt. Japan hat es aus kulturellen Gründen nicht vermocht, seine wirtschaftliche Dominanz im pazifischen Raum in eine politische Führungsrolle umzumünzen. Rußland ist ein Unsicherheitsfaktor geblieben. Demgegenüber haben die UNO und namentlich der Sicherheitsrat ihre Handlungsfähigkeit erhöhen können, vor allem auch durch die kürzliche Erweiterung ihrer Charta, die Einmischungen in die inneren Angelegenheiten ihrer Mitglieder unter dem Titel der Menschenrechte zuläßt. Es gibt auch so etwas wie eine Weltwirtschaftspolitik, schon deshalb, weil nun alle Welt überzeugt ist von der Überlegenheit mindestens des marktwirtschaftlichen, teilweise auch des demokratisch-rechtsstaatlichen Modells. Institutionell basiert die Weltwirtschaftspolitik auf einem komplexen Zusammenspiel zwischen IMF, Weltbank, GATT, den UN-

Töchtern, den Vertretern der 15 wichtigsten Wirtschaftsnationen und jenen einer Gruppe globaler Unternehmungen. Die EU gibt darin klar den Ton an.

- Die 1993 abgeschlossene GATT-Runde hat die Globalisierung der Märkte weiter beschleunigt. Für immer mehr und immer kleinere Unternehmen ist der Globus zum Entscheidungsraum für ihre Absatz- und Beschaffungsmärkte sowie ihre Standortüberlegungen geworden. Der Standortwettbewerb zwischen verschiedenen Ländern hat sich schlagartig weiter intensiviert. Arbeitskräfte, natürliche Ressourcen, Infrastrukturen und politisch-rechtliche Rahmenbedingungen stehen weltweit in direkter Konkurrenz zueinander.

- In dieselbe Richtung wirken die weltweiten Informations- und Kommunikationsnetze, die in Real Time rund um die Uhr funktionieren. Seit der Jahrtausendwende hat hier eine rasche Diffusion der »Informations-Superhighways«, der interaktiven integrierten Breitbandnetzwerke über Kabel und Satelliten einen Qualitätssprung gebracht. Im selben Zug erzielten auch die globalen Standards etwa des hochauflösenden Fernsehens und der horizontalen Netzwerkdienste (zum Begriff siehe Kapitel 11) einen entscheidenden Durchbruch.

- Die Informatik, deren Effizienz sich seit nunmehr einem halben Jahrhundert alle 18 Monate verdoppelt, und ihr Zusammenwirken mit der Telekommunikation und allen menschlichen Tätigkeitsbereichen haben dazu geführt, daß neue Produktionsverfahren in kürzester Zeit weltweit verbreitet und standardisiert werden. Das hat die Globalisierung der Standortkonkurrenz beflügelt, aber mit Wirkungen, die kaum verallgemeinert werden können: Arbeitskräfte verschiedenster Weltregionen werden untereinander substituierbar, aber gleichzeitig nimmt das Gewicht der Lohnkosten als Standortfaktor ab zugunsten anderer Überlegungen wie Marktnähe, politische Rahmenbedingungen etc.; überdies verlagert sich die Arbeit in die nicht routinisierten Bereiche, in denen qualitative Faktoren in den Vordergrund rücken. Per Saldo hat sich nicht eine globale Verlagerung, sondern eine zunehmende Ausdifferenzierung von Standorten ergeben.

- Gegenseitig aufgeschaukelt haben sich Globalisierung und Unternehmenskonzentrationen überall dort, wo Größe wirtschaftliche Vorteile beinhaltete. Das war natürlich der Fall in den typischen Massenfabrikationsbereichen nicht nur in der Industrie, sondern auch in den klassischen Dienstleistungszweigen, wo die traditionelle Stückkostendegression spielte. Allerdings nahm der Anteil dieser Bereiche an der gesamtwirtschaftlichen Wertschöpfung rapide ab. Die Größenvorteile verlagerten sich auf Faktoren wie die gemeinsame Nutzung zentraler Dienste (Forschung und Entwicklung, Logistiksysteme etc.), auf die Einkaufs- und Marktmacht (wobei die letztere angesichts der globalen Deregulierungstendenzen und des Einflusses des weiter unten erwähnten Subsidiaritätsprinzips auf das öffentliche Auftragswesen an Gewicht verlor) sowie auf den Verkauf globaler Markenartikel, der vor allem in den Entwicklungsländern wichtig war, während seine Bedeutung mit wachsendem Entwicklungsstand ebenfalls dahinschwand.

– Diese Entwicklungen unterstützten die Globalisierung des Bewußtseins, d. h. der Themen und Wertkonflikte. Dabei rückte die Problematik der »Sustainability«, der langfristigen Tragbarkeit der Entwicklung, ins Zentrum. Sie verband sich mit einer rapide abnehmenden Akzeptanz der globalen Entwicklungsunterschiede. Die vom Club of Rome schon 1968 thematisierte und am Umweltgipfel von Rio 1993 erneut ins Zentrum des Interesses gerückte »Weltproblematik« machte ihren Weg: Der Druck auf die Industrieländer, den ökologischen Entwicklungsspielraum der Dritten Welt zu erhöhen und diese bei einer langfristig tragfähigen Politik zu unterstützen, nahm ebenso zu wie der Druck auf Entwicklungsländer, sich an striktere ökologische Normen zu halten. Ungelöste Konflikte wurden über den Export der Probleme ausgetragen, was wiederum den Lösungsdruck erhöhte.

Regionalisierung: Der Druck zur Ausdifferenzierung der Weltgesellschaft
Bereits die nähere Analyse der Tendenzen, die sich zur Globalisierung hochschaukelten, deutet an, weshalb diese, scheinbar paradoxerweise, fast zwangsläufig mit einer Gegentendenz zur zunehmenden Regionalisierung gekoppelt ist:

Der Abschied von der zweipoligen Welt des kalten Krieges hat nicht eine klare einpolige Machtstruktur hinterlassen, sondern ein weitgehendes Vakuum. Einerseits ist unterhalb der Ebene eines diffusen »Weltmanagements« eine ebenso diffuse und fließende multipolare Struktur entstanden, eher ein Gerangel zwischen kontinentalen und regionalen Machtzentren, zu denen neben der EU, den USA, Rußland, China und Japan auch Südafrika, Indien, Lateinamerika, ja in gewissem Maße sogar die Türkei zu zählen sind. Andererseits hat sich bald nach 1989 gezeigt, daß die zweipolige Machtstruktur und das mit ihr verbundene Gleichgewicht der gegenseitigen Abschreckung weltweit eine Vielfalt von Autonomiebestrebungen unter dem Deckel gehalten hatte, die jetzt hervorbrachen, im ehemaligen Ostblock, aber auch in der Entwicklungswelt.

Mit der wachsenden Zahl der Nationen bzw. der regionalen Autonomiebewegungen vervielfachte sich die Zahl der potentiellen Konflikte. Durch die zunehmende Vernetzung der Vorgänge und deren Wahrnehmung wurden sie auch immer rascher aktualisiert. Gleichzeitig sank die Gewaltschwelle durch den Wegfall der globalen nuklearen Abschreckung, den Autoritätsverlust der bestehenden Staaten und die leichte und billige Verfügbarkeit von hocheffizienten Waffen, von der nuklearen Proliferation bis zur

Sabotage von Kommunikationsnetzwerken. Diese Tendenz wurde paradoxerweise wieder unterstützt durch die Globalisierung, in deren Schatten sich natürlich auch weltweite Mafia-Netzwerke entwickelten, die sie sich zunutze machten.

Die Welt wurde von Tag zu Tag gefährlicher. Gleichzeitig aber – ein weiteres scheinbares Paradox – schärfte sich auch die Wahrnehmung für andere Kulturen. Konflikte wurden viel rascher zum Thema und damit auch viel rascher zum Gegenstand interkultureller Dialoge, was wiederum zur schnelleren Entwicklung neuer Lösungsansätze führte. Ob der Wettlauf zwischen der Proliferation der Konflikte und dem interkulturellen Dialog im Endeffekt zu einer sichereren Welt führen wird, ist heute noch nicht abzuschätzen.

Aber nicht nur der Umstand, daß nach dem Ende des kalten Krieges das Korsett entfiel, das bisher die regionale Ausdifferenzierung im Zaum gehalten hatte, trug zur letzteren bei, sondern auch eine Reihe weiterer Tendenzen, die sich vor allem in Europa und in einem gewissen Maße auch in den USA bemerkbar machten. Wir könnten sie zusammenfassen unter den Stichworten »neue Notwendigkeiten, neue Wünsche, neue Möglichkeiten«.

Unter dem Titel »neue Notwendigkeiten« sind folgende Elemente einzuordnen:

– Täglich deutlicher zeigte sich in den neunziger Jahren der Widersinn der großräumigen Arbeitsteilung innerhalb des europäischen Binnenmarktes, aber auch im globalen Rahmen, der eine Maximierung der Verkehrsströme, einen Export der Umweltprobleme in die Regionen mit den schwächsten Regelungen und eine durch Just-in-time-Verfahren noch gesteigerte Störungsanfälligkeit der Systeme bedeutet. Die Ursachen dieser Fehlentwicklung lagen in den, gemessen an den langfristigen gesamtgesellschaftlichen Kosten des Energieverbrauchs, um ein Mehrfaches zu niedrigen Energiepreisen, ferner ganz allgemein in der Mißachtung des Verursacherprinzips, vor allem im internationalen Rahmen, in der systematischen Unterschätzung auch der übrigen Transportkostenelemente – vor allem im Straßenverkehr (Verkehrswege, Umweltbelastung, Folgen von Verkehrsunfällen, Zeitaufwand), was wiederum zur Verbilligung des Bahnverkehrs zwang –, aber auch der Kosten von Zwischenlagerungen sowie des Planungs- und Koordinationsaufwandes, und schließlich in der tiefverwurzelten Vorstellung homogener Massenmärkte mit der zugehörigen Maximierung der Serien- und Betriebsgrößen sowie an den Standort- und Infrastrukturen, die von dieser Vorstellung geprägt waren.

– Die um sich greifenden Staus im Straßenverkehr und die immer häufigeren totalen Verkehrskollapse auf den Straßen und in der Luft führten zu einem wachsendem Problembewußtsein. Immer mehr Menschen begriffen, daß der Wettlauf zwischen dem Verkehrsaufkommen und den Verkehrskapazitäten einfach nicht zu gewinnen war, weil unter den herrschenden Rahmenbedingungen die Nachfrage nach Verkehrsleistungen durch zusätzliche Kapazitäten wiederum angeheizt wurde und systematisch über diese hinauswuchs.

- Die wichtigste Konsequenz war der Druck zur Preiswahrheit im Verkehr. Der große Durchbruch war die Einführung einer CO_2-Lenkungsabgabe in ganz Westeuropa. Die Europäische Kommission hatte bereits 1991 einen Vorschlag dazu unterbreitet. Eine einflußreiche Lobby, mitfinanziert durch OPEC-Länder, hatte dessen Verwirklichung aber jahrelang zu hintertreiben vermocht. So hat sich die Einführung der Lenkungsabgabe bis 1999 verzögert. Seither aber steigen die Benzin- und Erdölpreise jährlich um fünf Prozent des Ausgangspreises. Das summiert sich zwar bis heute, im Jahre 2005, erst auf 25 Prozent, aber der damit eingeführte Automatismus hat seine Signalwirkung auf die Investoren nicht verfehlt. Andere Maßnahmen wie z. B. verursachergerechte Verkehrswegegebühren, die auch den Kapazitätsauslastungsgrad einbeziehen, Unfallversicherungsprämien, welche die gesellschaftlichen Gesamtkosten schwerer Körperverletzungen berücksichtigen, etc. wirken in derselben Richtung und haben auch die technische Entwicklung weiter beflügelt. Der Prozeß ist aber noch lange nicht abgeschlossen.

Unter dem Titel »neue Wünsche« können wir folgende Tendenzen festmachen:

- Die Stadt mit ihrer schlechten Luft, dem Massenverkehr, dem Streß und der krebsartigen Überwucherung des grünen Umlandes stößt auf zunehmende Ablehnung, ebenso das Modell der großräumigen Arbeitsteilung im Rahmen der Agglomerationen. Das Pendeln zwischen Wohn- und Arbeitsort und die Einkaufsfahrten mit dem Auto erregten nicht nur als Streßfaktoren an sich, sondern auch als Teil dieses Modells und als eigener Beitrag zur Umweltproblematik zunehmend Ärger. Sogar die Fahrt in den Naherholungsraum am Wochenende oder zu den immer weiter abgelegenen unberührten Urlaubsstränden wurde zunehmend als Kompensation eines Mangels empfunden, nämlich des Mangels an Ruhe und Idylle am eigenen Wohnort, im Grünen, der zugleich Lebens- und Arbeitszentrum sein sollte.

- Zum Empfinden mangelnder Umweltqualität gesellte sich das Bewußtsein, ein fremdbestimmtes Rädchen zu sein. Das ergab sich nicht nur aus dem Lebensrhythmus des Pendlers, der sich zudem täglich als Teil einer Masse erlebte, sondern auch aus dem Erleben dessen, was die Soziologie funktionale Differenzierung genannt hat: Man war eingespannt in einen weltweit vernetzten Ablauf, der kaum Eingriffsmöglichkeiten zuließ, und in Tätigkeiten, deren Sinnzusammenhang schwer zu erkennen war: In Serienbauweise produzierte Schlafstätten, durch ein zentral geplantes Verkehrssystem verbunden mit Massenarbeitsplätzen, mit Aufgaben, die zwar höchste Konzentration, Präzision und Schnelligkeit erforderten, aber kaum Gestaltungsmöglichkeiten eröffneten, nur einen kleinen Ausschnitt

Verkehrsbedarf und Produktionsstrukturen

Der Durchbruch zur kleinräumigen Verdichtung bedeutet nicht, daß der Personen- und Warentransportbedarf wegfällt, sondern er erhält eine andere Struktur, die per Saldo freilich auch mit einer Reduktion verbunden ist.

Sehen wir uns zunächst die reinen Dienstleistungen an. Routinedienstleistungen der Information und Kommunikation, aber auch beratungsintensive Dienstleistungen, die auf etablierten Beziehungen aufbauen können, lassen sich in der Tat auf dem Telekommunikationswege erbringen. Sind sie jedoch mit Handreichungen und/oder mit dem Aufbau von zwischenmenschlichen Beziehungen verbunden, so rücken sie, wo das Marktpotential ausreicht, nahe zum Kunden, werden also dezentral erbracht. Massenverkehr wird durch örtliche oder regionale Feinverteilung ersetzt.

Allerdings gibt es nach wie vor Dienste, die mangels Kundendichte im Vergleich zu den Produktionsorten an zentralen Orten konzentriert bleiben. Dazu gehören nebst vielen anderen auch kulturelle Institutionen wie Museen, Opernhäuser, Stadien etc. Sie erfordern die Koordination von Massenverkehrsmitteln mit der Feinverteilung. Aber mit der urbanen Bevölkerung verlagern sich Galerien, Kleintheater etc. ebenfalls aufs Land. Hier kommt es auch zu interessanten neuen Kombinationsmöglichkeiten zwischen den elektronischen Medien und einem dezentralisierten Kulturbetrieb.

Der Warenverkauf ist immer mit Dienstleistungen verbunden. Für diese gilt das eben Gesagte. Das bedeutet z. B., daß der Kunde nicht unbedingt mehrmals seinen Schneider aufsuchen muß, wenn er sich einen Anzug bestellen will. Am Ende aber muß die Ware immer physisch in seine Hand übergehen, indem er sie holt oder indem sie ihm geliefert wird. Zwar hat sich der Dienstleistungsanteil am Endverbrauch seit mehreren Jahrzehnten ständig erhöht, auch der im Kauf von Waren enthaltene. Das Problem verkleinert sich also quantitativ, aber es bleibt bestehen. Die Einkaufsfahrten zu reduzieren, indem man mit Lastwagen von Haus zu Haus statt zum Laden fährt, wäre ein offenkundiger Unsinn. Damit daraus Sinn wird, müssen zwei Bedingungen erfüllt sein: erstens neuartige Warenbewirtschaftungs- und Verteilsysteme, die eine individuelle Kommissionierung ermöglichen, und zweitens wiederum ein Verkehrssystem, das die Feinverteilung wirtschaftlich und umweltgerecht ermöglicht. Auch dann drehen sich aber nicht alle Einkaufsströme um, vor allem nicht im Bereich des Erlebniseinkaufs, obwohl sich auch dieser natürlich zum Teil auf den Bildschirm verschiebt, wenn die Möglichkeiten der interaktiven Animation vermehrt genutzt werden.

Was aber geschieht in der Wertschöpfungskette, die dem Endkonsum vorgelagert ist? Unter dem Einfluß ständig verfeinerter Steuerungs- und

Optimierungssysteme hat sich ein Entwicklungsfeld ergeben, das mit den Begriffen »lean production«, »just in time«, »total quality management« und »economies of scope« ungefähr umrissen ist; es lebt von der Kombination flexibler Automatisierung, unter Einbezug der Möglichkeiten der computer-integrierten Herstellung (CIM), mit computergestütztem Design (CAD), integrierten Logistik-, Controlling- und Informationssystemen (Transport, Lager, Bestellwesen, Kommissionierung, Planung, Rechnungswesen etc.) und interaktiver Breitband-Telekommunikation. Ihre Kennzeichen sind:

– maßgeschneiderte Produktion auf Abruf,

– Auslagerung aller Wertschöpfungsprozesse, die nicht zu den Kernkompetenzen gehören,

– systematische Optimierung aller Glieder der Wertschöpfungskette unter dem Qualitäts- und dem Kostengesichtspunkt.

Das Ergebnis sind in der Regel kleinere Betriebe mit kürzeren Durchlaufzeiten (vom Bestellungseingang her berechnet und in Gang gesetzt), kleineren Lagern, einem intensiven Schnittstellendialog, der die Spezifikationen über die ganze Wertschöpfungskette hinweg sicherstellt, und einer ausgeprägten Prozeßorientierung des Managements. So gesehen erscheint das auch von den Lager- und Transportkapazitäten her als ein sinnvolles Modell: Massentransporte auf Vorrat entfallen weitgehend. Aber wird deshalb die transportierte Warenmenge kleiner? Theoretisch ist eher das Gegenteil der Fall: Durch die Auslagerung von Prozeßteilen in Verbindung mit dem Just-in-time-Prinzip fallen im Vergleich zur vertikal hochintegrierten Produktion zusätzliche Transportleistungen an, und zwar von Zwischenprodukten mit noch relativ geringem Wertschöpfungsgehalt und in kleinen Losen. Das sieht eher nach einem Programm der Transportmaximierung aus und ist es zum Teil auch, um so mehr, wenn das Muster der dezentralen Verdichtung nicht nur den Vertrieb, sondern auch die Produktion in die räumliche Dezentralisierung zwingt, weil sonst keine qualifizierten Arbeitskräfte mehr zu finden sind. Die Kombination von »just in time« und »lean production« in ihren extremen Formen ist aber nicht nur ein Weg zur Verkehrsmaximierung, sondern auch extrem anfällig für Störungen bei den Zulieferbetrieben, in den Kommunikationssystemen oder auf den Verkehrswegen. Andererseits steigen die Transportkosten weiter. Gleichzeitig aber entstehen Verkehrssysteme, die kostengünstige Feinverteilung auch kleinster Losgrößen anbieten. Vor diesem Hintergrund zeichnen sich folgende, zum Teil gegenläufige Entwicklungen ab:

– Das Just-in-time-Prinzip gewinnt zwar noch an Bedeutung, sobald die neuen Feinverteilsysteme spielen. Es wird aber vermehrt nach dem Grundsatz der losen Koppelung organisiert, unter Intensivierung des Schnittstellendialogs, um die Fehlerfreundlichkeit zu steigern.

– Auch das Prinzip der »lean production« hat seine Aktualität behalten, aber es führt nicht mehr zu einer extremen geographischen Aufgliederung entlang der Wertschöpfungskette, im Gegenteil: Die unternehmerisch autonomen Arbeitsteams stellen in der Regel ein funktionsfähiges Produkt her; es muß sich natürlich nicht um ein Konsumgut, sondern es kann sich auch um ein Getriebe oder um eine Werkzeugmaschine handeln. Oft, vor allem in den immer häufigeren Fällen, in denen der Kunde bei der Produktspezifikation einbezogen wird, reicht die Aufgabe von der Produktentwicklung bis zum Vertrieb. Da die Größenvorteile sich zunehmend von der Seriengröße zur gemeinsamen Nutzung vor- oder nachgelagerter Dienstleistungen verlagern, werden eher diese ausgelagert als Ausschnitte aus der Wertschöpfungskette – etwa F+E, Logistik- und Controllingsysteme etc. Dafür werden die Produktionsbetriebe selbst bei eher hoher Fertigungstiefe vermehrt dezentralisiert, nach dem Prinzip der Zellteilung: Koordiniert durch zentrale Dienstleistungen, arbeiten sie als kleine Produktionsinseln kundennah.

Dieses Muster läßt nun wieder einen Abbau der Transportleistungen zu. Einerseits entfallen die weiträumigen Massentransporte zwischen den Wertschöpfungsstufen, die das Modell der großräumigen Arbeitsteilung mit sich brachte. Andererseits reduziert sich der Just-in-time-Verkehr im wesentlichen auf hochwertige Feinverteilung. Die Zwischenlieferungen zwischen Zentrale und Produktionsbetrieben reduzieren sich auf Informations- und Kommunikationsvorgänge. Das Endprodukt bedarf nur noch der Feinverteilung auf kurze Distanzen. Allerdings bedarf auch dieses Modell der Transporte von Rohstoffen und Halbfabrikaten, und zwar mit einem viel höheren Feinverteilungsgrad als die großräumige Arbeitsteilung.

Daraus ergibt sich: Der Transportbedarf insgesamt kann stark reduziert werden, indem bei einem Großteil der nicht mit persönlichen Handreichungen verbundenen Dienstleistungen Personentransport durch Telekommunikation ersetzt werden kann, ebenso durch geeignete kundennahe Dezentralisierung von Produktionsvorgängen, unter Auslagerung jener Leistungen, die sich über Telekommunikation transportieren lassen. Dies setzt aber geeignete lokale individuelle Feinverteilungssysteme für Personen und Güter voraus, bei denen die Transportkosten weniger von der Losgröße abhängen als bisher. Das beinhaltet die Gefahr, daß der individuelle Straßenverkehr sich weiter ausdehnt. Deshalb ist es von größter Bedeutung, daß die Schnittstellenprobleme zwischen Schiene und Straße elegant gelöst werden und gleichzeitig Formen des Straßenverkehrs entwickelt werden, welche die individuelle Feinverteilung mit maximaler Kapazitätsauslastung und Ökoeffizienz verbinden.

der eigenen Fähigkeiten beanspruchten und lediglich einen ganz unbedeutenden Ausschnitt aus der Wertschöpfungskette beinhalteten; zur Entspannung passive Unterhaltung durch Massenmedien und Massensport ... So wuchs das Bedürfnis nach überschaubaren Verhältnissen, die einen größeren Teil der Lebensvorgänge in sich vereinigten, der eigenen Mitgestaltung zugänglich waren und so etwas wie einen Sinn in Reichweite rückten. Maßgeschneiderte Lebensgestaltung, individuelle Kombination der verschiedenen Lebensfunktionen war zunehmend gefragt.

– Wir haben bereits erwähnt, daß das Zusammenspiel zwischen Optionenflut und Selektionszwang im modernen Angebot von Medien, Gütern, Dienstleistungen etc. die Entwicklung von Selektionsfiltern erfordert. Das gilt nicht nur wegen der beschränkten Kapazität an Aufmerksamkeit, Zeit und Geld, sondern auch, weil die mit der Informationsflut und der weltweiten Vernetzung verbundene ständige Beschleunigung der Veränderung bei wachsender Unübersichtlichkeit ein zunehmendes Bedürfnis nach Orientierung mit sich bringt. Die funktional differenzierte, durchrationalisierte Konsum- und Arbeitswelt führt überdies zu einem Bedürfnis nach kompensierender Wärme, Geborgenheit, Zärtlichkeit, wie Faith Popcorn bereits vor 13 Jahren mit dem Ausdruck »Cocooning« bewußt gemacht hat. Überschaubare und vor allem durchschaubare Verhältnisse, Nähe, Intimität im trauten Kreis von Familie und Freunden, mehr Muße und Langsamkeit sind die sich daraus ableitenden Kriterien der Lebensqualität. Alles soll sich möglichst in einem Netzwerk persönlich bekannter Menschen abspielen.

– Der zunehmende Legitimationsverlust der öffentlichen Hand und die wachsende Bürgerferne der nationalen und übernationalen politischen Strukturen ließen das Bedürfnis nach überschaubaren politischen Verhältnissen um sich greifen, in denen demokratische Mitgestaltung im Gemeinwesen konkret möglich wird. Dazu bot sich das neu entdeckte Subsidiaritätsprinzip an: Die Entscheidungen sollten wieder so tief unten wie möglich fallen; Lokalpolitik wurde zum Zentrum der Politik überhaupt.

Beflügelt wurden diese Tendenzen aber besonders durch das, was unter dem Titel »neue Möglichkeiten« anzufügen ist:

– Im Vordergrund steht da die Informations- und Kommunikationstechnologie. Sie ermöglicht den Ersatz von Transport durch I+K-Leistungen – nicht nur in der Form, daß man anruft, statt hinzufahren, sondern auch mittels verfeinerter Steuerungs-, Kontroll- und Design-Prozesse, die den nachstehend genannten Entwicklungen zugrunde liegen. Besonders wichtig war der Durchbruch der Multimediaeinheit in jeder Haushaltung und an jedem Arbeitsplatz. Sie war in ihren Grundelementen seit Beginn der neunziger Jahre vorbereitet. Aber solange die Digitalisierung der Netzwerke und Anschlüsse nicht weit genug fortgeschritten war, weil die Marktchancen zu gering für die Massenproduktion waren, blieben auch die Kosten zu hoch, und die Vernetzung zwischen Telephon-, Fernseh- und Computerdiensten stagnierte. Gleichzeitig war die Entwicklung zu neuen Siedlungsgewohnheiten zuwenig weit gediehen, um ein hinreichendes Interesse sowohl an den Netzwerken als auch an den Endgeräten zu begründen. Damit blieben auch die wenigen Firmen, die Telecommuting betrieben, Exoten. Solange das Gros der Bevölkerung zu den Pendlern gehörte und die Endgeräte nicht den nötigen Komfort boten, blieb auch das Teleshopping eine Randerscheinung; damit lohnte es sich auch nicht, diesem Vertriebsweg durch entsprechendes Kommunikations-Know-how, den Aufbau von Hauslieferdiensten und neuartige Logistik die erforderliche Attraktivität zu verleihen. Dazu fehlten auch die geeigneten Verkehrsmittel. Aber wie es so geht – eines Tages haben all diese Elemente in wichtigen Regionen kritische Schwellenwerte erreicht; dann folgt der Durchbruch explosiv. Das war in mehreren europäischen Regionen kurz nach der Jahrtausendwende der Fall, und seither gibt es kein Halten mehr.

- Wichtig ist aber auch die Entwicklung hochintegrierter Feinverteilungssysteme für Personen und Güter, bei denen die Transportkosten weniger von der Losgröße abhängen, als das bisher der Fall war. Da die Schiene die Feinverteilung nicht leisten kann, müssen die Schnittstellenprobleme zwischen Schiene und Straße elegant gelöst werden und gleichzeitig Formen des Straßenverkehrs entwickelt werden, welche die individuelle Feinverteilung mit maximaler Kapazitätsauslastung verbinden. Diese Überlegungen führen direkt zum Konzept der von Verkehrsleitsystemen gesteuerten Mini-Autos, die auf Abruf bestellt werden können und mit dem Schienennahverkehr gekoppelt sind. Die ideale Koppelung ist der Huckepack-Verkehr mit Einfahrt quer zur Fahrtrichtung, der das Umladen erspart. Ob als Minis reine Elektro- oder Hybridfahrzeuge geeigneter sind, hängt von der Infrastruktur ab. Allerdings ist diese Komponente lediglich ein Beschleunigungsfaktor der dezentralen Entwicklung, der durch sie seinerseits beschleunigt wird, und nicht eine Entwicklungsbedingung, da sich dezentrale Siedlungsstrukturen, wie die Erfahrung in ganz Europa zeigt, vorerst auch aufgrund der bestehenden Verkehrseinrichtungen herausbilden können, wenn auch nicht in ökologisch optimaler Form.

- Im Zusammenspiel mit den technologischen Möglichkeiten haben sich seit 20 Jahren auch zunehmend die organisatorischen Möglichkeiten in Richtung der erwähnten Wünsche entwickelt. Die um sich greifende organisatorische Dezentralisierung konnte auch in eine entsprechende räumliche Dezentralisierung umgesetzt werden: Kleine, unternehmerisch autonome Teams konnten sich im Rahmen von virtuellen Organisationen in Wohnortnähe ansiedeln, sei es als Teledienstleistungen, sei es gleichzeitig auch in Kundennähe. Arbeitszeit- und Arbeitsortflexibilität ermöglichten maßgeschneiderte Arbeitsverhältnisse, wobei der Arbeitsplatz zu Hause nur eine von zahlreichen Varianten war.

- Im Zusammenspiel zwischen gewandelten Bedürfnissen, gewandelten Organisationsformen und neuen Technologien hat eine rasche Verlagerung von den Massenprodukten zu individualisierten, ja maßgeschneiderten Produkten und Dienstleistungen stattgefunden – eine Entwicklung, die im nächsten Kapitel als »neues Handwerk« näher erläutert wird und gleichzeitig, durch die zunehmende Delegation aller routinisierten Arbeiten an die Technik, eine noch stärkere Verlagerung zu jener Art von Tätigkeiten, die sozusagen täglich neu erfunden werden müssen. Der Trend zur maßgeschneiderten Lebensgestaltung wird also von einem entsprechenden Trend in den Produktions-, Arbeitsmarkt- und Absatzstrukturen gestützt.

- Die vervielfachten Möglichkeiten der interaktiven Telekommunikationen in Verbindung mit den neuen Entwicklungen auf den Gebieten »Infotainment, Edutainment und Confrontainment« haben zu einer Revitalisierung der öffentlichen Meinungsbildung, einer Re-Politisierung der Bürger und der Entwicklung ganz neuartiger Verfahren der direkten demokratischen Meinungsbildung und Entscheidungsfindung geführt. Was in schweizerischen Gemeindeversammlungen und Landgemeinden in archaischer Form entwickelt wurde, hat heute in verfeinerten Varianten einen weltweiten Siegeszug angetreten.

- Wichtig war aber auch, daß Dorf heute nicht mehr Provinz bedeutet. Der Anschluß an das Global Village ist gewährleistet. Ein weltweites Dienstleistungsangebot wird ins Haus geliefert. Die Einbindung in Netzwerke persönlich bekannter oder ähnlich interessierter Menschen findet nicht nur lokal, sondern auch im virtuellen Weltdorf statt.

Der Attraktor: Die »neue Polis«
Alles in allem bedeuten diese neuen Notwendigkeiten, Wünsche und Möglichkeiten, daß der Trend zur Globalisierung in hochentwickelten Regionen zu einer fortschreitenden Intensivierung regionaler Kreisläufe geführt hat und daß sich hier geradezu eine neue Siedlungsordnung herauskristallisiert, für die Regionalplaner schon in den achtziger Jahren den Ausdruck »dezentrale Verdichtung« geprägt haben. Damit ist angedeutet, daß es nicht einfach um eine Dezentralisierung geht, sondern gleichzeitig um ein Zusammenrücken der ursprünglich arbeitsteilig auseinandergezogenen Funktionen – Arbeiten, Wohnen, Geselligkeit, Freizeit, Politik, Kultur, Einkauf etc. – an den dezentralen Siedlungskernen. Diese fallen in aller Regel zusammen mit alteingesessenen Landstädten und Dörfern. Aber auch in den Großstadtagglomerationen finden wir zunehmend solche innerlich angereicherten Quartiere.

Wir haben den neuen Kristallisationskern, der sich da abzeichnet, »neue Polis« genannt, weil es im Grunde die Wiederbelebung jenes Traums eines von verantwortlichen Bürgern gemeinsam gestalteten Gemeinwesens ist, der im Modell der griechischen Polis sein Sinnbild gefunden hat. Neu daran ist,

Attraktor »neue Polis«: sich gegenseitig aufschaukelnde Trends

- Verkehrsinfarkt: Der nicht zu gewinnende Wettlauf zwischen dem Ausbau der Verkehrswege und dem Transportaufkommen führt zu immer häufigeren und folgenschwereren Verkehrszusammenbrüchen.

- Ökologie- und Energiepreise: Die Sensibilität für Luftverschmutzung, Lärmbelästigung und Verkehrsopfer stieg noch rascher als die Belastungen selbst; diese wurden zunehmend auf Verkehrsträger und Energiepreise überwälzt; die letzteren haben sich durch CO_2-Abgaben in den letzten fünf Jahren um ein Viertel erhöht und werden auch in Zukunft in diesem Rhythmus steigen.

- Gestaltungsraum und Idylle: Die gängigen Vorstellungen von Lebensqualität laufen der großräumigen Arbeitsteilung zuwider, die bis vor kurzem die Raum- und Siedlungsordnung geprägt haben. Die Menschen sehnen sich nach Geborgenheit in überschaubaren Verhältnissen, in denen die verschiedenen Lebenssphären nahe beisammen liegen, der individuellen Gestaltung zugänglich sind, Raum für menschliche Beziehungen offenlassen und sich von der Hetze und Unübersichtlichkeit moderner Zivilisation abkoppeln lassen.

- Lebensunternehmerschaft: Immer weniger Menschen sind bereit, anonyme Entscheidungen, die ihr Umfeld prägen, ohne ihr Zutun hinzunehmen. Sie wollen sich über die anzustrebenden Lebensumstände selbst eine Meinung bilden und sie in gemeinsamer Verantwortung verwirklichen.

- Lose Koppelung: Der Trend zur funktionalen und räumlichen Dezentralisierung in lose gekoppelten, kleinen Einheiten mit hoher Autonomie, der sowohl in Unternehmen als auch in staatlichen und kulturellen Institutionen vorherrscht, leistet den neuen Vorstellungen von Lebensqualität Vorschub.

- Kommunikationstechnik: Die Multimediaeinheit in jedem Haushalt und an jedem Arbeitsplatz schafft Möglichkeiten der multimedialen interaktiven Telekommunikation, welche das Reisen immer häufiger erübrigen und sogar eine höhere Qualität der Kommunikation als z. B. in Großkonferenzen oder in hochzentralisierten Organisationen zulassen und damit auch das Dorf ans »Global Village« anschließen.

daß dieser Traum heute nicht mehr an der Notwendigkeit scheitert, die erforderliche wirtschaftliche Grundlage durch Sklavenheere und ins Heim verbannte Frauen zu gewährleisten, sondern daß wirklich alle Bewohner der neuen Polis vollwertige Bürger sein können.

Besonders weit vorangeschritten ist diese Entwicklung in der Schweiz, wo sie an bestehende Lebensgewohnheiten, Strukturen und Traditionen anknüpfen kann, aber auch im ganzen übrigen Voralpen- und Alpenraum, von Baden-Württemberg über Bayern, Österreich, Slowenien, Norditalien, Côte d'Azur, Rhone-Tal und Jura bis zum Elsaß. In Frankreichs ländlichen Gebieten entfaltet sie generell große Dynamik, weil sie sich dort mit einer Gegenbewegung zum traditionellen staatlichen Zentralismus verbindet.

Die Götterdämmerung der Nationalstaaten
Es liegt auf der Hand, daß die Handlungsmacht der traditionellen Nationalstaaten, dieses noch immer repräsentativen Symbols der politischen Einheit, durch die Parallelität von Globalisierung und Regionalisierung von allen Seiten fortschreitend untergraben wird. Das geschieht:

– durch den Machtzuwachs der Weltorganisationen und des informellen »Weltmanagements«, einschließlich des dazugehörigen Schattens, des organisierten Verbrechens;

– durch die transnationalen Unternehmungen;

– durch die übernationalen Kontinentalblöcke, von denen allerdings nur die EG wirklich ins Gewicht fällt, sie aber dafür um so stärker;

– durch die generelle Abwanderung der Gestaltungsmöglichkeiten in nicht staatliche Bereiche wie Wirtschaft, Kultur, Medien, Netzwerke von Organisationen und Menschen mit ähnlichen Interessen;

– durch den Paradigmenwechsel, der Problemlösungen nicht mehr von statischen und hochformalen Entscheidungsstrukturen erwarten läßt, und seien sie noch so sehr demokratisch legitimiert;

– durch die ausgeprägte Emanzipation der Regionen und Lokalitäten unterhalb der nationalstaatlichen Ebene.

Ähnlich wie Unternehmungen, die den gesellschaftlichen Wandel nicht rechtzeitig in ihre Strategie einbezogen haben, geraten Nationalstaaten in eine zunehmende Legitimationskrise. Da sie aber im Gegensatz zu den Unternehmungen durch die genannten Entwicklungen lediglich ausgehöhlt werden, werden sie nicht bekämpft, sondern einfach immer weniger ernst genommen. Sie verkommen zur symbolischen Hülle, die Politikern noch die Möglichkeit gibt, ihre Schattenboxkämpfe auszufechten, jedenfalls so lange, wie diese beim Medienpublikum noch Beachtung finden.

Da sich gleichzeitig die Legitimationsebene nach unten verschiebt, erleben wir immer mehr jener Fälle, die sich zunächst im ehemaligen Ostblock zugetragen haben und von uns mit Perplexität verfolgt wurden: die Auflösung von Nationen bzw. Abspaltung von Regionen. Es ist geradezu ein Fieber der Kleinstaaterei ausgebrochen, auch in Westeuropa. Dazu hat auch die Erfahrung beigetragen, daß alte Kleinststaaten wie Luxemburg, Monaco und Liechtenstein zu den wohlhabendsten gehören und sich zum Teil auch einen weit überproportionalen Einfluß gesichert haben und daß einige Kleinstaaten, die sich als erste aus den staatlichen Strukturen des realen Sozialismus herausgelöst hatten – von den baltischen Staaten über die Tschechische Republik und Usbekistan bis zu Slowenien –, besonders schnell aufblühten. Damit war auch eine Enttabuisierung verbunden: Bis 1989 war die nationalstaatliche Identität sakrosankt gewesen. Anzurühren wagten sie nur Desperados, die um ihres »Irredentismus« willen auch bereit waren, Revolutionen, Bürgerkriege, ja Weltkriege anzuzetteln. Während der jugoslawische Bürgerkrieg noch geeignet war, die Berührungsangst zu vertiefen, erwies sich die Spaltung der ČSFR im Rückblick als Dammbruch: Staatsauflösung durch einen einfachen, friedlichen, politischen Entscheid entpuppte sich als eine unter vielen möglichen Optionen.

Die Autonomisten in Norditalien, in Bayern, im Baskenland, in Schottland etc. wurden plötzlich aus Wirrköpfen zu Realpolitikern. Das – vorläufige – Ergebnis kennen wir heute: Belgien ist in drei Teile zerbrochen, was Brüssel die Möglichkeit eröffnete, so etwas wie das »Washington D. C.« Europas zu werden. Südtirol und Vorarlberg – mit noch unabsehbaren Konsequenzen für Tirol und damit Österreich insgesamt –, der Freistaat Bayern, Korsika, Sardinien, Triest, das Aosta-Tal und zuletzt Schottland haben sich zu souveränen Staaten erklärt. Aus einem Nordirland sind deren zwei geworden. Frankreich wird es sich nicht mehr lange leisten können, das Elsaß mit Repressionsmethoden zu halten, und es wird sich mit Spanien auf die Entlassung des Baskenlandes aus den beiden Staaten einigen müssen; daß die bretonischen Autonomiebestrebungen in sich zusammengefallen sind, ist für die Nostalgiker der »Grande Nation« ein schwacher Trost. Aber das sind alles Lappalien im Vergleich zur Aufspaltung Italiens die Apenninen entlang, die heute kein Hirngespinst mehr ist, sondern nach den nächsten Wahlen Realität werden könnte, zumal fast alle Experten davon überzeugt sind, daß sich beide Länder nach der Trennung in jeder Hinsicht besser entwickeln würden.

Auch in der Schweiz kam nach der Ablehnung des EWR-Vertrags im Jahre 1992 die Diskussion über eine Auflösung des Staates nicht mehr zur Ruhe. Durch den EU-Beitritt im Jahre 2001 scheint die Gefahr nun aber beigelegt. Das Schweizer Beispiel zeigt mehrere durchaus lehrreiche Paradoxien: Der Zusammenhalt des Landes wurde durch den Alleingang gefährdet und durch Europa gerettet. Zur Auflösung kam es vermutlich aber auch deshalb nicht, weil die Schweiz schon seit jeher ein extrem heterogenes Gebilde gewesen ist und ihre Staatsstrukturen dem Rechnung getragen haben. Dies war eines der zentralen Identitätsmerkmale des Landes und damit ein wichtiger Wert für alle Beteiligten. Außerdem waren die Kantone auch in ihrem Inneren so heterogen (z. B. die zweisprachigen oder jene mit ähnlich starken Stadt- wie

Landbevölkerungen), daß ihre Autonomie die Probleme nicht gelöst hätte. So ist die Schweiz im Endeffekt erhalten geblieben, weil sie, ohne es zu wollen, durch ihre Entstehungsgeschichte ihrer Zeit weit vorausgeeilt war.

Aber natürlich ist der Trend zur Auflösung der bestehenden Staaten nicht auf Europa beschränkt. Nach dem Abfall von Hawaii und Alaska haben die Autonomiebestrebungen in den USA jetzt auf Kalifornien, Florida und New Mexico übergegriffen. Zwar ist ein kurzfristiger Erfolg nicht zu erwarten, aber die farbige Mehrheit wächst so schnell, daß er nur eine Frage der Zeit sein dürfte. Dann aber wird auch New York kaum noch zu halten sein. Ob die Wende in Brasilien noch früh genug gekommen ist, um den Staat vor dem Auseinanderbrechen zu bewahren, muß gegenwärtig ebenfalls offenbleiben, und niemand glaubt, daß Hongkong – nach einem lediglich fünfjährigen Gastspiel – und Shanghai jemals wieder Teil einer chinesischen Volksrepublik werden.

Gesellschaftliche Konsequenzen

– Unterwanderung der Globalisierung: Die entstandenen kontinentalen Märkte und globalen Unternehmen und Netzwerke füllen sich mit kleinräumigen Strukturen, die sich nach den Prinzipien der Intensivierung regionaler Kreisläufe und der dezentralen Verdichtung und Durchmischung der Funktionen entwickeln.

– Die neue Polis: Das hat zur Folge, daß traditionelle kleine Siedlungskerne auf dem Land oder in den Innenstädten wieder die wesentlichen Funktionen gesellschaftlicher Gemeinwesen in sich vereinigen und damit für ihre Bewohner wieder zu zentralen Lebens- und Gestaltungsräumen werden. Die hochspezialisierten Regionen (Schlafstädte, Dienstleistungszentren, Industriezentren, Erholungsgebiete etc.) bleiben nur vital, wenn sie sich rechtzeitig entspezialisieren.

– Revitalisierung des Gemeinwesens: In den verdichteten Siedlungskernen rückt das Ideal der antiken Polis – die gemeinsame Gestaltung des Gemeinwesens durch verantwortliche Bürger – in den Bereich des Realisierbaren. Die Möglichkeiten der multimedialen interaktiven Telekommunikation werden für die politische Meinungsbildung und die Entscheidungsfindung genützt.

– Neue Verkehrssysteme: Der Rückgang zumindest des großräumigen Pendler- und Einkaufsverkehrs und eines Teils des sonstigen Geschäfts- und Ausflugsverkehrs rückt im Verein mit den neuen Kostenstrukturen bisher utopische Verkehrssysteme in den Bereich der Möglichkeiten: durch Leitsysteme gesteuerte Elektro- und Hybridfahrzeuge im Verbund mit Huckepackvorrichtungen im Bahnverkehr.

Daß der mächtige Parallel- und Gegentrend zur Globalisierung, jener zur Regionalisierung, u.a. diese Form annehmen konnte, wurde viel bejammert. Das abendländische Geschichtsbewußtsein, das mit der Kolonialisierung auch in die übrigen Weltregionen exportiert worden war, hatte den Nationalstaat mit der Überwindung feudaler Bindungen durch rechtsstaatliche und später meist auch demokratische Strukturen verbunden. Überdies brauchte die staatliche Ordnung im Zeitalter der Industrialisierung eine gewisse Mindestgröße, wenn man von den Nischen der Operettenstaaten absah. Die beiden Weltkriege zeigten alsdann, daß die Nationalstaaten des 19. Jahrhunderts zu klein waren, um den Frieden zu garantieren. Dazu bedurfte es der Weltmächte, der kontinentalen Blöcke und der Weltorganisationen. Vor diesem Hintergrund konnten die Aushöhlung und die Auflösung der Staaten nur als Erscheinungen der Dekadenz, des Zerfalls, des Zurückdrehens des Rades der Geschichte verstanden werden.

Inzwischen dürfen wir das als eine gestrige Betrachtungsweise qualifizieren. Es ist in unserer Sicht ein Triumph des Projekts Moderne, daß Auflösungen und Abspaltungen von staatlichen Gebilden in demokratischen Ländern mit demokratischen Mitteln möglich sind und nicht mehr Bürgerkriege und gewaltsame Revolutionen voraussetzen oder internationale kriegerische Auseinandersetzungen auslösen. Hatte bisher der Nationalstaat den nur unter Androhung fürchterlichster Konsequenzen in Frage zu stellenden absoluten Bezugsrahmen der Demokratie hergegeben, so ist jetzt der Bezugsrahmen selbst zum Gegenstand der Demokratie geworden.

Gewiß ist die Regionalisierung zuweilen mit der Wiederbelebung überholter feudaler Beziehungsgeflechte verbunden. Aber die Regel ist das nicht. Auch handelt es sich nicht einfach um einen Rückfall in überholte Kleinstaaterei, denn inzwischen gibt es ja die großen Märkte, die transnationalen Unternehmen, die vielfältigen nichtstaatlichen Netzwerke, kontinentale Organisationen wie die EG sowie das, was wir Weltmanagement genannt haben, einschließlich der globalen Informations- und Kommunikationsnetze.

Die verschiedenen Dimensionen der Subsidiarität als staatliches Ordnungsprinzip

In Tat und Wahrheit geht es, wir wir meinen, um etwas grundsätzlich anderes, das man nur noch begrüßen kann, sobald man es einmal begriffen hat: Es geht um eine Neuordnung der politischen Geographie und der Entscheidungsebenen nach Kriterien, die sich aus dem gesellschaftlichen Ganzen ergeben anstatt aus dem Strategiespiel einiger Staatsmänner oder revolutionärer Fanatiker. Wie in allen anderen Bereichen, bedeutet die Ausrichtung am gesellschaftlichen Ganzen auch hier eine zunehmende Ausdifferenzierung, und zwar in der horizontalen Richtung (Größe der Gebilde), in der vertikalen Richtung (Zahl der Entscheidungsebenen) und auch in den Beziehungen zwischen ihnen (von der starren zur losen Koppelung).

In der vertikalen Richtung steht die Ausdifferenzierung im Zusammenhang mit dem inzwischen geheiligten »Subsidiaritätsprinzip«, das eine Aussage über die Wahl der optimalen Entscheidungsebene macht, die da lautet: »So hoch oben wie nötig, so weit unten wie möglich.« Früher haben wir das in der Schweiz das föderalistische Prinzip genannt. Aber nachdem in der EU Föderalismus von den einen mit Zentralismus (im Sinn der Verlagerung von Kompetenzen nach Brüssel) und von den anderen mit einem losen Staatenbund gleichgesetzt wurde, weil beide Seiten nicht fähig waren, die Aufteilung von Souveränität auf verschiedene Ebenen zu denken, wollen wir diesen semantischen Streit hier nicht weiter vertiefen.

Neu in der politischen Landschaft ist nicht nur das Prinzip, das ein selbstzweckhaftes, nicht weiter hinterfragtes Streben nach Größe ablöst und damit auf eine höhere Stufe der Rationalität führt. Neu ist auch, daß wir in einer Zeit leben, in der die Anwendung dieses Prinzips für immer mehr Angelegenheiten immer weiter unten bedeutet. Auch darin spiegelt sich wieder diese Tendenz zur Ausdifferenzierung. Die Folge ist nicht nur, daß die unteren Ebenen an Bedeutung gewinnen, sondern auch, daß Ebenen erfunden werden müssen, die bis dahin nicht existiert haben. In der Politik sind z. B. Quartiere und Nachbarschaften eine Einheit von zunehmender Relevanz geworden, in Unternehmen die autonomen Arbeitsteams. Wir können sagen, daß weltweit die typische politische Hierarchie sechs Ebenen umfaßt: global – kontinental – national – regional – kommunal – nachbarschaftlich. Aber auch das ist nicht so wörtlich zu nehmen. Es gibt einerseits Zwischenebenen und andererseits Fälle, in denen mehrere Ebenen zusammenfallen, etwa in einem Stadtstaat wie Monaco. Wir beobachten auch Koalitionen zwischen den verschiedenen Ebenen. In Europa spielen die kontinentalen und regionalen Instanzen eindeutig zusammen auf Kosten der Status-quo-Verteidigungstendenzen der Nationalstaaten, während diese wiederum bei den Weltorganisationen nach Verbündeten suchen.

In der geographischen Dimension stellen wir nicht nur eine zunehmende Ausdifferenzierung fest, sondern im Zusammenhang mit der Neudefinition vom gesellschaftlichen Ganzen her auch zahlreiche Grenzverschiebungen und Neugruppierungen. Deshalb wächst die Zahl der Fälle, in denen regionale Grenzen nicht mehr mit den nationalstaatlichen zusammenfallen. Allein an den Schweizer Grenzen können wir aufzählen: Das Basler Länderdreieck, Genf, Jura, das Bregenzer Länderdreieck, Tessin-Lombardei. Natürlich sind da auch die größeren Sprachgemeinschaften zu erwähnen, die über die nationalen Grenzen hinausreichen, wie etwa die ungarische.

Daß es möglich geworden ist, solche Ausdifferenzierungen ohne kriegerische Auseinandersetzungen auszuhalten, führt zur Beziehungsdimension. Das Subsidiaritätsprinzip hat insofern das föderalistische tatsächlich abgelöst, als das letztere eine glasklare Zuordnung der Kompetenzen erforderte: Die Kompetenz zum Abschluß von Staatsverträgen lag beim Nationalstaat und bei niemand sonst. Schon seit Jahrzehnten können wir demgegenüber die Tendenz beobachten, daß auch Regionen und Gemeinden Außenpolitik betreiben und internationale Verträge schließen. Es steht auch heute nirgends mehr geschrieben, daß eine Region oder eine Gemeinde nur zu einem Staat

Unternehmenspolitische Konsequenzen

- Das neue Organisationsmuster: Das Grundmodell der dezentralen, kleinen, unternehmerisch autonomen Teams drängt sich auch unter dem Gesichtspunkt der Raum- und Siedlungsordnung immer mehr auf.

- Telearbeit: Nicht nur die Arbeitszeit, sondern mehr noch der Arbeitsort emanzipiert sich zunehmend von zentralen Verwaltungen, zentralen Dienstleistungen und Produktionszentren. Telearbeit bedeutet nicht nur Heimarbeit, sondern auch dezentrale Teams und mobile kunden- oder lieferantennahe Arbeitsplätze.

- Lose Koppelung: Die kleinen Zellen koordinieren sich selbst, werden dabei aber unterstützt durch zentrale Dienstleistungen, die auch ein Top-Management einschließen können. Die Fertigungstiefe in den dezentralen Betriebseinheiten nimmt eher zu. Tendenz zur dezentralen Produktion unter Nutzung zentraler Dienstleistungen (Franchising-Modell).

- Neue Vertriebstypen: Der neue Raum- und Siedlungstyp ruft nach neuen Vertriebstypen von Waren und Dienstleistungen. Der direkte Bezug beim örtlichen Handwerker oder Bauern gewinnt wieder an Bedeutung, vor allem wenn dieser mit Hilfe moderner Technik hochqualifizierte, maßgeschneiderte Leistungen erbringt; ähnliches gilt für den Quartierladen, vor allem wenn er durch Zusammenschluß mit hocheffizienten Kommissionier- und Lieferdiensten sein Sortiment erweitert. Standardeinkäufe und -dienstleistungen (Banken, Behörden) erleben den Durchbruch des Teleshopping. Die Möglichkeiten der multimedialen Interaktion machen dieses aber auch für beratungs-, know-how- und gestaltungsintensive Gebiete attraktiv. Großeinkaufszentren können nur noch mit überragender Animations- und Erlebnisqualität oder mit Billigstware für Massenquartiere überleben.

- Globalisierung und Regionalisierung: Weltweit tätige Unternehmen arbeiten mit globalen und kontinentalen I+K-Netzen, Organisationen sowie Absatz- und Beschaffungsmärkten, in denen je nach Art der Güter und Dienstleistungen übernationale, nationale, regionale und lokale Ebene unterschiedlich kombiniert sind. Dabei gewinnen die regionale und die lokale Komponente an Bedeutung, vor allem auf Kosten der nationalen.

- Große und Kleine: Unternehmensgröße zahlt sich aus, wo zentrale Dienstleistungen von vielen kleinen Organisationszellen gemeinsam genützt werden können. Die optimale Betriebsgröße aber sinkt überwiegend, vor allem gemessen an der Belegschaft, und der Grad der betrieblichen Autonomie steigt. Zwischen lockeren Großkonzernen, Mini-Multis und Netzwerken von Klein- und Kleinstunternehmen verlaufen die Grenzen fließend.

gehören kann, auch wenn die Rechtswissenschaft an den Konsequenzen solcher Durchmischungen noch lange zu kauen haben wird.

Natürlich bleibt eine Arbeitsteilung zwischen den verschiedenen Ebenen sinnvoll, und es muß vermieden werden, daß diese dieselbe Materie in sich widersprechender Weise regeln, aber diese beiden Grundprinzipien lassen einen Gestaltungs- und Experimentierraum offen, der von traditionellen Bundesstaaten bei weitem nicht genutzt worden ist. Dabei ist aber zu beachten, daß die regionale Ausdifferenzierung nur dann ihre Funktion erfüllt, wenn die entstehenden Gebiete, bis hin zum Quartier, auch eine Identität ausstrahlen: Wenn ein Stadtquartier nur eine Fahrradschilder-Ausgabestelle besitzt, ist das nicht der Fall. Wenn es aber eigene Urbanistik, eigene legislative und exekutive Instanzen, eine eigene Kulturpolitik etc. betreibt, dann entwickeln sich Bindungen.

Subsidiarität wirft in diesem Zusammenhang auch die Frage auf, welche Ebene denn über die »Kompetenz-Kompetenz« verfüge, d. h. über das Recht der Kompetenzzuweisung an die verschiedenen Ebenen. Im traditionellen Bundesstaat war dies die nationale Ebene, wobei die nachgeordneten Körperschaften ihrerseits Kompetenzen nach unten delegieren konnten. Aber bei der Entstehung der Bundesstaaten waren es die Gliedstaaten gewesen, die diese Kompetenzen nach oben abgegeben hatten; die Nationalstaaten haben ihrerseits Kompetenzen an die EG delegiert – aber nicht die Kompetenz-Kompetenz. Die Ausdifferenzierung bezieht sich auch darauf, daß es keine allgemeingültige Regel über die Kompetenz-Kompetenz-Ebene mehr gibt, sondern daß auch diese aus der gesellschaftlichen Ganzheit heraus von Fall zu Fall gesetzt wird, und zwar in der Regel auf Wunsch einer weiter unten liegenden Ebene.

Während traditionelle Bundesstaaten vom hierarchischen Prinzip mechanistischer Organisationen ausgegangen waren, das Entscheidungskaskaden von oben nach unten und Berichts- und Appellationsverfahren von unten nach oben voraussetzte, immer eindeutig vorgeschriebene Dienstwege entlang, funktionieren heute nicht nur wirtschaftliche und kulturelle, sondern in zunehmendem Maße auch staatliche Institutionen nach Prinzipien der losen Koppelung und der selbstverantwortlichen Abstimmung zwischen benachbarten und einander vor- oder nachgelagerten Gebilden.

Subsidiarität als Neuordnung der Staatsrolle und Demokratie
Von hier aus führt ein direkter Weg zu einer weiteren Dimension der Subsidiarität: Diese Entwicklung ist natürlich nicht mit einer ständig wachsenden Zahl allgemeinverbindlicher punktueller Rechtsvorschriften zu vereinbaren. Durch verbindliche Rechtsordnungen sind nur noch die Grundsätze zu regeln, die auf der jeweiligen Ebene unabdingbar Allgemeingültigkeit haben müssen. Alles andere gehört, falls überhaupt eine staatliche Regelung im Sinn des Subsidiaritätsprinzips laut demokratischer Meinungsbildung unerläßlich ist, in den Bereich der pragmatischen Entscheidungsfindung. Dasselbe Prinzip verlangt, daß alles, was nicht unbedingt staatliches Handeln er-

fordert, auf der privaten Ebene geregelt wird, und alles, was nicht kollektives Handeln erfordert, auf der individuellen Ebene. Das sind aber weniger Rechts- als Gestaltungsprinzipien. Die Rechtsordnung ist meistenorts noch weit von diesem Zustand entfernt. Aber die Rechtswirklichkeit ist ihm bereits wesentlich näher.

Damit ist noch eine weitere Interpretation des Subsidiaritätsprinzips angedeutet: Wo immer möglich, entscheidet das Individuum in eigener Verantwortung. Ver-Antwortung bedeutet aber, daß es bei seinen Entscheidungen die Erwartungen Betroffener identifiziert und darauf antwortet. Es koordiniert also seine Entscheidungen im Dialog mit Betroffenen. Erfordert die Lösung einer Aufgabe die Entscheidung mehrerer Beteiligter, so führt dieses selbe Vorgehen zum Konsens, der sich aus der Auseinandersetzung zwischen verschiedenen Beteiligten und Betroffenen ergibt. Die Kunst des Dialogs besteht darin, zwischen deren Interessen einen Ausgleich zu finden. Im Markt hat die Gesellschaft ein Verfahren entwickelt, das diesen Interessenausgleich institutionalisiert, indem es ihn auf eine multilaterale Ebene hebt. Aber der Markt setzt ein Tausch-, Meß- und Wertaufbewahrungsmedium voraus. Deshalb müssen für viele Aufgaben andere Konsensverfahren gesucht werden. Ihnen ist gemeinsam, daß sie die Interessen aller Beteiligten und Betroffenen in genügendem Ausmaß berücksichtigen, um Zustimmung zu finden.

Wenn aber die Komplexität der Fragen und/oder die Eile der Entscheidungsfindung ein gewisses Maß übersteigen, läßt sich dieser Grundsatz nicht mehr durchhalten. Für diese Fälle haben wir die formale Demokratie, d. h. die Mehrheitsregel erfunden, und zwar in ihrer direktdemokratischen Spielart, die besagt, daß die Sachentscheidung der Mehrheit gilt, und in ihrer repräsentativen Spielart, bei der die Entscheidungen delegiert werden, und zwar an Volksvertreter, die der Mehrheit passen. Die Interessen der Minderheit werden also bestenfalls indirekt berücksichtigt.

Je mehr Menschen beteiligt und betroffen sind, desto größer wird unter sonst gleichbleibenden Umständen dieses Grundproblem der formalen Demokratie. Bei wirtschaftlichen Organisationen wurde es traditionell dadurch umgangen, daß außen der Markt und innen grundsätzlich ein hierarchisches Herrschaftssystem die Koordination regelte. Daran änderten auch die partizipativen Führungsmethoden der siebziger und achtziger Jahre nichts Grundsätzliches. Die Mitbestimmung, vor allem ihre deutsche Spielart, blieb ein aufgesetzter Versuch, Elemente formaler Demokratie zugunsten einer Gruppe von Beteiligten und Betroffenen in die Unternehmen einzuschmuggeln. Eine wirkliche Änderung gelang aber auch hier erst mit der Tendenz, konsensfähige Teams durch äußeren und inneren Markt sowie durch weitere dialogische Abstimmungsprozesse miteinander lose zu koppeln.

Die politische Parallele dazu ist die neue Polis, die kleine, überschaubare politische Einheit, die dem Differenzierungs-, Identifikations- und Beteiligungsbedürfnis der Bürgerinnen und Bürger Rechnung trägt. »Klein und überschaubar« bezieht sich einerseits auf die Zahl der Beteiligten und andererseits auf die Konkretheit und Komplexität der Aufgabenstellungen. Gleichzeitig aber erhöht sich die Komplexitätsschwelle der Einheiten, die noch mehr oder weniger nach dem Muster des konsensführenden Dialogs funktionieren können. Dies ist wiederum eine Folge zweier sich aufschaukelnder Entwicklungen: erstens der zunehmenden Fähigkeit und Bereitschaft der »Lebensunternehmer«, aufgrund ihrer Qualifikationen und ihrer Lebenshaltung komplexe Aufgaben verantwortlich und kommunikativ zu lösen; zweitens der Entwicklung von Verfahren der Meinungsbildung – mit Hilfe der I+K-Technologie –, welche eine wachsende Zahl von Beteiligten in einen gestaltenden Meinungsbildungsprozeß über immer komplexere Fragen einbeziehen können. Mit »gestaltend« ist eine Interaktion zwischen dem diskutierten Projekt und der Meinungsbildung gemeint, in deren Verlauf nicht nur die Meinungen, sondern auch die Projekte sich verändern.

Kapitel 3:
Das neue Handwerk

Am ersten Tag meines Aufenthaltes in Weindorf begegne ich gleich einer ganzen Reihe von Einrichtungen, die deutlich machen, was unter »neuem Handwerk« zu verstehen ist: Der Automat, der Brötchen nach Wunsch des Kunden herstellt, das nach persönlichem Rezept gebraute Bier mit dem vom Kunden produzierten Etikett, die Privatkundenbank, welche auch Normalbürgern einen maßgeschneiderten persönlichen Allround-Service anbieten kann, den früher nur Multimillionäre erwarten durften, und das Schneidergeschäft, in dem der Kunde Foulards und Krawatten, ja sogar maßgeschneiderte Kleidungsstücke mit einer Fachberatung selbst entwerfen und zum Teil an Ort und Stelle produzieren kann.

Brot und Biere

Anja geht mir zuliebe vor dem Mittagessen im Dorfladen einkaufen. Sie hat das Brot vergessen. »Wie möchten Sie es denn haben?« fragt Don Antonio, wie ihn hier alle nennen. »Drei verschiedene Sorten Brötchen, weiß, grau mit Walnüssen und halbweiß mit Sesam, je vier Stück«, antwortet sie. Don Antonio gibt die entsprechenden Daten in den Backautomaten. »Möchten Sie die weißen in der knusprigen Basler Art oder aus Weggli-Teig?« Er paßt die Einstellung entsprechend an. »Aber doch nicht etwa ganz ohne Salz? Fertiggebacken oder zum Fertigbacken zu Hause? Welche Formen möchten Sie haben?« Das Ganze geht nur drei Minuten.

Für alles und jedes schießen jetzt diese flexiblen Kleinautomaten aus dem Boden – benützerfreundliche Kleinstfabriken. Zum Teil scheint es die Art zu sein, wie der Handel auf den Zug zum neuen Handwerk aufspringt. Zum Teil sind es aber auch die Produzenten selbst. Das Bier für Guido müsse Consuelo immer aus Großkirchen mitbringen, erzählt mir Anja. Dort habe die Brauerei Waldhaus eine ihrer Getränkeverkaufsstellen eingerichtet, mit einer richtigen kleinen Schauproduktionsanlage. Der Kunde könne im Lauf einer Degustation mit fachmännischer Begleitung sein Hausbier brauen – wenn er wolle, auch eines für den Alltag und eines für besondere Anlässe. Auch sein persönliches Etikett könne er gleich entwickeln. Alles werde dann im Computer gespeichert, so daß der Kunde sein Hausbier künftig immer abrufen könne. Natürlich sei es teurer als das Standardbier. Dennoch habe es laut Guido bereits zwölf

Prozent Marktanteil. Er könnte es natürlich auch nach Hause liefern lassen, aber er habe Consuelo gesagt, sie könne das Liefergeld einstecken, wenn sie es ihm bringe.

Zu Hause kommen wir auf das Bier zurück, und Guido lädt mich dazu ein. Ich bewundere das Etikett, auf dem die Marke Waldhaus in Beziehung gesetzt ist zu einem rustikalen Baumgarten, in dem ein bodenständiger Baumgärtner seine Biervesper abhält. Künstlerisch nicht uninteressant, mit leichter Nostalgie. »Wer hat das gemacht?« frage ich. »Ich natürlich, wer denn sonst?« – »Ich wußte gar nicht, daß Sie eine künstlerische Ader haben.« – »Ich auch nicht, bis ich auf diese Bieridee gebracht wurde. Aber es war gar nicht schwierig. Die haben einen Etiketten-Berater, der einen ins CAD-Programm einweist, und das leitet einen dann von selbst mit Fragen nach dem gewollten Stil und mit Vorschlägen, die es einem vorführt; das Ganze soll von den Robotbilderprogrammen der Polizei her entwickelt worden sein. Seit ich das entdeckt habe, mache ich jedes Jahr ein neues Etikett für mich. Das kostet natürlich, aber es macht auch Spaß. Die Brauerei veranstaltet dann auch alljährlich einen Wettbewerb: Die Kunden wählen das Etikett des Jahres, natürlich am Fernsehen. Phantastisch gemacht, eine richtige Show, wo so die neuesten Trends vorgeführt werden und den Zuschauern verschiedene Beurteilungsmöglichkeiten erklärt werden, fast eine Einführung in die Geschichte der Werbegraphik, aber lebendig, buchstäblich, mit lebenden Modellen und so, und dazwischen noch Einblicke in die Brauereikunst. Zuschauen können alle, aber wählen nur die, welche durch den Kauf von Waldhaus-Bier einen Code erworben haben. Letztes Mal war der erste Preis eine Mini-Heimbrauerei, die natürlich mit Waldhaus-Zutaten gefüttert werden muß. Leider habe ich's nicht geschafft.« – »Klingt mir ganz nach einer Juana-Idee«, sagte ich. »Erraten! Aber das war noch längst nicht die beste.« – »Welche fanden Sie denn die beste?« Die Antwort will ich verschweigen, weil die LeserInnen noch mehrere Juana-Ideen näher kennenlernen werden. Hier möchte ich noch berichten von einem Kundenbesuch am Nachmittag, zu dem ich Percy mit freundlicher Erlaubnis von Frau Inönü, einer seiner Stammkundinnen, begleiten darf.

Privatkundenbank

Sie wohnt in Großkirchen in einem kleinen Dutzendappartement, dessen Einrichtung ihre türkische Herkunft deutlich erkennen läßt. Sie ist vor einigen Jahren als Touristin eingereist, hat bei einem Fensterputzunternehmen angeheuert, dessen Chef geheiratet und nach der Scheidung ihren Mädchennamen wieder angenommen. Sie ist jetzt arbeitslos, aber ihre Aufenthaltsbewilligung in der Schweiz ist seit dem EU-Beitritt nicht mehr gefährdet, aufgrund des Assoziationsabkommens der EU mit der Türkei.

»Lohnt sich denn eine solche Verbindung für die Privatkundenbank?« frage ich Percy, der mir auf der Fahrt die Geschichte erzählt. »Vorläufig wahrscheinlich nicht, aber ich glaube, das wird noch kommen. Sie werden selbst sehen.«

Nach der Begrüßung stellt Percy seinen Computer auf den Wohnzimmertisch. »Wollen wir zunächst mal sehen, wie sich Ihr Depot entwickelt hat? Sehen Sie, vor einem Jahr haben Sie Fr. 150.000 Abfindung von Ihrem Mann erhalten – Frau Inönü hat mit ihm gemeinsam das Geschäft aufgebaut, wissen Sie. Inzwischen haben Sie Fr. 162.000. Sind Sie damit zufrieden?«

»Kommt darauf an. Wo liegt das Zinsniveau?« Percy zeigte ihr die wichtigsten Geld- und Kapitalmarktsätze und sagt: »Sehen Sie, bei sechs Prozent Bundesobligationen sind Ihre acht Prozent gar nicht so schlecht. Wir hätten natürlich höher kommen können, wenn wir noch stärker in Aktien gegangen wären. Sehen Sie hier die Indexentwicklung? Und wir könnten das auch jetzt noch versuchen. Das sind unsere Börsenprognosen. Festgeldanlagen würde ich jetzt nicht empfehlen, jedenfalls nicht in Schweizer Franken. Die Verzinsung ist zwar im Moment hoch, wie Sie sehen, aber wenn diese Schätzung hier stimmt, wird sie in den Keller gehen.«

»Aber Sie wissen ja, ich will ein Geschäft aufbauen«, sagt die Kundin. »Richtig. Schauen wir uns einmal Ihre kommerziellen Daten an. Hier haben wir die Angaben aus dem Fragebogen über Ihren Busineß-Plan.« Frau Inönü will mit Hilfe der gesammelten Erfahrungen ein eigenes Fensterputzunternehmen eröffnen. Sie braucht Gerät und muß während der Anlaufzeit auch Löhne zahlen können. »Ja, sehen Sie, Sie kommen hier in sechs Monaten auf ein Maximum an ausstehenden Mitteln von Fr. 100.000; die Kollegen in Zürich halten das Risiko dabei für eher großzügig kalkuliert. Ein Kredit kostet Sie etwa achteinhalb Prozent, wenn Sie Sicherheiten hinterlegen können. Wenn wir davon ausgehen, daß wir in Ihrem Depot nächstes Jahr eine ähnliche Rendite erzielen – und das ist, wie gesagt, zu schaffen, wenn wir noch etwas mehr in Aktien gehen –, dann würde ich Ihnen empfehlen, keine Papiere zu verkaufen, sondern das Geschäft voll über den Kredit zu finanzieren und Ihre Papiere als Sicherheit zu hinterlegen. Natürlich müssen Sie den Kredit nicht die ganze Zeit stehenlassen, sondern Sie beanspruchen einfach, was Sie benötigen.«

Frau Inönü verfolgt alles aufmerksam am Bildschirm und gibt ihr Einverständnis. Percy schiebt noch einige Präzisierungen zum Anlageplan nach und sagt dann: »Jetzt schauen wir uns noch rasch die Versicherungslage an. Hier, Ihre Lebensversicherung müssen wir erhöhen oder eine Zusatzversicherung abschließen, damit Ihr Kreditlimit gedeckt ist.« Aufgrund des Vergleichs zwischen den beiden Lösungen zieht Frau Inönü die Erhöhungsvariante vor – »Natürlich«, denke ich. Aber sonst läßt sie sich absolut nichts mehr aufschwatzen. Auch über die Betriebsversicherung für ihre Angestellten will sie erst sprechen, wenn die dann auch wirklich engagiert seien.

Zuletzt übermittelt Percy das Ganze per Knopfdruck an die Zentrale zur Ausführung. Der Besuch hat gut zehn Minuten gedauert. »Glauben Sie jetzt, daß wir diese Kundin zum Rentieren bringen?« fragt er mich. »Natürlich sind nicht alle so fix. Aber wenn man wirklich die ganze Verwaltung ihrer finanziellen Angelegenheiten besorgen kann, ist in dieser Gegend eigentlich bei den meisten etwas zu holen.«

»Und die Risiken?« – »Natürlich gibt es schon mal einen Reinfall. Man muß etwas psychologisches Fingerspitzengefühl entwickeln. Aber den rein finanziellen Risiken kommt man durch den Raster, der von der Zentrale vorgegeben ist, fast immer auf die Spur. Und das ist schließlich auch ein Dienst am Kunden, den man damit vor Katastrophen bewahrt.« – »Aber Sie erfahren ja nur, was der Kunde Ihnen sagen will.« – »Das ist schon richtig. Einem raffinierten Betrüger wird man nicht auf die Spur kommen. Deshalb setzt ja oberhalb einer gewissen Schwelle auch ein anderes Verfahren ein; nicht daß uns der Kunde von der Zentrale weggenommen würde, aber die kümmert sich dann intensiv um das Dossier. Für die Normalfälle aber begnügen wir uns mit Anreizen, damit der Kunde uns alles übergibt oder zumindest voll informiert. Dazu gehört z. B. unser Vollservice, der nicht nur den gesamten Zahlungsverkehr, sogar den geschäftlichen bei Kleinunternehmen, sondern auch den Verkehr mit den Steuerbehörden, einschließlich der Steuererklärungen umfaßt. Was glauben Sie, mit welcher Begeisterung gerade die gutverdienenden Berater, Angestellten, Medienleute etc. dieses Angebot angenommen haben, das ihnen praktisch allen finanziellen Ärger und einen Buchhalter erspart und erst noch sicherstellt, daß sie alle steuerlichen und sonstigen Vorteile nutzen in ihrem Finanzgebaren?«

»Wer entwickelt Ihnen eigentlich die Software für das ganze Dienstleistungspaket? Ist das Ihre Informatikabteilung?« – »Die Bank mußte sich eines Tages entscheiden, ob sie ein Unternehmen für Informatikdienstleistungen oder eines für Finanzdienstleistungen sein wollte. Sie entschloß sich für das letztere. Unsere Informatikabteilung hat nur noch eine Vermittleraufgabe. Sie berät die Informatikbenützer, von den Frontteams bis zur Geschäftsleitung, eruiert Bedürfnisse, informiert über Möglichkeiten und stellt die Verbindung zu den Zulieferern her; sie wählt für den jeweiligen Zweck die besten aus und moderiert den Dialog mit den Benützern, aus dem sich schließlich die konkreten Entwicklungsaufträge ergeben. Natürlich versucht man soweit wie möglich auf Bestehendes und Erprobtes zurückzugreifen. Aber unsere Privatkundenbank war wirklich eine unternehmerische Innovation, die erhebliche Investitionen erforderte, nicht nur in der Aus- und Weiterbildung, sondern auch in der Hard- und vor allem der Software. Dazu haben wir mit einer kleinen Spezialfirma zusammengearbeitet, die vor einigen Jahren vom Marktführer für integrierte I+K-Systeme für solche Aufgaben ausgelagert worden war.«

Schneiderei Zürcher

Da wir gerade in Großkirchen sind, beschließe ich, auch der Schneiderei Zürcher einen Besuch abzustatten. In der kleinen, aber feinen Einkaufsgalerie im Zentrum verfügt sie nur über vier Meter Front. Die aber haben es in sich. Man sieht, daß die Mutter der Lehrtochter sich für den Laden interessiert. Eingangstür und Schaufenster sind gelackt, jeweils in Tönen und Dessins, die den aktuellen Trend wiedergeben, manchmal auch mit einem kleinen dekorativen Element, das sich mit dem eleganten Namenszug »Zürcher« verbindet. Das Ganze ist so gemacht, daß Neulinge unbedingt wissen möchten, was sich hinter dieser Fassade verbirgt, die modische Eleganz ausstrahlt, aber keine weiteren Informationen preisgibt. Man nähert sich ihr also, entdeckt einen schmalen gläsernen Durchbruch und versucht einen Blick nach innen zu erhaschen. Dadurch schiebt sich die Lackwand auseinander und gibt die Aussicht frei auf ein tänzerisches Hologramm der neuesten Mode – dreidimensionale Virtual-Reality-Mannequins, die eine ganze Modeschau abziehen. Nähert man sich dann dem Eingang, so schiebt sich auch da die Lackwand auseinander, und man wird empfangen von einer freundlichen Dame, die den Namen wissen möchte. Sie sieht dann sofort auf dem Bildschirm, ob man schon einmal da war. Wenn ja, werden die gesammelten Informationen gleich per Knopfdruck nach oben an die Kundenberaterin weitergegeben, wenn nein, versucht sie einen freundlich auszufragen.

Auf diese Weise werde ich auch als Neuling oben schon wie ein alter Bekannter empfangen, und zwar delikaterweise nicht von Consuelo, sondern von Frau Zürcher, die natürlich über meine Aufgabe im Bild ist. Ich lobe das faszinierende Entrée und frage, ob das denn nicht mit prohibitiven Kosten verbunden sei und wie so etwas hier auf dem Land zu finanzieren sei. Die Kosten hielten sich in Grenzen, sagt sie, weil Einrichtungen und Software von einer europaweiten Franchising-Organisation getragen würden, der sie angehöre. Natürlich habe sie aber die Möglichkeit, ihre Shows ihren Spezialitäten und den Geschmacksrichtungen ihrer Kundinnen anzupassen. Im übrigen wohne hier im Umkreis von 15 Kilometern eine Kundschaft mit einer Kaufkraft und vor allem mit geschmacklichen Ansprüchen, wie man sie in dieser Konzentration höchstens noch in modischen Ferienorten finde. Das hänge nicht nur mit den besonderen landschaftlichen Qualitäten dieser Region zusammen, sondern auch damit, daß sie sich als erste in der Nähe von Zürich zeitgemäße Verkehrs- und Kommunikationsnetze zugelegt habe.

»Ich möchte Frau Mendoza eine kleine Anerkennung dafür mitbringen, daß sie diese Tage für mich organisiert hat«, sage ich dann. – »Da gibt es verschiedene Möglichkeiten. Wir haben natürlich ihre Maße hier im Computer. Wir geben sie selbstverständlich nicht weiter, aber wir können Ihnen hier, wie Sie sehen, eine entsprechende Figur auf den Bildschirm projizieren, an der Sie für sie eine Bluse oder was auch immer entwerfen können. Consuelo hilft Ihnen gerne dabei. Allerdings dauert es drei Tage, bis sie aus der Zentralwerkstatt geliefert wird, wenn Sie es wünschen, direkt zu Frau Mendoza nach Hause. Wenn Sie ihr sofort etwas mitbringen wollen, empfehle ich Ihnen unseren Foulard-Dienst. Wir haben hier neuerdings einen Seidendrucker stehen.«

Es ist wie im Paradies. Mit Consuelos fachkundiger Hilfe entwerfe ich Seidenfoulards für alle drei weiblichen Familienangehörigen und gleich noch für alle anderen weiblichen Wesen, die mir nahestehen, und anschließend Krawatten für Guido und Percy und natürlich auch noch eine für mich selbst. Die Software eröffnet den Zugriff auf eine unerschöpfliche Datenbank voller Sujets und Ornamente aller Stilrichtungen, die sich beliebig kombinieren, kolorieren und verzerren lassen. Ich hätte tagelang herumspielen mögen. Das wird mein Standardgeschenkartikel werden. Gleichzeitig präge ich mein »Firmenzeichen«, das natürlich für den weiteren Gebrauch in der Kundendatei abgelegt wird. Im Gespräch mit Frau Zürcher erfahre ich, daß ihre Dachorganisation auch etwas einfachere Seidendrucker für den Hausgebrauch samt der zugehörigen Rohstoffe und Software verkaufe. Sie scheint es nicht so gerne zu sagen, fügt aber hinzu, es sei die Philosophie ihrer Organisation, daß der Kunde selbst entscheiden solle, was er selbst machen bzw. ob er die Dinge einfach fertig kaufen wolle, und man bemühe sich, für alle Bedürfnisse die nötigen Angebote bereitzustellen oder mindestens zu vermitteln, bis hin zu Design- und Couturier-Kursen.

Analytischer Anhang über das neue Handwerk

Das Informationszeitalter hat mit einer hyperindustriellen Phase begonnen, das die maschinenartigen Organisationen des Industriezeitalters perfektionierte und auf die klassischen Dienstleistungen übertrug. Gerade dadurch aber stieß das hyperindustrielle Modell an seine Grenzen und bereitete den Weg zur postindustriellen Phase des Informationszeitalters, das im Extrem durch den Typus des »neuen Handwerks« am besten charakterisiert wird, d. h. durch die maßgeschneiderte Entwicklung von Produkten und Dienstleistungen im individuellen Dialog mit dem Kunden, die ebenso von Informationstechnologie unterstützt und perfektioniert wird. Dadurch wird dem Handel seine traditionelle Funktion als Vermittler an der Schnittstelle zwischen Angebot und Nachfrage auf breiter Front strittig gemacht, was die tiefgreifende Handelskrise der letzten Jahre erklärt.

Die zwei Phasen des Informationszeitalters
Die erste Phase des Informationszeitalters nennen wir jene der Hyperindustrialisierung. Sie dauerte etwa von 1960 bis zur Jahrtausendwende. Genau läßt sich das nicht sagen, da sich die erste und die zweite Phase vielfältig überlagerten. Von Hyperindustrialisierung sprechen wir, weil das Organisationsmodell der Industrialisierung mit den Mitteln des Informationszeitalters zur letzten Perfektion entwickelt wurde: Strukturen, die Mechanismen nachgebildet waren, mit genau definierten Abläufen; die physischen Vorgänge konnten bis in die Nähe des Ideals der menschenlosen Fabrik automatisiert werden. Die ihnen vor- und nachgelagerten und sie begleitenden Prozesse bestanden im wesentlichen aus Informationsverarbeitung: F+E, Umfeldprognose, strategische und operative Planung, Beschaffen und Einrichten der Maschinen, Einkauf, Aus- und Weiterbildung, Produktionssteuerung und -überwachung, Rechnungswesen und Controlling, Administration, Marketing, Verkauf, Vertrieb, Werbung, PR ...

Schon die Durchrationalisierung der physischen Abläufe, die bereits im frühen 20. Jahrhundert ihren Höhepunkt erreicht hatte, war verbunden gewesen mit dieser Funktionsverlagerung auf den »tertiären Sektor«, der im wesentlichen Informationsverarbeitungsleistungen umfaßt, innerhalb und außerhalb der Industrie. Ohne uns hier näher auf die Begrifflichkeit der Sektorenanalyse einzulassen – das geschieht im Kapitel 5 –, können wir sagen, daß die Durchrationalisierung der Industrie im Sinn der physischen Produktionsabläufe zu einer Verlagerung der menschlichen Aktivitäten auf die Informationsverarbeitungsleistungen führte. Dies geschah mit um so größerer Dynamik, als das Vorurteil bestand, die letzteren seien nicht weiter rationalisierbar; die Verwaltungsbürokratie habe ihre Effizienz bereits auf das denkbare Maximum gesteigert. Lange Zeit schien die Realität dieses Vorurteil zu bestätigen; allmählich aber kam, was nach allen Erfahrungen kommen mußte: eine Technik zur Rationalisierung der Informationsverarbeitung, angefangen von der Schreibmaschine und der Lochkartenmaschine bis hin zur heutigen Vielfalt der I+K-Technik. Den Durchbruch brachte natürlich der Computer, weshalb wir das Informationszeitalter mit den sechziger Jahren beginnen lassen. Von da an verdoppelte sich die Effizienz der maschinellen Informationsverarbeitung ungefähr alle 18 Monate, bis heute, unter vielfältigsten Wandlungen sowohl der Basistechnologie wie auch der Nutzungsrichtungen.

Damit wurde es also möglich, den Dienstleistungssektor weiter zu rationalisieren. Was etwa in der Automobilindustrie mit Winslow G. Taylor und Henry Ford bereits im ersten Viertel des 20. Jahrhunderts seinen Höhepunkt erreicht hatte, erfaßte nun erst mit voller Kraft die traditionellen Dienstleistungsbranchen – Banken, Versicherungen, Handel – und den Informationsverarbeitungsteil der Industrie. Diese Phase der »Neo-Taylorisierung« begleitete uns in vielen Bereichen bis über die Jahrtausendwende hinaus: Wir lernten, Organisationen als Informationsverarbeitungsmaschinen zu verstehen. Wir gliederten die komplexen Abläufe genauso minutiös in ihre einfachsten Elemente auf wie früher die Produktion eines Automobils am Fließband, um sie danach durchoptimieren und automatisieren zu können. Je leistungsfähiger die technischen Systeme wurden, desto komplexere Organisationen konnten wir auf diese Weise beherrschen: immer größere Sortimente, perfektere Qualität, größere und vielfältigere Märkte, kompliziertere Koordinationsaufgaben, raschere Anpassung an den Wandel der Bedürfnisse und der technischen Möglichkeiten, immer lückenloser durchrationalisierte Mensch-Maschinen-Systeme.

Die Arbeitsproduktivität und damit die Kaufkraft erhöhten sich entsprechend. Das Gesetz der Stückkostendegression erforderte größere Märkte und größere Betriebe. Damit intensivierte sich der internationale Wettbewerb, so daß Größe mit Umsetzungs- und Anpassungstempo kombiniert werden mußte, vor allem in den Ländern mit den höchsten Arbeitskosten.

Wir hatten bereits einmal vom Paradigmenwechsel gesprochen und werden nochmals auf ihn zurückkommen. Die Schilderung läßt bereits ahnen, daß der Aufschaukelungsprozeß der Hyperindustrialisierung irgendwo an die Grenzen der Perfektion stoßen und etwas ganz Neuartiges produzieren mußte, eben die zweite, die postindustrielle Phase des Informationszeitalters. Sie kam auf ganz leisen Sohlen:

– Durchrationalisierte Abläufe, definierte Tätigkeiten werden automatisierbar. Der rasante Effizienzsteigerungsrhythmus der Informationstechnologie hat damit die Menschen aus immer komplexeren Tätigkeiten verdrängt. Diese konzentrierten sich zwangsläufig auf die nicht klar zu definierenden Tätigkeiten: Entwickeln, Ausprobieren, situativ Anpassen, Lernen, intuitiv Kombinieren, Überzeugen, Mitreißen, Einstimmen, Abschätzen ... Diese Arbeitsteilung zwischen Mensch und Technik ist aber auch folgerichtig, weil sie den beiderseitigen Stärken entspricht. Daß Menschen wie Maschinen eingesetzt werden und Maschinen krampfhaft menschliche Fähigkeiten anentwickelt werden, ist beiden im Grunde wesensfremd und damit unwirtschaftlich.

– Mit der steigenden Arbeitsproduktivität und ihren Folgen für Kaufkraft, Freizeit, Angebotsvielfalt etc. wuchsen Menschen heran, die zunehmend auf ihnen gemäße Tätigkeiten Wert legten und immer weniger bereit waren, sich in Mensch-Maschinen-Systeme ohne persönlichen Gestaltungsspielraum einspannen zu lassen.

– Die individuellen Ansprüche stiegen: In immer mehr Bereichen wollten die Menschen nicht mehr standardisierte Massenprodukte, sondern zumindest die Illusion einer auf ihre persönlichen Wünsche zugeschnittenen und von ihnen zu beeinflussenden Qualität oder Produktespezifikation.

– Die zunehmende Fähigkeit der Technik, mit komplexen Aufgaben umzugehen, machte sie auch flexibler: Die Umstellungskosten zwischen verschiedenen Produkteserien sanken. Die flexible Automatisierung ermöglichte bis zu einem gewissen Grad Maßkonfektion auf Abruf.

Diese zunächst kaum ins allgemeine Bewußtsein dringenden, schleichenden Veränderungen verbanden sich mit einer vor allem in Europa noch lebendigen Tradition, jener des Handwerks, und erhielten dadurch die Qualität eines Attraktors, eines gesellschaftlichen »Aha-Erlebnisses«. Ging noch der sogenannte »Cecchini-Bericht« der Europäischen Kommission 1988 ganz selbstverständlich davon aus, daß wirtschaftliche Dynamik mit immer größeren Märkten und immer größeren Unternehmen zusammenhänge, so war gerade in den wirtschaftlich am höchsten entwickelten Regionen Europas das Zeitalter der Massenfabrikation nie wirklich eine dominierende Realität gewesen, sondern eher eine Fiktion, die für Realität gehalten wurde, weil sie in den USA Realität war und weil die Betriebswissenschaft es so lehrte. In Wirklichkeit hatten in weiten Teilen Europas Klein- und Mittelbetriebe nie aufgehört, das Rückgrat der Wirtschaft zu bilden. Aber auch die großen und größten Unternehmungen hatten nie aufgehört, Produkte auf Bestellung und nach Wunsch der Kunden herzustellen, ob es sich nun um Werkzeugmaschinen, Schiffsmotoren oder Kraftwerke handelte (Piore und Sabel).

Das war aber das Grundprinzip des Handwerks: Produkte werden auf Wunsch des Kunden hergestellt. Das bedeutet grundsätzlich, daß das Produkt im Dialog mit dem Kunden entwickelt wird. Das Prinzip läßt sich auf Dienstleistungen genauso anwenden wie auf Waren. Die Grenzen zwischen Massenfabrikation und Handwerk sind fließend: Wenn ein Kunde im Gespräch mit seinem Garagisten die Farb- und Polsterkombination seines künftigen Autos aussucht, so steckt darin bereits ein kleines Element Handwerk. Wenn er seine Küche beim Modellproduzenten am Bildschirm entwirft, überwiegt das handwerkliche Element.

Vielleicht wird die Verwendung des Begriffs »Handwerk« für ein Produkt, das im individuellen Dialog mit dem Kunden entwickelt wird, nicht jedem Leser auf Anhieb einleuchten, weil er darunter eher ein »von Hand gemachtes Werk« versteht. Es gibt jedoch gute Gründe für unsere Terminologie:

1. Handwerk im Sinn von »handgemachten Werken« war zur Zeit, als der Ausdruck geprägt wurde, das gesamte Gewerbe, im Unterschied etwa zu Händlern, Soldaten oder Bauern (deren Werk der Boden hervorbrachte). Sogar die frühindustriellen »Manufakturen« waren, wie der Name besagt, in diesem Sinn Handwerk; aber sie waren gleichzeitig Vorläufer der industriellen Massenfabrikation, indem sie eine große Zahl gleichförmiger Erzeugnisse nach vorgeschriebenen Abläufen hervorbrachten.

2. Die Unterscheidung zwischen »handgemacht« und maschinell hergestellt hat heute nur noch dort einen Sinn, wo Handanfertigung entweder eine größere Qualität oder eben eine genauere Anpassung an individuelle Wünsche ermöglicht – abgesehen vielleicht von rein folkloristischen Werten oder Versuchen, den ideellen Wert billig hergestellter Massenware nostalgisch zu erhöhen.

Wir haben uns deshalb entschieden, in der Individualität der Produktentwicklung den eigentlichen Mehrwert zu erkennen, den die Rückbesinnung auf alte kleingewerbliche Muster erschließt.

Die Grundelemente des neuen Handwerks

Wir können beobachten, daß in diesem Sinn das handwerkliche Element in fast allen Märkten seit etwa zwei Jahrzehnten ständig an Bedeutung gewinnt und daß sich diese Tendenz, als Ergebnis eines Aufschaukelungsprozesses, beschleunigt. Da es sich um einen fließenden Übergang handelt, ist es eine Vexierbildfrage, ob das alte oder das neue Muster dominiert: Irgendwann kippt die Wahrnehmung; wir haben ein Aha-Erlebnis, und aus dem halb

Attraktor »neues Handwerk«:
Die sich gegenseitig aufschaukelnden Trends

– Individualisierung: Infolge der zunehmenden Ausdifferenzierung des Konsumverhaltens und der wachsenden Bedeutung der persönlichen Identität und Identifikation werden zunehmend maßgeschneiderte Güter und Dienstleistungen gewünscht.

– Intrapreneurs: MitarbeiterInnen wollen auch in der Arbeit einen Sinn sehen. Genau definierte Tätigkeiten werden wegautomatisiert. Unternehmerische Funktionen verlagern sich an den Arbeitsplatz. Das ruft nach kleinen, unternehmerisch eigenverantwortlichen Arbeitsteams.

– Neue Technik: Die Kombination von CAD, interaktiver Telekommunikation und flexibler Automatisierung ersetzt in vielen Bereichen »economies of scale« durch »economies of scope« und senkt die Rentabilitätsschwelle für maßgeschneiderte Produktion.

leeren wird ein halb volles Glas. Damit aber erhält der Prozeß weiteren Auftrieb, denn unsere Gedanken und Vorstellungen von heute sind bekanntlich die Wirklichkeiten von morgen. Wenn wir die Entwicklung deshalb von ihrem potentiellen Endpunkt her nochmals verdeutlichen, dann erkennen wir folgende typischen Merkmale des neuen Handwerks:

1. Eine Technologie, welche die individuelle Produktentwicklung im Dialog mit dem Kunden möglich und wirtschaftlich interessant gestaltet. Dazu gehört die interaktive Breitbandkommunikation, wenn entweder der Dialog mit dem Kunden oder jener mit den Produktionsanlagen über Distanz geführt werden muß. Ferner gehört dazu das computergestützte Design (CAD). Beide Elemente gewinnen seit einigen Jahren unentwegt an Benützerfreundlichkeit und Leistungsfähigkeit: Mußte man sich das Herumgehen in einem Haus vor zehn Jahren noch anhand perspektivischer Zeichnungen vorstellen, gelingt es heute schon in Spielfilmqualität, und in wenigen Jahren werden wir uns selbst mitten im virtuellen Haus bewegen können. Das dritte Element alsdann ist die flexible Automatisierung mit ihren vielfältigen Mitteln der Computersteuerung und der Robotik; anschließend kann wieder die Telekommunikation distanzüberwindend eingesetzt werden (z. B. für die maßgeschneiderte Bildschirmzeitung). Eine wichtige Rolle spielt schließlich die Logistik, welche die benötigten Materialien zusammenführen und das Produkt dem Kunden zuführen muß. Natürlich kann Handwerk auch heute noch aus einer an Ort und Stelle bestellten und abgeholten handgeschnitzten Meerschaumpfeife bestehen. Aber die neuen Möglichkeiten der I+K-Technologie, die Maßgeschneidertes in wachsenden Bereichen wieder wirtschaftlich interessant machen, veranlassen uns zum Begriff des »neuen« Handwerks.

2. Konsumenten mit einem Lebensgestaltungsniveau, auf dem Lebensqualität sich immer weniger danach bemißt, »wieviel« sie sich von etwas kaufen können, sondern danach, »wie« sie sich versorgen und »wie« sie damit ihr Leben gestalten. Massenprodukte sind dort interessant, wo sie relativ elementare Versorgungsbedürfnisse befriedigen. Wo Güter und Dienstleistungen vor allem Lebensgestaltungselemente sind, müssen sie individuellen Wünschen entgegenkommen. Bis vor einigen Jahren ist es immer wieder gelungen, diesem Bedürfnis Rechnung zu tragen mit der Lancierung von Modetrends, die Vielfalt und damit Individualität beliebig zu produzieren vermochten. Erstmals gelang dies vor 20 Jahren mit der Swatch, der Swiss Watch. Es handelte sich um ein billiges Massenprodukt, das aber mit geringen Kosten in einer unübersehbaren Variantenvielfalt erzeugt werden konnte. Dadurch entstand nicht nur ein Unikatseffekt, sondern durch rasche Modellabfolge waren die Modetrends auch lückenlos nachzuvollziehen, und es wurde Tempo erzeugt: Was man heute nicht kaufte, war morgen schon wieder vorbei bzw. nur noch als teures Sammlerobjekt zu erstehen. Der Preis ermöglichte einen spielerischen Umgang mit dem Objekt, das auch dadurch zu einem Gestaltungselement, zu

einem Medium von Stimmungen und Lebensstilen wurde. Seither gab es ungezählte Produkte, die den Swatch-Erfolg nachvollzogen. Heute aber ist diese Möglichkeit zumindest in kaufkräftigeren Märkten total ausgereizt. Zwar enthalten auch heute die meisten Konsumgüter noch massenfabrizierte Elemente, aber ohne maßgeschneiderte Eigenschaften verkauft sich da kaum noch etwas.

3. Organisationen, die geeignet sind für die Produktentwicklung im Dialog mit dem Kunden und die gleichzeitig Arbeitsplätze für Menschen bieten, die nicht nur als Konsumenten, sondern auch als Erwerbstätige eigenständige Gestaltungsmöglichkeiten suchen. Beides paßt bestens zusammen. Gefragt sind unternehmerisch eigenständige Arbeitsteams, die sich auf das neue Handwerk verstehen. Das bedeutet: Enger Kontakt mit den und intimes Verständnis für die Kunden (kommunikative Kompetenz) + fachliches Know-how für die Produktentwicklung (Güter und Dienstleistungen) und die dafür benötigte Technik + unternehmerische Eigenverantwortung und Urteilskraft. Die unternehmerischen Funktionen und damit auch ein Großteil der Entscheidungskompetenzen verlagern sich also an den Arbeitsplatz. Voraussetzung dafür ist, daß Fähigkeiten, Möglichkeiten und Verantwortlichkeiten (teambezogene Erfolgsbeteiligung!) miteinander übereinstimmen. Unternehmerische Eigenständigkeit bedeutet aber nicht unbegrenzte Autonomie. Ganz nach dem Prinzip der »lean production« kann und sollte alles ausgegliedert werden, was nicht zu den Kernkompetenzen des Teams gehört.

– Erstens kann z. B. die eigentliche Produktion oder ein Teil davon durchaus zentral woanders stattfinden.

– Zweitens können die Teams durch alle möglichen Hilfestellungen unterstützt werden, die z. B. als zentrale Dienste innerhalb eines Konzerns angeboten werden: Einkauf, Beschaffung der Ausrüstung, Software-Entwicklung, F+E generell, Aus- und Weiterbildung, Rechnungswesen und Controlling, Logistik, Erarbeitung verbindender Leitbilder, Visionen und Strategien. Selbst Topmanagement wird also in diesem Sinn zur zentralen Dienstleistung. Auch zentrale Dienstleistungen werden nach dem Prinzip des neuen Handwerks erbracht. Die im äußeren Markt tätigen Einheiten sind deren Kunden; nach dem Prinzip der losen Koppelung werden Unternehmensgrenzen fließend. Die für externe Kunden tätigen Einheiten können als selbständige Unternehmen arbeiten, die zentralen Dienstleistungen einkaufen und/oder gemeinsam aufbauen, aber auch Franchise-Nehmer oder Profit-Center sein.

– Drittens kommt es darauf an, die optimale Fertigungstiefe zu finden. Sie ist begrenzt durch die Funktionsfähigkeit eines unternehmerischen Teams, durch dessen Kernkompetenzen, durch die Möglichkeit der Pflege individueller Kundenbeziehungen und durch die logistischen Bedingungen. Zwischen den dadurch entstehenden Gliedern der Wertschöpfungskette bilden sich Schnittstellen, die ihrerseits nach den Grundsätzen des neuen Handwerks gestaltet sein müssen: Soweit es sich nicht um völlig standardisierte Vorprodukte handelt, die auf Börsen erworben werden können, muß z. B. der Baumwollproduzent Ware in jener Menge, zu jenem Zeitpunkt und in jener Qualität liefern, die der Spinner braucht, um dem Weber jenes Garn liefern zu können, das dieser benötigt, damit der Textilkonverter jenen Stoff liefern kann, mit dem der Couturier die spezifischen Wünsche seiner Kundin erfüllen möchte.

Vive la petite différence!
Auf dieser Grundlage sind Formen des neuen Handwerks heute allgegenwärtig geworden. Lange Zeit ist dieser Trend unterschätzt worden aufgrund der berechtigten Überzeugung, der in der OECD-Welt erreichte und im Rest der Welt angestrebte breite Wohlstand sei im wesentlichen der Industrialisierung der physischen Wertschöpfungsprozesse und der Informationsverarbeitungsprozesse zuzuschreiben. Der Kern der Industrialisierung ist, wie mehrfach ausgeführt, die genaue Definition dieser Prozesse und der ihnen zugrundeliegenden Strukturen, die deren Optimierung, Routinisierung, Multiplikation (Stückkostendegression) und Automatisierung erlaubt. Konnte es sinnvoll sein, diese Errungenschaften über Bord zu werfen? Natürlich nicht. Was die Skeptiker übersahen, war, daß der Siegeszug des neuen Handwerks das gar nicht voraussetzte, sondern im Gegenteil gerade auf der Rationalisierung aufbaute, denn die maßgeschneiderte Produktentwicklung bezog sich nie auf das ganze Produkt, sondern immer nur auf jene kleinen Unterschiede, die einen Unterschied machten.

In unserer zunehmend sinnorientierten Gesellschaft suchen Menschen und Organisationen in der Flut der Möglichkeiten jene zu verwirklichen, die ihrer Selbstbeschreibung entsprechen. Diese ist enthalten im jeweiligen Code – d. h. der Persönlichkeit bzw. Organisationskultur –, der aus der unübersehbaren Menge potentieller Wahrnehmungen das herausfiltert, worauf es diesem Menschen oder dieser Organisation ankommt – eben die Unterschiede, die einen Unterschied machen. Dieser Wahrnehmungsfilter scheidet nicht nur aus, was das System nicht betrifft, sondern auch, was selbstverständlich ist, also z. B. das einwandfreie Funktionieren des Produkts, das wir heute in weiten Bereichen einfach voraussetzen.

Auch bei Menschen ist ja, solange sie gesund sind, das Entscheidende, auf das es uns ankommt, nicht, daß sie einen Kopf, zwei Arme und zwei Beine sowie eine Anzahl standardisierter Organe haben, sondern es sind die kleinen Unterschiede – größenteils Oberflächenphänomene, von den Geschlechtsmerkmalen bis zu den Feinheiten der Gesichtszüge und des Charakters –, in denen sich ihr »Wesen« äußert.

Neues Handwerk bedeutet, daß die Produktentwicklung sich auf diese kleinen Unterschiede konzentriert. Eines der frühesten Beispiele war die maßgeschneiderte Swatch, eine vollautomatisch produzierte Uhr, die im Supermarkt mit persönlichen Merkmalen versehen werden konnte, oder die zweite Phase des Bopla-Geschirrs, das in Produktionsweise und Form ebenso standardisiert war, aber individuell dekoriert werden konnte. In dasselbe Kapitel gehören natürlich die Vermögensanlage- und Versicherungspläne, die innerhalb eines vorgegebenen Rasters dort individualisiert wurden, wo es dem Kunden wichtig war.

So bildeten sich Wertschöpfungsnetzwerke heraus, in denen sich jede kleine Einheit, sei es als Zulieferer, sei es an der Schnittstelle zum Konsumenten, auf ganz bestimmte Unterschiede konzentrierte. Wir sehen sofort, daß wir es mit einem Resonanzphänomen zu tun haben: Wenn es einer Firma auf dasselbe ankommt wie ihren Kunden, kann sie dabei auch Exzellenz entwickeln. Das gilt an allen Schnittstellen des Wertschöpfungsnetzwerks. Die Sensibilität für das, worauf es dem Kunden ankommt, entspricht der eigenen Sensibilität. Die Sinnvorstellungen von Kunden, Produzenten und Zulieferern liegen sozusagen auf derselben Wellenlänge.

Konzentration auf Kernkompetenzen, die gleichzeitig eine USP (unique selling proposition) begründen – so drückte man diesen Sachverhalt in der Terminologie der 90er Jahre des letzten Jahrhunderts aus. Alles andere wurde delegiert – sei es an standardisierte technische Hilfsmittel, sei es an Zulieferer, die ihrerseits wieder dasselbe taten. So zeigte sich, daß das neue Handwerk nicht eine Alternative zum industriellen Muster war, sondern dessen folgerichtige Weiterentwicklung und gleichzeitig der entscheidende Schritt, der hinzukam, entsprechend der simplen Formel einer damals berühmten Trendforscherin, Faith Popcorn: Nicht auf das Produkt kommt es an, sondern auf das »Product plus ...«.

Was das im einzelnen bedeutet, kann natürlich nur von Fall zu Fall entschieden werden. Das sei am Beispiel der existientiellen Umbruchsituation aufgezeigt, in der sich heute der Handel befindet.

Die Identität des Handels im Zeitalter des neuen Handwerks: Der Hintergrund der Handelskrise

Die optimale Definition der Fertigungstiefe birgt ein spezifisches Problem für die Funktion des Handels. Diese bestand traditionell in der Organisation der Schnittstelle zwischen den Möglichkeiten des Angebots und den Bedürfnissen der Nachfrage, zwischen Produktion und Kundschaft, und zwar überall in der Wertschöpfungskette: Rohwarenhandel, Großhandel, Einzelhandel. Er übernahm die Transformation, überbrückte also die Differenzen in der Zeit, den Mengen und den Qualitäten, die zwischen den Möglichkeiten der Produktion und den Wünschen der Kunden bestanden. Er war also traditionell das Gewerbe des Schnittstellendialogs. Im neuen Handwerk übernehmen Produzenten diese Funktion selbst. Die spezifische Funktion des Handels wird in Frage gestellt; alle Produzenten werden in ihrem Abschnitt der Wertschöpfungskette Händler. Soweit sich das neue Muster durchsetzt, müssen Handelsunternehmen somit ihre Funktion neu bestimmen.

Bei den übrigen Dienstleistungsanbietern stellt sich das Problem nicht oder jedenfalls nicht in dieser Schärfe. Banken, Versicherungen, Medien, Berater etc. haben in aller Regel die Dienstleistungen, die sie verkauften, auch produziert, wenn auch in unterschiedlicher Fertigungstiefe. Einige von ihnen – Werbeagenturen, Unternehmensberater, Rechtsanwälte, Software-Entwickler etc. – haben immer nach den Grundsätzen des Handwerks gearbeitet und sind in vielen Fällen seit alters her entsprechend organisiert.

Was für Optionen stehen dem Handel zur Verfügung?

1. Spezialisierung auf die Organisation von Märkten, die nach wie vor durch Massenware charakterisiert sind. Sie können dem Typus der Börse entsprechen (für Rohstoffe, Vorprodukte wie standardisierte Computer-Chips etc.). Sie können sich aber auch dem Endverbraucher zuwenden, in Bereichen, die nicht von der Individualisierung erfaßt sind. Auch Individualisten kaufen Waren, die nicht Gegenstand ihrer Gestaltungsbedürfnisse sind, beim Discounter, oder sie suchen nach besonderen »Schnäppchen«, wie man sie etwa im Ramschhandel findet. Ferner gibt es wachsende Ghettos von Benachteiligten, für welche die Deckung der Grundbedürfnisse das Hauptproblem bleibt. Von ihnen wird in Kapitel 7 noch die Rede sein. Schließlich stehen in den bevölkerungsreichsten Gebieten der Erde – nicht nur in den traditionellen Entwicklungsländern, sondern auch in weiten Teilen Osteuropas – auch heute noch die elementaren Bedürfnisse im Vordergrund. Überall hier sind Händler gefragt, welche Waren des täglichen Bedarfs mit einem Minimum an Aufwand zur Massenkundschaft bringen. Optimale Logistik, straffe Warenwirtschaft, durchrationalisierte Verkaufsstellen mit minimalem Personalaufwand sind hier Gebot.

Aber gerade in den zahlenmäßig wichtigsten Märkten dieser Art, in den Entwicklungsregionen innerhalb und außerhalb Europas, reicht das nicht. Hier kann der Handel diese Funktion nur erfüllen, wenn er weit über seine angestammte Funktion hinausgeht. Wo die geeignete Ware nicht zu kaufen ist, wenigstens nicht zu Preisen, die der Massenkaufkraft entsprechen, muß der Handel die Wertschöpfungskette organisieren: landwirtschaftliche Vertragsproduzenten, geeignete Verarbeitungs-, Lager- und Transporteinrichtungen etc. Damit trägt er dazu bei, die Kaufkraft zu entwickeln, um das Geschäft erst tragfähig zu machen. Auch hier muß der Handel also weit über seine traditionelle Übersetzerfunktion hinauswachsen, um diese überhaupt wahrnehmen zu können. Hier liegen die Massenmärkte der Zukunft, aber die Margen sind minim, ebenso die Grundqualifikationen der verfügbaren Arbeitskräfte. Ein dorniges Feld also, auf dem zum Erfolg Kompetenzen aufgebaut werden müssen, die weit über jene des angestammten Handels hinausreichen.

2. Spezialisierung auf Dienstleistungen für das neue Handwerk: Erlebnis-Einkaufszentren als Gefäß für das neue Handwerk, Discount-Läden, in denen Elemente des neuen Handwerks allmählich aufgebaut werden

(Hausbäckereien, Beratungsecken, CAD-Terminals etc.), Hauslieferdienste, Lager- und Verteilsysteme, Warenbewirtschaftungs- und Controlling-Systeme, Gestaltung von Verkaufsstellen, Animation der Kundenbeziehungen, Weiterentwicklung von Versandhandelsorganisationen zu Home-Shopping-Infrastrukturen etc. Aber viele dieser Optionen verlangen ebenfalls wieder Kompetenzen, die der traditionelle Handel zuerst entwickeln muß.

3. Kooperation mit Produzenten: Der Handel organisiert das neue Handwerk, indem er die kundenorientierte Organisation bereitstellt, und die Partner stellen die Produktionsanlagen zur Verfügung, in denen die mit den Kunden spezifizierten Waren (oder Dienstleistungen) hergestellt werden. Dieses Modell bewahrt die angestammte Übersetzerfunktion des Handels, verlangt aber ein Produktions-Know-how, das im angestammten Handel fehlt, und eine kommunikative Kompetenz, die bestenfalls im spezialisierten Fachhandel vorhanden ist.

Gesellschaftliche und unternehmenspolitische Konsequenzen

- »Neues Handwerk«: Produkte (einschließlich der Dienstleistungen) werden im individuellen Dialog mit dem Kunden entwickelt.

- »Lean and integrated production«: Produktentwicklung und Verkauf werden zu ein und demselben Akt. Die Fertigungstiefe richtet sich nach den Kernkompetenzen, die für die Produktentwicklung mit dem Kunden erforderlich sind. Die anderen werden ausgelagert.

- Schnittstellendialog: Das Muster des neuen Handwerks breitet sich auf alle Glieder der Wertschöpfungskette aus. Der Handel, der die Schnittstelle traditionell organisiert hat, gerät in eine Identitätskrise.

- Neue Vertriebstypen: Wettbewerbsentscheidend wird die Kunst, den Kundendialog mit der Produktentwicklung in einer kostengünstigen und attraktiven Weise zu verknüpfen. Infotainment, Aktivierung der Kreativität und des Know-hows von Kunden, Animation und Inszenierungen gewinnen an Bedeutung, nicht zuletzt in Verbindung mit den Möglichkeiten interaktiver Telekommunikation.

- Kommunikative und gestalterische Kompetenz: Diese wird zum entscheidenden Wettbewerbsfaktor und verstärkt sich selbst, indem sie sich auch auf seiten des Konsumenten weiterentwickelt, damit die Ansprüche hochschraubt und so einen zunehmenden Teil des Wertschöpfungsaufwandes zu ihm hin verlagert.

4. Übernahme der Produzentenfunktion: Der Handel übernimmt selbst jene Produktionsprozesse, die für die maßgeschneiderte Produktgestaltung wesentlich sind, sei es in Form von dezentralen Endverarbeitungseinheiten am Verkaufspunkt, sei es in Produktionszentralen. Der Händler muß also bis zu einem gewissen Grade die Funktion des Industriellen integrieren.

Wir sehen, daß praktisch alle Optionen, außer vielleicht jener des Discounters für Massenprodukte in hochentwickelten Ländern, eine Ausweitung über angestammte Kompetenzen hinaus und/oder eine Spezialisierung auf Teilfunktionen des bisherigen Handels verlangen und daß jene, die das nicht tun, gleichzeitig jene mit den geringsten Entwicklungsperspektiven sind. Das bedeutet, daß Handelsunternehmungen auf der Suche nach entwicklungsfähigen Positionen ganz neuartige Konkurrenten erhalten. Es sind nicht mehr die anderen Händler, sondern es sind die Industrie, die Werbung, die Medien- und Kommunikationsunternehmen, die Software-Entwickler, die Spediteure etc. Jeder von ihnen ist auf seinem angestammten Gebiet besser als der Handel, mit ganz wenigen Ausnahmen, wie etwa jener der handelsspezifischen Informations- und Controllingsysteme, der Logistik und der Warenbewirtschaftung.

Vor diesem Hintergrund brauchen wir uns nicht zu wundern über die Handelskrise der letzten Jahre. Es mutet auf den ersten Blick paradox an, daß der Handel ausgerechnet in einem Zeitalter, das seine Funktion zur Hauptquelle wirtschaftlicher Wertschöpfung erhebt, vom Untergang bedroht ist. Auf den zweiten Blick ist es nichts als logisch, daß die Händler als spezifischer Wirtschaftszweig untergehen, wenn alle zu Händlern werden. Daß die Karten im Handel neu gemischt werden, ist an sich nichts Neues. Handel ist Wandel – das war schon immer eine Binsenwahrheit, die jeder Händler mit Kopfnicken quittierte. Aber die Suche nach entwicklungsfähigen Positionen hat seit etwa zehn Jahren eine neue Qualität erhalten.

Damals waren die eindeutigen Favoriten noch die großräumig tätigen Großunternehmen, deren Stärke in einem Netzwerk frequenzträchtiger Verkaufspunkte lag, die verbunden und rationalisiert wurden durch integrierte Logistik-, Warenbewirtschaftungs-, Sortimentsbewirtschaftungs-, Rechnungs- und Controllingsysteme, integriertes Marketing, zentralen Einkauf, integrierte Gestaltung und Positionierung der Vertriebstypen, zentrale Personal- und Managemententwicklung und natürlich eine integrierte Strategie, kombiniert mit mehr oder weniger ausgeprägten Profit-Center-Elementen in einzelnen Vertriebstypen, Regionaleinheiten oder Verkaufspunkten. Wir sprachen damals davon, daß der Handel die Industrialisierung mit zwei Generationen Verspätung gegenüber der Industrie, dafür mit entsprechender Gründlichkeit und unter Einsatz modernster Mittel nachhole.

Nicht daß all diese Errungenschaften heute nicht mehr zählen würden. Aber nachdem sich der Hauptstrom des Handels seit mehreren Jahrzehnten in diese Richtung bewegt hat, ist diese immer mehr zum Gegenstand ruinösen Wettbewerbs geworden, zu einem Nullsummenspiel unter den wenigen übriggebliebenen Giganten. Die großen Wachstumsraten aber sind jenen zugefallen, die neuartige Kombinationen ausprobierten: Einige schlossen sich als zentrale Dienstleistungsorganisationen mit den Kleinunternehmen des Fachhandels zusammen, beschafften sich das erforderliche Animations-Know-How und erwarben sich über Beteiligungen, Übernahmen oder Kooperationsabkommen die nötige industrielle Fertigungstiefe. Einige von ihnen scheiterten jedoch an der extremen Spannweite der Kompetenzen, die für eine solche Operation erforderlich war, und andere entwickelten in ihrer Hyperkomplexität die Trägheit von Supertankern.

Nur jene, welche gleichzeitig extrem dezentralisierte, lockere Strukturen schufen, in deren Rahmen auch eine Vielfalt von neuen Vertriebstypenstrategien zunächst kleinräumig erprobt werden konnte, gewannen im großen Positionierungsspiel. Nur ihnen war es möglich, nicht nur die individuelle, sondern auch die regionale Differenzierung mitzumachen, die vor allem in Europa zur entscheidenden Herausforderung geworden ist. Zwischen ihnen und den regionalen und lokalen Mittel- und Kleinunternehmen, die ähnliche Strategien im Rahmen lockerer Dienstleistungsnetzwerke einschlugen, verlief die Grenze fließend.

So zeichnet sich heute ein Bild der regionalen und lokalen Vielfalt ab, verbunden durch kontinentale und globale Netzwerke innerhalb und außerhalb traditioneller Konzernstrukturen: Vielfalt nicht nur hinsichtlich der Größe, der Organisationstypen und der Marktpositionierung, sondern auch hinsichtlich der Fertigungstiefe und der Vertriebstypen. Ob wir eine Handels-, eine Industrie- oder eine Medienunternehmung vor uns haben, ist nur noch von historischem Interesse. Alles ist letzten Endes Handel; die Händler haben deshalb einen kulturellen Vorsprung vor der Industrie, jedenfalls jene, deren Stärke eine wirkliche Kundenorientierung ist, die sie zu nutzen wissen.

Kapitel 4:
Dialogische Organisationen

Auch bei diesem Mittagessensgespräch zeigt sich wieder, daß die Familie Mendoza alles zu bieten hat, was zum neuen Jahrtausend gehört: Consuelo macht ihre Lehre bei einer Schneiderei, die zur Firma Interfabric gehört; genauer genommen gehört sie zu einem Netzwerk von Fachhandelsgeschäften, denen die Firma Interfabric gehört, von der sie als selbständige Franchise-Nehmer ihre Vorprodukte und zentralen Dienstleistungen beziehen. Percy und Guido haben den Zusammenbruch zentralistischer Hierarchien am eigenen Leib erlebt. Percy schildert als Gegenstück dazu die Privatkundenbank, die nicht nur gegenüber ihren Kunden, sondern auch im Innern dialogisch geführt wird.

Der Fall Interfabric

An meinem ersten Tag in Weindorf habe ich das Glück, mit der ganzen Familie beim Mittagessen zu sitzen. Consuelo teilt freudig mit, sie werde nächsten Monat für eine Woche zum Hauptquartier der Interfabric AG verreisen. »Die werden uns dort einführen in ihre Betriebszentrale und die CAD- und Logistiksysteme; die Zentrale liegt irgendwo am Meer, in der Nähe von Kopenhagen. Dann zeigen sie uns noch die zentrale Spinnerei und Weberei am Hafen von Rotterdam und natürlich das Designzentrum, das der Kunsthochschule Utrecht angegliedert ist.«
»Was ist denn das für eine verrückte Organisation?« brummt Percy. »Wenn sie sich schon nicht auf einen Ort konzentrieren können – müssen sie dann auch noch mit ihren Lehrlingen in der Weltgeschichte herumreisen?« Consuelo ist beleidigt. »Die nehmen eben ernst, was sie uns predigen. Sie sagen, sie würden Lehrlinge heute so behandeln, wie früher Nachwuchskräfte für das Topmanagement behandelt worden seien, denn sie würden nach dem Lehrabschluß ja auch Topmanagement-Funktionen ausüben. Außerdem finde ich es prima, daß nicht alles an einem Ort liegt. Interfabric ist eben eine wirklich europäische Organisation. Das gehört zu ihr, schon von ihrer Geschichte her. Aber man hat uns erklärt, daß die Dezentralisierung heute nur noch Vorteile habe. Die zentralen Management-Funktionen können in Dänemark von der hohen Lebensqualität und der kulturellen Offenheit der Gegend profitieren. Die Vorfabrikate werden dort hergestellt, wo die Rohstoffe aus Übersee an-

kommen und wo auch die Kunstfaserwerke stehen, und zur Weiterverarbeitung auf Abruf – je nach Dringlichkeit per Bahn oder per Flugzeug, manchmal sogar auf der Straße – zu den Konfektionsbetrieben verfrachtet. So wird der Transportaufwand minimiert. Das Designzentrum liegt dort, wo es am meisten Anregungen erhält. Dort kann ich vielleicht einmal einen sechswöchigen Kurs besuchen. Zwischen diesen Orten brauchen die Leute aber sonst praktisch nicht hin und her zu reisen.«

Percy schweigt anerkennend. Dafür erhebt jetzt Guido die Stimme: »Ich dachte immer, du lernst beim Zürcher? Was ist denn jetzt auf einmal diese Interfabric?« »Das ist eben die Franchising-Zentrale, der in ganz Europa Geschäfte wie Zürcher angeschlossen sind. Sie besorgt ihnen die Buchhaltung, sorgt für Nachschub, organisiert die Verteilersysteme und die Software, berät uns bei der Planung und Organisation, bietet Kurse an etc.« – »Ich dachte, die Software haben sie von Juana?« – »Von Animag, wenn schon«, wirft Juana ein. »Teilweise jedenfalls. Die Firma Zürcher war ursprünglich ein ganz normales selbständiges Konfektionsfachgeschäft. Als die heutige Inhaberin das Geschäft von ihrem Vater übernahm, etwa vor zehn Jahren, wurde ihr rasch klar, daß sie damit keine Zukunft mehr hatte. Sie traf zufällig einmal mit mir zusammen, und wir fingen an zu spintisieren. Seither ist sie unsere Kundin für die Gestaltung des Kundendialogs. Aber das reichte natürlich nicht. Um die heutigen Möglichkeiten wirklich zu nutzen, brauchte es Investitionen in Konzepte und Software-Entwicklungen, geeignete Zulieferer und logistische Möglichkeiten, die ein selbständiger Detailhändler auch bei Rückgriff auf Standardlösungen niemals rentabilisieren könnte.

Es gab natürlich in ganz Europa jede Menge von Geschäften in ähnlicher Lage. Sie organisierten sich zunächst gewisse zentrale Dienstleistungen in kleinen Netzwerken, lernten sich dadurch näher kennen, nahmen dann Gespräche mit einer Rotterdamer Spinnerei und Weberei auf und hörten schließlich von diesem Kopenhagener Beratungsunternehmen, das groß geworden war, indem es seine zentralen administrativen Dienste Kleinunternehmen zur Verfügung stellte. Daraus wurden die beiden zentralen Pfeiler von Interfabric, heute beide mehrheitlich in der Hand ihrer Franchise-Nehmer; sie sind aber nach wie vor auch für andere Kunden tätig. Dann stellten sie fest, daß sie mehr Phantasie, mehr gestalterische Originalität und Professionalität brauchten. Da habe ich sie auf das Design-Zentrum in Utrecht aufmerksam gemacht. Das wurde dann ihr dritter Pfeiler. Diese Entstehungsgeschichte hat dazu geführt, daß die beteiligten Geschäfte ihre individuelle Identität voll gewahrt und nur jene zentralen Dienstleistungen aufgebaut haben, die sich dadurch deutlich besser rechnen, ohne die Eigenständigkeit in wesentlichen

Punkten zu bedrohen. Deswegen ist die Firma Zürcher nach wie vor Kundin der Animag für Spezialitäten wie die Virtual-Reality-Show. Aber unsere Hauptkunden sind im Lauf dieser Entwicklung natürlich die Zentralen bei Kopenhagen und in Utrecht geworden.«

Der Zusammenbruch hierarchischer Organisationen

»Eigentlich interessant«, wirft Percy ein. »Das Ganze funktioniert sehr ähnlich wie unsere Privatkundenbank, obwohl wir zu einem Weltkonzern gehören. Aber unsere Produktionsteams sind auch kleine, kundennahe Fachgeschäfte, die ihre Dienstleistungen von der Zentrale erhalten.« – »Ja«, schließt sich Juana an, »und da können wir auch gleich noch die Animag anführen, die ja als unabhängige Firma solche Dienstleistungen für ihre Kunden erbringt, wie sie in Konzernen von den ehemaligen Stabsabteilungen für die Frontabteilungen zur Verfügung gestellt werden. Es ist im Grunde genommen immer dasselbe Muster.«

»Manchmal frage ich mich, wie das funktioniert«, merkt Guido an. »Zu meiner Zeit war das noch alles klar. Da kamen eindeutige Anweisungen von oben, und jeder kannte die Abläufe. Alle wußten, was sie zu tun hatten, ohne großes Gerede. Heute ist das ein ständiges chaotisches Geschwätz, und neuerdings erklärt man die Lehrlinge zu Topmanagern. Ist es denn unbedingt nötig, daß die jungen Leute noch aufgeblasener werden? In unserer Firma wußte noch jeder, wo er hingehört!« – »Deshalb ist sie auch pleite gegangen«, bemerkt Consuelo patzig. »Also deshalb bestimmt nicht!« fuhr Guido auf. »Der Markt ist einfach immer kleiner geworden, und wir haben geschuftet, soviel wir konnten – es half alles nichts.« – »Und darauf seid ihr wohl auch noch stolz gewesen, zu schuften wie blindwütige Arbeitstiere, um Produkte herzustellen, die niemand mehr haben wollte! Kein Wunder, daß du nicht verstehst, wie das funktioniert. Die Leute in Rußland, die bis heute keine funktionierende Wirtschaft zustande gebracht haben, wußten das genauso wenig und haben es genauso gemacht. Wir aber lernen vom ersten Tag unserer Lehre, marktwirtschaftlich zu denken!« versetzt Consuelo bissig.

»Marktwirtschaftlich, marktwirtschaftlich!« knurrt Guido. »Wir wußten genauso, was das heißt. Wir kämpften darum, wettbewerbsfähig zu bleiben. Wir wußten, daß wir sonst untergehen. Deshalb mußte Disziplin und Ordnung herrschen im Betrieb!« – »Die Disziplin und Ordnung eines Friedhofs, meinst du wohl!« Consuelo redet sich in Rage. »Wie willst du mit Disziplin und Ordnung wettbewerbsfähig werden, wenn du nicht produzierst, was deine Kunden wollen? Und dazu brauchst du nicht Disziplin und Ordnung, sondern du mußt mit den Kunden reden, und du mußt wissen, wie du ihre Wünsche befriedigen kannst.« – »Aber doch nicht als Vorarbeiter; nicht einmal, wenn ich noch Werkmeister geworden wäre, hätte ich je einen Kunden gesehen, außer bei Betriebsbesichtigungen.« – »Siehst du, genau das ist es.« sagt Consuelo triumphierend. Guido schüttelt verständnislos den Kopf: »Was hätte es geändert, wenn ich mit Kunden hätte reden können!« – »Eben, nichts hätte es geändert. Das ist es ja.« Nun versteht Guido sichtlich überhaupt nicht mehr, was sie meint.

Juana kommt ihm zu Hilfe. »Consuelo will sagen, daß die Essenz der Marktwirtschaft der Dialog ist, die Koordination durch Kommunikation, und daß ein Dialog immer eine Auseinandersetzung zwischen eigenständig handlungsfähigen Menschen ist, die an deren Erwartungen und Handlungsweise etwas ändert, etwas ändern können muß. Wo das nicht möglich ist, gibt es keinen Dialog und infolgedessen auch keine Marktwirtschaft. Bis zum Zusammenbruch des Ostblocks haben wir im Westen immer gemeint, wir hätten eine Marktwirtschaft. Dann wurden wir plötzlich hellhörig und stellten fest, daß wir im Westen genau dieselben schwerfälligen zentralisierten Organisationsmaschinen hatten. Wir hatten es nur nicht gemerkt, weil zwischen diesen Dinosauriern tatsächlich zum Teil Marktwirtschaft herrschte und wir deshalb den Wettlauf mit dem Osten mit Bravour gewonnen hatten.«

Percy schaut Juana bewundernd an. »Wie du das wieder zusammengekriegt hast! Ich habe ja den Zusammenbruch im Osten als Schüler und Lehrling erlebt. Das war einfach faszinierend und spektakulär, auch begeisternd, mit all der Freiheit, die da plötzlich ausbrach, und dann beängstigend, das Chaos und die Kämpfe; aber es ist mir erst jetzt klargeworden, daß ich denselben Zusammenbruch in meiner engsten Umgebung eigentlich selbst erlebt habe; zuerst die Lehre und die ersten Berufserfahrungen in einem zentralistischen Apparat, der auf Hierarchie, klaren Vorgaben und einseitig festgelegten Abläufen beruhte, eben auf Disziplin und Ordnung. Es war hart, und man schimpfte natürlich auch ständig über die sturen Vorgesetzten, aber im Grunde war man doch überzeugt, daß das alles so sein müsse und daß die Oberen eben einen besseren Überblick hätten; gerade in dieser turbulenten Welt war es auch beruhigend, eine entscheidungsfreudige Geschäftsleitung an der Spitze zu wissen, die für Klarheit sorgte und alles unter Kontrolle hatte. Bis sich dann die Anzeichen häuften, daß das eigentlich nur inszeniert war, wie du wohl sagen würdest, Juana, daß es in Tat und Wahrheit nur einer relativ geringfügigen Störung bedurfte, um eine chaotische Hektik auszulösen, die das ganze Unternehmen an den Rand des Abgrunds brachte. Dann kam das heroische Turn-around-Management mit Massenentlassungen und einer neuen Geschäftsleitung, welche die Zügel noch straffer anzog und Ballast abwarf, um das Ganze über Wasser zu halten. Aber schließlich gelang dies ja doch nur, weil die Japaner es aufkauften und neue Methoden einführten. Doch auch sie haben bis heute nicht so richtig Freude daran.

Und dann kam ich in die ganz neue Welt der Privatkundenbank mit ihren kleinen Unternehmerteams, wo Marktwirtschaft auch im Inneren spielte, wie du das ausdrückst, und mit dieser ungeheuren Dynamik, die nicht von der Hektik und vom Streß lebt, sondern vom Eingehen auf die Kunden und von der Intelligenz der Wege, die wir gemeinsam suchen, um deren Wünsche noch besser zu befriedigen. Ich glaube schon, daß das für jemanden, der im alten System groß geworden ist, chaotisch aussehen muß, als ob das Ganze außer Kontrolle wäre. Die Systeme, die im Hintergrund für effiziente Abläufe sorgen, die sieht man ja von außen nicht so deutlich. Aber der Erfolg zeigt, daß das Ganze funktioniert.«

»Aber kannst du mir einmal erklären, was das ganze eigentlich zusammenhält?« wirft Anja ein. »Das wollte ich dich schon lange einmal fragen.«

Die innere Organisation der Privatkundenbank

»Ich glaube schon. Wir haben sogar einen Namen dafür. Wir nennen es den unternehmenspolitischen Dialog. Er funktioniert ganz ähnlich wie unsere Gemeindeversammlung. Die Geschäftsleitung fordert uns am Anfang des Geschäftsjahres jeweils zu einer Beurteilung auf, wieweit wir unsere Ziele erreicht hätten, worauf die Abweichungen zurückzuführen seien, wo wir Verbesserungsmöglichkeiten sehen – bei den zentralen Diensten, bei unseren eigenen Qualifikationen, bei den Anreizsystemen –, wo Bedürfnisse aufgetaucht seien, die vielleicht auch neue Zielformulierungen nahelegten, etc. Dann finden die Perspektiv-Workshops statt. Jedes Team delegiert ein Mitglied. Dort wird in Gruppen von maximal zwölf Personen, die von erfahrenen Moderatoren begleitet werden, gewöhnlich an drei Themen gearbeitet.

Zuerst wird über die Unternehmensidentität diskutiert: Wer sind wir? Wodurch unterscheiden wir uns von der Konkurrenz? Was sind unsere besonderen Stärken? Worauf kommt es uns an? Dabei benützen wir auch Bilder und Inszenierungen, denn oft ist das, was aus dem Bauch kommt, dabei das Zentrale. Wir fragen uns dann, wieweit das offizielle Firmenleitbild noch stimmt, und versuchen, uns auf Änderungsvorschläge zu einigen.

Das nächste Thema ist die Vision. Wir suchen gemeinsam nach einer zündenden Vorstellung dafür, wie das Unternehmen in Zukunft aussehen sollte. Der Name ›Privatkundenbank‹ war z. B. ein Ergebnis dieser Workshops: Wir wollten, daß unsere Kunden den individuellen Allround-Service erhielten, den bis vor kurzem nur Multimillionäre bei Privatbanken erwarten durften.

Das dritte Thema sind die Ziele und Strategien. Hier geht es um die Einschätzung der Umfeldentwicklung in Gesellschaft, Wirtschaft, Politik, Kultur und Technik, die Formulierung der Ziele für die nächsten Jahre und die Maßnahmen, die erforderlich wären, um sie zu erreichen. Dabei erhalten wir von der Zentrale auch Anregungen, Fragen und Informationen.

Die Umfrage- und Workshop-Ergebnisse werden dann in der Zentrale verarbeitet und umgesetzt in detaillierte Vorschläge. Sie beruhen natürlich nicht nur auf unserer Arbeit, sondern die Geschäftsleitung formuliert ihre eigenen Vorstellungen und weist besonders auf Punkte hin, über die Meinungsverschiedenheiten bestehen. Darauf können wir dann erneut reagieren. Verbleibende Unklarheiten und Differenzen werden mit den Beteiligten im direkten Gespräch noch weiter geklärt. Dieser Prozeß zieht sich bis in den Sommer hinein. Neue Gedanken können jederzeit noch nachgeschoben werden. Im Herbst wird uns dann das verbindliche Ergebnis mitgeteilt.«

»Aber was passiert, wenn ihr euch nicht einigen könnt?« – »Das kommt natürlich oft vor. Die Geschäftsleitung hat das letzte Wort, soweit es um die zentralen Dienstleistungen und um Rahmenbedingungen geht, die allgemein verbindlich geregelt werden müssen. In der Festlegung unserer eigenen Ziele und Strategien entscheidet jedes Team selbst. Es kann also z. B. bescheidenere Ziele formulieren. Schließlich trägt es die Verantwortung für seinen Geschäftserfolg, der ja auch die Höhe der Erfolgsbeteiligung bestimmt. Wenn Meinungsverschiedenheiten über grundlegende Fragen das Unternehmen in mehrere Lager spalten, ist das allerdings Anlaß zu einem noch intensiveren Dialog, in dem nach der tieferen Ursache der Differenz gesucht wird. Dazu dienen Werkstattgespräche im Kreis von 30 bis 40 Personen, bei denen es nicht darum geht, sich zu einigen, sondern zu spüren, worauf die Unterschiede zurückzuführen sind. Einige lösen sich dann von selbst auf, andere bleiben bestehen. Wir müssen bereit sein, mit ihnen zu leben. Das geht ganz gut, weil offen mit ihnen umgegangen wird und weil der Dialog ja damit nicht abgeschlossen ist.«

»Aber kann ein Unternehmen denn funktionieren, wenn alles immer wieder von neuem in Frage gestellt wird und Meinungsunterschiede in grundlegenden Fragen offenbleiben?« erkundigt Guido sich voller Skepsis.

«Die offene Art des Dialogs hat zur Folge, daß selten jemand Dinge mutwillig in Frage stellt, oder wenn er es tut, wird er von den Kollegen zurückgepfiffen. Deshalb sind die Differenzen und die Fragen, die aufgeworfen werden, echt, und es würde dem Unternehmen schaden, wenn es sich nicht mit ihnen befassen würde. Auch haben sich die übrigbleibenden Meinungsverschiedenheiten schon öfter als Wurzel überraschender Innovationen entpuppt.«

Guido bleibt skeptisch: »Ihr tut immer so, als wäre das alles ein Dialog unter Gleichberechtigten. Aber in Wirklichkeit sitzt da doch eine Geschäftsleitung, die das Sagen hat, und darunter gibt es Manager für alles mögliche, und dann gibt es euch Frontschweine, und dann noch die Sekretärinnen, die Portiers, die Chauffeure und die Putzfrauen. Das ist doch alles Augenwischerei!«

»Das stimmt nur teilweise. Die Zellen des Unternehmens sind die Arbeitsteams, auch bei den zentralen Dienstleistungen. Die Geschäftsleitung ist ebenfalls eine zentrale Dienstleistung. Sie ist allerdings den Aktionären gegenüber für die Entwicklung des Gesamtunternehmens verantwortlich und hat dadurch eine hierarchische Vorrangstellung. Aber da die Aktienmehrheit im Besitz der Mitarbeiter liegt, ist sogar diese stark relativiert. Sonst haben wir praktisch keine Hierarchien. Die Teams organisieren sich selbst. Oft teilen sie die verschiedenen Leitungsfunktionen untereinander auf, da ihre Ausübung einen nur von der eigentlichen Arbeit abhält. Den Ehrgeiz kann man in der persönlichen Funktion, sei es mit Kunden, sei es als Produzent und Verkäufer zentraler Dienstleistungen, viel besser befriedigen. Natürlich gibt es erhebliche Unterschiede in der Bezahlung. Die sind aber durch die Anforderungen und den Erfolg gesteuert, nicht durch die Hierarchie. Das gilt auch für die Hilfskräfte, die sich jedes Team mit Hilfe der zentralen Personal- und Organisationsabteilungen selbst organisiert. Sie haben den größtmöglichen Spielraum bei ihrer Arbeitsgestaltung und sind am unternehmenspolitischen Dialog ebenfalls beteiligt.

Und was die Putzfrauen, Portiers und Chauffeure anbelangt, so bist du offenbar noch nie in der Zentrale der Privatkundenbank gewesen. Geputzt wird von einem externen Reinigungsunternehmen. Statt Portiers haben wir Gästebetreuerinnen und -betreuer von spezialisierten Dienstleistungsunternehmen. Eigene Geschäftswagen und Fahrer gibt es sowieso nicht mehr. Wenn wir 'mal einen der wenigen übriggebliebenen Ölscheichs standesgemäß empfangen müssen, beanspruchen wir einen externen Limousinen-Service.«

Guido seufzt: »Eine verrückte Welt. Da lobe ich mir meinen privaten Hausdienst.« – »Wer weiß, vielleicht werden wir uns auch auf den noch abonnieren!« meint Percy.

Analytischer Anhang über dialogische Organisationen

Hier wird etwas genauer beleuchtet als im vorangegangen Kapitel, wie die mechanistischen Organisationen des hyperindustriellen Zeitalters funktioniert haben und weshalb sie an ihre Grenzen gestoßen sind, Opfer ihres eigenen Erfolgs geworden sind. Aus den Trümmern der spektakulären Zusammenbrüche und Strukturkrisen entstand ein neues Gebilde – die dialogische Organisation. Die Theorie der dialogischen Organisation ist eine Theorie des Dialogs, der Selbstorganisation und des Lernens zugleich. Vor ihrem Hintergrund ist auch besser verständlich, was dialogische Organisation in der Praxis heißt: Selbstentwicklung, die gesteuert wird durch die ständige Auseinandersetzung mit den verschiedenen Kreisen von Beteiligten und Betroffenen.

Wir haben bereits ausgeführt, wie die mechanistischen Organisationen des Industriezeitalters in der Phase der Hyperindustrialisierung an ihre Grenzen gestoßen sind und sich selbst ad absurdum geführt haben. Was sich daraus entwickelt hat, können wir am besten verstehen, wenn wir uns in Erinnerung rufen, daß wir seit bald einem halben Jahrhundert im Informationszeitalter leben. Das bedeutet, daß der einzelne Mensch, die einzelne Organisation und die menschliche Gesellschaft – ja im Grunde genommen auch unser gesamtes Umfeld – als Informationsverarbeitungssysteme verstanden werden müssen.

Vom Zeitalter der perfekten Organisationsmaschinen zur Götterdämmerung der Dinosaurier

In der hyperindustriellen Phase des Informationszeitalters, die sich bis weit in die neunziger Jahre hinein erstreckte, wurde das alte Organisationsmuster auf die informationsverarbeitenden Systeme übertragen und durch die Informationstechnologie verstärkt. Es war die Welt der Einweginformationen. So, wie der Wissenschaftler mit seinem souveränen rational-analytischen Verstand die Welt als Newtonschen Mechanismus beobachtete, analysierte und prognostizierte, so konstruierten wir unsere Organisationen als Newtonsche Mechanismen: Jedes Element und jede Beziehung zwischen den Elementen war von souveränen »Entscheidungsträgern« genau definiert. Das galt sowohl im Innern der Organisation als auch für deren Umfeld, das als objektive Wirklichkeit Gegenstand von Analysen und Prognosen war. Waren dort Veränderungen abzusehen, so wurden die Pläne und Strukturen der Organisation entsprechend angepaßt.

Im Informationszeitalter funktionierte das noch besser als zuvor. Informationsleitsysteme wurden konzipiert, die dafür sorgten, daß jede Stelle in der Organisation, getreu dem bewährten Geheimdienstprinzip, genau jene und nur jene Informationen und Instruktionen erhielt, die sie zur Erfüllung ihrer wohldefinierten Aufgabe benötigte. Spiegelbildlich zu diesem Informationsfluß von oben nach unten, der genau dem Dienstweg folgte, welcher durch das hierarchische Organigramm vorgezeichnet war, wurde der Fluß der Kontrollinformation von unten nach oben organisiert, unter Einschluß jener Stellen, die für die Umfeldanalyse zuständig waren. Abweichungen zwischen Plan und Wirklichkeit im Inneren und Äußeren der Organisation setzten die Entscheidungsträger an der Spitze in entsprechende Veränderungen der Pläne und Maßnahmen um. Der Viertakt »Planen – Entscheiden – Anweisen – Kontrollieren« verlieh allen Beteiligten die Sicherheit, daß die Organisation ohne Erschütterungen funktionierte und ständig unter Kontrolle war.

Natürlich war aufmerksameren Beobachtern seit langem klar, daß dieses beruhigende Bild der perfekt beherrschten und kontrollierten Maschine eine Fiktion war. Das wurde spätestens dann offenkundig, wenn etwa in einer Verwaltung »Dienst nach Vorschrift« geleistet wurde. Jede Organisation brauchte als Schmiermittel ihre informelle Unterwelt, aber da sie etwas Beunruhigendes hatte, wurde sie gerne ignoriert oder in gutgehegte Reservate verwiesen.

Die Fiktion der perfekten Organisationsmaschine konnte mit Hilfe der Informationstechnologie länger aufrechterhalten werden, als es ohne diese möglich gewesen wäre, denn ihre sich alle 18 Monate verdoppelnde Leistungsfähigkeit ermöglichte es, immer komplexere Gebilde zentral zu koordinieren. Das war auch nötig, denn gerade die wachsende Effizienz der Organisation produzierte ja die ständig zunehmende Komplexität des Umfeldes: die Individualisierung der Menschen, die ständig zunehmende Breite der Sortimente, die wachsenden Qualitätsanforderungen, den zunehmenden Widerstand gegen die Kostenüberwälzung auf das Umfeld, die immer raschere Veränderung, die ständig abnehmende Halbwertzeit des Wissens, die Informationsflut, die zunehmende weltweite Vernetzung und den immer schärferen globalen Wettbewerb.

Die Organisationsmaschinen antworteten darauf mit immer raffinierteren Planungs-, Kontroll-, Logistik- und Informationssystemen, die auch weltumspannende Organisationen 24 Stunden täglich in Real Time auf Draht hielten. Wie schon im letzten Kapitel aufgezeigt, erlebte der gesamte (»tertiäre«) Dienstleistungssektor einschließlich des tertiären Sektors innerhalb der Industrie seine »Industrialisierung« im Vergleich zur Warenproduktion – »Industrie« oder »sekundärer Sektor« genannt – mit zwei Generationen Verspätung. Dies deshalb, weil Dienstleistungen im wesentlichen in Informationsverarbeitungsprozessen statt im physischen Verändern und Bewegen von Materie bestehen.

Der Aufschaukelungsprozeß zwischen Rationalisierung und Komplexität mußte aber unweigerlich an einen Punkt führen, an dem die Anforderungen der letzteren die Möglichkeiten der ersteren überstiegen. Es kam die große Götterdämmerung der Dinosaurier, der industriellen Großorganisationen des Informationszeitalters, der Zusammenbruch und die Strukturkrisen von ITT, BBC, IBM, Daimler-Benz, General Motors, Siemens, General Electric, Philips und wie sie alle hießen, gar nicht zu reden vom Untergang des kommunistischen Imperiums, das ja nichts anderes als ein Versuch gewesen war, die ganze Welt in eine durchrationalisierte, zentral kontrollierte Organisationsmaschine zu verwandeln. Die westliche Welt hatte es nicht in erster Linie wegen ihres überlegenen Rationalisierungs-Know-hows besiegt, sondern weil ihre Organisationsmaschinen durch einen Selbstorganisationsprozeß verbunden waren, den Markt. Dieser ist ja nichts anderes als ein Prozeß der Koordination durch Kommunikation, so unvollkommen er im einzelnen auch funktionieren mochte. Überlegen war er nicht weil, sondern obwohl er vor den Toren seiner Unternehmensgiganten haltmachte.

Was die letzteren schließlich in den Zusammenbruch führte, war das mit Hilfe der Informationstechnologie lange hinausgeschobene, aber schließlich doch unausweichliche Dilemma zwischen Handlungsfähigkeit und Anschlußfähigkeit in einem immer komplexeren Umfeld. Komplexität bedeutete dabei nicht nur wachsende Ausdifferenzierung, sondern auch zunehmende Volatilität und vor allem den Verlust der Möglichkeit, objektive Wirklichkeiten zu identifizieren, weil sie durch die Haltungen und Handlungen der Akteure und deren ständige Interaktion mit dem komplexen Umfeld selbst gestaltet sind. Anschlußfähigkeit an die Komplexität des Umfeldes kann eine Weile lang durch Anreicherung der inneren Komplexität gewahrt werden, aber irgendwann kommt die letztere unweigerlich an den Punkt, an dem sie die Entscheidungs- und damit Handlungsfähigkeit blockiert. Versucht man andererseits durch heroische Vereinfachung im Innern die Handlungsfähigkeit zu wahren, verliert man unweigerlich irgendwann die Fähigkeit, sich an ein immer komplexeres Umfeld anzuschließen. Das ist die Kurzdiagnose für die Dinosaurier, unabhängig davon, welchen der beiden Wege sie beschritten haben. Meist versuchten sie einen Mittelweg, aber der hat sie auch nicht gerettet vor den kleinen, agilen Konkurrenten, die im Unterschied zu den Dinosauriern vielleicht als intelligente Amöben vorgestellt werden könnten.

Nun mag es den Leser irritieren, daß wir vom Zusammenbruch der Giganten gesprochen haben, denn einige von ihnen haben den Übergang ins 21. Jahrhundert ja geschafft und entwickeln sich gegenwärtig mit neuer Dynamik weiter. Dennoch ist das Wort »Zusammenbruch« gerechtfertigt. Man könnte auch von »Revolution« sprechen, wenn wir darunter eine krisenhafte Umwälzung der Strukturen und Kulturen verstehen, die aus einer existenzbedrohenden Diskrepanz zwischen Anpassungsnotwendigkeit und Anpassungsfähigkeit resultiert.

Nehmen wir das Beispiel der BBC. Der Schweizer Industrieriese wurde 1988 vor dem Untergang gerettet durch Zusammenschluß mit der schwedischen ASEA. Nicht die durch die Fusion erreichte Größe aber war der entscheidende Schritt. Dieser folgte vielmehr unmittelbar im Anschluß an die Fusion, durch Aufgliederung des Gesamtkonzerns in etwa 5000 unternehmerisch autonome Profit-Center, verbunden durch zentrale Dienstleistungen, die sich bei ihnen ihren Markt zu suchen hatten und nicht mehr als Stabsabteilungen überleben durften.

Alle Unternehmensgiganten, die überlebt haben, sind ausnahmslos diesem Muster gefolgt. Jene, die es nicht taten, sind nicht nur zusammengebrochen, sondern untergegangen. Einige weitere sind bei dem Versuch gescheitert, weil sie ihn nur halbherzig angingen und es nicht schafften, die eingewurzelte Unternehmenskultur umzukrempeln. Das kann niemandem zum Vorwurf gemacht werden, denn Unternehmenskultur kann eben nicht per Dekret umgekrempelt werden. Die Revolution von oben gelingt nur, wenn sich die Bereitschaft dazu im gesamten inneren und äußeren sozialen Gefüge schon akkumuliert hat. Deshalb war auch die Erfolgschance bei Fusionen und Übernahmen größer als bei jenen, die es aus eigener Kraft angehen wollten. Das ist, wie gesagt, nicht eine Frage der erforderlichen Unternehmensgröße, sondern der freigesetzten Veränderungskräfte.

Der Zusammenbruch der Giganten ist inzwischen Geschichte. Wenn wir sie nicht kennen würden, hätten wir heute Schwierigkeiten, die entstandenen, sich selbst organisierenden dynamischen Netzwerke zu unterscheiden nach dem Kriterium, ob sie aus Groß- oder aus Kleinunternehmen entstanden sind. Denn was den Großen an Anschluß- oder Handlungsfähigkeit abging, das mangelte den Kleinen oft an zentralen Dienstleistungen. Die selbständigen Händler und Produzenten des letzten Jahrhunderts waren immer weniger imstande, im Wettbewerb mitzuhalten, wenn sie ihr Marketing, ihre Qualitätskontrolle, ihre Logistik, ihr Rechnungswesen etc. nicht auf professionellem Niveau hielten, und alles zusammen überstieg zunehmend die Möglichkeiten eines Klein- oder Kleinstunternehmens. So organisierten sie sich gemeinsame professionelle zentrale Dienstleistungen, oder es entstanden selbständige Unternehmungen, die ihnen diese anboten.

Schon in den siebziger Jahren konnte diese Entwicklung an der italienischen Leder-, Textil- und Bekleidungsindustrie beobachtet werden, und später erfaßte sie alle Sparten und Regionen in Europa und zunehmend auch auf anderen Kontinenten. In dem Maße, wie sowohl Groß- wie Kleinunternehmen sich zu sich selbst organisierenden dynamischen Netzwerken aus unternehmerisch autonomen Arbeitsteams und zentralen Dienstleistungen entwickelten, verwischten sich auch die Unternehmensgrenzen. Sie wurden überlagert von einer Vielfalt engerer und lockererer Beziehungen, die ständig im Fluß waren.

Theorie und Terminologie der dialogischen Organisation
Inzwischen ist der Übergang zur Selbstorganisation oder Selbstentwicklung bereits so selbstverständlich geworden, daß wir vergessen haben, wie sie funktioniert. Deshalb sei es hier in Erinnerung gerufen. Wir haben es mit informationsverarbeitenden Systemen zu tun, die sich von ihrem Umfeld unterscheiden, d. h. die über eine gewisse Autonomie verfügen, indem sie Grenzen aufrechterhalten, die sie befähigen, Bewegungen im Umfeld nicht unmittelbar nachzuvollziehen oder sich selbst rascher zu entwickeln als ihr Umfeld.

Worin liegt diese Autonomie begründet? Abstrakt gesprochen im Code, den jedes informationsverarbeitende System benötigt, um zu »wissen«, wie es mit eingehenden Informationen umgeht. Ein mechanistisches System ist insofern fremdbestimmt, als die außerhalb stehenden Entscheidungsträger den

**Attraktor »dialogische Organisationen«:
Die sich gegenseitig aufschaukelnden Trends**

- Komplexes Umfeld: Die zunehmende weltweite Vernetzung, die gleichzeitige regionale, lokale und individuelle Ausdifferenzierung, die Beschleunigung der Veränderung im Zusammenhang mit der Informationsflut und der Anpassung daran ergeben zusammen ein immer komplexeres Umfeld, das sich immer rascher und unvorhersehbarer verändert. Mechanistische Organisationen verlieren die Anschlußfähigkeit.

- Neues Welt- und Menschenbild: Das heute vorherrschende Wirklichkeitsmodell reduziert die Newtonsche Maschinenwelt auf einen Spezialfall innerhalb einer Welt sich selbst organisierender lebender Organismen. Der menschliche Geist steht nicht mehr souverän außerhalb, sondern der Mensch ist als ganzes ein lebender Organismus, der als Subjekt und gleichzeitig Objekt eingebunden ist in diese Selbstorganisationsprozesse. Das neue Welt- und Menschenbild wird auch zur Grundlage sozialer Organisationen.

- Individualisierung: Immer mehr Menschen wollen als Konsumenten maßgeschneiderte Güter und Dienstleistungen, als Erwerbstätige Arbeit, die sie persönlich gestalten können und für sie einen persönlichen Sinn enthält, und sie wollen sich als Bürger beteiligen können an Investitionsentscheidungen, die sie betreffen.

- Neue Arbeitsteilung zwischen Mensch und Technik: Mit der Durchrationalisierung sind immer mehr Menschen aus den genau definierten Tätigkeiten verdrängt worden. Die wirtschaftliche Rationalität wirkt auf eine Arbeitsteilung zwischen Mensch und Technik hin, die den jeweiligen spezifischen Stärken entspricht. Beim Menschen ist das die Fähigkeit, in der ständigen Auseinandersetzung mit einem komplexen, wandelbaren Umfeld immer wieder von neuem den besten Kurs zu finden.

- Informations- und Kommunikationstechnik: Die jüngeren Generationen der Informations- und Kommunikationstechnik begünstigen die organisatorische und räumliche Dezentralisierung der »Intelligenz«, die Selbstorganisation und die nicht formalisierte mediengestützte Kommunikation.

Code vorgeben und nur sie ihn ändern können, etwa wie ein Thermostat einen bestimmten Sensor eingebaut kriegt und dann auf eine bestimmte Temperatur eingestellt wird.

Sich selbst organisierende Systeme entwickeln ihren Code selbst. Sie haben die Fähigkeit, eingehende Informationen für dessen Veränderung zu verwenden – falls der Code sie als Informationen akzeptiert und in einer Weise, die im Code angelegt ist, aber durch diese Informationen verändert werden kann. Damit erschließt sich die Bedeutung der Definition von Gregory Bateson: »Information ist der Unterschied, der einen Unterschied macht.« Darin sind zwei Aussagen enthalten:

1. Nicht jeder Unterschied ist eine Information, sondern nur jener, den der Beobachter als solchen wahrnimmt; nicht wahrgenommene Unterschiede sind nach meinem Begriffsverständnis Daten, d. h. potentielle Informationen, die einmal zu wahrgenommenen Unterschieden werden könnten; ihre Existenz können wir nur vermuten, bzw. wir können aufgrund der – meist unbegründeten – Vermutung, daß sie einmal Informationen werden könnten, Daten speichern, was in aller Regel zu Datenfriedhöfen führt, weil es – glücklicherweise – ein seltenes Ereignis ist, daß Daten zu Informationen werden.

2. Was der Beobachter als Information wahrnimmt, macht einen Unterschied, d. h., es verändert etwas an seinem Wissen und damit an seinem Systemcode. Unter Wissen verstehe ich die Gesamtheit der Hypothesen über die Beschaffenheit der inneren und äußeren Wirklichkeit, die die Wahrnehmung und damit auch das Handeln des Beobachters beeinflussen, unabhängig davon, ob sie rational begründet sind oder nicht und ob sie ihm bewußt sind oder nicht (denn Bewußtsein setzt Selbstbeobachtung voraus; diese ist aber nicht Voraussetzung von Wahrnehmung).

Die Instanz, die darüber entscheidet, ob ein Unterschied eine Information ist, ist der Systemcode, und dieser enthält – im eben erwähnten weiten Sinn – das Wissen des wahrnehmenden Systems. Daß dieses immer nur aus – bewußten oder unbewußten – Hypothesen besteht, ergibt sich daraus, daß nur Unterschiede, die einen Unterschied machen, Information sind, daß es also so etwas wie eine objektive, beweisbare Wahrheit nicht gibt. In dem Maße, wie das Wissen sich durch Informationen weiterentwickelt, verändern sich die Wahrnehmungsstrukturen, die darüber entscheiden, was Information ist. Eine bereits zu Wissen gewordene Information ist keine mehr, weil sie keinen Unterschied mehr macht. Eine Information ist dann höchstens noch, daß sie auch für andere zu Wissen geworden ist. Wenn Informationen zu Wissen werden, nennen wir das Lernen. Es besteht darin, daß der Code eingehende Informationen integriert, d. h. zu seiner Selbstentwicklung verwendet. Wir könnten vereinfacht auch sagen, Lernen sei die Umwandlung von Prozessen in Strukturen: Eine Veränderung wird in einem Systemcode integriert, und die Folge ist, daß das System sich fortan anders verhält als bisher.

Sich selbst organisierende Systeme sind also lernende Systeme, und sie haben nichtlernenden Systemen voraus, daß sie die Autonomie gegenüber dem Umfeld, die in einem informationsverarbeitenden Code enthalten ist, verbinden können mit der Anpassungsfähigkeit, die in einem sich verändernden Umfeld die Überlebensfähigkeit sichern kann. Das ist keine Zwangsläufigkeit, denn nirgends steht geschrieben, daß die Lernfähigkeit, die wiederum im Code festgehalten ist, so gestaltet ist, daß Handlungs- und Anschlußfähigkeit aufrechterhalten werden können. Wir können nur sagen, daß das bei den existierenden sich selbst organisierenden Systemen bis heute der Fall war, weil sie sonst untergegangen wären. Es gibt aber genügend Beispiele solcher Systeme, die entweder durch geringfügige Umfeldeinwirkungen in derartige Aufschaukelungsprozesse versetzt wurden, daß sie sich selbst zerstört haben, oder die in plötzlichen Umfeldturbulenzen nicht imstande waren, eine komplexere Struktur zu finden, die zum Überleben ausgereicht hätte.

So oder so ist Lernen an die Voraussetzung der Kommunikation oder des Dialogs gebunden. Diese beiden Begriffe haben sich bis heute nicht voll konsolidiert und werden oft als Synonyme, dann aber wieder zur Abgrenzung des einen vom andern benützt. Immerhin treffen wir Begriffsungetüme wie »Datenkommunikation« heute nicht mehr. Der rein technische Begriff von Kommunikation für Übermittlung von Daten ist verschwunden. Die Verbindung zur Technik ist nur noch bei Kommunikationsinstrumenten wie »Telekommunikation« – legitimerweise – erhalten geblieben. Am ehesten konsensfähig scheint der Begriff »Kommunikation« für jeglichen Vorgang der Übermittlung von Informationen zwischen sich selbst organisierenden Systemen zu sein, während »Dialog« eine gewisse Qualität von Kommunikation ausdrückt, nämlich einen länger dauernden Prozeß von Kommunikation zwischen Menschen – die ja in diesem Zusammenhang ebenfalls als sich selbst organisierende Systeme zu fassen sind –, der von Asymmetrien der Beeinflussungsmöglichkeiten, d. h. von Macht und Herrschaft, möglichst freigehalten und so gestaltet wird, daß es zu vertieften Hypothesen über das Wissen der Dialogpartner hinsichtlich ihrer selbst und ihres Umfeldes, d. h. über ihren Systemcode kommt. Der »Diskurs« der Frankfurter Schule ist übrigens demgegenüber ziemlich aus der Mode gekommen. Er ist ein Spezialfall des Dialogs, der diesen auf die rational-analytische Ebene und eine konsensbildende Zielsetzung eingrenzt und damit im Welt- und Menschenbild der Aufklärung verharrt.

Zu verteidigen hat sich diese Terminologie nach wie vor gegenüber dem Vorwurf Niklas Luhmanns, sie setze einen Beobachter voraus und bedeute damit ebenfalls einen Rückfall in überholte Wirklichkeitsinterpretationen. Richtig daran ist, daß wir Kommunikation als Übermittlung von Informationen nie wahrnehmen oder beschreiben können, es sei denn aus dem Blickwinkel eines Beobachters mit seinen eigenen Wahrnehmungsstrukturen – etwa eines Dialogmoderators, der sich ständig Hypothesen bildet über das, was in den Beteiligten vorgeht. Die Dialogpartner selbst »wissen« bestenfalls, was sie mitteilen möchten bzw. was bei ihnen ankommt. Keine der drei Figuren kann den gesamten Vorgang erkennen. Sie alle können nur Hypothesen bilden – selbst über das, was in ihnen selbst vorgeht.

Wir wissen heute um die Paradoxie, daß Kommunikation unmöglich ist und auch unmöglich nachzuweisen ist, daß sie aber gleichzeitig Grundelement und Lebensbedingung sozialer Systeme ist. Wenn gelungene Kommunikation – im Sinn der lateinischen Wortwurzel »Schaffen von Gemeinsamkeit« – darin besteht, daß eine von einem System abgegebene Information von einem anderen genauso aufgenommen wird, dann wird ihre Unmöglichkeit sofort offenkundig: Wer eine Information weitergeben will, muß Hypothesen bilden über die Unterschiede der beteiligten Systemcodes. Er muß sich »mit ihnen auseinandersetzen«. Er muß Distanz zu sich und den Kommunikationspartnern gewinnen und im Gespräch etwas über diese Unterschiede herausfinden, durch Kommunikation, die selbst den eben hier zu entwickelnden Unmöglichkeiten unterliegt. Dasselbe gilt für den Empfänger der Information, der eine Ahnung davon haben muß, was die empfangenen Signale im Code des Senders für eine Bedeutung haben könnten. Aufgrund dieser Hypothesen muß eine notwendigerweise prekäre Übersetzung stattfinden, an der die Kommunikationspartner in einer durch viele Feedback-Prozesse verwickelten Weise beteiligt sind. Das ist die Voraussetzung einer »Mitteilung«, also dafür, daß der sendende und der empfangende Partner schließlich über dieselbe Information gemeinsam verfügen, die Gemeinsamkeit also hergestellt werden kann. Wieweit dies aber geschehen ist bzw. ob der Empfänger die Information wirklich »begriffen« hat, d.h. in seinem Wissen ähnlich eingeordnet hat wie der Sender, kann nur durch Kommunikationsprozesse überprüft werden, die wiederum denselben Unmöglichkeiten unterliegen.

Komplexe Informationen bedürfen prägnanter Gestalten, um im Datenrauschen nicht unterzugehen. Prägnante Gestalten sind unwahrscheinliche Gestalten, zwischen denen eine Übersetzung unmöglich wäre ohne ein Minimum an vorgegebenen Gemeinsamkeiten. Die menschliche Gesellschaft hat in ihrer Geschichte, aufgrund bereits vererbter Übereinstimmungen der Systemcodes, in einer sozialen Koevolution unterschiedliche Gestalten entwickelt, deren Bedeutung in der Wahrnehmung verschiedener Individuen offenbar ähnlich genug interpretiert wird, daß Verständigung häufig vermutet werden kann: Sprache, Gestik, Rituale, künstlerische Ausdrucksformen als Koppelungsmedien. Unter Verständigung verstehen wir dabei die Hypothese, verstanden zu haben, was ein Partner mir mitteilen wollte. Das bedeutet noch nicht Verständnis, d.h. die Vermutung, nachvollziehen zu können, wie er dazu kommt, etwas zu denken oder mitteilen zu wollen. Verständnis wäre das Ergebnis des Dialogs. Das Einverständnis, d.h., daß ich den Eindruck habe, der Partner sehe etwas ähnlich wie ich, ist aber wiederum nur ein mögliches, nicht unbedingt wahrscheinliches Ergebnis des Dialogs.

Alle lebenden Organismen sind sich selbst organisierende Systeme, die in Kommunikation mit einem dynamischen Umfeld ihren Code und mit ihm ihre Gestalt weiterentwickeln. Der Lernprozeß ist im Fall einer biologischen Art die Evolution, in deren Verlauf sich der genetische Code herausbildet. Im Fall des menschlichen Individuums ist es die Biographie, in deren Verlauf sich als Code die Persönlichkeit ausprägt. In ihr ist das biologische Wissen der Erbmasse, einschließlich des kollektiven Unbewußten, und das im individuellen Bewußtsein und Unbewußten akkumulierte Wissen enthalten.

Der Lernprozeß eines sozialen Organismus oder einer Organisation ist seine oder ihre Geschichte. Den dabei entstehenden Systemcode nennen wir »Kultur«, die im antiken Sinn etwa als das gemeinsam Hochgehaltene und Gepflegte umschrieben werden könnte. Der Ort der Kultur ist aber das Wissen der Menschen, die als Beteiligte oder Betroffene im inneren oder äußeren Umfeld der Organisation mit ihr zu tun haben und dabei gewisse Vorstellungen über die innere und äußere Wirklichkeit der Organisation entwickeln: wie die an ihr mitwirkenden Beteiligten, aber auch die von ihren Aktionen Betroffenen sie sehen, wodurch sie sich in deren Augen von anderen Organisationen unterscheidet etc.

Natürlich verhält es sich mit der Organisationskultur so ähnlich wie mit den in Kommunikationsprozessen entstehenden Gemeinsamkeiten: Sie läßt sich nie voll identifizieren, und es sind immer erhebliche Unterschiede in der Wahrnehmung zu vermuten, aber was die Menschen, die mit einer Organisation zu tun haben, als für diese typisch wahrnehmen, ist in ihren Augen die Organisationskultur. Diese besteht also nicht aus den wohlformulierten Unternehmensleitbildern, die in irgendwelchen Schubladen verstauben. Sie können zwar durchaus Elemente der Organisationskultur widerspiegeln und die Arbeit an ihnen kann auch kulturbildend wirken, aber die eigentliche und nie völlig faßbare Kultur ist die Vorstellung in den Köpfen der Beteiligten und Betroffenen.

Eine Organisation kann auch nie als solche kommunizieren, sondern sie bedarf dafür der menschlichen Träger. Diese definieren sich – bewußt oder unbewußt – in einer bestimmten Rolle – als Firmensprecher, Mitarbeiter, Konsumenten, kritische Bürger etc. –, die u. a. von der Funktion bestimmt ist, die sie in ihren Augen in der Beziehung zur Organisation ausüben. In diesem Sinn können sie sich aber für die Organisation an Kommunikationsprozessen beteiligen und Dialoge führen. Das gilt auch auf der Ebene von offiziellen Verlautbarungen, die von Funktionsträgern verfügt oder ausgehandelt werden. Ohne Kommunikation von Menschen keine Organisation, auch keine mechanistische, denn auch Einweginformation ist in unserem Sinn Kommunikation: Ein Diktator, der Panzer auffährt, übermittelt in deutlicher, wenn auch nicht gerade dialogischer Weise die Information, die er hinüberbringen will.

Was ist nun also eine dialogische Organisation? Sie ist nicht nach dem Muster Newtonscher Maschinen, sondern nach jenem lebender Organismen organisiert. Sie kann als dynamisches Netzwerk von Dialogen zwischen Beteiligten und Betroffenen verschiedener Gruppierungen mit unterschiedlichen Beziehungen zu dieser Organisation verstanden werden. Das Netzwerk ent-

Die gesellschaftlichen und unternehmenspolitischen Konsequenzen

- Neues Organisationsmodell: Die mechanistische Organisation wird zunehmend reduziert auf die automatischen Abläufe. In den anderen Bereichen verbreitet sich das Selbstorganisationsmodell.

- Koordination durch Dialog: Kern der Selbstorganisation ist die Koordination durch den Dialog der Beteiligten und der Betroffenen statt durch zentrale Anweisung. Es entstehen Organisationen, deren Politik sich aus dem Dialog mit verschiedenen Bezugsgruppen (bei Unternehmen z. B. Lieferanten, Mitarbeiter, Kapitalgeber, Kunden, betroffene Bürger, öffentliche Hand) entwickelt.

- »Intrapreneurship«: Der vor 20 Jahren von Naisbitt entdeckte »Unternehmer am Arbeitsplatz« wird zum Prototyp des Mitarbeiters.

- Dezentralisierung und lose Koppelung: Grundzelle dialogischer Unternehmen sind kundennahe, eigenverantwortliche Intrapreneur-Teams, die nach dem Muster des »neuen Handwerks« arbeiten. Sie koordinieren sich selbst mit ihrem unternehmensinternen und -externen Umfeld. Die Kunden der zentralen Dienstleistungsabteilungen sind die dem externen Markt zuarbeitenden Teams. Auch unternehmensintern treten damit der Markt und der Dialog an die Stelle der zentralen Anweisung.

- Von der Beherrschung zum kontrollierten Prozeß: Organisationen sind nicht mehr von der Spitze her beherrschbar und kontrollierbar im Sinn von Prognose, Planung, Entscheidung, Anweisung und Kontrolle. In den Vordergrund treten Prozesse, begleitet von Controlling-Systemen, welche die Selbststeuerung unterstützen.

- Neue Demokratie: Auch außerhalb des Unternehmens werden Organisationen dialogisch, etwa im Sinn der »bürgernahen Verwaltung«. Demokratie bedeutet weniger Legitimierung mechanistischer Entscheidungen durch Mehrheiten (formale Demokratie) als Entwicklung und Realisierung der Politik aufgrund eines ständigen Dialogs der Beteiligten und Betroffenen. In diesem Sinn bedeutet Selbstorganisation umgekehrt auch Demokratisierung der Unternehmenswelt. Sie löst die Mitbestimmungsregelungen ab, durch die Elemente der formalen Demokratie auf die Unternehmenswelt übertragen worden waren.

wickelt sich aufgrund dieser Dialoge weiter, in einem Prozeß der Selbstorganisation. Dieser verläuft »autopoietisch«, d. h. sich selbst schöpfend: Der Systemcode, die Organisationskultur reproduziert sich in diesen Dialogen selbst. Sie reproduziert damit auch die in ihr angelegten Möglichkeiten der Veränderungen durch Informationen, die sie als relevant betrachtete, und entwickelt sich in diesem Rahmen weiter.

Wir können das vergleichen mit einem auf dem Bildschirm simulierten fraktalen System, dessen Code ein nichtlineares Gleichungssystem ist, das bei Irritationen in Fluktuationen gerät und sich eine neue Gestalt, einen »Attraktor« sucht, der dem durch die Irritation komplexer gewordenen Umfeld angepaßt ist. Die Organisationskultur muß eine gewisse Offenheit für Informationen, d. h. für Störungen der reinen Selbstreproduktion, zulassen, sonst ist sie zwar handlungsfähig, aber nicht anpassungsfähig. Die Offenheit darf jedoch nicht so weit gehen, daß die Kultur nicht mehr erkennbar ist, sonst löst sich die Organisation auf. Das ist eine andere Form, das Dilemma des Großunternehmens zwischen Handlungsfähigkeit und Anschlußfähigkeit zu formulieren.

Die Praxis der dialogischen Organisation
Historisch gesehen hat das dialogische Unternehmen verschiedene Wurzeln. Eine von ihnen war das sogenannte Stakeholder-Prinzip, das, noch nicht unter diesem Namen, bereits 1941 vom Schweizer Handelspionier Gottlieb Duttweiler formuliert worden war: Ein Unternehmen ist auf die Dauer dann am entwicklungsfähigsten, wenn alle Beteiligten und Betroffenen den Eindruck haben, daß es in ihrem Interesse tätig sei: die Kunden, die Lieferanten, die Mitarbeiter, die Behörden, die öffentliche Meinung, ja sogar die Konkurrenz (Lutz, Der Brückenbauer). Duttweiler »vergaß« allerdings, die Kapitalgeber zu erwähnen, da er die genossenschaftliche Selbstfinanzierung pflegte. Wir konnten denn auch im letzten Jahrhundert immer wieder hören, das Stakeholder-Prinzip sei schön und gut, aber leider nicht realisierbar, weil das Management einzig und allein den Akteuren und niemandem sonst gegenüber verantwortlich sei. Jene Unternehmen, die diese Auffassung am konsequentesten umsetzten, gingen jedoch am raschesten unter. Ihr Management hatte den Zusammenhang zwischen Cashflow und Entwicklungspotential nicht begriffen:

Natürlich ist der Cashflow in den Augen der meisten Aktionäre die wichtigste Zielsetzung des Unternehmens; natürlich ist er gleichzeitig eine notwendige Überlebensbedingung; natürlich kann sich das Unternehmen überdies um so rascher entwickeln, je höher der Cashflow ausfällt; und natürlich ist seine Höhe auch ein Maß für die Tauglichkeit der Unternehmensführung und deren Strategie. Das Management dieser Unternehmungen hatte jedoch übersehen, daß es den Cashflow auf die Dauer gefährdet, wenn es von sich selbst, von den Mitarbeitern oder gar von den Kunden oder der öffentlichen Meinung verlangte, ihn als zentrales oder gar einziges Ziel zu sehen. All diese Kreise erwarten von einem Unternehmen etwas anderes, Konkreteres, etwa daß es nützliche Güter zu vorteilhaften Preisen produziert, angenehme, anregende Arbeit anbietet und auch sonst zur Erhöhung der Lebensqualität beiträgt oder sich zumindest nicht auf Kosten des Umfeldes bereichert. Wenn ein Unternehmen sich so verhält, dann erzielt es allerdings unweigerlich einen hohen Cashflow, aber als Konsequenz, und nicht, weil es alle Kräfte auf dieses Ziel konzentriert.

Ein Unternehmen muß also in den Augen der wichtigsten Beteiligten und Betroffenen einen Sinn haben. Das ist eine noch fundamentalere Existenzbedingung als der Cashflow, weil dieser seinerseits von ihr abhängt. Diesen Zusammenhang haben gerade auch die Intrapreneurs begriffen, die heute überall für die kleinen, unternehmerisch autonomen Profit-Center verantwortlich sind: Wenn sie den Eindruck haben, etwas Sinnvolles zu tun, dann stimmt auch die Kasse – nicht umgekehrt, jedenfalls nicht auf die Dauer.

Dabei können wir »Sinn« ganz banal als etwas verstehen, das die Beteiligten und Betroffenen als zweckmäßig oder als in ihrem Interesse liegend betrachten. Wir können ihn aber auch konsequent auf der Ebene der Theorie autopoietischer Systeme suchen. Wie schon früher erwähnt, erschließt er sich, indem wir unter den vielen Möglichkeiten jene zu verwirklichen suchen, die unserer eigenen Selbstbeschreibung entspricht. Ein Unternehmen, das uns dabei hilft – als Konsument, als Mitarbeiter, als Lieferant etc. –, empfinden wir als sinnvoll. An diesem Punkt wird erneut deutlich, wie wichtig für die Unternehmensentwicklung die Kultur ist, im Sinn der verbindenden Vorstellungswelt, die wie der genetische Code in jeder Zelle der Organisation enthalten ist. Von hier aus führt aber auch eine Verbindung zur »Vision«, die ja ein Teil der Kultur ist, wo es sie gibt, nämlich eine gemeinsame Vorstellung davon, wie dieses Unternehmen aussehen könnte, wenn es sein Potential voll zu entfalten verstünde.

Wie aber werden die Dialoge nun tatsächlich geführt? Eine Variante haben wir im vorangegangenen Kapitel ausführlich beschrieben, jene des neuen Handwerks, also der Produktentwicklung im Dialog mit dem Kunden. Wir haben gesehen, daß sie nicht nur die Beziehung zu den Konsumenten, sondern auch jene zu den Lieferanten regelt – da sie sich zunehmend über die gesamte Wertschöpfungskette ausdehnt –, ebenso jene zu den zentralen Dienstleistungen, die ja nichts anderes als unternehmensinterne Lieferanten sind. Das neue Handwerk setzt die kleinen, unternehmerisch autonomen Intrapreneur-Teams voraus, die heute die Grundzellen der meisten Unternehmensorganisationen bilden. Ihre Arbeitsbedingungen sind in zunehmendem Maße Gegenstand von Verhandlungen mit zentralen Dienstleistungsanbietern, zu denen auch das zentrale Management gehört, oder der unternehmerischen Selbstbestimmung. Sie koordinieren sich selbst mit parallel arbeitenden sowie vor- oder nachgelagerten Organisationseinheiten.

Eine zweite wichtige Dimension des Unternehmensdialogs ist die Verständigung mit betroffenen Bürgern; sie umfaßt auch weite Bereiche der öffentlichen Meinung und der Beziehung zu Behörden. Hier ging es zunächst einmal um die Erkenntnis, daß unsere eigenständigen Mitarbeiter und mün-

Terminologie des fortgeschrittenen Informationszeitalters

Informationen	= Unterschiede, die einen Unterschied machen
Daten	= potentielle Informationen
Systemcode	= Instanz, die entscheidet, was mit potentiellen Informationen geschieht
Persönlichkeit	= Systemcode des menschlichen Individuums
Kultur	= Code eines sozialen Systems
Wissen	= Inhalt des Codes eines sich selbst organisierenden Systems = Gesamtheit der bewußten und unbewußten Hypothesen über dessen innere und äußere Wirklichkeit (einschließlich ihrer Bewertung)
Lernen	= Umwandlung von Informationen in Wissen = Umwandlung von Prozessen in Strukturen
Kommunikation	= Übermittlung von Informationen zwischen sich selbst organisierenden Systemen
Dialog	= länger dauernder Prozeß von Kommunikationen zwischen Menschen, der von Asymmetrien des Beeinflussungspotentials möglichst freigehalten und so gestaltet wird, daß es zu vertieften Hypothesen über das Wissen der Dialogpartner kommen kann
Auseinandersetzung	= Hypothesenbildung über die Codes von Kommunikationspartnern
Übersetzung	= Überbrückung der Differenz zwischen den Codes = notwendige, aber nicht überprüfbare Voraussetzung der Kommunikation
Koppelungsmedien	= durch Koevolution vorgegebene Gemeinsamkeiten, welche die Übersetzung ermöglichen (Sprache etc.) = Verständigungsinstrumente
Verständigung	= Hypothese, verstanden zu haben, was der Partner mir mitteilen wollte = Ergebnis der Kommunikation
Verständnis	= Hypothese, nachvollziehen zu können, wie der Partner dazu kommt = Ergebnis des Dialogs
Einverständnis	= Hypothese, daß der Partner etwas ähnlich sieht oder sehen gelernt hat wie ich oder umgekehrt = mögliches, aber nicht sehr wahrscheinliches Ergebnis eines besonders eingehenden Dialogs
Verhandlung	= Dialog, der unterschiedliche Interessen identifiziert und Einverständnis über für alle Seiten vorteilhafte oder tragbare Lösungen sucht.
Dialogische Organisation	= dynamisches Netzwerk von Dialogen zwischen Beteiligten und Betroffenen, in denen sich die Organisationskultur reproduziert und weiterentwickelt.

digen Konsumenten gleichzeitig auch kritische Bürger sind, die nicht mehr bereit sind, Entscheidungen über Investitionen oder Technologien, die ihre Sicherheit oder ihr Wohlbefinden oder das ihrer Kinder oder irgendwelcher Kinder beeinflussen könnten, weiterhin an Manager zu delegieren, die nur ihren Aktionären gegenüber verantwortlich sind und die überdies allzu oft aus kurzfristigen Partikularinteressen heraus langfristige Sachzwänge schaffen, denen kaum noch zu entrinnen ist.

Unternehmen in Branchen, die als besonders risikoträchtig betrachtet werden – Atomkraft, Gentechnologie, Chemie –, wurden von einer zunehmend militanten öffentlichen Meinung frühzeitig auf dieses Phänomen gestoßen. Bei anderen, etwa bei den Herstellern von Telekommunikationsnetzwerken, merkte das Publikum selbst erst später, daß sie denselben Risikotyp bzw. aus der Sicht der Betroffenen Gefahrentypus verkörperten: geringe Eintretenswahrscheinlichkeit, geringe individuelle Beeinflußbarkeit, breitgestreute, kaum abschätzbare Konsequenzen von Unfällen. Es ging aber nicht nur um Gefahren, sondern mehr und mehr bestanden Bürger darauf, daß z. B. große Investitionsvorhaben ihnen auch sinnvoll erschienen, indem sie z. B. Ortsbilder nicht nur nicht verschandelten, sondern verschönerten, zur Verkehrsberuhigung beitrugen etc.

Das zunehmende Erwachen der kritischen Bürger führte zunächst zu Irritationen. Es wurde als lästig empfunden; Unternehmen versuchten, Pläne möglichst lange geheimzuhalten und dann im Handstreichverfahren zu verwirklichen, was natürlich die Wachsamkeit der Bürger aufstachelte. Moratoriumsmentalität kam auf. Die Polarisierung lähmte alle Projekte, die nicht insgeheim oder mit Gewalt zu realisieren waren. Einige Unternehmen haben schon in den siebziger Jahren des letzten Jahrhunderts versucht, dem vorzubeugen durch »Issue-Management«: Sie versuchten frühzeitig zu erkennen, welche Fragen die von ihrer Tätigkeit betroffenen Gruppen bewegen konnten, und dem Rechnung zu tragen, sei es durch Öffentlichkeitsarbeit, sei es durch Lobbying, sei es durch Marketing- und Werbestrategien, sei es gar durch Entwicklung anderer Produkte oder Änderung ihrer Investitionspläne. Das war zwar noch kein Dialog, aber immerhin ein Fall von Kommunikation, die einen Unterschied machte.

Ob die nächste Phase schon als Dialog gelten darf, sei dem Urteil des Lesers überlassen. Sie hieß jedenfalls »Risikodialog«, ausgehend von einem Schweizer Forschungs- und Entwicklungsprojekt, das indirekt durch einen Basler Chemie-Großunfall ausgelöst worden war. Es ging insofern tatsächlich um einen Dialog, als Methoden entwickelt werden sollten, um im oben definierten Sinn Verständnis zwischen den Beteiligten und den Betroffenen zu schaffen – nicht Einverständnis, sondern Einsicht in die unterschiedlichen Positionen und deren Hintergründe. Dialog auch insofern, als sich vermutlich in den Köpfen der Beteiligten durch diesen Prozeß einiges veränderte (Haller).

Aber gab es eine Chance, daß der Prozeß weiterlaufen würde bis zu dem Punkt, an dem er Organisationen dann auch tatsächlich zu einer Verhaltensänderung veranlaßte, statt als Alibi-Verständigung die vorherrschende Richtung zu legitimieren und damit zwangsläufig zu versanden, sobald diese Konsequenz offenkundig wurde? Diese Chance gab es, aber nur dort, wo die Beeinflußung von Entscheidungen durch diesen Dialog erstens ermöglicht und zweitens nicht als lästige Konzession, sondern als Chance für bessere Entscheidungen begriffen wurde. Das hieß:

1. Technologie- und Investitionstypen, die nicht als Blackboxes zeitlich unbegrenzte Sachzwänge setzen, sondern die in ihren Wirkungen überblickbar, lose gekoppelt und revidierbar sind;

2. Einbezug der Dialogpartner im Frühstadium eines Projekts, solange es noch gestaltbar war; das hieß praktisch Integration der Stakeholders in Projektteams.

3. Das war an die Voraussetzung gebunden, daß die einbezogenen Bürger nicht als Bremser und Nörgler wahrgenommen wurden, sondern als Interessierte und Engagierte, die Ideen beisteuern konnten, um das Projekt entwicklungsfähiger zu gestalten.

4. Der Risikobegriff war wörtlich zu nehmen: Es ging nicht nur um die Gefahrenminimierung, sondern um die Entwicklung von Projekten, die für alle Beteiligten ein besonders hohes Chancen- und besonders geringes Gefahrenpotential bargen.

Heute ist diese Art des partizipativen Projektdialogs gerade in den erfolgreichsten Unternehmungen zum Standard geworden. Besonders interessant scheint uns, daß damit unversehens auch ein Ansatz zur Revitalisierung der politischen Demokratie gefunden wurde. Vor allem auf Gemeindeebene ist dieses Projektentwicklungsverfahren für alle öffentlichen und privaten Vorhaben mit nennenswerten Auswirkungen auf das Umfeld vielerorts Vorschrift geworden. Natürlich ist es für eine Behörde ein leichtes, daraus eine unerträgliche Schikane zu machen. Aber die Standortkonkurrenz, die heute ja zwischen den kleinen ländlichen Siedlungszentren ebenso spielt wie zwischen den Großagglomerationen, Regionen, Ländern und Kontinenten, sorgt unerbittlich für eine positive Auswahl. Deshalb wird auch die öffentliche Hand immer dialogischer.

Kapitel 5:
Das postindustrielle Welt- und Menschenbild

Ein gepflegtes Mittagessen im Traditions-Gasthof ist Anlaß lebhafter Auseinandersetzungen über den Wandel der Wahrnehmungswelten, über die Frage, was den Menschen im Innersten zusammenhält, und darüber, ob die Visionen einer sinngesteuerten Gesellschaft, die sich von postindustriellen Inseln über die Welt ausbreitet, diese aus ihrer bedrohlichen Entwicklung herausführen können.

Ein Mittagessen im Rebstock: Über Authentizität und Inszenierung

An meinem zweiten Tag in Weindorf bestehen Juana und Percy darauf, mich zum Mittagessen auszuführen, in das älteste Fachwerkhaus am Platz, genannt »Rebstock«. Ich treffe zusammen mit Juana ein. Percy erwartet uns schon. Ich nehme staunend Platz am großen, mit Damast gedeckten Tisch in der getäfelten Ecke, und sage: »Das ist ja alles wie in guten alten Zeiten!« – »Ja, außer daß es in den guten alten Zeiten gar nie wie in den guten alten Zeiten war!« bemerkt Juana neckisch. »Wieso?« wirft Percy ein. »Das Haus und die Räume, sogar die Rezepte – alles ist doch original!« – »Aber das ist doch völlig irrelevant!« entgegnet Juana. »Entscheidend ist, daß wir empfinden, es sei alles wie in den guten alten Zeiten, und daß wir erwarten, daß wir das immer empfinden, wenn wir hierherkommen, und daß diese Erwartung erfüllt wird!« – »Daß du immer alles so entzaubern mußt mit deinen Spitzfindigkeiten! Kannst du nicht einfach eine schöne Wirtschaft eine schöne Wirtschaft sein lassen?« – »Ich entzaubere überhaupt nichts. Im Gegenteil, ich finde es bezaubernd, daß wir Träume hinzaubern und Wirklichkeit werden lassen können. Gerade das macht ja eine schöne Wirtschaft zu einer schönen Wirtschaft. Die Ausgeburt einer Gastwirtsphantasie trifft unsere eigene. Das ist keine Spitzfindigkeit, sondern der Kern des Schönen!« – »Aber du entzauberst es, indem du es benennst!« – »Meiner Meinung nach gewinnt es eine zusätzliche Dimension des künstlerisch Gestalteten, indem ich mit dem Spiel dahinter spiele.« – »Aber ich wollte doch nur unserem Gast unseren schönen, authentischen Landgasthof vorführen!« – »Das tun wir doch!«

»Nein, das tun wir eben nicht, wenn wir uns gleich in eine Auseinandersetzung über Illusion und Wirklichkeit verbeißen!« – »Ich verbeiße mich doch nicht. Ich bin ganz locker. Und außerdem habe ich nie etwas von Illusion gesagt. Dieser Gasthof ist so wirklich, wie wir ihn erleben!« – »Aber du hast doch gesagt, alles sei künstlich und nachgeahmt und inszeniert!« – »Nein, nichts dergleichen habe ich gesagt. Ich habe nur gesagt, es sei irrelevant, was daran original sei!« – »Das stimmt doch nicht. Du hast behauptet, früher sei alles ganz anders gewesen.« – »Nein – ich habe nicht gesagt, alles sei anders gewesen, denn ich weiß ja gar nicht, wie es gewesen ist, aber selbst wenn alles gleich gewesen wäre, hätten es die früheren Menschen mit anderen Augen betrachtet.« Percy läuft allmählich rot an: »Hör doch mal auf, immer die Ebene zu wechseln, wenn man dich in die Enge treibt! So kommen wir doch nicht weiter!« – »Wohin willst du denn kommen?« fragt Juana maliziös. Percy schnappt wie ein Fisch auf dem Trockenen nach Luft. »Das Tonband! Schade, daß wir das Tonband nicht dabeihaben!« ächzt er wie ein Erstickender. Dann blickt er auf und starrt sie empört an. Sie blitzt zurück, fixiert ihn – und nach einigen Sekunden des Blickemessens brechen beide in Gelächter aus. Jetzt erst wagt die adrette Serviertochter in der Feiertagstracht näher zu treten und nach der Bestellung für den Apéritif zu fragen.

Der Apéritif: Über Wirklichkeiten und Wahrnehmungen

Ich bin erleichtert und gleichzeitig neugierig: »Was hat es auf sich mit diesem Tonband?« Sie lachen wieder. »Wissen Sie«, sagt Percy, »solche Gespräche haben bei uns immer wieder und immer häufiger bis zur Tobsucht unter Zerstörung des Inventars und anschließendem Auszug des nervenschwächeren Partners – das bin ich – eskaliert. Es wurde zu einer vitalen Bedrohung unserer Beziehung. Jeder hatte vom anderen den Eindruck, er sei ein rücksichtsloser, sturer Rechthaber.« – »Ich habe mich eben schon gewundert, wie die Eskalation zustande kam. Ich durchschaue das noch nicht so richtig.«

»Wenn man es mit Abstand betrachtet – und das kann man natürlich nicht in der Hitze des Gefechts –, ist es eigentlich immer dasselbe«, erklärt Percy. »Ich habe irgendwo in mir drin die tiefverwurzelte Überzeugung, daß die Dinge sind, wie sie sind, und daß ein Mensch, der sagt, man könne nicht sagen, wie sie seien, sondern nur, wie man sie persönlich wahrnehme, und selbst das könne man nie sagen, weil man immer nur Geschichten über die eigene Wahrnehmung erzählen könne, und diese würden sich natürlich auch verändern je nach dem Gesprächsrahmen, den der Gesprächspartner setze oder den man selbst im Hinterkopf habe« – Percy spricht immer rascher und erregter –, »daß ein Mensch mit dieser Auffassung eigentlich unzuverlässig ist, daß er sich ständig durchmogeln und herauswinden will, eine panische Angst hat, sich auf irgend etwas festzulegen oder festnageln zu lassen, sich immer alle Hintertüren offenläßt ...«

»Ja, und da ich ein solcher Mensch bin, ist es natürlich schwierig, sich mit mir zu unterhalten, ohne in Rage zu geraten«, wirft Juana sarkastisch ein. »Aber das stimmt doch eben gar nicht – du bist doch ein wundervoller Mensch!« protestiert Percy. Juana lächelt nachsichtig. »Dann streiten wir uns doch ein wenig darüber, ob ich in aller Objektivität ein wundervoller Mensch sei! Sehen Sie«, sagt sie zu mir gewandt, »da wäre ich früher auch schon wieder auf die Barrikaden gegangen. Es geht mir doch nicht darum, daß Percy seiner Kritik abschwört und mich zum wundervollen Menschen stempelt, zumal das eine Nötigung ist, weil ich dann nämlich dem entsprechen müßte, was in seinen Augen einen wundervollen Menschen ausmacht ...« – »Aber das tust du doch!« wirft Percy ein. »Sehen Sie – er will es einfach nicht verstehen! Ich will, daß er versteht, weshalb ich ihm so sprunghaft und wechselhaft erscheine und weshalb das nichts zu tun hat mit Unzuverlässigkeit, sondern einfach mit einem anderen Wirklichkeitsmodell, als er es im Kopf hat.« – »Ich verstehe das ja«, meldet sich Percy wieder, »aber dann mußt du doch auch mein Wirklichkeitsmodell verstehen und akzeptieren!« – »Verstehen, ja«, entgegnet Juana wie aus der Pistole geschossen. »Es ist ja simpel genug. Aber akzeptieren niemals, denn es ist einfach untauglich! Prost!« Mit Stolz über einen gelungenen Coup hebt sie die Coupe ...

»Aber was es mit dem Tonband auf sich hat, weiß ich noch immer nicht«, moniere ich nach dem ersten Schluck. »Ach so, ja«, sagt Percy. »Als wir mal wieder verzweifelt nach den Hintergründen der Krise suchten, stießen wir auf ein Multiscreen-Angebot des Psychotherapeuten Dr. Bodenmann. Als Diagnoseinstrument offerierte er ein einstündiges Endlosband, das man bis zum nächsten großen Streit laufen lassen und ihm dann, eben mit dieser letzten Streitstunde, überspielen sollte. Er würde es dann analysieren und seine Diagnose und Therapievorschläge zurückspielen. Gegen Zusatzgebühr konnte man auch ergänzende Bildtelephongespräche mit ihm führen, und natürlich war auch eine wiederholte Anwendung möglich.

An sich war die Idee mit dem Tonband ja nicht neu. Aber wenn wir uns wieder einmal darüber stritten, wer nun was gesagt habe, war es entweder zu spät, sich auf eine Aufnahme zu einigen, oder der Vorschlag wurde als Gipfel der Rechthaberei kritisiert, oder aber wir schalteten tatsächlich auf Aufnahme, doch dann war natürlich die Luft raus. So war wohl die Geschichte mit der Endlosaufnahme der geniale Trick, der erst eine Beobachtung realer Streitsituationen ermöglichte, obwohl wir natürlich, wenn Streit aufkam, uns des Tonbands immer bewußt wurden und uns sicher auch bewußter verhielten als zuvor. So hatte das Angebot von Dr. Bodenmann schon eine heilsame Wirkung, bevor wir seine Dienste überhaupt in Anspruch nahmen.

Aber nach einiger Zeit kriegten wir doch nochmals so einen richtigen Streit hin, den wir Dr. Bodenmann unterbreiteten.« – »Und wie lautete seine Diagnose?« – »Ich sagte es Ihnen schon: Ich lebe noch im alten Wirklichkeitsmodell. Ich fühle mich als jemand, der einer objektiven Wirklichkeit gegenübersteht, die man zutreffend oder falsch beschreiben kann oder über die man lügen kann, worauf ein Dritter, der die Wirklichkeit kennt, dies nachweisen kann. Natürlich habe ich inzwischen gelernt, daß der Beobachter selbst auch Teil der beobachteten Wirklichkeit ist und diese durch seine Beobachtung beeinflußt, so wie das Wissen um das Tonband unser Gespräch beeinflußt. Aber mein Gefühl macht da einfach noch nicht mit, und ich entwickle immer wieder Wut auf Juanas Sprunghaftigkeit; ich komme mir vor wie in Hase und Igel, und – «

»Hör mal«, unterbricht ihn Juana, »wir sollten unseren Gast endlich bestellen lassen!«

In der Tat habe ich immer wieder versucht, verstohlen in die Speisekarte zu blicken, aber das Thema hat mich doch zu sehr abgelenkt. So bin ich jetzt dankbar dafür, daß Juana mich mit großer Liebe und Darstellungskraft, untermalt durch prägsame Gesten, durch die Speisekarte führt, so daß mir bei der Bestellung bereits das Wasser im Munde zusammenläuft. Percy führt dann einen ziemlich umständlichen Dialog mit dem Weinkellner, bis Juana der Geduldsfaden reißt. »Bringen Sie uns doch einfach den Himmelssteg 1999. Der hat mir immer so vorzüglich geschmeckt!« wirft sie ein. Der Kellner verneigt sich, und Percy schüttelt beleidigt den Kopf: »Sehen Sie – das war der zweite Teil der Diagnose. Sie ist tatsächlich sprunghaft und impulsiv!«

»Stellen Sie sich vor, ich wäre genauso stur und bedächtig wie diese Alemannen hier!« kontert Juana. »Ich bin einfach schneller. Ich verliere die Geduld, wenn einer professorale Monologe hält. Ich nehme auch niemandem übel, wenn er mich unterbricht. Ich unterbreche immer, wenn mir etwas einfällt. Und ich sage, was mir einfällt. So viel Zeit haben wir gar nicht, um alles immer zu Ende zu entwickeln!«

Die Vorspeise: Über Persönlichkeit und Persönlichkeiten

»Ich verstehe – es sind einfach Unterschiede in der Persönlichkeit.« – »Sie verstehen gar nichts!« schnappt Juana. Percy verschluckt sich beinahe: »Hör mal, wir haben hier einen Gast!« – »Ach, er wird es mir schon nicht krummnehmen. Was heißt überhaupt Persönlichkeit?« Die Vorspeise wird serviert. Juana verstummt und nimmt erst das Bild mit den Augen und dann den Duft mit der Nase auf. Percy beobachtet sie und sagt: »Sieht gut aus, nicht?« Juana reagiert nicht. Als ob sie alles um sich herum vergessen hätte, kostet sie andächtig einen Bissen. Augenblicklich legt sie die Gabel nieder und sagt zornig: »Der Ingwer schlägt ja alles kaputt!« Percy entsetzt: »Aber bisher war doch immer alles erstklassig!« Juana trocken: »Nun, heute eben nicht.« Ich sage höflich: »Mir schmeckt es ausgezeichnet.« – »Oh, da bin ich Ihnen aber wirklich dankbar!« erwidert Juana spöttisch.

Ich beginne Percy zu verstehen und wechsle vorsichtig das Thema: »Also was ist es, was ich nicht verstehe?« Juana starrt mich verständnislos an. »Ich hatte von den Unterschieden in der Persönlichkeit gesprochen.« – »Ach das«, entgegnet sie völlig desinteressiert. »Sehen Sie, erstens gibt es keine Persönlichkeit, und zweitens, wenn, dann sind es die Unterschiede in der Kultur!« Spricht's und wendet sich wieder der überwürzten Vorspeise zu, etwas angewidert, aber dennoch interessiert.

»Ich kann Ihnen erklären, was sie meint«, bemerkt Percy eifrig. »Da bin ich aber mal gespannt«, sagt sie, plötzlich ganz aufmerksam. »Sehen Sie, Juana behauptet immer, wir hätten nicht eine Persönlichkeit, sondern unser Gehirn sei eine ganze Bevölkerung von Persönlichkeiten, die miteinander und mit verschiedenen Umwelten im Gespräch seien oder auch nicht. Und wenn Sie sie so beobachten, dann leuchtet das ja auch ein«, fügt er frotzelnd, mit einer Anwandlung von Mut hinzu. Juana feixt, sagt zur abräumenden Kellnerin »Zuviel Ingwer!« und wendet sich dann wieder ostentativ Percy zu, um seine Fortsetzung zu hören.

»Sie sagt, diese Persönlichkeiten seien wie Computer-Programme, die sich auf bestimmte Signale hin ein- und ausschalteten; diese können von anderen Programmen in unserem Inneren herkommen oder mit Wahrnehmungen von außen zusammenhängen. Jedes Programm ist mit bestimmten kulturellen Kontexten verknüpft, für die es besonders zugänglich war und die ihm besondere Impulse gegeben haben – denn eines müssen Sie wissen: Anders als echte Computer-Programme haben die Programme in unserem Kopf die Fähigkeit, sich selbst zu programmieren und weiterzuentwickeln. Natürlich hat jeder Mensch gewisse persönliche Anlagen, aber welche besonders gefördert werden und wie, hängt vom kulturellen Kontext ab. Deshalb betont sie immer, sie sei Katalanin und ich Alemanne, und damit hat sie ja wohl recht ...« Juana klatscht in die Hände: »Du hast es doch tatsächlich verstanden. Bravo Torero!«

Der Hauptgang: Über Beschränktheit und innere Betriebssysteme

Aber da wird der Rheinfisch aufgetragen, der für einen Augenblick offensichtlich wieder ein anderes Programm einschaltet bei Juana. Es dauert eine ganze Weile des stillen Genusses – hier hat sie nichts zu bemängeln – und des Small Talks zwischen Percy und mir, ehe ich den Faden wiederaufzunehmen wage und frage: »Sie sind also der Meinung, so etwas wie eine Persönlichkeit gebe es gar nicht?« Sie starrt mich wieder mit ihrem verständnislosen, von weit her kommenden Blick an, faßt sich dann und sagt: »Wissen Sie, Leute wie Sie, die den Faden nie verlieren, meinen natürlich, sie hätten eine Persönlichkeit. Sie sind dann im Stande, mir feierlich zu erklären, das leite sich ab von ›per-sonare‹ und stehe für die übergeordnete Gestalt, die durch alles hindurchklinge. Aber ich sage Ihnen: Was da durch alles hindurchklingt, ist ihre eigene Beschränktheit. Sie haben sich nämlich ihr ganzes Leben lang darauf konzentriert, das eine Programm zu entwickeln, das da heißt, alles im Rahmen sogenannter logisch-rationaler Abläufe zu halten und nichts aufkommen zu lassen, was diesen Rahmen sprengt. Sie dürfen ein wenig mit Emotionen, sogenannten sinnlosen Unterhaltungen oder Phantasien herumspielen, solange sie sich in den Grenzen ritualisierter Freiräume oder des Niedlichen oder Witzigen halten – aber wehe, die entwickeln ihre Eigenständigkeit! Dann ist die Persönlichkeit eben gestört. Dann sind sie psychopathisch oder schizophren oder mindestens extrem gefährdet!«

Sie zittert. Das Thema scheint ihr nahezugehen. Ich war zuerst etwas beleidigt gewesen. Jetzt bin ich betroffen und frage mich, ob sie nicht tatsächlich recht hat. Gleichzeitig scheint mir zutiefst unbefriedigend, was sie sagt. Ich denke: »Zuerst der allmächtige Gott, dann die Erde als Zentrum des Universums, dann die feststehende Wirklichkeit – und jetzt geht es auch noch der Orientierung an unserer eigenen Persönlichkeit an den Kragen ...«, aber ich weiß nicht, wie ich die Frage formulieren soll. Weshalb sage ich nicht einfach, was ich gerade gedacht habe? Weil ich zu sehr am Image meiner rationalen Persönlichkeit hänge, um eine unreflektierte Frage zu stellen?

Da kommt mir Percy zu Hilfe: »Nehmen Sie es ihr nicht übel. Mir hat sie das auch immer wieder an den Kopf geworfen, aber ich bin heute überzeugt, daß sie recht hat, und sie hat hierzulande viel gelitten, weil wir besonders von dieser sogenannten Beschränktheit geprägt sind. Die Spanier haben zwar auch ihre Art der Beschränktheit. Ihr Kontrollprogramm empfinde ich sogar als weniger flexibel als das unsere, weil es auf vorrationale Zeiten zurückgeht. Aber Juana ist in einer Stadt und in einer sozialen Umgebung aufgewachsen, die das alles etwas weniger eng sahen. Außerdem hat es sich immer wieder gezeigt, daß die vorrationalen Kontrollprogramme wie etwa das der katholischen Kirche radikaler gesprengt und über Bord geworfen werden als unsere sogenannte Rationalität, eben weil sie kaum entwicklungsfähig sind.«

Juana hört ihm erstaunt zu: »Hey, ich brauche ja gar nichts mehr zu sagen!« Während sie der abräumenden Serviertochter ein Lob für die Küche mitgibt, entgegnet Percy: »In einem Punkt schon. Es gibt doch offenbar Hackordnungen, Hegemonien, wahrscheinlich auch Affinitäten und Synergien zwischen den verschiedenen Gehirnprogrammen. Und das heißt doch, daß es eben doch eine übergeordnete Struktur geben muß, von der ich nicht weiß, wieweit sie zu den Erbanlagen gehört und und wieweit sie sich im Lauf des Lebens herausbildet. So oder so scheint es mir so etwas wie ein Betriebssystem zu geben, das mehr oder weniger funktionsfähig oder präsent sein und von äußeren Einwirkungen überrollt werden mag, aber grundsätzlich ist es imstande, meine Programme ein- und auszuschalten und vielleicht sogar miteinander zu koordinieren und in Verbindung zu bringen. Ist das dann nicht doch so eine Art Persönlichkeit?«

»Wow – da brauche ich aber erst mal eine Stärkung«, antwortet Juana. »Es ist immer dasselbe mit euch Gockeln: Wenn ihr jemandem imponieren wollt, übertrefft ihr euch plötzlich selbst!«

Die Nachspeise: Über Sinnkrisen und fundamentalistischen Kulturpessimismus

Sichtlich erfreut über die Unterbrechung, verschlingt sie die Nachspeise mit den Augen, sagt dann aber doch: »Du, ich bin mir darüber ehrlich nicht im klaren. Ich hätte es etwas anders formuliert: Jeder Mensch hat ja ein Bild von sich selbst und von seiner Wirklichkeit. Es ist kein stabiles Bild. Es schwankt je nach Programm und Kontext und verändert sich laufend in der Biographie. Aber es gibt doch so etwas wie eine Selbstbeschreibung, genauer, eine Beschreibung der Unterschiede zwischen mir selbst und meinem Umfeld, mit der wir uns selbst steuern. Wo die sitzt, weiß ich nicht. Vielleicht braucht es gar kein Betriebssystem dazu, wie du dich ausdrückst? Vielleicht ist es so etwas wie ein virtuelles Bild, das sich aus dem Zusammenwirken der Programme ergibt?« Der Gedanke scheint ihr zu gefallen. Befriedigt macht sie sich mit dem Eifer eines kleinen Mädchens über den Nachtisch her.

Doch nun ist es an mir, den Faden wiederaufzunehmen: »Aber eines verstehe ich nicht. Wie können wir uns über die Selbstbeschreibung selbst steuern?« Hier springt Percy ein: »Das ist einfach. Die Selbstbeschreibung wirkt wie ein Code, ein Filter, der unterscheidet zwischen wichtig und unwichtig oder passend und unpassend. Nur was unserer Selbstbeschreibung entspricht, scheint uns sinnvoll.« Ich bin verblüfft. Nachdenklich frage ich: »Ist das der Ausweg aus der Sinnkrise?« Juana schreckt auf: »Ach, hören Sie doch auf mit dem Krisengerede. Sehen Sie Percy und mich etwa in einer Sinnkrise stecken? Oder Anja? Oder Guido? Nicht einmal Consuelo, trotz ihrer pubertären Irrungen und Wirrungen!«

»Aber unsere Gesellschaft steht doch mitten in einem chaotischen Umbruch, von dem niemand weiß, wohin er führt. Sehen Sie sich die wachsenden Unruhen und kriminellen Ausbrüche in den Städten an, gar nicht zu reden vom Elend der Entwicklungsländer, vom Chaos in Rußland und der weltweiten Zerstörung unserer Lebensgrundlagen! Und vergleichen Sie das mal mit der Situation vor 40, 50 Jahren.« – »Das hasse ich so an euch fundamentalistischen Kulturpessimisten! Immer müßt ihr alles Elend der Welt in einen Topf schmeißen, um euch an die Brust schlagen zu können und alle, die dem Leben etwas Positives abzugewinnen vermögen, der Gewissenlosigkeit bezichtigen zu können. Ich sage Ihnen – wenn die Menschheit wirklich im Abgrund versinken sollte, so sind die Untergangspropheten daran schuld, die alle konstruktiven Ansätze mit Moralinsäure ersticken!« – »In diese Ecke möchte ich natürlich nicht gestellt werden!« entgegne ich betroffen. »Aber Sie können doch die weltweiten Katastrophensignale nicht in Abrede stellen!« – »Ich bin ja nicht mit Blindheit geschlagen. Aber ich sage Ihnen: Die Katastrophensignale von heute sind die Konsequenzen Ihrer nostalgisch verklärten fünfziger und sechziger Jahre. Ihre sogenannte Sinnkrise hat ja schon 1968 eingesetzt. Schon damals dämmerte es, wenn ich mich richtig informiert habe, den Studenten und den Mitgliedern des ›Club of Rome‹, daß die Wirtschaftsmaschinerie des auslaufenden Industriezeitalters zum sinnentleerten, ihr Umfeld und sich selbst zerstörenden Irrläufer verkommen war. Aber statt immer noch weiterzutrauern über diesen Irrtum und seine Spätfolgen, sollten wir uns darüber freuen, daß wir zu einem neuen Aufbruch gefunden haben. Über dessen Spätfolgen können wir uns vielleicht in 30 Jahren unterhalten, wenn wir dann noch leben!« – »Sie meinen, ich sitze schon längst auf dem richtigen Dampfer, ohne es gemerkt zu haben? Das müssen Sie mir erklären! Was ist denn der Kern dieses neuen Aufbruchs?«

Der Kaffee: Über die Vision einer sinngesteuerten Gesellschaft

Während die Serviertochter den Kaffee aufträgt und der Kellner uns eine Havanna anbietet – auch in dieser Hinsicht hat sich im »Rebstock« die gute alte Zeit als Insel im Anti-Raucher-Terror erhalten –, fängt Juana plötzlich an zu dozieren: »Nehmen Sie die Marketingszene! Was machen wir? Wir bieten Animationen, Inszenierungen, Deutungs- und Gestaltungsmöglichkeiten an, genauer, wir helfen unseren Kunden, sie anzubieten und in der Auseinandersetzung mit ihren Kunden weiterzuentwickeln. Wenn wir es gut machen, stellt sich dabei eine Resonanz ein. Das ist dann der Fall, wenn wir die Selbstbeschreibung des Kunden getroffen haben, in Form einer spontanen Übereinstimmung, in Form eines Aha-Erlebnisses – so eines Gefühls ›Ich wußte ja gar nicht, daß das in mir steckt‹ – oder in Form einer prozeßhaften Weiterentwicklung. Genau da liegt die Überwindung der Sinnkrise. Die hat sich ja daraus ergeben, daß die ganze Weltwirtschaft auf eine eindimensionale Steigerung der Produktionsleistung ohne Rücksicht auf Verluste getrimmt war. Es war die Selbstzweckhaftigkeit dieses Apparates, die uns den Raubbau an unseren natürlichen Ressourcen, einschließlich unseres menschlichen und kulturellen Sinnpotentials, beschert hat. Darüber sind wir doch längst hinweg!«

Hier schaltet sich Percy wieder ein: »Das trifft ja alles zu für uns Privilegierte. Aber du kannst doch einem Verhungernden nicht sagen: Fragen Sie nur nach dem Sinn des Lebens, und schon haben Sie Ihr Problem gelöst!« – »Immer diese idiotischen fundamentalistischen Verkürzungen! Für wie blöd hältst du mich eigentlich? Ich kann natürlich nicht eine weltweite Fehlsteuerung, die über fünf Jahrhunderte des eindimensionalen Expansionismus gewirkt hat – das Ganze hat ja mit den kolonialen Entdeckungen der Neuzeit begonnen –, mit einer kurzen Umprogrammierung der Menschen überwinden, die das Ganze heute noch ausbaden. Das geht nur über einen generationenlangen Lernprozeß, der mit einem allmählichen Wandel der Strukturen verbunden ist.«

»Aber wie setzen wir diesen Lernprozeß in Gang? Für die Chancenlosen in unseren Armenghettos sind das doch lauter böhmische Dörfer!« wende ich ein. »Dieses Argument zeigt mir eben, daß Sie noch nicht begriffen haben, was wirklich in Gang ist. Wenn Sie meinen, es gebe irgendwelche Knöpfchendrücker an politischen Schaltstellen, die Lernprozesse in Gang setzen könnten, dann entlarven Sie sich damit als Vertreter der eindimensionalen Macherkultur. Wenn Sie versuchen, Menschen umzuprogrammieren, verhindern Sie das Entscheidende, nämlich daß sie sich selbst umprogrammieren. Sie können sie nur dabei unterstützen, etwa indem Sie ihre Wahrnehmungsfähigkeit schärfen und ihre Ausdrucksmöglichkeiten stärken helfen. Auf der politischen und organisatorischen Ebene können Sie dazu beitragen, lernfreundliche Rahmenbedingungen zu schaffen. Aber das geht immer nur, wo die Sachzwänge des Überlebens nicht alle anderen Gesichtspunkte verdrängen. Deshalb funktioniert das Ganze nur über die Inselbildung. Was sich heute entwickelt, sind postindustrielle Inseln, die sich über ihre Beziehungen zum Umfeld allmählich ausbreiten und unser Global Village zunehmend durchweben. Wir lernen, und unsere Umgebung lernt zunehmend mit uns. Aber das funktioniert nur als Selbstorganisationsprozeß. Wenn die Leute spüren, daß es funktioniert, und allmählich eine Vision einer sinngesteuerten Gesellschaft entwickeln, dann ist es schon passiert. Dann lernen sie weiter. Aber wehe, irgendein Bildungstechnokrat setzt das in ein politisches Programm um! Dann wird der Prozeß postwendend abgewürgt.« Sie stockt: »Nein – so stark sind die Technokraten nicht mehr. Wahrscheinlicher ist, daß die Dynamik sich in nichtprogrammierte Gefilde verlagert!«

Percys Uhr piepst. »Au weia: Unser Sekretariat erinnert mich an den nächsten Kundentermin. Tut mir leid! Ich muß weg.« So hat uns die Wirklichkeit wieder eingeholt. Aber was ist Wirklichkeit? Percys Terminkalender, Juanas radikale Träume oder meine apokalyptische Welt? Nach diesem Gespräch kann ich nur sagen: Es kommt eben auf die Sichtweise an.

Analytischer Anhang über das postindustrielle Welt- und Menschenbild

Hier wird die Frage aufgeworfen, welche Gestalt der abendländische Mythos des »Projekts Moderne« nach dem Paradigmenwechsel von der industriellen Neuzeit zum postindustriellen Zeitalter annehmen könnte. Auf der Suche nach der Antwort wird der Wandel des Welt- und Menschenbildes in seinen erkenntnistheoretischen Dimensionen und in seinen Konsequenzen für die gesellschaftliche Wirklichkeit skizziert. Der Paradigmenwechsel produziert einen neuen, erweiterten und relativen Rationalitätsbegriff: Jenen der Systemrationalität, die sich über die Sinnsuche erschließt. Sie führt zur Vorstellung von lernenden Systemen, die über die ständige Auseinandersetzung, die gleichzeitig der Kern der »Ver-Antwortung« ist, sich gegenseitig in ihrer Sinnsteuerung unterstützen.

Die »Moderne« – ein abendländischer Mythos

Die Sage von Prometheus, der den Göttern das Feuer stahl, symbolisiert den Wesenskern der abendländischen Kultur, nämlich das Bestreben des Menschen, sich zu emanzipieren von Geistern und Göttern, Naturgewalten, Tyrannen und eigenen dunklen Trieben. Die grausame Strafe, die Prometheus dafür einheimste, zeugt vom unterschwellig präsenten Bewußtsein, daß die Emanzipation immer ihren Preis fordert oder gar ihr eigenes Scheitern in sich trägt. In diesem tragischen Widerspruch verschmilzt die klassisch-antike Wurzel des Abendlandes mit dem jüdisch-christlichen Mythos: Die unwiderstehliche Verführung des Menschen ist das Essen vom Baum der Erkenntnis von gut und böse, und da er ihr zwangsläufig erliegt, wird er mit der Vertreibung aus dem Paradies in ein Leben der Mühe und Arbeit bestraft.

Wir können die abendländische Geschichte interpretieren als einen ständigen Wechsel zwischen lichten Perioden der Aufgeklärtheit, die aber das Scheitern bereits in sich tragen, und den darauf folgenden Perioden der Finsternis und des Zerfalls, wobei sich die Fluktuationen vielfach überlagern, von den Jahrhundertentwicklungen bis zu den Konjunkturzyklen der hochindustriellen Epoche. Jedenfalls ist Abendländern im allgemeinen ein derartiges Geschichtsbild vermittelt worden, so anfechtbar es unter anderen Gesichtspunkten erscheinen mag.

Am deutlichsten wohl ist das festzumachen am »finsteren Mittelalter«, das sich ausbreitete mit den »Barbaren«, die das Römische Reich zerstörten, diesen ursprünglich mit Hilfe griechischer Intellektueller errichteten aufgeklärten Rechtsstaat, den der eigene Erfolg nachlässig, träge und despotisch gemacht hatte. Nicht von ungefähr war der Rückfall in die Barbarei auch ein Rückfall in eine durch das Papsttum und die Kreuzzüge repräsentierte Theokratie.

Es ist hier nicht der Ort, sich mit der zweifellos erforderlichen Kritik und Nuancierung dieses Geschichtsbildes auseinanderzusetzen, denn uns interessiert hier ja nicht die Geschichte selbst, sondern das Wirklichkeitsbild, das unser Denken prägt oder geprägt hat.

Auf das Mittelalter folgte die Neuzeit, charakterisiert durch die »Renaissance«, die Rückbesinnung auf die emanzipatorischen Tugenden der Antike, den Humanismus, der nicht mehr Gott, sondern den Menschen in den Mittelpunkt stellte, die Entdeckungen, die eine neuartige, eurozentrische Weltsicht eröffneten und einen wirtschaftlichen Wachstumsschub einleiteten, und die Reformation, welche die emanzipatorische Tradition im Christentum wieder aufgriff. Wir wollen hier nicht nachzeichnen, wann welche Irrungen und Wirrungen aus diesem neuen Aufbruch erwuchsen, sondern gleichsam das Integral über das seither bis zur hinter uns liegenden Jahrtausendwende verstrichene halbe Jahrtausend bilden. Diese Periode ist es ja, die wir gemeinhin als »Neuzeit« verstehen und damit gewissermaßen als »unsere«, eben als »moderne« Zeit. Sie ist allerdings in den letzten, sagen wir, 30 Jahren angeblich von der sogenannten »Postmoderne« abgelöst worden, was eigentlich so etwas ähnliches wie nicht mehr zeitgemäß bedeuten müßte, aber so war es wohl nicht gemeint. Für den postmodernen Blick zeichnet sich die Moderne offenbar aus durch gewisse Eigenschaften, die sich gegen Ende des 20. Jahrhunderts verflüchtigt haben.

Eine von ihnen liegt im Selbstverständnis als »Neuzeit«: Nicht das ewige »Stirb und werde« eines schicksalsergebenen Mittelalters, sondern die ständige Suche nach Neuem kennzeichnete dieses halbe Jahrtausend: immer neue Länder, immer bessere Transportmittel, immer wirksamere Produktionsverfahren, immer präziseres Wissen darüber, »was die Welt zusammenhält« – kurz, der Fortschrittsmythos, das »Immer mehr und immer schneller«, und mit ihm die Ablösung eines zyklischen durch einen eindimensionalen Zeitbegriff.

Diese Grundhaltung war die Wurzel der wirtschaftlichen Dynamik, die diese Jahrhunderte insgesamt prägte. Der erste Entwicklungsschub kann noch als vorindustriell gelten. Er lebte von der Verbindung zwischen den in Italien entwickelten und nach Norden exportierten Handelstechniken mit der Erschließung der Weltmeere. Es war also ein Handelsboom, ein erstes Aufblühen der internationalen Arbeitsteilung. Alsbald folgten aber verschiedene Industrialisierungswellen. Der wachsende Reichtum der Handelsstädte zog Arbeitskräfte vom primären in den sekundären Sektor ab, der seinerseits zur kompensierenden Rationalisierung der Landwirtschaft beitrug. Die fortschreitende Kapitalakkumulation wurde genutzt zur arbeitsteiligen Konzentration der Kräfte auf bestimmte Spezialitäten – Porzellan hier, Spitzen dort etc. –, was mit einer entsprechenden Professionalisierung und Standardisierung verbunden war. Diese wurde weiter perfektioniert in den Manufakturen, die, wie wir heute sagen würden, der Standardisierung, Rationalisierung und Qualitätssicherung dienten. Die nächste Phase war die Mechanisierung, d. h. der Ersatz der physischen Arbeit durch Maschinen, die zunächst mit Wasser, dann mit Dampf und schließlich mit Dieselaggregaten und Elektrizität betrieben wurden.

Der Höhepunkt dieser Entwicklung wird symbolisiert durch Henry Fords Fließband und den Namen von Frederick W. Taylor, der die »wissenschaftliche Betriebsführung« erfand, d. h. das Prinzip der Aufteilung komplexer Produktionsprozesse in ihre kleinsten, genau definierten Einheiten als Voraussetzung für die optimale Prozeßorganisation. Die »Taylorisierung« hat nicht, wie oft irrtümlich angenommen wird, etwas mit Spezialisierung zu tun. Diese lebt vom Grundsatz, daß jedes Land, jedes Unternehmen, jede Arbeitskraft sich auf das konzentriert, was es/sie relativ am besten beherrscht (»komparativer Vorteil«); die daraus erwachsende Arbeitsteilung bewirkt eine für alle Beteiligten höhere Wertschöpfung. Demgegenüber liegt der Grund, weshalb ein Arbeiter am Fließband nur eine einzige Bewegung ausführen soll, nicht darin, daß gerade sie ihm am besten liegt, sondern darin, daß sie genau definiert ist und dadurch genau einplanbar wird.

Da darin das Grundkriterium des Taylorismus' besteht, ist dieser auch nicht an das Fließband gebunden. Wohl aber hängt er eng mit der Stückkostendegression zusammen, die daraus entsteht, daß die Kosten je Produkteinheit um so niedriger werden, je mehr Produkteinheiten mit denselben Fixkosteneinheiten – Maschinen, Entwicklungskosten, Verkaufsorganisation etc. – hergestellt werden können. Die Phase der Taylorisierung ist deshalb auch untrennbar verknüpft mit der Entwicklung – oder sollte man sagen dem Mythos? – der Massenmärkte des 20. Jahrhunderts. Henry Ford ist auch deshalb zum Symbol der hochindustriellen Epoche geworden, weil er in ingeniöser Weise die zu erwartenden Rationalisierungsgewinne aus dem Fließband in die Löhne seiner Arbeiter investierte und so die Kaufkraft erzeugte, die er für die zur Realisierung der Rationalisierungsgewinne erforderliche Stückkostendegression benötigte ...

War dies sozusagen ihr konzeptioneller Höhepunkt, so erreichte die industrielle Dynamik ihren Gipfel erst nach dem Zweiten Weltkrieg. Unter dem Schutz der Pax americana, relativ freizügiger Weltmärkte und des westeuropäischen Zusammenschlusses konnte sich die Bevölkerung der westlichen Industriestaaten – unter weniger günstigen Rahmenbedingungen auch jene Osteuropas – jahrzehntelang darauf konzentrieren, Kapital und Kaufkraft zu akkumulieren und umzusetzen in die aufeinanderfolgenden Freß-, Kühlschrank-, Auto- und Fernsehbooms. Es war die Zeit der extrapolierbaren Wachstumsraten, der etwa ein halbes Jahrhundert lang währenden Herrschaft des Bruttosozialprodukts – dieses Versuchs, die gesamtwirtschaftliche Wertschöpfung zum Maß aller Dinge zu machen ...

Die hyperindustrielle Phase des Informationszeitalters
Mitten in diese spätindustrielle Phase hinein fiel der Beginn des Informationszeitalters, und dieses bezeichnen wir hier mit Bedacht als die »hyperindustrielle« Phase. Weshalb? Weil das Grundmuster der Industrialisierung auf den tertiären Sektor ausgedehnt und dadurch ins Extreme gesteigert wurde.

Hier ist eine kurze Klärung der Sektorenanalyse erforderlich. Sie geht auf Fourastié zurück, der die Urproduktion (primärer Sektor), die Industrie (sekundärer Sektor) und die Dienstleistungen (tertiärer Sektor) unterschieden und daran die Beobachtung angeknüpft hat, daß der jeweils aufsteigende

Sektor Arbeitskräfte aus dem vorangehenden abzieht und diesen rationalisiert. In den fünfziger Jahren begannen dann verschiedene Autoren einen besonderen Informationssektor auszumachen (Lutz, Kommunikationsgesellschaft). Einzelne nannten ihn folgerichtig »quaternär«, während für andere der quaternäre Sektor nochmals etwas anderes war, nämlich die aufsteigende Freizeit-, Unterhaltungs- und Wissensindustrie, und für wieder andere gar schlicht der vierte Bildungssektor, d. h. die Erwachsenenbildung. Zur Abgrenzung vom traditionellen Dienstleistungssektor einigten sich die Autoren der »Informationsgesellschaft« darauf, zum Informationssektor nur jene Tätigkeiten zu zählen, deren Hauptzweck die Informationsverarbeitung ist. Mit anderen Worten, ein Pilot übt keine Informationstätigkeit aus, wohl aber der Operator eines Fluginformationssystems. Man sieht sofort, in welche Abgrenzungsschwierigkeiten wir da gelangen. Die Planungsabteilung eines Industriebetriebs müssen wir dem sekundären oder quaternären Sektor zurechnen, je nachdem, ob wir das Unternehmen als ganzes oder seine einzelnen Abteilungen betrachten. Da spielt auch die alte Unterscheidung zwischen »blue collars« und »white collars« hinein, die durch heutige industrielle Verfahren obsolet geworden ist.

Wir ziehen es deshalb vor, die traditionellen Sektoren – Urproduktion, Industrie, Dienstleistungen – bestehen zu lassen, obwohl es natürlich auch hier immer mehr Verwischungen gibt, und die Frage, was darin physische Arbeit und was Informationsverarbeitung sei, als davon völlig unabhängige Dimension zu verstehen. In allen drei Sektoren gibt es beide Kategorien, und ihnen allen ist gemeinsam, daß die physische Arbeit innerhalb der menschlichen Tätigkeiten im Vergleich zur Informationsverarbeitung zu einem unbedeutenden Rest zusammengeschrumpft ist. Das hat sich schon zu Henry Fords Zeiten angebahnt: Sein Fließband wurde ja irgendwo geplant. Je wissenschaftlicher die Betriebsführung wurde, desto mehr verlagerte sich die menschliche Tätigkeit in die Vor- und Nachbereitung der Produktion, während diese zuerst mechanisiert und dann automatisiert werden konnte – bis hin zur Idealvorstellung der menschenleeren Fabrik.

In den letzten 40 bis 50 Jahren kam etwas Neues hinzu: Die Verlagerung zur Informationstätigkeit schaukelte sich auf mit der Entwicklung der Informationstechnologie, deren Effizienz sich seit ihrer Einführung bis heute etwa alle 18 Monate verdoppelt hat. Während früher die Informationsverarbeitung, soweit sie sich nicht an den Endverbraucher richtete, dazu diente, die physische Arbeit zu rationalisieren, selbst aber kaum rationalisiert wurde, wurde sie jetzt von der Taylorisierung voll erfaßt. Die Durchrationalisierung der Informationsverarbeitungssysteme führte zum letzten Höhepunkt der wissenschaftlichen Betriebsführung, sei es in den traditionellen Dienstleistungssektoren wie Handel, Banken und Versicherungen, die auf diese Weise die Taylorisierung mit zwei Generationen Rückstand gegenüber der Industrie nachvollzogen, sei es in der Industrie selbst.

Das industrielle Paradigma
Diese fünf Jahrhunderte lang anhaltende Rationalisierung, die zumindest in einigen Ländern und Wirtschaftszweigen des industriellen Westens zur letzten Perfektion entwickelt wurde, war nicht denkbar ohne entsprechende Wirklichkeitsmodelle, Vorstellungen darüber, wie Dinge funktionieren könnten. Sie entwickelten sich nicht zuletzt im Wechselspiel mit der industriellen Rationalisierung. Sie lieferten die Hypothesen; die Industrie lieferte die Experimente und damit Impulse für neue Hypothesen. Auch hier kann es nicht darum gehen, diesen Prozeß im einzelnen nachzuzeichnen, zumal es den mir zugänglichen Wissensstock bei weitem sprengen würde. Gewiß scheint mir aber, daß der Rationalisierungsprozeß der Wissenschaft mit jenem der Wirtschaft eng verbunden war.

Worin bestand der Kern des wissenschaftlichen Rationalisierungsprozesses? Wenn wir wiederum versuchen, ohne Rücksicht auf die zahllosen Verästelungen und dialektischen Prozesse ein Integral über die gesamte Entwicklung zu bilden, so scheint er mir durch das Duo Newton und Descartes symbolisiert zu sein: Immer klarer kristallisierte sich heraus, daß die Welt, d. h. unsere äußere Wirklichkeit einschließlich unserer eigenen Physis, eine Newtonsche Maschine war; außerhalb dieser Welt stand der cartesianische, der logisch-rationale Verstand, der uns befähigte, diese Welt zu beobachten, zu vermessen, auf ihre Funktionszusammenhänge zu analysieren, zu prognostizieren, zu beherrschen, nachzubauen und zu planen.

Die Erfüllung des prometheischen Traums schien nahe. Wir bauten uns eine Welt voller Newtonscher Maschinen: Fabriken, Verwaltungsapparate, Armeen, Planungs-, Logistik- und Kontrollsysteme, Autos, Mondraketen, Fernseher, Computer, Atombomben … Endlich konnten wir uns befreien aus materieller Not, waren geographisch und sozial mobil und wurden sogar Herr über Leben und Tod der Menschheit …

Die Theorie des Paradigmenwechsels
Woran lag es, daß aus der schönen neuen Welt nichts wurde? Daran, daß jeder emanzipatorische Akt die Strafe der Götter auf sich zieht, unerbittlich seinen Preis fordert, unweigerlich an seine Grenzen stößt und dort zum Opfer seines Erfolgs wird, oder wie immer man das formulieren will. Wir könnten auch sagen, es lag an der Paradoxie, die jedem Fortschritt eingebaut ist, indem er einen blinden Fleck voraussetzt, der ihn scheitern lassen wird. Etwas weniger dramatisch gesagt: an der Gesetzmäßigkeit des Paradigmenwechsels (Kuhn). Deren Entdeckung ist bereits eine Ausgeburt des Paradigmenwechsels selbst, hätte sie doch im Paradigma der Neuzeit, des Industriezeitalters, gar nicht formuliert werden können. Sie lautet nämlich, daß jedes Wirklichkeitsmodell (Paradigma), gerade wenn es erfolgreich ist, notwendigerweise irgendwann an seine Grenzen stößt; das äußert sich darin, daß immer mehr Zusammenhänge auftauchen, die es nicht mehr zu erklären vermag. Das setzt die Suche nach einem neuen, erweiterten Paradigma in Gang, die irgendwann in einer Art kollektiven Aha-Erlebnisses zum Erfolg führen wird.

Das alte Paradigma, das zum Opfer seines Erfolgs geworden ist und sich damit selbst überwunden hat, sinkt dann zum Spezialfall des neuen hinab. In einem Paradigma, das eine objektive, absolute Wirklichkeit voraussetzt, wäre die Theorie des Paradigmenwechsels gar nicht denkbar gewesen. In der Welt der Chaos-Theorie und des Konstruktivismus dagegen bereitet sie uns keine große Mühe mehr.

Der Paradigmenwechsel vollzog sich auf zwei Ebenen: Einerseits stieß das Wirklichkeitsmodell selbst zunehmend an seine Grenzen, und andererseits zeigten sich immer wieder und immer deutlicher die Schattenseiten seines Nachbaus in der gesellschaftlichen Realität. Beide Stränge sind natürlich eng miteinander verknüpft und zuweilen kaum auseinanderzuhalten, weil die Wissenschaft zum Teil von der Beobachtung der gesellschaftlichen Realität lebt und die Gesellschaft eben wieder ihren Modellen nachgestaltet wird. Gleichwohl sei der Versuch gewagt, den Paradigmenwechsel in der Erkenntnistheorie, der fast unentwirrbar mit der Entwicklung des Menschenbildes verknüpft ist, und jenen im politisch-sozialen Bereich eine Strecke weit separat zu verfolgen.

Der erkenntnistheoretische Paradigmenwechsel
Erkenntnistheoretisch ging das aufklärerische Paradigma also von der Vorstellung eines außerhalb stehenden Beobachters aus, der sein Objekt erforscht, beschreibt, analysiert etc. Schon Kant stellte fest, daß die Erscheinungswelt nur zugänglich ist in den Formen, die der menschliche Geist in sie hineinträgt (Kritik der reinen Vernunft). Seine Analyse übte aber außerhalb der Philosophie keinen prägenden Einfluß auf die wissenschaftlichen Wirklichkeitsmodelle des 19. Jahrhunderts aus. Konrad Lorenz (Die Rückseite des Spiegels) konkretisierte Kants Erkenntnis mit seiner später von Maturana und Varela weiterentwickelten Beobachtung, daß die Wahrnehmungsorgane gestaltgewordene Theorien der relevanten Wirklichkeit seien, die sich im Lauf der Evolution als erfolgreich erwiesen hätten. Karl Popper verdeutlichte, daß wir niemals gesicherte Aussagen über die Wirklichkeit machen können, weil wir zwar Hypothesen bilden und prüfen, sie aber niemals beweisen, sondern nur bis zum Beweis des Gegenteils gelten lassen können.

Wir können also nichts darüber sagen, ob es eine objektive Wirklichkeit gibt und wie sie gegebenenfalls beschaffen wäre. Heisenbergs Unschärferelation ging einen Schritt weiter, indem sie aufzeigte, daß die Beobachtung das Forschungsobjekt verändert. Der Beobachter wird also Teil eines Beziehungssystems. Damit verflüchtigt sich auch die andere Seite des aufklärerischen Weltbildes, nämlich der außerhalb der physischen Welt stehende, souveräne Verstand. Wir können nicht nicht in Beziehung treten, könnte man in Anlehnung an Watzlawicks Wort »Wir können nicht nicht kommunizieren« sagen. Das gilt natürlich besonders im menschlich-sozialen Bereich. Von Freuds psychoanalytischer Methode über die Ansätze der Familientherapie bis zur Theorie sozialer Systeme eines Niklas Luhmann steht immer wieder die Frage nach dem Verhältnis zwischen dem Beobachter und dem beobachteten System (d. h. dem Menschen oder einem sozialen Organismus) im Zentrum. Der Beobachter muß seine Wahrnehmungsfilter, seine eigenen blinden Flecken kennen (Lehranalyse), um das System beschreiben zu können. Wenn er es befragt, muß er sich dabei beobachten lassen. Er muß sich selbst außerhalb seiner selbst stellen, also eine Grenze zwischen sich selbst als Beobachter und sich selbst als Agierender und Reagierender ziehen und aus dieser Perspektive eine Grenze zwischen dem beobachteten Selbst und dem von diesem beobachteten Objekt errichten. Diese Schizophrenieübung kann nie wirklich gelingen, weil die Grenzziehungen durch die Wahrnehmungsfilter dessen, der sie versucht, bedingt bleiben. Deshalb sind wir darauf verfallen, Beobachter des Beobachters einzusetzen, die aber als solche vor demselben Problem stehen und eigentlich wieder eines Beobachters bedürften etc. Der ständigen Unvollkommenheit und Vorläufigkeit dieses Unterfangens bewußt, ziehen wir uns auf die Bildung vorläufiger Hypothesen zurück, die aus der Konfrontation zwischen den verschiedenen Beobachtungsebenen entstehen, etwa bei der Analyse sozialer Systeme, auch etwa in Beratungsprozessen oder bei Managementaufgaben: Berater ziehen einen Beobachter zu, Manager einen Berater, um zu tauglichen und dennoch immer vorläufigen Hypothesen zu gelangen, ohne in Beziehungsfallen zu tappen. Gruppen brauchen in der Sache uninteressierte Moderatoren, damit die Konfliktebenen nicht durcheinandergeraten. Moderatoren, Berater, Psychotherapeuten und Manager bedienen sich eines Supervisors, um die Perspektive der Selbst- und der Fremdreflexion immer wieder neu zu erarbeiten ...

Aber alle Kniffe ändern letztlich nichts daran, daß ein Mensch nichts anderes kennt, als was er in sich selbst beobachtet (und das bedeutet weder, daß er weiß, was in ihm vorgeht, noch daß er über die Selbstbeobachtung etwas Taugliches aussagen kann, da dies bereits wieder eine Geschichte über seine Selbstbeobachtung ist). Er kann also nur die Resonanz beobachten, die irgendwelche vermuteten inneren und äußeren Ereignisse in ihm auslösen, und daraus die Hypothesen über die innere und äußere Wirklichkeit und das zweckmäßige Verhalten ihr gegenüber entwickeln, mit denen er sich durchs Leben schlägt.

Offenbar ist die Resonanz selbst in jedem Moment geprägt durch die bis dahin gebildeten bewußten und unbewußten Hypothesen, die ihrerseits Resultat früherer Auseinandersetzungen mit Wahrnehmungen sind, angefangen mit jenen im Verlauf der biologischen Evolution, die zu bestimmten Erbanlagen – Wahrnehmungsorganen, Instinkten, vielleicht so etwas wie einem kollektiven Unbewußten – geführt hat, und sich fortsetzend mit den Wahrnehmungen im Verlauf der individuellen Biographie. Sie beginnen mit der »Verdrahtung« der Synapsen im Gehirn des Säuglings (wenn z. B. ein Säugling nie Lichtstrahlen ausgesetzt wird, bildet das Gehirn die Hypothese, es gebe kein Licht, und der Mensch bleibt trotz intakter Wahrnehmungsapparate zeitlebens blind), setzen sich fort mit der Sozialisierung im kleinen Kreis (von der z. B. abhängt, ob ein Kind von der Hypothese ausgeht, daß es seinen eigenen Fähigkeiten und seinen nächsten Mitmenschen trauen kann) und gehen schließlich über zu den weiteren Lernprozessen, in deren Verlauf sich die diversen kulturellen Wahrnehmungsfilter des Menschen ausbilden ... Insgesamt können wir sagen, daß wir heute wieder wissen, daß wir nichts wissen können, aber gerade dieses Wissen macht uns offen und lernfähig.

Damit ist aber noch nichts gesagt über die Struktur und Funktionsweise des Informationsverarbeitungsapparates im Menschen. Um eine lange Geschichte kurz zu machen: Auch hier hat sich in den letzten Jahren das Grundmodell von einer Newtonschen Maschine schrittweise in Richtung eines sich im ständigen inneren und äußeren Dialog herausbildenden Netzwerks lose gekoppelter, selbständiger kleiner Einheiten entwickelt. Der Homo oeconomicus der klassischen Wirtschaftstheorie, der das Menschenbild unserer Gesellschaft stark geprägt hat, war so etwas wie eine triviale Rechenmaschine zur Maximierung der Lust-Unlust-Differenz, die als »Wirtschaftssubjekt« über die totale Souveränität des Descartesschen Geistes verfügte. Eine ähnliche Trivialmaschine, aber gänzlich ohne Souveränität, stellte dem der Skinnersche Behaviorismus gegenüber.

Auch bei Sigmund Freud haben wir es im Grunde noch mit einer Newtonschen Maschine zu tun: Je nachdem, welche Kräfte auf den Menschen einwirken, bildet sich ein mehr oder weniger mächtiges Über-Ich, und je nachdem werden Triebenergien, die genetisch programmiert sind und sich durch allerlei Einflüsse mehr oder weniger stark aufladen, abgeführt, sublimiert oder neurotisch verdrängt. Die Behebung einer Neurose setzt die Mobilisierung entsprechender Gegenenergien voraus. Idealvorstellung ist die zentrale Kontrolle der ganzen Maschinerie durch ein starkes rationales Ich (»Wo ›Es‹ war, muß ›Ich‹ werden«), das gewissermaßen unternehmerisch denkt, indem es zwischen den eigenen Bedürfnissen und dem Realitätsprinzip vermittelt und auf diesem Weg zu einem optimalen Verhalten gelangt.

C. G. Jung dreht die Hierarchie zwischen Ich und Unbewußtem um: Auch bei ihm spielt das spontan-aktive Ich die Unternehmerrolle, aber es wird dabei überwacht von einem Aufsichtsrat, dem »Selbst«, dem die Weisheit des kollektiven Unbewußten, der während der gesamten biologischen Evolution gesammelten (bildhaften) Erkenntnisse, Bewertungs- und Verhaltensregeln zu Gebote steht, vermutlich auch die Gesamtheit der Informationen, die während des individuellen Lebens ohne Zutun des Bewußtseins gespeichert worden sind. Dieser unserer Wahrnehmung nur über indirekte Signale wie Träume oder psychosomatische Reaktionen zugängliche, allwissend scheinende »Integrator« mag auch die Wurzel des Gottesglaubens sein.

Die meines Erachtens hochinteressanten Versuche, Tiefenpsychologie, Verhaltensforschung und Gehirnphysiologie einer Synthese entgegenzuführen (Willy Obrist) sind erst in den letzten Jahren zu einem Hauptstrom wissenschaftlicher Erkenntnis geworden. Wir durften jedoch schon vor längerer Zeit feststellen, daß keinerlei Widersprüche zu bestehen scheinen zwischen Jung, der biologischen Verhaltensforschung und den gehirnphysiologischen Modellen, die mit verschiedenen Gehirnsphären und -regionen sowie mit unterschiedlichen neuronalen Strukturen arbeiten. Allerdings hat die amerikanische Gehirnphysiologie (Hornstein) die Hypothese eines Integrators, eines übergeordneten Ich oder einer übergeordneten Persönlichkeit vor etwa 15 Jahren ersetzt durch die These des »Multimind«. Hiernach ist das Gehirn bevölkert durch eine ganze Reihe von »Geistern« mit einem je dazu passenden äußeren Umfeld, die untereinander in loser Verbindung stehen können. Etwa seit der Jahrtausendwende zeichnet sich hier aber eine Synthese ab: Der offenbar »multiphrene« Mensch ist durchaus in der Lage, eine Selbstbeschreibung von sich zu geben, auch wenn sie naturgemäß zahlreiche Widersprüche und Fluktuationen aufweist, wie es eben der komplexen Struktur des dynamischen Multimind-Netzwerks entspricht, und dessen Programme schalten sich nicht gänzlich unkoordiniert ein und aus; vielmehr ist es möglich, diesen Vorgang bis zu einem gewissen Grad über die Aufmerksamkeit des Bewußtseins (wessen?) zu beeinflussen, und im übrigen scheint das Unbewußte ihn in aller Regel doch recht zweckmäßig zu steuern.

Das Fazit: Vom souveränen cartesianischen Verstand ist ein eher prekäres Bewußtsein übriggeblieben, das zwar in gewissem Maße seinen Scheinwerfer auf diese und jene Stelle der inneren und äußeren Landschaft richten kann und das in gewissen Grenzen zu folgerichtigem Handeln fähig ist, aber das in seinem Wahrnehmungsvermögen doch von stammesgeschichtlichen und individuellen Lernprozessen geprägt ist, die sich größtenteils seinem Einfluß entziehen, und das seine größtmögliche Wirksamkeit nicht dann entfaltet, wenn es sich auf logisch-kognitive Informationsverarbeitung beschränkt, sondern wenn es sich gegenüber der nichtbewußten Sphäre möglichst öffnet und Bildern, Assoziationen, Intuition, Emotionen ebenso große Bedeutung einräumt wie der rationalen Analyse.

Die Selbstüberwindung des gesellschaftlichen Paradigmas

Im politisch-sozialen Bereich zeigte sich schon anläßlich der französischen Revolution, wie leicht diese nicht nur ihre Feinde, sondern auch ihre Kinder fraß, sobald ihre dem Geist der Aufklärung entstammenden Maximen verabsolutiert wurden. Aber die Belege dafür, daß etwa Toleranz eine unlösbare Paradoxie beinhaltet, die ständig oszilliert zwischen Toleranzzwang und Kapitulation gegenüber Fundamentalismen aller Art, brauchen wir nicht in dieser mehr als zwei Jahrhunderte zurückliegenden Geschichte zu suchen. Die Paradoxie wurzelt letztlich darin, daß die der Aufklärung zugrundeliegende Hypothese des souveränen Individuums eine Fiktion ist, die der realen Erfahrung kaum einen Augenblick lang standhält.

Die nächste Pirouette dieser Dialektik zwischen Individuum und real erfahrener Welt wird durch Karl Marx symbolisiert. Stellvertretend für die Arbeiterbewegung des 19. Jahrhunderts führen seine früheren Schriften eindrücklich vor Augen, daß der Arbeitnehmer eben nicht zur Welt der außerhalb Stehenden gehört, welche die Newtonsche Maschine besitzen und damit beherrschen, sondern lediglich ein fremdbestimmtes Rädchen ist. Unglücklicherweise verharrte der Marxismus aber im aufklärerischen Weltbild, denn statt die Fiktion des souveränen Menschen als solche zu erkennen, versuchte er sie Realität werden zu lassen durch die Diktatur des Proletariats, wobei die Terminologie immerhin ein Vorbewußtsein von der Paradoxie dieses Weges zur Befreiung enthüllt. Er führte folgerichtig in einen Totalitarismus, der die ganze Welt in eine Newtonsche Maschine zu verwandeln versuchte – beherrscht durch ein stellvertretend für seine Untertanen souveränes Zentralkomitee. Der Nationalsozialismus war da konsequenter, indem er den Mythos des Individuums durch jenen der Masse ersetzte, aber im Ergebnis unterschieden sich die beiden bekanntlich wenig voneinander.

Sigmund Freud verlagerte den Hauptschauplatz des Kampfs von der Gesellschaft ins Innere des Individuums, ohne aber genaugenommen vom cartesianischen Denken Abschied zu nehmen (siehe oben). Gleichzeitig vertritt das Ich aber auch den Gesellschaftsapparat als Agent, der im Namen des Realitätsprinzips das Lustprinzip unterdrücken hilft und akzeptiert, daß »das Unbehagen in der Kultur« ein unentrinnbares Lebensfaktum bleibt – sozusagen der Tribut an Kants kategorischen Imperativ. Das Ich wird also zum Vermittler zwischen der Einsicht in das nötige Maß der Unterdrückung und dem in diesem Rahmen möglichen Autonomiestreben.

Von hier gibt es eine direkte Verbindung zu Herbert Marcuse, dem Guru der Studentenrevolte von 1968. 1968 ist in meinen Augen ein Scharnierjahr des gesellschaftlichen Paradigmenwechsels, als Koinzidenz zweier Bewegungen, welche die Selbsttranszendenz des industriellen Systems symbolisieren, nämlich der Studentenbewegung und des in eben diesem Jahre gegründeten Club of Rome.

Es ist weder sinnvoll noch möglich, hier die in mancher Hinsicht diffuse Geschichte der Studentenbewegung nachzuzeichnen. Aber unter dem Gesichtspunkt des aufklärerischen Welt- und Menschenbildes scheint mir das Thema der Repression zentral zu sein. Einmal mehr griff die Erkenntnis Platz, daß der Mensch nicht Herrscher, sondern Sklave des liberal-demokratischen Sozialstaates geworden war. Am prägnantesten formulierte es, wie erwähnt, Herbert Marcuse: »Der eindimensionale Mensch« war nicht nur, wie schon Marx erkannt hatte, als Arbeitskraft, sondern auch als Konsument und Bürger lückenlos programmiert, im Interesse einer selbstzweckhaften Wirtschaftsmaschine. In Übereinstimmung mit Marx und Freud anerkannte Marcuse sogar ein gesellschaftlich notwendiges Maß an Repression – offenbar in der Einsicht, daß die Kantsche Bedingung einer freiheitlichen Gesellschaft eine Utopie bleiben mußte. Dessen kategorischer Imperativ der praktischen Vernunft lautete bekanntlich, daß jeder so handle, daß die Maxime seines Willens jederzeit zugleich als Prinzip einer allgemeinen Gesetzgebung gelten könne – oder in der eingängigen Übersetzung des Schweizer Wirtschaftspioniers Gottlieb Duttweiler: Freiwilligkeit ist der Preis der Freiheit. Was aber über das – natürlich kaum zu definierende – Maß der notwendigen Repression hinausging, blieb in den Augen Marcuses Ausbeutung.

Wie gesagt – die Studentenrevolte hatte zahlreiche Facetten. Was aber im nachfolgenden »Marsch durch die Institutionen« einer ganzen Generation von zum Teil heute, im Jahre 2005, noch aktiven Politikern, Managern, Gewerkschaftsführern, Medienleuten und Wissenschaftlern nachhaltig fortwirkte, war der Versuch, einer selbstzweckhaft von sogenannten Sachzwängen, historischen Machtstrukturen und einer eingefahrenen Eigendynamik bestimmten Maschinerie zunehmend Mitbestimmungs- und Selbstbestimmungsräume abzuringen.

Vordergründig erscheint es vielleicht künstlich, die zweite 1968er Bewegung, den Club of Rome, hiermit in Verbindung zu bringen. Sie wurde zunächst aus dem diffusen Gefühl geboren, daß es »so« nicht mehr weitergehen könne. Ein Brainstorming darüber, worin die sogenannte »Weltproblematik« bestehe, wurde von Dennis Meadows in ein Computermodell übersetzt, dessen »Systems' Dynamics« die im Grunde triviale Tatsache illustrierten, daß exponentielles Wachstum in einem begrenzten Umfeld nicht »sustainable« sei. Das war der Kern des 1971 erschienenen Bestsellers »Grenzen des Wachstums«, dessen apokalyptische Szenarien in der Folge durch bisher drei Ölkrisen, eine unabsehbare Zahl von Umweltkatastrophen, eine ständig anschwellende Flut von verhungernden Menschen und eine nicht mehr zu verkennende weltweite Klimaveränderung mit zum Teil katastrophalen Auswirkungen immer wieder bestätigt wurden.

Die Verbindung zur Repressionsthematik liegt in der Frage, wie diese Dynamik zu erklären und wie sie infolgedessen unter Kontrolle zu bringen ist. Meadows selbst und mit ihm eine ganze Generation von Ökosozialisten und Ökofundamentalisten haben die Frage mehr oder weniger explizit vom industriellen Paradigma her beantwortet: Wenn wir die Welt als Newtonsche Maschine in der Hand souveräner Menschen betrachten, so gilt es, eine politische Kraft zu bilden, die die Hebel herumwerfen kann. Wir beobachten also eine Linie, die von den Jakobinern über die Diktatur des Proletariats zum Ökototalitarismus führt.

Die Alternative ergibt sich aus der Hypothese, daß die Grenzen des Wachstums mit den Grenzen des aufklärerischen Paradigmas zusammenhängen. Dieses nämlich war die Grundlage immer effizienterer Newtonscher Maschinen, die, wie weiter oben erwähnt, geradeswegs ins Paradies der Emanzipation von materieller Not(-wendigkeit) zu führen schienen. Das ist zwar insofern eine Übervereinfachung, als daran auch die »unsichtbare Hand« des Marktes einen wesentlichen Anteil hatte und als diese an sich bereits eine im Prinzip nach-Newtonsche Synergiequelle darstellt – aber nur unter der Voraussetzung, daß die über den Markt auf die Produzenten einwirkenden Bedürfnisse nicht ihrerseits einzig von den Interessen der Produktion programmiert sind, wie Marcuse behauptete. Wieweit dies in der Realität der Fall war und ist, bleibt eine unentscheidbare Kontroverse, die bereits in den sechziger Jahren des letzten Jahrhunderts mit Vance Packards Anklage der »geheimen Verführer« eingesetzt hat. Ich will mich mit dem Teil der Analyse begnügen, der meines Erachtens kaum bestreitbar ist:

Die Ökonomie (von griechisch oikos = Haushalt) ist im Lauf der Industrialisierung, unterstützt von der Koordination durch den Markt, zu einer immer effizienteren Optimierungsmaschine geworden. Dadurch wurde sie im Lauf des 20. Jahrhunderts zum dynamischsten Teilsystem der Gesellschaft und hat infolgedessen zunehmend die Verhaltensmuster, die Prioritäten und Wertvorstellungen und die politischen Rahmenbedingungen geprägt (siehe oben: Das halbe Jahrhundert des Bruttosozialprodukts). Das geschah naturgemäß in einer Weise, die der weiteren Entfaltung der Wirtschaft günstig war: Kosten, die nicht zwingend in der Erfolgsrechnung erschienen, wurden auf die Umwelt abgewälzt, Bedürfnisse, die sich nicht unmittelbar in Marktsignalen niederschlugen – etwa jene künftiger Generationen –, wurden verdrängt, und die Sozialisierungsprozesse produzierten Menschen, für die der wirtschaftliche Erfolg zunehmend zum Zentrum des Lebenssinns wurde. Kurz – das Optimierungssystem Wirtschaft wurde zunehmend selbstzweckhaft und damit zum krebsartigen Irrläufer, denn ein Optimierungssystem, das sich seine Restriktionen und Ziele selbst setzt, ist eine logische Perversion. Es wurde vom Diener zum Herrscher der Gesellschaft.

Die Folgen begleiten uns heute noch: Zerstörung der natürlichen Lebensgrundlagen, Raubbau an Rohstoffen und Energie sind für die meisten offenkundig. Andere sind es weniger und verdienen deshalb besondere Erwähnung. Zu ihnen gehört der in ganzen Weltregionen bis heute nicht überwundene Teufelskreis der Unterentwicklung, der mit der Dynamisierung ursprünglich stationärer Kulturen durch die abendländische Wirtschaft eingesetzt hat: Zerstörung der Subsistenzwirtschaft durch den Weltmarkt, schleichende Verarmung durch sich verschlechternde Austauschrelationen, Zerfall der sozialen Netze durch Verstädterung und Aufstieg neuer hegemonialer Klassen, Bevölkerungsexplosion als Folge der Verarmung auf dem Land, der Entwurzelung und der modernen Medizin, Zerstörung der natürlichen Lebensgrundlagen sind die typischen Ingredienzien.

Zu den weniger beachteten Folgen des selbstzweckhaften Wirtschaftswachstums zählt auch die Risikoproblematik: Die hochkomplexen Newtonschen Maschinen – Atomkraftwerke, Chemiefabriken, Informatiknetze etc. – waren vielfach gesichert, gewiß. Aber sie beinhalteten Gefahren für ihre gesamte Umgebung, die wahrscheinlichkeitstheoretisch gering zu schätzen sein mochten, aber doch jederzeit jedermann treffen konnten und von praktisch niemandem beeinflußt werden konnten. Die Konsequenz war ein Dialog zwischen Taubstummen: Auf der einen Seite die Technokraten, die mit infinitesimalen Risikowahrscheinlichkeiten herumfuchtelten, auf der anderen Seite die Fundamentalisten, für die jedes Risiko inakzeptabel und somit nur das Moratorium eine Lösung war.

Weiter ist zu reden vom Raubbau an humanen und kulturellen Ressourcen: Die Newtonschen Maschinen programmierten Arbeitskräfte, die als Rädchen funktionieren konnten und infolgedessen andere Potentiale verkümmern ließen. Aber auch außerhalb der Arbeitswelt griff eine Instrumentalisierung Platz, die alle Quellen der Kreativität und Innovation zuschüttete:

in der rein berufsorientierten Bildung und Schulung, in den auf die Funktion von Werbeträgern reduzierten Medien und Künsten, in der auf Regeneration, Entspannung und Konsum getrimmten Freizeit- und Unterhaltungsindustrie ...

Daß es »so« nicht mehr weitergehen konnte, haben wir auf der Ebene der Ökologie schon in den siebziger Jahren zu begreifen begonnen – was nicht verhinderte, daß die Energiepreise auch heute, im Jahre 2005, noch immer um mindestens 50 Prozent zu niedrig sind. Die anderen Themen wurden erst im letzten und vorletzten Jahrzehnt allmählich in ihrer Bedeutung erkannt. Das hing zusammen mit neuen Paradoxien, die von unserer Effizienzmaschine produziert wurden:

Da unsere Newtonschen Organisationen eine genaue Definition jeder Tätigkeit erforderten, diese aber gleichzeitig die Automatisierung erleichterte, führte die rasche Effizienzsteigerung der Technik zu einem Wettlauf zwischen Mensch und Technik, den immer mehr und höher qualifizierte Menschen zwangsläufig verloren. Sie wurden ausgesteuert und gesellten sich auf die Dauer zu den wachsenden Armenghettos der Wohlstandsgesellschaft. Wir haben also eine wachsende Zahl von Überforderten, die sich ihren Lebensunterhalt nicht selbst verdienen können; wir versuchen das Problem zu lösen mit sozialen Umverteilungsmaschinen, welche die Zahl der Ausgesteuerten erhöhen und gleichzeitig einen Arbeitskräftemangel in zahlreichen Dienstleistungszweigen produzieren.

Noch wichtiger aber ist die andere Seite der Medaille: Das Wirtschaftswachstum der letzten 50 Jahre hat zunehmend Menschen produziert, für welche die Arbeit in Newtonschen Maschinen nicht mehr zumutbar ist. Kaufkraft, Freizeit, Bildungs-, Informations- und Qualifikationsniveau haben ihre emanzipatorische Wirkung getan und Individualisten erzeugt, die ihr Leben eigenständig gestalten wollen. Auch von dieser Seite her hat die Industrialisierung uns dem prometheischen Traum einen großen Schritt näher gebracht. Wir haben es mit MitarbeiterInnen zu tun, die sich am Arbeitsplatz nicht mehr einsetzen, weil der Chef oder die Moral es so wollen, sondern nur weil und soweit es ihnen selbst sinnvoll erscheint. Wir haben es mit BürgerInnen zu tun, die nicht mehr bereit sind, die Folgenabschätzung sie betreffender Investitions- oder Technologieentscheidungen irgendwelchen anonymen Gremien zu überlassen. Wir haben es mit KonsumentInnen zu tun, die ihre Lebensgestaltung aus ihren eigenen Prioritäten und Sinnvorstellungen heraus entwickeln.

Wir haben damit auch die Art von Individuen, die wir brauchen, um mit der Komplexität unserer Gesellschaft umzugehen – innerhalb unserer Organisationen, wo nur die nicht definierbaren Aufgaben übrigbleiben, im Privatleben, wo es gilt, den mit der steigenden Optionenflut verbundenen Selektionsdruck zu bewältigen durch Auswahlkriterien, die sich aus der eigenen Selbstbeschreibung ergeben, in der Politik, wo immer weniger klare punktuelle Entscheidungssituationen und immer mehr komplexe Ziel- und Mittelfindungsprozesse anfallen ...

Was wir aber vor 20 Jahren noch kaum hatten, waren Organisationen, die solche Individuen ertrugen, denn ihre Ansprüche und ihr Verhalten waren mit dem Ideal der zentral gesteuerten, planmäßig funktionierenden und in strikter Kontrolle gehaltenen Organisationsmaschinen unvereinbar. So tat sich auch auf der Ebene der politisch-sozialen Erfahrungswelt eine Gegensatzspannung auf, die auf ein neues Paradigma hindrängte.

Der Kern des neuen Paradigmas
Nachdem wir in so vielen Worten verfolgt haben, wie und warum das alte Paradigma zum Opfer seines Erfolgs geworden und zum Spezialfall innerhalb des neuen Paradigmas herabgesunken ist, können wir uns auf ganz wenige Worte beschränken, um das neue Paradigma zu beschreiben, denn fast alle Kapitel dieses Buches wirken an dieser Beschreibung mit. An die Stelle des Newtonschen Mechanismus, dem ein souveräner rationaler Verstand gegenübersteht, tritt also das Modell eines lebenden Organismus, der sich selbst entwickelt in ständiger Auseinandersetzung mit einem Umfeld, zu dem ebenfalls lebende Organismen gehören. An die Stelle der unilateralen Beziehung zwischen Subjekt und Objekt tritt eine bilaterale Beziehung der gegenseitigen Beeinflussung. An die Stelle der gleichgewichtsorientierten Thermodynamik treten Kommunikationsprozesse im Bereich jener unwahrscheinlich komplexen Strukturen, die sich fernab vom thermodynamischen Gleichgewicht entwickeln (Prigogine). Lebende Organismen sind lernende Organismen, d. h. Informationsverarbeitungssysteme, die im Gegensatz zu trivialen Maschinen fähig sind, sich selbst zu programmieren, indem sie eingehende Informationen zur Weiterentwicklung ihres Systemcodes und der in ihm angelegten Systemgestalt (im Fall des Menschen oder eines sozialen Systems: der Selbstbeschreibung im Sinne einer Beschreibung der Unterschiede zwischen sich selbst und dem Umfeld, im Fall von sozialen Organismen »Kultur« genannt) verwenden, sei es im Verlauf von kontinuierlichen Prozessen, sei es über Chaosphasen hinweg, die über Bifurkationen zur Entwicklung neuer Attraktoren führen. Der Code verleiht dem System eine relative Autonomie gegenüber dessen Umfeld, indem er die Systemgestalt in einem sich verändernden Umfeld konstant halten oder aber in einem konstanten Umfeld verändern kann. Beides geschieht aufgrund ständiger Fluktuationen, die innere und äußere Ursachen haben können. Die Systemautonomie ist aber begrenzt: Sowohl völlige Offenheit als auch völlige Geschlossenheit gegenüber dem Systemumfeld bedeuten den Untergang eines lebenden Systems. (Was nicht der Luhmannschen Aussage widerspricht, daß Systeme in dem Sinn nur geschlossen sein können, daß Signale nicht zwischen Systemen »übertragen« werden können: Systeme können Signale von außen als solche ja gar nicht wahrnehmen, sondern nur Veränderungen, die im eigenen Code angelegt sind und stattfinden; sie haben keine Möglichkeit, zu beurteilen, ob diese auf äußere Signale zurückzuführen sind, wohl aber die, darüber Hypothesen zu bilden.)

Soweit das neue Paradigma in einer Nußschale. Seine Übersetzung in den Bereich der sozialen Kommunikation und Organisation haben wir schon im letzten Kapitel vorgenommen. Hier bleibt noch eine Frage übrig: Was sind die Konsequenzen für das »Projekt Moderne«? Die »Postmoderne« haben wir inzwischen lange genug hinter uns, um den Ausdruck nicht mehr für zeitgemäß zu halten. Im Gegensatz dazu scheint mir die Bezeichnung »postindustriell« im Lichte der oben angestellten Überlegung über das Industriezeitalter und das mit ihm untrennbar verbundene Paradigma nach wie vor sinnvoll zu sein, auch wenn er über diese postindustrielle Qualität noch nichts Konkretes aussagt. Aufgrund des vorangegangenen Kapitels könnten wir es das »dialogische Zeitalter« nennen, aber ich werde im nächsten Kapitel begründen, weshalb ich den Ausdruck »kulturelles Zeitalter« vorziehe.

Das alte Paradigma	Das neue Paradigma
– Descartesscher rational-analytischer Verstand	– Connected Multimind
– Dominanz des logisch-kognitivenGeistes	– Verbindung mit Bildern, Assoziationen, Intuition, Emotionen etc.
– Newtonsche Mechanismen	– lebende Organismen
– objektive Wahrheit	– interaktive Hypothesenbildung aufgrund subjektiver Wahrnehmungen
– souveränes Subjekt / Rädchen in der Maschine	– Teilautonomie, erworben durch Lernprozesse
– von außen progammierter Code	– sich selbst entwickelnder Code
– unilaterale Subjekt-Objekt-Beziehung	– bilaterale Beziehung der gegenseitigen Beeinflussung
– (Illusion der) Kontrolle von außen	– Selbstorganisation
– starre Hierarchien	– prozeßhafte Beziehungsnetzwerke
– Macht, Herrschaft, Anweisung	– Einfluß, Überzeugung, Meinungsbildungs- und Lernprozesse
– Industrialisierung	– postindustrielle Epoche

Das »Projekt Moderne« im neuen Paradigma
Wie dem auch sei, ich hege den Verdacht, der Ausdruck »Postmoderne« sei einzig geprägt worden in der bösen Absicht, damit das Ende des »Projekts Moderne« zu signalisieren, sozusagen als Gegenposition zum inzwischen vergessenen Historiker Fukuyama, der den Zusammenbruch des Sowjetimperiums vor 15 Jahren in unsäglicher Verkennung der Lage als »Ende der Geschichte« interpretiert hatte und damit ausdrücken wollte, daß das Projekt Moderne mit dem weltweiten Durchbruch des demokratisch-marktwirtschaftlichen Systems realisiert sei.

Ich stellte mich schon damals auf den Standpunkt, daß das industrielle Paradigma Ost und West in ähnlicher Weise geprägt habe, wenngleich die mechanistischen Organisationen im Westen in der Tat bereits in einem mehr der Selbstorganisation zuzuordnendem Umfeld gestanden hatten, und daß das Projekt Moderne erst mit dem Zusammenbruch dieses Paradigmas eine wirkliche Chance erhalten würde. Erstmals würde es möglich sein, den prometheischen Traum in eine Form zu bringen, die nicht auf das Ausblenden von Teilwirklichkeiten angewiesen sein würde, die dadurch, daß sie ausgeblendet wurden, im Lauf der Geschichte immer wieder ein Ausmaß an Leid produziert haben, das das Projekt als Fiktion oder als Illusion entlarvt hat. Das mußte so sein, weil das alte Paradigma eine gesellschaftliche Organisation ohne Herrschaftsapparat gar nicht denken konnte, denn letzten Endes gab es nur souveräne Herrscher und Rädchen in der Maschine; die einzige Utopie, die versuchte, diesem Dilemma wenigstens teilweise zu entkommen, war jene, die André Gorz im Anschluß an Marx und Marcuse formulierte: Die Beschränkung der Herrschaftsmechanismen auf den zur lebensnotwendigen Produktion unerläßlichen Arbeitseinsatz; so konnte einem minimierten »Reich der Notwendigkeit« ein riesiges »Reich der Freiheit« (Marx) gegenübergestellt werden – auch dies natürlich wieder eine mechanistische Vorstellung, denn in Tat und Wahrheit würden die verschiedenen Reiche eng miteinander kommunizieren.

Im neuen Paradigma können wir das alles etwas lockerer angehen, wie wir das – soweit können wir Fukuyama denn doch folgen – bereits früher in jenen Teilbereichen der westlichen Gesellschaft tun konnten, die nicht nach mechanistischen Regeln organisiert waren, nämlich den Bereichen der Marktwirtschaft, der kleinen Gruppe und der Kommunikation. Wenn wir das Projekt Moderne formulieren als das Bestreben der Menschen, Subjekte ihres Handelns zu sein, d. h. die Fähigkeit zu entwickeln, ihr Leben eigenständig zu gestalten, und die Möglichkeit zu erhalten, ihr Umfeld entsprechend ihren Bedürfnissen verantwortlich mitzugestalten, so ist das der Versuch einer Antwort auf die Frage, was »pursuit of happiness« etwa bedeuten könnte. Man wird mit Recht einwenden, daß sie viele Unschärfen enthält. Diese sind aber dem neuen Paradigma entsprechend durchaus funktional:

Wir müssen einen neuen Rationalitätsbegriff entwickeln. Im alten Paradigma war alles rational, was logisch war, was in seinem Rahmen machbar war und was ökonomisch war. Im neuen Paradigma gibt es nur eine Systemrationalität, die sich von der Frage ableitet, ob etwas dem Überleben des Systems förderlich ist oder nicht. Das braucht weder logisch noch ökonomisch zu sein, und längst nicht alles Machbare ist systemrational.

Für menschliche Individuen und soziale Systeme können wir noch etwas konkreter fassen, was Systemrationalität bedeutet: Unter verschiedenen Möglichkeiten die »sinnvollste« auszuwählen, d. h. jene, die der Selbstbeschreibung am besten entspricht, ist wahrscheinlich das systemrationalste Verhalten. In diesem Rahmen hat dann auch ein relativierter Ökonomie- oder Effizienzbegriff seinen Platz. Dabei ist diese Selbstbeschreibung natürlich nichts Statisches, sondern in Bewegung, sei es aufgrund lebenslanger schrittweiser Lernprozesse, sei es auch im Rahmen von Lebenskrisen bzw. Revolutionen, die sich aus Chaosphasen und Bifurkationssituationen ergeben.

Es zeigt sich daran, daß wir es im neuen Paradigma nicht mehr mit »Teilrationalitäten« zu tun haben. Rationalität bedeutet weder die Beschränkung auf logische Zusammenhänge noch auf das bewußte, verstandesmäßige Denken, noch auf wirtschaftliche Zweckmäßigkeit oder ein ähnliches Effizienzkriterium. Die neue Rationalität setzt vielmehr geradezu voraus, daß alle Quellen und Ebenen der Sinnfindung erschlossen werden und zusammenwirken können.

Soviel zur Systemrationalität aus der Sicht eines einzigen Systems. Wie verhält es sich aber, wenn wir versuchen, nochmals die Position des souveränenen Beobachters außerhalb der Systemwelt einzunehmen? Dann müssen wir zunächst zugeben, daß längst nicht alles, was für ein System rational ist, es für andere ebenfalls ist. Wenn Systeme um nicht vermehrbare, lebenswichtige Güter konkurrieren, entsteht ein Nullsummenspiel, in dem das Verschwinden des einen Systems für das andere zur Systemrationalität gehört. Wird ein System von einem über-, unter- oder nebengeordneten anderen System in seiner Überlebensfähigkeit bedroht, so wird es einen Kampf um Leben oder Tod führen.

Das neue Projekt Moderne

– Jedes System entwickelt seine eigene Rationalität. Kriterium: Sinn = Entscheidung nach Maßgabe der jeweiligen Selbstbeschreibung.

– Je ver-antwortlicher sich Systeme in der Auseinandersetzung verhalten, desto mehr unterstützen sie gegenseitig ihre Lernprozesse und desto synergetischer können sie ihre jeweilige Systemrationalität verfolgen.

– Die Rationalität übergeordneter Systeme ist um so höher, je ungehinderter die an deren Entwicklung mitwirkenden Systeme ihre eigene Systemrationalität verfolgen können.

Aber wie schon die marktwirtschaftliche Theorie zeigt, sind Nullsummenspiele in der Welt lebender Systeme eher die Ausnahme. Die Regel sind eher die synergistischen, also die Positivsummenspiele, bei denen mehrere oder alle Beteiligten gewinnen. Das führt zu einem zweiten Rationalitätskriterium: Ein revidiertes »Projekt Moderne« müßte die Entwicklung von Positivsummenspielen begünstigen. Auch dieses Kriterium können wir konkreter fassen:

Es gibt eine positive Korrelation zwischen der Lernfähigkeit von Systemen, die miteinander zu tun haben, ihrer Entwicklungsfähigkeit und den Synergien, die sich aus ihrer Interaktion ergeben. Das bedeutet, je lernfähiger Systeme sind, desto offener können sie für den Einfluß anderer Systeme sein. Konkret: Wenn ich weiß, daß mein Unternehmen entwicklungsfähiger wird, indem ich seine Investitionsentscheidungen mit kritischen Bürgern zusammen entwickle, werde ich ihnen gerne Gestaltungsräume öffnen.

Der Prozeß der Selbstorganisation sozialer Systeme durch Auseinandersetzung miteinander bzw. unter den beteiligten und betroffenen Individuen beseitigt die Dichotomie zwischen Herrschenden und Beherrschten und ersetzt sie durch gegenseitige Beeinflussung. Anders ausgedrückt: Indem die beteiligten Systeme (bzw. Individuen) sich gegenseitig den Zugang zu ihren Ressourcen eröffnen und diese gemäß ihrer eigenen Selbstbeschreibung anwenden, erweitern sie ihre Handlungs- und Entwicklungsmöglichkeiten. Aus der ökonomischen Außenhandelstheorie kennen wir das als Arbeitsteilung nach dem Kriterium des komparativen Vorteils der Beteiligten, die für beide Seiten zu einem höheren Nutzniveau führt.

Je mehr Offenheit für gegenseitige Beeinflussung sich die Systeme leisten können, desto mehr Synergieprozesse können sich entwickeln. Wieviel Offenheit sie sich leisten können, hängt vom Niveau der erreichten Systemrationalität, d. h. der Überlebens- und Entwicklungsfähigkeit in der Auseinandersetzung mit dem konkreten Umfeld ab; mit anderen Worten, es kommt darauf an, ob die erreichte Selbstbeschreibung taugliche Orientierungskriterien oder aber ständig Überraschungen und Anpassungskrisen produziert. Das bedeutet, daß der Grad der Autonomie und der davon abhängige Grad der Lernfähigkeit der beteiligten Systeme vom früher erreichten Grad ihrer Lernfähigkeit abhängt. Je mehr gegenseitige Beeinflussung möglich ist, desto mehr gegenseitige Beeinflussung wird möglich – das ist keine Tautologie, sondern ein sich selbst verstärkender Prozeß, der den Weg zum neuen »Projekt Moderne« weist.

Auch dazu gibt es wieder die Entsprechung aus der ökonomischen Außenhandelstheorie: Es mag notwendig sein, empfindliche Pflänzchen durch Entwicklungszölle zu stützen oder Strukturkrisen durch Erhaltungssubventionen zu verzögern. Die Früchte der Arbeitsteilung kommen aber nur jenen voll zugute, die ohne solche Stützen auskommen.

Die Ablösung der absoluten Alternative zwischen Souveränität und Fremdbestimmung durch den Begriff einer relativen Autonomie, deren Grenzen sich durch Lernprozesse erweitern, ist gleichzeitig die Einführung des Realitätsprinzips und damit einer höheren Stufe der Rationalität in das Projekt Moderne. Die Wahl zwischen absoluter Ungebundenheit und absoluter Unterdrückung weicht der Kontingenz, d. h. der Möglichkeit, zwischen einer begrenzten Zahl von Möglichkeiten zu wählen, und der Aufforderung, dies nach dem Sinnkriterium zu tun, das sich aus der im Lernprozeß entwickelten Selbstbeschreibung ergibt.

Nun läßt sich auch der Begriff der Verantwortung deutlicher fassen: Systeme entwickeln sich in der Auseinandersetzung, im Dialog mit ihrem Umfeld. Das bedeutet, daß sie an andere Systeme Fragen stellen und von ihnen Antworten einfordern, also ihre »Ver-Antwortlichkeit« erwarten, und daß sie selbst Fragen entgegennehmen und die mit ihnen verbundene Verantwortungzuweisung annehmen oder ablehnen, alles ihrer eigenen Wirklichkeitsbeschreibung entsprechend. Diese bestimmt somit, wofür und wem gegenüber ein System sich für verantwortlich hält, und diese Frage ist selbst Gegenstand einer Auseinandersetzung, einer gegenseitigen Beeinflussung, in der Selbstverantwortung ständig neu definiert wird. Dabei brauchen Fremderwartung und »Erwartungserwartung« nicht einmal übereinzustimmen. Auch aufgrund nichtidentifizierbarer Mißverständnisse können gegenseitige Erwartungen erfüllt werden – in manchen Ehen ein Leben lang ...

Entscheidend für die Synergieprozesse ist, daß die beteiligten Personen oder Organisationen ver-antwortlich handeln, d. h., daß sie Informationen über die Konsequenzen ihres Handelns für ihr Umfeld erfragen und berücksichtigen und ein entsprechendes Verhalten vom letzteren einfordern.

Worauf beruhen die Synergien, die sich daraus entwickeln? Erstens auf der Weiterentwicklung der Koppelungsmedien (Sprachen), welche die Lernprozesse beschleunigen, zweitens in den Lernprozessen selbst, welche die Rationalität der einzelnen beteiligten Systeme erhöhen, drittens in der mit der Kommunikation verbundenen Angleichung einzelner Kulturbestandteile, welche die Koordination erleichtert, und viertens in der gemeinsamen Nutzung der im Netzwerk sich entwickelnden Möglichkeiten aufgrund der Interessenannäherung, die sich aus der Gemeinsamkeit bestimmter Kulturbestandteile ergibt.

Systeme, die in Synergieprozessen zusammenwirken, bilden damit Supersysteme (Entwicklungsinseln) mit überdurchschnittlicher Entwicklungsdynamik, die überdies eine Vorbildfunktion für andere Gesellschaftsbereiche ausüben. Auf diesem Weg wird die systemische Variante des Projekts Moderne zum Attraktor für die ganze Gesellschaft.

Prozesse gewinnen gegenüber Strukturen an Gewicht. Meinungsbildung wird wichtiger als ihr Ergebnis. Aber das bedeutet nicht, daß Strukturen – hier vor allem im Sinn von Erwartungen, die für verläßlich gehalten werden können – nicht eine wichtige Rolle für die Systemrationalität spielen würden: Sie reduzieren Komplexität, entlasten von der Notwendigkeit, rundherum alles mit einem Pferdeblick im Auge behalten zu müssen, ermöglichen es, die Aufmerksamkeit und die Innovationsenergien auf die Bereiche der größten Veränderungen und Veränderungschancen zu konzentrieren und damit die

Lernenergie ökonomisch einzusetzen, jedenfalls solange die hinter den Erwartungsstrukturen steckenden Hypothesen sich für die Systemrationalität als einigermaßen tauglich erweisen.

Liebe Leserin, liebe Leser – wenn Sie bis hierhin durchgehalten haben, beglückwünsche ich Sie. Wenn Sie nicht alles verstanden haben, können Sie daraus schließen, daß auch der Autor durchaus noch Mühe hat, seine Überlegungen in eine praxisnahe, anschauliche Sprache zu übersetzen, und daß wir noch einen weiten Weg vor uns haben, bis das »neue Projekt Moderne« für den gebildeten Zeitgenossen eine ähnliche Prägnanz gewinnt wie das Grundmuster des industriellen Zeitalters.

Kapitel 6:
Das kulturelle Zeitalter

Ein Ballett, das belegt, daß Dorf nicht mehr Provinz bedeutet, schockiert und fasziniert den Erzähler. Es löst eine Diskussion über die Rolle der Kunst aus, in der Juana der bildungsbürgerlichen Behauptung, Kultur werde banalisiert und kommerzialisiert, die Überzeugung gegenüberstellt, das Banale werde kulturisiert und der Kommerz werde zur kulturellen Aufgabe. Selbst der Bäcker habe eine kulturelle Aufgabe in dieser aus vielfältigen kulturellen Anregungen heraus gestalteten Welt. Percy steuert die Reminiszenz an den jungen Generaldirektor bei, der eine »schöne Privatbank« entwickeln wollte. Die Sorge des Erzählers, das kulturelle Zeitalter finde nur für eine privilegierte Minderheit statt, wird aufgefangen durch den Hinweis auf die Rolle des interkulturellen Dialogs bei der Entwicklung der Minderprivilegierten, die auch Thema des Balletts gewesen ist.

Anjas Geschichte

Zum Abschluß meiner Expedition nach Weindorf darf ich zusammen mit Juana Mäuschen spielen bei der Generalprobe der lokalen Tanztruppe. In Erwartung des künftigen Animag-Studios wird im alten Mehrzwecksaal der Gemeinde produziert, einem kalten Zweckbau aus den siebziger Jahren, der glücklicherweise vom Dorf aus unsichtbar hinter der Hügelkante versteckt liegt und seine Hauptfunktion als Turnhalle für die angebaute Schule nicht ganz zu verleugnen vermag. Seine technische Aufrüstung durch Hebe- und Drehbühne und dadurch elektronisch gesteuerte Licht-, Ton-, Kulissenkran- und Projektionsanlagen sowie die rundherum aufgefahrenen Videokameras lassen dies freilich vergessen, sobald das Licht im Saal erlischt. Eine arkadische Landschaft, die in mediterranes Licht getaucht ist, wird auf den Bühnenhintergrund projiziert und läßt mich bereits erahnen, was Juana meint, wenn sie sagt, das Dorf sei heute nicht mehr Provinz, und die Grenze zwischen Laienspiel und Profikultur verwische sich zusehends.

Weindorf sei natürlich ein Glücksfall, wende ich ein, denn nicht jedes Dorf liege so nahe bei der Großstadt und ziehe durch seine besondere Lebensqualität so viele Talente an; außerdem sei es wohl eher eine Ausnahme, daß diese Leute in ihrer Freizeit sich dann auch noch engagierten, statt sich in ihren vier Wänden vom Streß des Kulturbetriebs zu erholen. Gewiß sei Weindorf noch ein Ausnahmefall, räumt Juana ein, aber es sei gleichzeitig ein Musterfall für die Zukunft. Sie stellt auch in Frage, daß der Ausdruck »Freizeit« hier am Platze sei. Der Choreograph der Tanzgruppe habe eben entdeckt, daß er hier viel eigenständigere Gestaltungsmöglichkeiten habe als im großstädtischen Opernhaus, und sie habe dafür gesorgt, daß die Produktion aus Mitteln des lokalen Fernsehens und Sponsorenbeiträgen finanziert werde.

Ballett des Anstoßes

Anja ist, wie könnte es anders sein, der Star des Balletts. Zu Klängen aus der Dvořák-Symphonie »Aus der Neuen Welt« erscheint sie mit drei weit ausholenden Sprüngen auf der Bühne, mit folkloristisch angehauchtem Wams und Röckchen und wird umkreist vom Corps de Ballet, analog eingekleidet. Der Tanz – klassisch mit Folklore-Elementen – spiegelt die heile Welt einer geborgenen Jugend. Dann der Schock: Wie eine Explosion bricht eine neue Szene herein, mit neuem Licht und neuer Musik, mit Worten in der Plötzlichkeit ihres Erscheinens nicht zu beschreiben: Dvořák wird abgeschnitten durch Cracking Fibers, die neue Chaos-Musik-Welle, die schrille Klänge im Synthesizer weiterentwickelt, mutiert und kontrapunktisch zu immer neuen, irritierenden Mustern trimmt, vermischt mit Stimmen, deren melodische Ansätze quälend verfremdet und zerhackt werden. Die arkadische Landschaft verdüstert sich abrupt, und über sie schieben sich die Trümmer einer Schwerindustriestadt, die in frenetischem, mit der Musik kontrastierendem Wechsel in gleißendes Licht und in schwarz-rote Finsternis getaucht wird.

Mit dem Wechsel entfliehen die Tänzer. Anja bleibt allein zurück, versucht weiterzutanzen, bricht dann zusammen und kauert sich schließlich auf den Boden, den Kopf mit den Armen schützend. Das Corps stürzt auf die Bühne, teils in Zivil, teils im Kampfdreß. Eine brutale Kampfszene im Modern-Dance-Stil, mit nackten, stampfenden Füßen, wogt über Anja hinweg, hin und her. Ein Militär zieht sie hoch, ein Zivilist entreißt sie ihm. Alle versuchen, sich ihrer zu bemächtigen, reißen ihr Stück für Stück die Kleider vom Leibe; plötzlich steht sie in schockierender Nacktheit da, ihr Körper gleißend und schwarz-rot im Wechsel des Lichts; sie versucht ihre Blößen zu bedecken, wird aber von den kämpfenden Parteien furios umhergewirbelt und brutalisiert.

Ich bin schockiert und fasziniert, frage mich dann, ob das denn sein müsse, ertappe mich dabei, daß eigene voyeuristische und sadistische

Saiten in mir zum Schwingen kommen, bin beschämt und vermute, das sei wohl der Sinn der Sache. Doch da wird meine Aufmerksamkeit von der Introspektion abgezogen zu einer neuen Entwicklung: Einer der Tänzer in Zivil beginnt, Anja zu beschützen; allmählich gelingt es ihm, sie dem Kampfgetümmel zu entziehen. In einem wieder an die Klassik angelehnten Pas de deux reicht er ihr eine Hülle, die er in der Art einer Tunika über sie gleiten läßt, die aber eher raffiniert enthüllend wirkt. Eine gefällige avantgardistische Kammermusik verdrängt gleichzeitig die Cracking Fibers. Vor die Kriegsruinen und die arkadische Landschaft, die beide noch durchscheinen, schiebt sich ein dekonstruktivistisches Interieur, in dem das Corps sich allmählich, vom tanzenden Paar scheinbar unbemerkt, zu einer schummrigen Milieuszene aufbaut.

Plötzlich mischt sich in die gepflegte Musik in verzerrter Intonierung der Song »Und der Haifisch, der hat Zähne«. Anjas Partner entpuppt sich als Macky Messer, der sie stolz seinem Publikum präsentiert. Sie dreht verwirrt und ratlos einige Pirouetten, während das Corps sie lachend und mit rhythmischem Klatschen zum Tanzen anfeuert. Kurt Weills Musik verfremdet sich allmählich zu einem aufpeitschenden Gogo-Rhythmus. Anja folgt ihm zunächst gedankenverloren, dann mit abwehrender Spitzentanzgestik, aber das Publikum wird immer fordernder und nimmt eine drohende Haltung ein. Da geht ein Ruck durch Anjas Körper. Er drückt Wut, Verachtung und Überlegenheit aus. Indem sie sich fügt und ihrem Publikum gibt, was es verlangt, erniedrigt, ja vergewaltigt sie es zugleich. Mit einem zunächst aufreizend langsamen, dann immer frenetischeren und schließlich total entfesselten Striptease zieht sie die Peiniger in ihren Bann und beherrscht sie mit kaltem Blick. Von allen Seiten kriechen sie auf sie zu, als wollten sie ihr die Füße lecken. Gleichzeitig aber versinkt die Bühne mit ihnen.

Anja verharrt einsam auf einem Podest. Noch mitten in einer obszönen Geste reibt sie sich die Augen. Von Ferne ertönen wieder die Dvořák-Klänge. Die arkadische Landschaft rückt wieder stärker, wenn auch nicht ausschließlich ins Licht. Dieses wechselt von einem schummrigen zum verhaltenen Rosa eines Frühjahrsmorgens; Anjas Nacktheit wechselt von obszön zu schön. Mit zunächst suchenden, tastenden Schritten nimmt ihr Tanz wieder klassische Form an. Während sie sich findet, erscheint ein neuer Partner, ebenso nackt und geschmeidig wie sie. Es entspinnt sich ein zärtlicher Pas de deux, voller Erotik, ohne Obszönität. Ich bin verwundert, wie das möglich ist. Ich fühle mich nicht als Voyeur, sondern als Genießer eines Spiels voll beglückender Ästhetik.

Die Techniker, der Choreograph, das Corps, die wenigen Zuschauer – alles klatscht und schreit »Bravo!«, als das Licht im Saal nach 35 Minuten wieder angeht. Anja steht schwer atmend, aber lächelnd da und schüttelt ihr schwarzes Haar und nimmt die Glückwünsche freundlich in Empfang. Es ist ihre Geschichte. Sie zu tanzen, macht sie offenkundig glücklich. Sie hat es nicht eilig, etwas überzuziehen, sondern mischt sich unbefangen unter die Leute. Der Choreograph gibt noch einige Anweisungen. Einige Stellen müssen nochmals geprobt, einige Licht- und Toneinstellungen noch präzisiert werden, auch für die Fernsehaufzeichnung.

Gute und schlechte Kunst

Wir begeben uns gemeinsam auf den Nachhauseweg. Ich kann nicht umhin, Anja zu fragen, ob es ihr nicht unbehaglich sei, wenn sie sich vor so vielen Zuschauern entblöße. Sie lacht. »Ich finde es sehr reizvoll. Es gibt ja ganz verschiedene Arten von Nacktheit, und sie kommen alle vor in dem Stück.« Juana mischt sich ein, unverkennbare Verachtung in der Stimme: »Das ist typisch für Ihre Generation: Es gäbe so viel zu sagen zu diesem Stück – aber was steht Ihnen zuvorderst? Daß Anja nackt ist. Das ist doch überhaupt kein Thema! Entscheidend ist die Frage, ob das Stück hinüberbringt, was es ausdrücken will, und ob es das in fesselnder Weise und mit hohen ästhetischen Qualitäten tut!« – »Das kann ich ihm alles vorbehaltlos attestieren. Aber ich fürchte, daß die Mehrheit des Publikums reagieren wird wie ich und so benebelt sein wird von den Nacktszenen, daß die Aussage des Stücks davon völlig überdeckt wird.« – »Mag schon sein, daß gewisse ältere Ballettneulinge so reagieren werden. Für sie wird das Spektakel dann eben zum Lehrstück, das ihnen für spätere Gelegenheiten den Blick entnebelt. Aber wir anderen haben doch seit einigen Jahren miterlebt, daß die Bekleidung im Tanz nur noch Ausdrucksmittel und nicht mehr Mittel zur wohlanständigen Kaschierung der Blößen ist. Wieso soll man den menschlichen Körper mit einem Trikot Nacktheit vortäuschen lassen, nur um keine verstaubten Regeln zu verletzen?« – »Vielleicht weil das Körperlich-Vordergründige der ästhetischen Verwesentlichung im Wege steht.« – »Oh – das haben Sie aber schön gesagt. Natürlich gibt es Inszenierungen, deren ästhetisches Konzept zum Beispiel eine Stilisierung erfordert. Die Nacktheit ist ja keine Doktrin. Ich nehme nur in Anspruch, daß wir in einer Zeit der kulturellen Renaissance leben, in der wir nicht nur mehr Ausdrucksmittel als je zuvor zur Verfügung haben, und zwar, wie Sie sehen, bis ins kleinste Dorf hinein, sondern in der wir auch mehr als je zuvor die Freiheit haben, alle Dimensionen jedes Mediums zu nutzen und auszuloten. Beim Tanz ist das Medium eben der menschliche Körper. Seine Sprache kann sehr unmittelbar unsere tiefsten Gefühle ins Schwingen bringen, und das wollen wir ohne Vorbehalte nutzen.« Ich denke an den Sturm widerstreitender Gefühle, den ich während der Aufführung in mir beobachtet hatte. »Und«, fährt Juana fort, »wir sind auch über die Zeit hinweg, als etwas, das sinnlich erregen wollte, dafür mit dem Entzug des Attributs ›Kunst‹ bestraft wurde – was vergreiste Herren der guten Gesellschaft übrigens nicht hinderte, insgeheim deswegen ins Ballett zu gehen. Wenn ein Stück allerdings etwas auslöst, was es nicht auslösen will – dann ist es eben ein schlechtes Stück.«

Das Argument löst bei mir eine doppelte Reaktion aus. Bereits gewitzigt durch Juanas raschen Diskussionsstil, beschließe ich, mich zunächst auf eine Seite zu beschränken: »Aber das ist doch gerade, was ich ihm vorwerfe. Ich fühle mich einmal als gieriger Peiniger, einmal als erniedrigter Voyeur und einmal als Bewunderer erotischer Ästhetik – aber die eigentliche Botschaft, nämlich daß in Europa noch immer Völker vergewaltigt und anschließend von vorgeblichen Wohltätern ihrer Kultur entfremdet und ausgebeutet werden und daß es nur ganz starken Menschen gelingt, den Weg zu sich selbst zurückzufinden, die wird überdeckt.« – »Aber bei Ihnen ist sie offenbar angekommen, und zwar nicht nur kognitiv, sondern Sie haben sogar emotional erlebt, daß alle Figuren dieses Dramas irgendwie in Ihnen drinstecken.« Ich gebe mich noch nicht geschlagen: »Außer der interkulturellen Dimension. Die ist mir nicht so richtig deutlich geworden.« – »Siehst Du, ich habe es dir gesagt!« wirft Anja ein und fährt zu mir gewandt fort: »Ich war nämlich gegen diesen Dvořák und diese Mittelmeerlandschaft und diese Anspielungen auf rumänische Folklore. Ich wollte armenische Weisen und meine Heimat mit ihren Bräuchen drin haben.« Juana: »Ja, und der Choreograph war überzeugt, daß das Publikum es nicht verstehen würde. Es ging ja nicht um das Schicksal armenischer Flüchtlinge, sondern um die Erfahrung einer schrecklich großen Zahl von Völkern, die plötzlich in die abendländische Geschichte hineingezogen wurden und irgendwann die Chance erhalten haben oder sollten, in einer neuen Welt sich selbst wiederzufinden.«

Ich verzichte auf die Vertiefung der Frage, ob diese Problematik so oder anders am deutlichsten vermittelt würde, denn ich habe noch einen zweiten Pfeil im Köcher: »Wie dem auch sei – mich hat noch etwas frappiert. Sie sagten, ein Stück, das etwas auslöse, was es nicht auslösen wolle, sei ein schlechtes Stück. Ist das nicht eine sehr manipulative, geradezu mechanistische Kunstauffassung? Ein Künstler weiß doch meist gar nicht, was alles in seinem Werk steckt. und steht oft fassungslos vor dem, was gerade seine hervorragendsten Produkte auslösen!« – »Ich habe mich unklar ausgedrückt. Das stimmt.« Juana denkt nach: »Ich glaube, wir sollten unterscheiden zwischen Mißverständnissen und Überraschungen. Ich kann überrascht sein von Facetten und Querverbindungen, die in einem Werk stecken und die ich noch gar nicht bemerkt hatte. Es kann aber auch sein, daß ich die Sprache des Künstlers nicht kenne oder daß ich als Künstler zwar ein bestimmtes Publikum im Kopf habe, aber seine Sprache nicht kenne. Dann gibt es Überraschungen, die mit der Größe der Kunst nichts zu tun haben, sondern einfach Mißverständnisse bleiben. Das gilt übrigens für alle anderen kulturellen Prozesse genauso. Es handelt sich ja immer um Verständigungsprozesse, die ein Mindestmaß an gemeinsamer Sprache voraussetzen.«

Kultur und Kommerz

Ich überlege, was wohl Künstler, deren Werke für die Ewigkeit bestimmt scheinen, zu dieser Auffassung sagen würden, komme aber nicht mehr dazu, das Gespräch fortzuführen, denn inzwischen sind wir im Rheinblick angelangt, wo Anja umarmt und mit Fragen bestürmt wird. Wir setzen uns ins Wohnzimmer. Das Thema ist für mich noch lange nicht erschöpft. Ich beschließe, den Faden der für die Ewigkeit bestimmten Kunst nicht aufzugreifen, sondern in all meiner unreifen Eitelkeit drängt es mich, Juana mit ihren eigenen Argumenten zu reizen: »Ich war tief beeindruckt auch von der technischen Raffinesse des Ganzen. Es ist ja so etwas wie ein Gesamtkunstwerk, wie es noch vor wenigen Jahren nicht einmal ein internationales Haus hätte realisieren können. Dennoch finde ich die Kunstauffassung dahinter merkwürdig altmodisch. Ich hoffe, Sie nehmen es mir nicht übel, Anja, es schmälert Ihre Leistung in keiner Weise. Aber moderne Kunst hat für mich immer etwas mit Interaktivität zu tun. Finden Sie nicht, daß das Publikum in irgendeiner Weise in die Gestaltungsprozesse miteinbezogen werden müßte?«

Schon wieder schaltet sich Juana ein. Sie scheint allmählich eine Allergie gegen mich zu entwickeln. Zeit, daß die beiden Tage vorbei sind, denke ich. »Moderne Kunst muß interaktiv sein«, äfft sie mich nach. »Noch so ein Dogma. Ihrer nächsten Gesprächspartnerin werden Sie sagen: ›Moderner Tanz muß nackt getanzt werden.‹ Nein – wir haben alle diese Möglichkeiten, aber wir können sie nutzen, wie wir wollen. Allein schon dadurch, daß sie bestehen, wirkt ein Werk anders als früher, auch wenn es sie nicht benützt. Außerdem – Kunst ohne Interaktivität gibt es gar nicht. Die muß man nicht erst herstellen. Auch wenn ein Bild ganz still im Museum hängt, gehen Sie darauf zu und entwickeln gewisse Vorstellungen, was der Maler wohl ausdrücken wollte, und Sie fragen sich, was es bei Ihnen auslöst, und dann prüfen Sie, was Sie sonst noch alles in dem Bild finden etc.«

Anja, die ich eigentlich befragt hatte, schließt sich an: »Auch in einer Tanzvorführung haben Sie doch Kontakt zum Publikum. Sie spüren, wie es reagiert, und antworten darauf. Allerdings ist die Kommunikation schlechter bei völlig dunklem Saal. Ich habe den Beleuchter gefragt, ob er nicht ein wenig Licht belassen kann, aber wahrscheinlich wird das wegen der Fernsehaufzeichnung nicht gehen. Außerdem – das weißt du ja noch gar nicht, Juana – diskutieren wir gerade noch eine Idee. Bis jetzt hatten wir ja im Sinn, nach der Fernsehausstrahlung eine Diskussion mit Einbezug des Publikums zu organisieren. Aber vielleicht gehen wir noch einen Schritt weiter. Die Idee ist, daß wir Leute einladen, sich genauer mit dem Stück auseinanderzusetzen, indem sie es sich nicht nur ansehen, sondern mit den Leuten in unserem Team darüber reden, wie es gemacht ist und weshalb. Vielleicht strahlen wir sogar einen Teil dieser Gespräche aus. Dann können die Zuschauer Vorschläge einreichen, was sie anders machen würden – Musik, Kostüme, Choreographie, was du willst. Eine Fachjury wählt die praktikablen und darunter die interessantesten Vorschläge aus. An einem langen Abend strahlen wir das Stück nochmals aus, und dann proben und realisieren wir live die ausgewählten Vorschläge. Was glaubst du, was wir da für Einschaltquoten haben werden!«

So jung und schon so abgebrüht, denke ich im stillen und sage: »Ihre Kultur scheint aber schon sehr nahe beim Kommerz zu liegen!« Da bin ich wieder in eines von Juanas Fettnäpfchen getreten. Wie von der Tarantel gestochen schießt sie in die Höhe: »Sie haben sich wohl vorgenommen, uns heute abend mit sämtlichen alten Hüten der Kulturkritik zu beglücken? Kultur, die Erfolg hat, ist nicht Kultur, heißt es doch in ihren humanistischen Kreisen, oder nicht? Nein, es ist umgekehrt! Kultur, die keinen Erfolg hat, ist inexistent, weil sie einfach nicht wahrgenommen wird.«

Nun kann ich mein früheres Argument doch nicht mehr zurückhalten: »Die wahrhaft große Kunst ist doch ohne Schielen auf ein bestimmtes Publikum geschaffen worden, und nur deshalb überdauert sie auch die Jahrhunderte!«

Juana ist geradezu kribbelig vor Irritation: »Wahrhaft, groß, Schielen aufs Publikum – schon wieder eine Ladung Klischees des Bildungsbürgertums der humanistischen Kulturkritik! Hat Johann Sebastian Bach etwa nicht auf sein Publikum geschielt, als er seine sonntäglichen Kantaten, seine Brandenburgischen Konzerte, ja sogar als er sein ›Musikalisches Opfer‹ schrieb? Aber er hat eben Musik geschrieben, die nicht nur sein Publikum ansprach, sondern auch jenes der nachfolgenden Jahrhunderte. Ich vermute, weil sie Resonanzen auslöste auf Ebenen, die von der Mode unabhängig sind. Er galt ja auch eher als altmodisch zu seiner Zeit. In diesem Sinn haben Sie schon recht: groß, weil seine Kunst irgendeinen Wesenskern der in uns angelegten Formenwelt anspricht. Aber wer würde irgendein Werk schaffen, wenn er nicht irgend etwas mitteilen möchte – und sei es im schlimmsten Fall die Hoffnung, daß die Nachwelt ihn besser verstehen möge als die Gegenwart?«

»Aber das heißt ja alles noch lange nicht, daß Kunst zum Kommerz verkommen muß. Was wir seit einigen Jahrzehnten erleben, ist doch eine umfassende Bewegung zur Instrumentalisierung und damit Banalisierung der Kultur!«

»Auch das sehen Sie genau verkehrt. Ich erlebe das als umfassende Bewegung der Kulturisierung des Banalen und Instrumentellen!« Juana kichert, sichtlich stolz auf die geistreiche Pointe.

»Schön gesagt«, entgegne ich, »aber deshalb nicht zutreffender. Instrumentalisierung und Banalisierung fangen doch schon mit dem Kulturbegriff an. Früher war Kultur noch etwas Hohes, Erstrebenswertes, auch in gewissem Sinne Elitäres, ich stehe dazu. Heute wird das Bemühen unserer Gesellschaft, sich möglichst dem primitivsten Geschmack anzubiedern, als kulturelle Leistung verkauft!«

Percy versucht, sich ins Gespräch zu bringen: »Ich finde es prima, daß es mit dem Elitären heute vorbei ist. Zum ersten Mal in der Weltgeschichte ist das kulturelle Leben ein Anliegen praktisch der gesamten Bevölkerung, und es liegt auch in ihrer Kompetenz.«

»Aber um welchen Preis!« werfe ich ein. Juana liebt offenbar Zweifrontenkämpfe: »Ach was«, sagt sie, »es ist doch gar nicht wahr, daß das Elitäre vorbei ist! Noch nie in der Geschichte ging es so vielen abgehobenen, exklusiven, esoterischen, avantgardistischen Grüppchen so gut, und noch nie hatten die sogenannten Kulturschaffenden, die den Ton angeben und die Wege aufzeigen, welche die Massen kurze Zeit später beschreiten, einen so universellen Einfluß wie heute.« – »Aber nur weil und soweit sie sich prostituieren!« entgegne ich. »Sie machen mich ganz krank mit Ihren Vorurteilen! Was heißt denn Prostitution? Das hat doch wohl etwas damit zu tun, sich als Ersatzobjekt zur Verfügung zu stellen. Hat sich ein Michelangelo prostituiert, weil er Auftragswerke herstellte und davon lebte?

Gehen wir's doch mal von der anderen Seite an«, fährt sie mit müder Stimme fort: »Was ist denn Kommerz? Der abwertende Ausdruck für ›Handel‹. Und was ist Handel? Eine Wertschöpfung, die von der Kunst lebt, die Brücke zu schlagen zwischen den Möglichkeiten des Angebots und den Bedürfnissen der Nachfrage. Früher mußten vor allem Unterschiede von Zeit, Ort, Stückelung, Verarbeitungsqualität und Nutzwert überbrückt werden. Heute ist die Brücke zwischen den gestalterischen Möglichkeiten und Bedürfnissen zum Kern des Handels geworden. Deshalb, mein Lieber, sage ich: Es ist nicht so, daß die Kultur zum Kommerz verkommt, sondern der Kommerz wird zur kulturellen Aufgabe!«

An dieser Stelle erhalte ich Unterstützung von Guido: »Also ich habe jetzt die ganze Zeit geduldig zugehört und meistens Bahnhof verstanden. Aber jetzt geht es mir doch zu weit. Du meinst, Don Antonio mit seiner Bäckerei hat eine kulturelle Aufgabe?« – »Natürlich hat er das. Erinnerst du dich, was er dir für Fragen stellt? Was für einen Anlaß haben Sie? Was für Leute werden dabeisein? Was gibt es zu essen und zu trinken? Und dann schlägt er dir eine bestimmte Brotauswahl vor, die das Wesen dieses Anlasses verstärkt und dich gleichzeitig lernen läßt, was für Brotarten es gibt, wie sie gemacht sind, was wozu am besten paßt und weshalb. Wenn das nicht eine kulturelle Aufgabe ist, besonders wenn es sich um dich handelt!« sagt Juana maliziös. Bevor Guido protestieren kann, entgegne ich rasch: »Aber da haben wir es doch in einer Nußschale, diese Banalisierung und Kommerzialisierung der Kultur und des Kulturbegriffs!« – »Na ja, wenn Sie natürlich von der alten Definition ausgehen, die da lautet: Kunst ist, was im Museum hängt, und wenn Sie überdies laut einer weiteren alten Definition Kunst mit Kultur gleichsetzen, dann ist es in der Tat eine schreckliche Banalisierung, Kultur zum Zentrum des Alltags zu machen. Aber daß das heute stattfindet, ist für mich eben gerade das große Glückserlebnis.

Sehen Sie es doch einmal so: Wir haben früher immer zwischen kultivierten und unkultivierten Menschen unterschieden. Was ist ein kultivierter Mensch? Ein gepflegter Mensch, der mit sich selbst und seiner Umwelt pfleglich umgeht, der aus der Kenntnis des vorhandenen Erfahrungsschatzes, der verfügbaren Möglichkeiten und Formenwelten Angenehmes, Schönes, Passendes – kurz, Lebensqualität zu entwickeln vermag, und zwar gerade auch in den kleinen Dingen. Wenn ich rund um mich herum erlebe, daß es den meisten Menschen, mit denen ich zu tun habe, nicht mehr darum geht, sich immer noch mehr Dinge kaufen zu können, sondern ihr Leben und ihre Umgebung so zu gestalten, daß es für sie möglichst sinnvoll oder schön wird oder sie möglichst erfüllt oder wie Sie das immer nennen wollen, daß ich selbst meinen Erfolg daran messen kann, wie gut es mir gelingt, meine Kenntnis der Gestaltungsmöglichkeiten umzusetzen in Anregungen für diese Menschen, daß diese sie begierig aufgreifen und weiterentwickeln und mir wieder Anregungen zurückspielen und daß so rundherum eine bunte, aus einer vielfältigen kulturellen Auseinandersetzung heraus gestaltete Welt entsteht – wenn ich das alles erlebe, dann bin ich glücklich, und dann ärgere mich eben über euch griesgrämige humanistische Miesmacher!«

»Au weia, du hast es wieder mal geschafft!« lacht Consuelo, die ihrer Mutter mit wachsender Begeisterung zugehört hat. »Auf die Kommerzkultur!« sage ich und hebe das Glas. »Auf den Kulturkommerz!« erwidert Juana.

Eine schöne Bank

»Das erinnert mich an den jungen Generaldirektor, der uns anläßlich der Gründung der Privatkundenbank sagte, er möchte eine schöne Bank entwickeln«, erzählt Percy nachdenklich. »Ich dachte natürlich, der spinnt. Vielleicht habe ich doch einen Fehler gemacht, mich auf dieses Abenteuer einzulassen. Als er uns dann fragte, ob jemand eine Frage habe, wagte keiner, die offensichtliche Frage zu stellen. Es war uns allen zu peinlich. Da feixte er und sagte, er wisse doch genau, welche Frage wir alle im Kopf hätten: Was er gemeint habe mit einer schönen Bank. Wir lachten erleichtert. Vielleicht spinnte er doch nicht ganz. Nun, schön sei für ihn etwas Harmonisches. Harmonie sei aber kein Zustand, sondern ein Prozeß, ein Prozeß zu einer größeren Stimmigkeit hin, zu einer Resonanz zwischen dem, was wir entwickelten, und dem, was sich bei unseren Kunden entwickle, aber auch zwischen dem, was sich aus diesem Zusammenspiel im einen Team und im anderen Team entwickle usw. Dieser Harmonieprozeß lebe von den immer neuen Spannungen und Unstimmigkeiten, die sich aus diesen Entwicklungen ergäben; darin lägen ebenso viele Chancen, wieder neue Stimmigkeiten zu entwickeln. – Ich habe das nicht so ganz verstanden, aber ich fand die Vorstellung irgendwie tatsächlich schön und auch einleuchtend, so komisch es mir vorkam, die Entwicklung einer Bank mit Musik zu vergleichen. Nun – inzwischen lebe ich ja seit acht Jahren mit Juana zusammen. Heute wäre ich wahrscheinlich auf Anhieb fasziniert von der Idee.«

»Ich erinnere mich«, sagt Juana. »Ich fand es schon damals genial; im Grunde hat der Mann ein eingängiges Bild gefunden für die Art der Unternehmenskultur, die er wollte, und gleichzeitig ausgedrückt, daß die Unternehmenskultur sich ausdrückt im Prozeß, durch den sie verwirklicht wird, und das ist eben Harmonie oder Schönheit.« – »Aber nicht nur das«, wendet Percy ein. »Zur Schönheit gehört in unserem Fall auch die Qualität der Architektur, sogar der Gebäude, in denen wir uns einmieten, die Gestaltung der Drucksachen und Computer-Präsentationen und dann natürlich die Profilierung im Kultursponsoring.« – »Ja«, sagt Juana nachdenklich: »Die Prozesse kristallisieren sich immer wieder zu Strukturen, welche die Prozesse ihrerseits verstärken, nicht nur durch ihre Funktionen, sondern auch durch das, was sie mit ihrer Gestalt ausdrücken. Sie prämieren gewisse Verhaltensweisen und Gestaltungsformen und verdrängen andere. Sie wirken wie Filter, wie ein Code dessen, was die Mitarbeiter und Kunden dieser Bank und die sonstwie an ihr Interessierten verbindet, ein Code, der gemeinsame Erwartungen verkörpert und schafft. Deshalb ist es auch so wichtig, daß eure Bank zum Beispiel vorbildliche Dorfarchitektur und nicht Hochleistungssport fördert, während zum Beispiel die Ballettaufführung von heute abend von einem Nahrungsmittelkonzern unterstützt wird, dessen Zukunft stark von der Verbesserung des interkulturellen Dialogs abhängt!«

»Also ich verstehe seit langem überhaupt nichts mehr«, meldet sich da Guido wieder zu Wort, mit schon etwas schlurfenden Konsonanten nach erheblichem Bierkonsum. Er hebt seinen Humpen und ruft verschmitzt: »Es lebe die Bierkultur!« Alles lacht. Ich möchte ja eigentlich nicht stur sein, aber es ist die letzte Gelegenheit, das Thema zu vertiefen. Ich denke an den Nachmittag, den ich mit Anja in der Stadt verbracht hatte, und wende mich nochmals an Juana: »Ich fand Ihre Ausführungen wirklich sehr beeindruckend eben. Aber leben wir da nicht in einer privilegierten Welt? Wo findet das kulturelle Zeitalter denn für die breite Masse statt oder für die Armenghettos oder für die Verhungernden in Zentralafrika oder in Bangladesch?«

Interkulturelle Dialoge

»Aha – jetzt ist die Kommerzkultur plötzlich doch Privileg einer Elite?« spottet Juana. Sie läßt aber auch nichts aus, denke ich. Doch sie ist versöhnlich gestimmt: »Nein, im Ernst. Die sogenannten breiten Massen sind voll integriert in die kulturellen Prozesse. Es ist doch die überwiegende Bevölkerungsmehrheit, die heute von ihren Lebensverhältnissen, ihrem Bildungsstand und ihren beruflichen Möglichkeiten her kreative Tätigkeiten im Unternehmen ausübt, sich aktiv an den Auseinandersetzungen in den Medien, in der Politik etc. beteiligt, ihre freundschaftlichen und familiären Beziehungen als verantwortliche Gestaltungsaufgabe begreift und ihren Wohn- und sonstigen Lebensstil mit ausgeprägtem ästhetischem Feingefühl entwickelt. Der Begriff der Masse paßt natürlich nicht mehr so richtig für diese hochdifferenzierte Bevölkerung, aber es ist die Mehrheit, jedenfalls bei uns. Anders ist es sicher in den Ghettos. Da leben die Überforderten, die Perspektivlosen, die Angespülten und Ausgesteuerten, und nochmals anders ist es in den Hungergebieten.« – »Ja, und Sie können das nicht nur so als Randerscheinung abtun. Sonst müßte ich Ihnen vorwerfen, die Botschaft von Anjas Ballett sei ausgerechnet bei Ihnen nicht angekommen!« Anja richtet sich empört auf: »Also das können Sie nun wirklich nicht bringen! Der Vorschlag, gerade das zum Thema zu machen, kam ja von ihr!« – »Trotzdem«, beharre ich, »es ist doch eigentlich sehr blauäugig und eurozentrisch gedacht, wenn die geschundene Kreatur ihr Glück erst findet, wenn sie sich in die schöne neue Welt integriert. So funktioniert das doch nicht!«

Beide Damen schießen nach vorn, als wollten sie mir ins Gesicht springen, und selbst Percy schlägt die Hände vors Gesicht und stöhnt: »Nein, nein!« Was habe ich denn nun wohl wieder gesagt? Juana spricht betont kontrolliert: »Jetzt frage ich mich wirklich, ob die Nacktszenen Ihnen nicht den Kopf vernebelt haben. Ich habe ja vor einer Weile gesagt, Stücke, die Mißverständnisse produzieren, seien einfach schlecht. Nach diesem Kriterium müßte ich Ihnen jetzt wohl zugestehen, daß das Stück schlecht ist. Aber andererseits kann ein Stück ja nicht alle Leute erreichen, und man muß auch die Arroganz haben, die Verantwortung für die Mißverständnisse bei denen zu suchen, die sich nicht die Mühe nehmen, es zu verstehen, statt beim Stück.« – »Das ist aber kein Dialog-Marketingansatz!« frotzelt Percy. »Natürlich ist es das! Man kann doch eben nicht mit allen kommunizieren wollen, sonst erreicht man niemanden mehr!« kontert sie blitzschnell.

»Aber wie dem auch sei, ich will es Ihnen erklären. Die Botschaft war nicht, daß die unterdrückte Kultur sich in die neue Welt integrieren müsse. Das ist so eine typische von des Gedankens Blässe angekränkelte Fehlinterpretation: Da kommt wieder ›Aus der Neuen Welt‹, also bedeutet das, daß sie sich jetzt in diese Kultur integriert. Nicht wahr, das haben Sie gedacht?« Ich muß es zugeben und weiß nicht, weshalb ich das nicht hätte denken sollen. »Ich kann Ihrer kopflastigen Interpretationsweise noch etwas auf die Sprünge helfen: Haben Sie bemerkt, daß im Bühnenhintergrund Arkadien wieder auftauchte, aber ohne daß die anderen Bilder ganz verschwanden?« Das hatte ich, in der Tat. »Aber die eigentliche Botschaft lag natürlich im Tanz. War die erste Szene unschuldig, aber mit etwas aufgesetzter Folklore, so verkörperte die letzte – was rede ich eigentlich die ganze Zeit? Sag du's doch, Anja, was du in der letzten Szene zu tanzen versuchst!« – »Es fällt mir eben leichter, das zu tanzen, als es zu sagen. Aber ich will es versuchen. Ich will zeigen, wie ich zu mir selbst finde, als eigenständiges Wesen.« – »Und was drückt dann der Pas de deux aus?« frage ich. »Ich glaube, er bedeutet, daß man sich selbst nur finden kann in der Beziehung zu anderen und daß man eine fruchtbare Beziehung nur entwickeln kann, indem man sich selbst findet.«

»Ich glaube, jetzt verstehe ich besser. Wenn ich das auf das Problem der benachteiligten Regionen übersetze, so wollen Sie sagen, die Entwicklung hängt davon ab, daß diese ihre kulturellen Wurzeln wiederfinden, und das kann ihnen beim interkulturellen Dialog helfen, der ihnen wiederum dabei helfen kann, und daraus ergibt sich dann eine Entwicklung, die dem Wesen und den Stärken beider Seiten entspricht?« Die drei lachen und klatschen. »Ihr Verstand funktioniert gar nicht so schlecht«, scherzt Juana. »Nur mit dem interkulturellen Dialog in Ihrem eigenen Kopf hapert es noch. Ihr Sensorium und Ihre Emotionen können sich noch nicht so richtig mit Ihrem Bewußtsein unterhalten!« Ich bin viel zu sehr mit Nachdenken beschäftigt, um sie zu hören. »Aber funktioniert denn so etwas auch für die Entwicklung unserer Armenghettos?« – »Sehen Sie, wie ich eben sagte: Sie haben ein autistisches Bewußtsein!« Diesmal trifft es mich: »Wieso?« – »Weil Sie gar nicht merken, daß wir schon ganz woanders sind!« – »Wo denn?« – »Bei Ihrem Kopf, mein Lieber! Aber ich fürchte, daran müßten wir etwas länger arbeiten als nur diese zwei Tage. Deshalb: Lassen wir das für heute! Es war nett mit Ihnen. Ich habe mich köstlich über Sie geärgert! Sie dürfen wiederkommen, wenn Sie mögen!«

So geht mein Aufenthalt in Weindorf zu Ende, genauer, in dieser charmanten Art werde ich hinausgeworfen. Nach einem letzten Gläschen verabschiede ich mich, bereits etwas wehmütig, vom Haus Rheinblick und seinen Bewohnerinnen und Bewohnern. Selten habe ich in zwei Tagen soviel gelernt. Der Leser und die Leserin, die noch die Hälfte der Themen vor sich haben, werden noch gar nicht ahnen wieviel. Und was noch wichtiger ist: Die beiden Tage haben mir eine riesige Zuversicht eingeflößt – nicht weil die dunkleren Seiten ausgeblendet worden wären, sondern weil diese Menschen und ihre ganze Umgebung eine so mitreißende Gestaltungskraft und Lebensfreude ausstrahlen.

Analytischer Anhang über das kulturelle Zeitalter

Vor dem Hintergrund einer Analyse der Funktionen und des Begriffs der Kultur zeigt dieses Kapitel auf, wie die wachsende Vielfalt der Gestaltungsoptionen und der Werte, die mit einer entsprechenden kulturellen Vielfalt verbunden ist, einen zunehmenden individuellen Selektionszwang oder Gestaltungsbedarf erzeugt, der nach einer Sinnsteuerung durch Teilhabe an zahlreichen kulturellen Prozessen ruft. Das Problem der »Sustainability« erfordert eine zunehmende Entmaterialisierung der Wertschöpfung, zu der auch der internationale Wettbewerbsdruck auf die Hochlohnländer beiträgt. Abschließend werden acht Dimensionen des kulturellen Zeitalters aufgeführt.

Wendezeit?
Wir haben in den vorangegangenen Kapiteln aufgezeigt, wie die Wirtschaftsmaschinerie in der zweiten Hälfte des letzten Jahrhunderts mit ihrer kaum gebremsten Dynamik alle anderen Teilsysteme der Gesellschaft weltweit zunehmend dominierte und in ihren Dienst stellte. Wir haben geschildert, wie sie dadurch einen immer selbstzweckhafteren Charakter annahm und wie sie als Optimierungssystem, das eigentlich im Dienst der menschlichen Bedürfnisbefriedigung stehen sollte, zur Perversion wurde. Wir haben dargestellt, wie dies zum Raubbau an ihren Ressourcen – den natürlichen, den menschlichen und den kulturellen – und damit zur Bedrohung ihrer eigenen Lebensgrundlagen führte. Wir haben analysiert, wie diese Entwicklung in ihre eigene Selbstüberwindung ausmündete, indem die wirtschaftliche Dynamik Menschen hervorbrachte, die diese Art der Wirtschaftsmaschinerie nicht mehr akzeptierten, indem sie ferner jene, die sie akzeptiert hätten, zunehmend überforderte, indem sie außerdem Arbeitsplätze entwickelte, die mit ihren Grundregeln nicht mehr zu vereinbaren waren, und indem sie schließlich ihr Umfeld mit einer Komplexität anreicherte, die sie nicht mehr zu bewältigen vermochte. Die Selbstüberwindung nahm die Gestalt neuer Organisationsformen an, ferner jene der Suche nach einer langfristig tragbaren und wünschbaren Entwicklung (sustainable development) und in Verbindung mit diesen beiden Tendenzen jene der Erschließung neuer Legitimationsquellen, oder man könnte sagen, der kulturellen Domestizierung der Wirtschaft.

Es ist vor diesem Hintergrund zu sehen, daß viele Beobachter schon relativ früh in der zweiten Hälfte des letzten Jahrhunderts das heraufkommen sahen, was wir heute »kulturelles Zeitalter« nennen. Wie immer in solchen historischen Entwicklungen gab es viele Namen für das Phänomen, und mit jedem Namen waren viele Bedeutungen verbunden. Es sei erinnert an »Die dritte Welle« von Alvin Toffler, die »Postindustrielle Gesellschaft« von Daniel Bell, die quaternäre Gesellschaft, die verschiedene Analytiker der Freizeitgesellschaft erwarteten, die »Tätigkeitsgesellschaft« nach Ralf Dahrendorf (in der die Grenzen zwischen Arbeit und anderen Tätigkeiten sich verwischen), die postmaterielle Gesellschaft, deren Entstehen Ronald Inglehart bereits in den neunziger Jahren aus Umfrageresultaten ableitete, natürlich die Informationsgesellschaft, die Wissensgesellschaft, der meist ein weitgefaßter Wissensbegriff zugrunde lag, die lernende Gesellschaft und schließlich eben die postmoderne Gesellschaft.

Wenn wir hier von einem kulturellen Zeitalter sprechen, so meinen wir damit vieles von dem, was in diesen Bezeichnungen steckt, und möglicherweise noch etwas mehr, aber auch etwas Konkreteres. All diese Ausdrücke mit »post« sagen ja nur, was vorbei sei, aber nicht, wodurch es abgelöst werde. Die übrigen sagen zum Teil mehr aus. Das gilt namentlich für »lernende Gesellschaft« oder »Wissensgesellschaft«, aber wenn wir die Dinge aus der Perspektive der großen, sich über Jahrhunderte hinziehenden Epochen betrachten, dann scheint es uns aus den nachfolgend erläuterten Gründen einleuchtend, von einem kulturellen Zeitalter zu sprechen.

Natürlich kann man sich fragen, ob die Rede von den Zeitaltern sinnvoll sei, denn wahrscheinlich hat jede Generation, die überhaupt Geschichte erlebt, den Eindruck, just in einer entscheidenden Wendezeit zu leben, was natürlich auch immer stimmt, weil sich zwangsläufig immer fundamentale Veränderungen in just den Fragen vollziehen, die für die jeweilige Generation die grundlegenden sind (wenn dem nicht so wäre, dann würden sie ja nicht als fundamental bzw. grundlegend empfunden), und weil sich in aller Regel gerade aus dem Blickwinkel dieser Fragestellung die Welt immer rascher verändert. Aber auch wenn sich der Verdacht aufdrängt, daß die Wendezeit immer im Auge des Betrachters liegt, so ist sie doch auch damit eine Realität, die wiederum Realität prägt. Deshalb ist sie es wert, näher analysiert zu werden.

Kultur als Code sozialer Systeme
Wovon sprechen wir überhaupt, wenn wir von einem kulturellen Zeitalter sprechen? Kaum ein Begriff wird in so schillernd-unterschiedlichen Bedeutungen benützt. Im Lateinischen hieß »Kultur« zunächst Ackerbau und wurde später, noch in der Antike, ausgeweitet auf alles, was vom Menschen entwickelt wird, im Unterschied zur »Natur«, dem von Menschenhand unbeeinflußten Zustand. Kultur wird damit zum Gestalteten, Gepflegten. Der Begriff erhält so, ebenfalls bereits in der Antike, einen wertenden Charakter. Er steht für das, was von »kultivierten« Menschen oder Kreisen gemeinsam hochgehalten und gepflegt wird, also das Gute, Schöne, Edle, Wahrhaftige, Angenehme. Kultur wird damit zu einem Code, einem Wahrnehmungsfilter: Menschen, die derselben Kultur angehören, d. h. dieselben ästhetischen und ethischen Vorstellungen und hiervon abgeleitet dieselben Gesellschaftsformen haben, erkennen sich eben daran und können sich entsprechend leichter verständigen. Sie bedienen sich derselben Sprache, bauen sich dieselben Häuser, kleiden sich ähnlich etc., wobei dann meist auch kleine Unterschiede, die den besonderen Geschmack belegen, den eigentlichen Beweis der Zugehörigkeit erbringen. Wir können sagen, Kultur sei ein Code, der seine eigene Beschreibung enthalte. Eine Beschreibung beinhaltet immer, was das

Beschriebene von seinem Umfeld unterscheidet, d.h. implizit oder explizit die Beschreibung des Beschriebenen und jene seines Umfeldes bzw. der Grenze, der Differenz zwischen beiden (Spencer Brown/Luhmann).

Diese Beschreibung läßt sich in den Köpfen derer abrufen, die sich einer Kultur zugehörig fühlen oder sie von außen beobachten. Natürlich wird sie in jedem einzelnen Kopf wieder etwas anders aussehen, aber sowohl die Innen- als auch die Außenstehenden werden sie identifizieren können als etwas, was man erkennen kann, etwa am Verhalten von Menschen, die sich ihr zugehörig fühlen oder eben nicht, daran, wie sie sich kleiden, wie sie sprechen, was ihnen wichtig ist, aber auch an ihren Artefakten – Häusern, Produkten, Kunstwerken etc. Die Beschreibung ist in der Regel stark werthaltig. Sie besagt, was in dieser Kultur als wichtig, gut, wahr, schön, heilig etc. gilt und was nicht.

Weshalb kulturelles Zeitalter?

– Als Maßstab des wirtschaftlichen Erfolgs verdrängen das »Wie« und das »Was« der Lebensgestaltung das »Wieviel«.

– Die Erwerbsarbeit und die sonstigen Tätigkeiten erhalten zunehmend kulturellen Charakter: Dialog, Kreativität und Sinnproduktion.

– Im Waren- und Dienstleistungskorb des Endverbrauchers werden Kulturgüter zum wichtigsten Bestandteil: Bildung, Unterhaltung, Information, Reflexions- und Verständnisangebote, persönliche Weiterentwicklung, Gestaltungsangebote.

– Kultur wird zum Hauptkoordinationsmedium in Organisationen. Sie drückt sich aus in allen Erscheinungs- und Verhaltensformen, einschließlich der Art der von ihr geförderten nichtkommerziellen Aktivitäten (Sponsoring).

– Der interkulturelle Dialog wird zur Erfolgsbedingung globaler Unternehmen und zum zentralen Ansatz der Bewältigung politischer und sozialer Konflikte, auch im weltweiten Rahmen.

– Das kulturelle System (Kunst, Bildung, Wissenschaft, Medien, Kommunikationsbranche, Beratung) wird neben der Kommunikationstechnik zum Hauptwachstumssektor, nicht nur aufgrund der Endnachfrage, sondern auch als Produzent der »Vorprodukte«, Qualifikationen, Verständigungs- und Ausdrucksmittel, Wissen, Sinn-, Bewertungs- und Deutungsangebote.

– Die Entwicklung des kulturellen Potentials wird zum zentralen Standortfaktor, von der lokalen bis zur globalen Ebene.

Diese Auffassung von Kultur als Code sozialer Systeme – seien es Familien, flüchtig zusammengewürfelte Gruppen, Unternehmen, Berufszweige, Nationen oder auch die menschliche Gesellschaft als Ganzes – hat sich in den letzten 20 Jahren zunehmend durchgesetzt, weil sie, ausgehend vom antiken Kulturbegriff und von wenigstens einem der alltagssprachlichen Kulturverständnisse, die Funktion von Kultur deutlich macht: Als Wahrnehmungsfilter und Erwartungsstruktur, die sich in der Interaktion von Menschen selbst verstärkt und weiterentwickelt und auf die Menschen zurückwirkt, hat sie zur Folge, daß die Menschen aus sich selbst heraus, d. h. aus ihrer Selbstbeschreibung dessen, was sie sind und wozu sie gehören, sich so verhalten, daß das betreffende soziale System sich reproduzieren und weiterentwickeln kann.

Kultur ist demnach nicht mit den Koppelungsmedien zu verwechseln, die Interaktionen mit einem nur begrenzten Risiko des Mißverstehens überhaupt ermöglichen, also mit den verschiedenen »Sprachen« (Sprache im engeren Sinne, aber auch Körpersprache, Tanz, Kunstformen, Rituale etc.): Die Menschen bedienen sich ihrer, u. a. um Kultur zu beschreiben, und sie beschreiben Kulturen auch nach dem Kriterium, welcher Sprache sie sich bedienen. Die Koppelungsmedien beruhen auf extrem unwahrscheinlichen Gestalten, die ihre Identifizierung in der Kommunikation gewährleisten; diese haben sich im Lauf der Jahrtausende aufgrund eines bereits vorhandenen genetischen Codes und aufgrund eines koevolutiven Ausdifferenzierungsprozesses herausgebildet. Die kulturellen Codes sind von ihnen geprägt und wirken auf sie zurück, aber sie sind mit ihnen so wenig gleichzusetzen wie eine bestimmte Sprache (Koppelungsmedium) und ein bestimmter Text (Selbstbeschreibung), der sich wiederum verschiedener »Vorbereitungsmedien« bedienen kann.

Kultur als Klassenmerkmal
Bis vor kurzem hat in der Alltagssprache mit dem soeben entwickelten noch ein ganz anderer, offenkundig klassengesellschaftlich geprägter Kulturbegriff koexistiert: Da »Kultur« das Gemeinsame nicht nur beschreibt, sondern auch bewertet und prämiert, neigte die herrschende Schicht in der Gesellschaft, die sich als Elite betrachtete, dazu, ihre Werte, Verhaltensregeln etc. als allgemein verbindlich zu betrachten. Gleichzeitig mußte sie davon ausgehen, daß nur sie »kultiviert« war und die anderen eben nicht. Es gab also eine dominierende Kultur, deren Regeln allgemein verbindlich waren, auch für die, welche ihr nicht angehörten, aber damit diese Paradoxie aufrechterhalten werden konnte, mußte die Elite die Regeln derart verfeinern, daß nur sie sie wirklich kennen und einhalten konnte (bis hin zum Zynismus, daß es genügte, gewisse Regeln erkennbar zu kennen und einhalten zu können, um sie nach anderen Regeln ungestraft durchbrechen zu dürfen). So konnte die Paradoxie aufrechterhalten werden, daß die Regeln allgemein gültig waren, auch für jene, die der Kultur nicht angehörten, und daß sie ihr gerade deshalb nicht angehören konnten, weil sie nicht imstande waren, die Regeln einzuhalten.

Daraus ergab sich, daß der Kulturbegriff immer weiter hochstilisiert wurde, daß die »wirklich Kultivierten« ein immer exklusiverer Kreis wurden und daß Kultur oder »wahrhafte Kultur« schließlich nur noch für jene Werte und Artefakte stand, deren Hauptmerkmale die Selbstzweckhaftigkeit, die Kompliziertheit der Formensprache und die Stilisierung und Sublimierung aller darin verarbeiteten Emotionen und Sinnesgenüsse waren, so daß sie dem breiten Volk weder zugänglich noch verständlich sein, noch auch nur nützlich und sinnvoll erscheinen konnten: Der Kulturbegriff schnurrte zusammen zu einem Synonym für »schöne Künste«, die im Gegensatz zu den unschönen eben die zum ostentativen Ergötzen der kulturellen Elite produzierten Kompositionen, Theaterstücke, Bilder und Schriften umfaßten, allenfalls noch jenen Teil der Gebäude, Möbel etc., der garantiert nur als Schmuck diente, denn alles andere näherte sich bereits einer »Gebrauchskunst« an, die eben nicht mehr wirklich Kultur war.

Natürlich entwickelte gerade das Bildungsbürgertum auch immer wieder Gegenbewegungen hierzu, einerseits indem der Zugang zur Kultur auch den »kleinen Leuten« eröffnet werden sollte, andererseits indem die Ästhetik einmal mit dem allgemein Guten, ein andermal mit dem schlicht Funktionalen gleichgesetzt wurde. Dennoch richteten sich Kulturminister und Kulturbudgets noch bis vor wenigen Jahren weitgehend nach dem klassengesellschaftlich eingeengten Kulturbegriff und waren entsprechend volksfern und abgehoben und Liebkind der feinen Leute. Allenfalls gehörten noch Bildung und Wissenschaft zur Kultur, denn auch die waren von elitären Werten und vom Gebot geprägt, nicht nach irgendwelchen funktionalen Nützlichkeitserwägungen gestaltet zu sein. Kultur hatte den Kultivierten und ihrer elitären Abgrenzung zu dienen. Die Unkultivierten reagierten entsprechend mit ihrer Gegenkultur, die ihre Unkultiviertheit betonte oder zum Gegenstand ihres Stolzes erhob, was nun wiederum für die Kultivierten gefährlich war, indem es ihnen zwar ihre Überlegenheit (nach ihren eigenen Maßstäben) bestätigte, aber gleichzeitig die Allgemeinverbindlichkeit ihrer Regeln untergrub und damit eine gefährliche revolutionäre Situation schuf. Nach der Revolution erwies sich allerdings in aller Regel erneut die Prägekraft der elitären Kultur, hatten doch die Revolutionäre nichts Eiligeres zu tun, als sie zu vereinnahmen und sich damit von ihr selbst vereinnahmen zu lassen.

Deshalb war es auch möglich, die Entwicklung des Kulturbegriffs in so allgemeinen, ahistorischen Zügen zu schildern, denn diese Geschichte spielte sich immer wieder ab, in verschiedensten Häutungen, seit Prometheus die abendländische Dynamik in Bewegung gesetzt hatte. Sie spielt sich natürlich auch bis zum heutigen Tage weiter ab – jedoch mit einem entscheidenden Unterschied: Die Gesellschaft der wirtschaftlich höchstentwickelten Weltregionen, die ja trotz zum Teil extrem unterschiedlicher kultureller Wurzeln alle von dieser abendländischen Dynamik geprägt sind, haben in den letzten 50 Jahren einen Differenzierungs- und Verflüssigungsprozeß durchgemacht. Jeder einzelne Mensch gehört zum inneren Umfeld zahlreicher, zum Teil sich vielfach widersprechender Kulturen, und diese sind immer weniger von starren Machtstrukturen bestimmt, so daß praktisch jeder nach den Maßstäben der einen Kultur oben, nach jenen der anderen unten ist und diese Positionen außerdem ständig im Fluß sind. Übergreifende Kriterien für »oben« und »unten« bilden sich in der pluralistischen Gesellschaft nur noch in der Weise heraus, daß alle dazugehören, die dazugehören mögen und akzeptieren, daß alle dazugehören. Wer nicht alle als zugehörig betrachtet, wird als nicht zugehörig betrachtet, weil wir darauf bestehen, daß alle dazugehören müssen – das alte Dilemma der liberalen Kultur ...

Ein Terminologie-Vorschlag
Vor diesem Hintergrund möchte ich dem Leser beliebt machen, von der folgenden Sprachregelung auszugehen:

– Unter »Kultur« sei hier der Code eines sozialen Systems verstanden, d. h. das Programm, das darüber entscheidet, welche Unterschiede als Informationen zu betrachten sind und wie sie gegebenenfalls verarbeitet werden sollen. Der Code hat den Charakter einer im allgemeinen stark werthaltigen Selbstbeschreibung des betreffenden sozialen Systems, d. h. einer Beschreibung von Innen und Außen bzw. der Unterschiede dazwischen. Die Informationen dienen ihm zu Selbstreproduktion und Selbstentwicklung.

– Unter »kulturellen Prozessen« verstehen wir dementsprechend die Kommunikationsvorgänge, die mit der Selbstreproduktion und der Selbstentwicklung von Kulturen verbunden sind bzw. ihnen dazu verhelfen. Jeder Dialog, jede Auseinandersetzung, jede Autokommunikation, jeder Lernvorgang, d. h. aber auch jede Konzert- oder Theateraufführung, jede PR- und Werbeaktion ist also in diesem Sinn ein kultureller Prozeß.

– Unter dem »kulturellen System« verstehen wir jenes Teilsystem der Gesellschaft, d. h. jene Prozesse und Vorgänge, welche sich auf die Kultur und ihre Grundlagen spezialisiert haben. Dazu gehört die Beschreibung, Vermittlung und Entwicklung der Koppelungsmedien, d. h. der verschiedenen Arten von Sprache, ihrer konkreten Ausführungen und Ausdrucksmöglichkeiten, die Beschreibung und Vermittlung von Kultur im weiteren Sinne, d. h. der Selbstbeschreibungen verschiedener sozialer Systeme wie der Nation, der Wissenschaft etc., sowie die Pflege und Entwicklung der verschiedenen Verbreitungsmedien, zu denen genau genommen auch die Bildung gehört. Konkret gehören somit zum kulturellen System die Künste, die Wissenschaft, die Bildung, die Medien, alle Tätigkeiten des Kommunikationsgewerbes, Architektur und Design. Die Aufzählung ließe sich verlängern, und die Grenzen zu anderen Teilsystemen sind zunehmend in Fluß geraten. Das kulturelle System produziert Rohstoffe, Vorprodukte, Infrastrukturen, Fähigkeitspotentiale für die kulturellen Prozesse, aber auch Konsumgüter für den »Endverbrauch«: Unterhaltung, Bildung, Design, Kultur im engeren Sinne etc.

– Unter »Kulturgütern« oder »kulturellen Dienstleistungen« (wir wollen da nicht zu pharisäisch sein; in der ökonomischen Theorie bilden Güter den Oberbegriff für Waren und Dienstleistungen) verstehen wir die Wertschöpfungsleistungen des kulturellen Systems; es gibt praktisch reine Kulturgüter wie z. B. Kunstwerke, aber auch Zeitschriften oder Universitätsvorlesungen oder Beratungsleistungen, und es gibt eingebaute Kulturgüter wie z. B. Design, Architektur, Reiseberatung etc.

Was führt zum kulturellen Zeitalter?

– Die Mengenprobleme sind in den hochentwickelten Ländern für einen Großteil der Menschen gelöst; die Bedürfnisse verlagern sich auf die Gestaltungsebene.

– Die Informationsflut produziert einen wachsenden Selektions- und Gestaltungszwang.

– Die persönlichen Freiheitsgrade sind über Jahrzehnte angestiegen: Kaufkraft, Freizeit, Autonomie der Arbeitszeit- und Ortgestaltung, Bildungs-, Qualifikations- und Informationsmöglichkeiten, Erosion allgemeinverbindlicher Normen und Lebensmuster.

– Die regionale und kulturelle Vielfalt trainiert die Menschen im Umgang mit Gestaltungsunterschieden.

– Routine wird an die Technik delegiert. Übrig bleiben die kommunikativen, kreativen unternehmerischen Aufgaben.

– Die wirtschaftlichen und inzwischen auch die politischen Organisationen schaffen wachsende Einflußmöglichkeiten für die individuelle Mitgestaltung.

– Auch für die Benachteiligten liegt die einzige Chance in der Erschließung von Gestaltungsfähigkeiten und -möglichkeiten.

– Der Raubbau zwingt zur Verlagerung auf Wertschöpfungsmuster, die nicht an den Einsatz zusätzlicher natürlicher Ressourcen gebunden sind.

– Im sich verschärfenden internationalen Wettbewerb können Hochlohnländer sich nur mit überragenden kulturellen Leistungen (Gestaltungsqualität, Einfallsreichtum etc.) weiterentwickeln und erhalten dadurch weltweite Vorbildfunktion.

– Der Ausbruch aus den Unterentwicklungsfallen gelingt nur durch intelligente Nutzung und Entwicklung der eigenen kulturellen Ressourcen.

Die anschwellende Flut der Optionen
Wie ist der mächtige Trend in Richtung des kulturellen Zeitalters eigentlich zustande gekommen? Mehrere Entwicklungen haben sich gegenseitig hochgeschaukelt. Wohl am wichtigsten war die sich aufschaukelnde Ausdifferenzierung der Möglichkeiten und Bedürfnisse in der zweiten Hälfte des letzten Jahrhunderts.

Der eine oder andere Leser mag sich noch an die Zeit der verschiedenen Nachkriegs-Nachfragewellen erinnern – die Freßwelle, die Kühlschrank- und Waschmaschinenwelle, die Autowelle, die Fernsehwelle etc. Zuerst handelte es sich bei jedem dieser Güter um einen Luxus, den sich nur Reiche leisten konnten. Dann setzte der Diffusionsprozeß ein, immer stark mit Statuskonkurrenz verknüpft – man war, was man sich leisten konnte –, und bei einem bestimmten Verbreitungsgrad zählte das betreffende Gut plötzlich zur Normalausstattung, ohne die kein menschenwürdiges Leben mehr zu führen war. Die Nachfrage verlagerte sich auf höhere Qualitätsansprüche, Zweit- und Drittgeräte oder eben auf die nächste Welle. Am Ende jeder Welle hörten wir allenthalben das Gerede von der »Sättigung« der Konsumgütermärkte. Natürlich gab es nie eine Sättigung und wird es nie eine geben. Es gibt lediglich limitierte Kaufkraft- und Zeitbudgets. Die werden dann woanders eingesetzt, wenn einmal keine »Welle« in Gang ist, und wir können mit Bestimmtheit sagen, daß es immer wieder irgendwelche Wellen geben wird. Gegenwärtig stehen wir ja mitten in der Multiscreen-Welle, und die nächste Welle wird voraussichtlich die Holo-VR (holographische virtuelle Realität) sein.

Über dieses ganze Jahrzehnt hinweg hat sich die Nachfrage zunehmend verlagert auf den sogenannten *Wahlbedarf*, und zwar im ursprünglichen wie auch in einem erweiterten Sinn: Hatte das Proletariat des vorletzten Jahrhunderts das gesamte Familieneinkommen einsetzen müssen, um das Überlebensnotwendige zu besorgen, und auch das trotz Frauen- und Kinderarbeit zuweilen nicht geschafft, so erhöhten sich im 20. Jahrhundert – abgesehen von den kriegs- und krisenbedingten Rückschlägen – schrittweise die Freiheitsgrade. Allerdings, obwohl die dauerhaften Konsumgüter des letzten halben Jahrhunderts nicht notwendig sind zum physischen Überleben, gehören viele von ihnen nach heutigen Maßstäben doch zum Existenzminimum. Kein Betreibungsamt wird heute noch das einzige Auto der Familie konfiszieren. Dennoch sind der Prozentsatz des Erwerbseinkommens, der zur Disposition steht, und das Spektrum der Möglichkeiten, die für seine Verwendung zur Verfügung stehen, ständig gestiegen, und zwar nicht nur im Rahmen der Arbeitsproduktivität, sondern während längerer Zeiträume darüber hinaus auch infolge der zunehmenden weiblichen Erwerbsquote.

Diese Entwicklung wurde unterstützt durch wachsende *Zeitautonomie*. Während des größten Teils des 20. Jahrhunderts lag die Ursache in einer schrittweisen linearen Verkürzung der täglichen und wöchentlichen Arbeitszeit, in mehr Ferientagen und in einer schleichenden Reduktion der Arbeitsjahre durch längere Ausbildungszeiten und De-facto-Rückgang des Pensionierungsalters. Alles zusammen resultierte somit in einer drastischen Reduktion der Lebensarbeitszeit bei gleichzeitigem Anstieg der Lebenserwartung, so daß sich die Nicht-Arbeitszeit im Lauf des Jahrhunderts vervielfachte.

Dieses Bild einer Normalarbeitskraft ist allerdings nur teilweise repräsentativ. Ihm steht der zunehmende Prozentsatz der Frauen gegenüber, die ins Erwerbsleben eintraten und damit entsprechend weniger Zeit für Haushalt und Kindererziehung hatten. Zwar hat sich folgerichtig auch die Zahl der Kinder je Haushaltung reduziert, aber im ganzen gesehen hat die verfügbare Zeit der Frauen im Durchschnitt vermutlich nicht zu-, sondern abgenommen. Jedenfalls liegt sie noch heute signifikant unter jener der Männer, auch wenn der Unterschied sich in den letzten Jahren stark vermindert hat. Aber auch die frei verfügbare Zeit der Männer hat weniger zugenommen als die statistische Freizeit, weil der Zeitaufwand für den Arbeitsweg und für nötige Verwaltungsarbeiten (Steuererklärung u. ä.) gestiegen ist und natürlich bei einer wachsenden Zahl von Männern auch jener für Haushalt und Kindererziehung. Auch ist die Arbeitszeit nicht überall im gleichen Ausmaß gesunken wie im Normalfall. Der Grund liegt in den steigenden Anforderungen an jene Tätigkeiten, die nur schwer rationalisierbar sind, Einkommenssteigerungen mangels Produktivitätszuwächsen voll auf die Abnehmer ihrer Dienstleistungen überwälzen müssen und auch nicht ohne weiteres auf mehrere Personen verteilt werden können. Zu diesem Typus gehören die meisten freien Berufe und Führungsfunktionen. Sie geraten unter zunehmenden Leistungsdruck und verfügen auch nicht über gewerkschaftlichen Schutz. Sie haben vor 20 Jahren den Spruch geprägt, »daß immer weniger Menschen immer mehr arbeiten müssen, damit immer mehr Menschen immer weniger arbeiten dürfen«.

Auf der Gegenseite ist eine wachsende Zahl von Menschen unfreiwillig arbeitslos, aus Gründen, auf die im nächsten Kapitel näher eingegangen werden soll. Natürlich nimmt auch dadurch die frei verfügbare Zeit zu, aber das zeigt, daß es nicht unbedingt mit Lebensqualität gleichzusetzen ist, wenn der Arbeitsgesellschaft die Arbeit ausgeht (Hannah Ahrendt). Man hat daraus auch etwa abgeleitet, es gehe darum, die »verfügbare Arbeit« gerechter zu verteilen. Dahinter steckt eine mechanistische Analyse, die davon ausgeht, daß das Bruttosozialprodukt nicht so stark wachsen könne, schon aus ökologischen Gründen, wie die Arbeitsproduktivität und daß infolgedessen die verfügbare Arbeit abnehme. Das war ebenfalls eine Variante der Sättigungshypothese. Heute wissen wir, daß sie nicht aufrechtzuerhalten ist.

Jedenfalls – unterm Strich ist die frei verfügbare Zeit während der Periode der linearen Arbeitszeitverkürzungen beträchtlich gestiegen und hat zu einer zunehmenden Überbeanspruchung der frei verfügbaren Kaufkraft geführt. Diese Periode wird aber seit einigen Jahren zunehmend überlagert durch eine Bewegung, die nicht mehr auf die lineare Arbeitszeitverkürzung ausgerichtet ist, sondern auf wachsende individuelle Zeitautonomie. Die ersten tastenden Anfänge gehen auf die siebziger Jahre zurück. Lange Zeit war die einzige ins Gewicht fallende Abweichung von den Normalarbeitszeiten die Teilzeitarbeit der Frauen. Der Durchbruch kam erst um die Jahrtausendwende – ebenfalls wieder als Ergebnis eines Aufschaukelungsprozesses mehrer Entwicklungen, die im selben Zuge die *Arbeitsautonomie* und die *generelle Lebens- und Arbeitsgestaltungsautonomie* in neue Dimensionen transportierten:

- Im Vordergrund standen neue Organisationsformen, wie wir sie unter dem Stichwort der losen Koppelung kleiner Einheiten beschrieben haben. Unternehmerisch autonome Teams, aber auch Einzelpersonen organisierten sich und ihre Arbeitszeit zunehmend selbst. Eine wachsende Zahl von Arbeitskontrakten enthielt überhaupt keine Arbeitszeitbestimmungen mehr, sondern nur noch Leistungsvereinbarungen. Sie werden mit einem festen Honorar oder nach Leistungseinheiten oder über Erfolgshonorare abgegolten. Mit den Unternehmensgrenzen verwischten sich auch die Grenzen zwischen Lohnempfängern, Intrapreneurs und externen Zulieferern.

- Die technischen Möglichkeiten, im Verbund mit den neuen Siedlungsgewohnheiten (dezentrale Verdichtung) unterstützten die Tendenz: Arbeitszeitautonomie und Arbeitsortsautonomie verstärkten sich gegenseitig. Es gibt immer weniger wirklich ortsgebundene Tätigkeiten, und wo es sie noch gibt – etwa in gewissen Bereichen des neuen Handwerks und der sozialen Dienstleistung –, folgen sie dem Dezentralisierungs- und Autonomisierungstrend. Telearbeit ist universell geworden und hat gleichzeitig so viele Mischformen entwickelt, daß sie ihre Konturen verloren hat. Das Spektrum reicht von ihrer reinsten Form, der Tätigkeit am heimischen Multiscreen, über dezentrale Büro-, Produktions- oder Designgemeinschaften bis zum ambulanten Kundenberater.

- Der Wandel der Lebensmodelle wirkte ebenfalls in diese Richtung und wurde gleichzeitig durch sie beschleunigt: Die eindimensionale, hierarchisch geprägte Karriereausrichtung wurde – zum Teil angesichts des Verschwindens der Hierarchien der Not gehorchend – abgelöst durch Lebenspfade, die sich an persönlichen, alle Lebensbereiche einschließenden Sinnvorstellungen orientierten. Auf diesem Wege entwickelten sich auch vielfältige partnerschaftliche Modelle, welche den Konflikt zwischen Beruf und Familie nicht mehr einseitig den Frauen aufbürdeten; die Voraussetzung dafür, nämlich daß berufliche Entfaltung nicht an die Normalarbeitszeit und tägliches Pendeln gebunden war, verwirklichte sich im Gleichschritt mit den bisher aufgezeichneten Entwicklungen.

- Gebremst wurden sie dagegen von den sozialpolitischen Rahmenbedingungen, die in manchen Ländern noch heute das Normal-Arbeitsleben der sechziger Jahre zugrunde legen. Auf unterschiedlichen Wegen sind aber in den letzten Jahren doch mehrere Länder, unter ihnen Frankreich, die Schweiz, Holland und Dänemark, einem System nahegekommen, das Milton Friedman schon vor bald 50 Jahren entworfen hatte, nämlich einem Ersatz aller monetären Ausgleichssysteme durch eine einheitliche Einkommensteuer, deren Progression in einen Negativbereich hinein fortgesetzt wird, bis hinunter zu einem Existenzminimum, das bei Erwerbseinkommen Null ausbezahlt wird. Näheres dazu findet sich im nächsten Kapitel. Damit werden Autonomie und Flexibilität der Arbeitsorganisation auch von dieser Seite her voll getragen.

Damit ist aber bereits ein weiteres Feld in den Blick gerückt, auf dem es geradezu zu einer Explosion der Optionen gekommen ist: Auch in der *Berufswahl* ist an die Stelle der überschaubaren Zahl wohldefinierter Berufsbilder von früher eine unübersehbare Vielfalt großenteils maßgeschneiderter Möglichkeiten getreten. Aus den unterschiedlichsten Qualifikationskombinationen können die unterschiedlichsten Funktionen werden. Diese können unter unterschiedlichsten Rahmenbedingungen – zu Hause, unterwegs, dezentral, zentral, im Angestellten-, festen Mitarbeiter- und Zuliefererverhältnis – erfüllt werden. Außerdem ist die Arbeitswelt im ständigen Wandel begriffen, so daß der einmal gewählte Berufseinstieg lediglich den Anfang eines Pfades markiert, von dem niemand sagen kann, wann und in welchem Tätigkeitsfeld er einmal enden wird.

Ähnliches gilt für die *Bildung*. Das allgemeine Bildungs- und Qualifikationsniveau ist in den letzten 50 Jahren ständig angestiegen. Man mag dagegen einwenden, daß in den allerletzten Jahren der Prozentsatz der Abiturienten und Studienabsolventen eher wieder rückläufig schien. Aber um so deutlicher ist der Anstieg des allgemeinen Bildungsniveaus und der beruflichen Qualifikationen bei den nichtakademischen Fachkräften. Besonders stark zugenommen haben die Leistungen des Bildungssystems auf den Gebieten der Persönlichkeitsentwicklung und der sozialen und kommunikativen Kompetenzen, die ja auch in der heutigen Lebenswelt für die Entwicklungsfähigkeit des Individuums zur zentralen Voraussetzung geworden sind. Man kann also gewiß sagen, daß die zur eigenständigen Lebensbewältigung erforderlichen Kompetenzen trotz oder vielleicht wegen des eher rückläufigen Trends in den formalen Bildungsstufen im ganzen klar zugenommen haben. Wenn wir in diesem Zusammenhang von den Leistungen des »Bildungssystems« sprechen, so meinen wir selbstverständlich nicht nur die dem Berufsleben vorgelagerten öffentlichen Bildungsinstitutionen, sondern auch deren zunehmende private Konkurrenz, sowie die ganze Vielfalt der berufsbegleitenden und bei längeren Arbeitsunterbrechungen beanspruchten Aus- und Weiterbildungsmöglichkeiten, auf die sich ja ein immer größerer Anteil der insgesamt zunehmenden Bildungsleistungen verlagert. Auch im Bildungssystem gilt deshalb: Der Lebenspfad bleibt immer offen und wird zunehmend maßgeschneidert gestaltbar.

Eng mit dem Bildungsniveau verknüpft ist der *Informationsstand*. Er ist ebenso schwer zu messen, aber man wird doch die Hypothese wagen dürfen, daß die Breite des Wissens und seit einiger Zeit auch die Kenntnis der

Zusammenhänge beim statistischen Durchschnittsbürger in den letzten 50 Jahren unablässig gestiegen ist. Auch hier gilt freilich, daß damit gleichzeitig die frühere Gewähr verschwunden ist, daß jeder ungefähr über dasselbe, seiner sozialen Gattung entsprechende Standardwissen verfügt. Es gibt zwar weitreichende Überschneidungen, etwa bei öffentlich diskutierten Fragen oder in der sozialen und kommunikativen Kompetenz, jedoch bildet gleichzeitig jeder einzelne Mensch seine ganz speziellen Antennen für Gegenstände aus, die in der jeweiligen Lebenslage gerade im Zentrum seines Interesses stehen. Deshalb geht die große Zeit der Massenmedien ja auch mit Riesenschritten ihrem Ende entgegen: Die Masse im Sinne einer Mehrheit mit ungefähr gleichen Wahrnehmungsfiltern wird immer mehr zur Fiktion. Der heutige Medienkonsument verlangt Angebote, die auf seine spezifischen Bedürfnisse zugeschnitten sind und die er möglichst auch interaktiv mitgestalten kann, und die Marketingleute sind glücklich darüber, weil sie so viel treffsicherer an ihre Kunden herankommen.

Die zunehmende Vielfalt der Werte
Quer durch alle Lebensbereiche hindurch beobachten wir eine seit 50 Jahren ständig zunehmende Vielfalt der Gestaltungsmöglichkeiten. Es konnte nicht ausbleiben, daß diese Entwicklung sich wiederum hochschaukelte mit einer Tendenz, die oft als »Erosion der allgemeinverbindlichen Normen und Werte« beklagt wurde. Bei näherer Betrachtung ist das lediglich der Katzenjammer der alten Elite, die nicht mehr in eigener Regie festlegen kann, was gut und schlecht ist in einem unverbrüchlichen Regelwerk von Sitte und Moral. Der dramatische und sich seit etwa zehn Jahren beschleunigende Basisverlust der katholischen Kirche und der christlich auftretenden Parteien spricht in dieser Hinsicht Bände. Kein Lehrling wird heute mit großem Eifer eine Arbeit erledigen, einfach weil es die Moral oder der Meister so wollen. Wenn aber der Meister ihm vermitteln kann, daß es sinnvoll ist, sich einzusetzen, dann wird er es mit Freude tun.

Wenn wir die Entwicklung genauer betrachten, setzt sie sich aus mehreren Komponenten zusammen:

1. Jene allgemeinverbindlichen Normen und Werte, die früher unhinterfragt übernommen wurden, im Sinne des innengeleiteten, d. h. von seinem gesellschaftlich geprägten Über-Ich gesteuerten Menschen nach Riesman, wurden zunehmend in Frage gestellt und nur noch von jenen zum Fundamentalismus neigenden Menschen gläubig akzeptiert, die sich der Optionenflut ihrer Gegenwart nicht anders zu entziehen wußten – d. h. von den Überforderten.

2. Jede Kultur enthält ihre eigenen Werte und Normen. Mit zunehmender Ausdifferenzierung der Kulturen ging eine entsprechende Ausdifferenzierung der Normen und Werte einher. Da jedes Individuum an einer steigenden Zahl von sich zum Teil ergänzenden, aber auch zum Teil miteinander konkurrierenden und sich widersprechenden Kulturen teilhatte und

gleichzeitig Kenntnis einer zunehmenden Vielfalt weiterer Kulturen erhielt, setzte sich eine eklektische Haltung durch: In der ständigen Auseinandersetzung mit einem sich ausdifferenzierenden Umfeld entwickelten immer mehr Menschen Wertvorstellungen und Normen, die ihrer eigenen Selbstbeschreibung entsprachen. Diese konnte Anleihen und Elemente von verschiedensten Kulturen enthalten. Man kann von einem Trend zur Gleich-Gültigkeit und Gleich-Wertigkeit (Gerken) verschiedener Kulturen sprechen, der auch sprunghafte Wechsel und Widersprüchlichkeiten des Orientierungsrahmens einschließt. Man kann also durchaus von einer Erosion des Allgemeinverbindlichen sprechen. Aber der Ausdruck »Erosion« ist insofern irreführend, als gerade die Vielfalt der Werte und Normen und die Beweglichkeit ihrer Nutzung einen Reichtum des Gestaltungspotentials beinhaltet, den wir in der Geschichte der Menschheit noch nie erlebt haben. Die Normen und Werte sind nicht verschwunden, sondern vielfältiger und reichhaltiger und damit auch stärker geworden. Überdies ist die »Erosion« die Konsequenz und gleichzeitig Voraussetzung einer Verlagerung der Gestaltungskraft auf die Ebene des Individuums und der Vielfalt kleiner kultureller Netze und auch unter diesem Gesichtspunkt ein irreführender Ausdruck.

3. Er drückt aber auch die Befürchtung aus, daß damit ein geordnetes Funktionieren der Gesellschaft unmöglich werde. Dahinter steckt wiederum das mechanistische Paradigma, in dessen Rahmen eine nichthierarchische, nichtzentralistische Koordination sich widersprechender Interessen nicht denkbar ist. Seit inzwischen mehr als zwei Jahrhunderten wissen wir aber, wie Adam Smith die Selbstkoordination einer Wirtschaft erklärt hat, die aus zahllosen Subjekten mit widerstreitenden Interessen und Möglichkeiten besteht. Wir wissen allerdings auch, daß gewisse Rahmenbedingungen erforderlich sind, wenn sich das System der »Koordination durch Kommunikation« nicht selbst zerstören soll. Genau diese Entwicklung haben die Werte und Normen in unserer Gesellschaft in den letzten 20 Jahren genommen: Hinter der wachsenden Vielfalt stand, zum Teil unausgesprochen, immer die Frage, welche allgemeinverbindlichen Werte und Normen denn eine Gesellschaft benötige, um die Vielfalt zu erhalten. Die Antwort hat sie sich, wiederum mehr oder weniger unausgesprochen, längst gegeben: Es handelt sich um jene Werte, welche die Kommunikationsprozesse in Gang halten: Offenheit, Toleranz, d. h. Verbot der Unterdrückung anderer Meinungen und Lebensformen (mit dem ungelösten Problem der Haltung gegenüber jenen Meinungen und Lebensformen, die dieses Verbot nicht respektieren), Empathie, kommunikative Kompetenz ...

Unverkennbar hat sich dieses neue »Set« von Werten und Normen bereits herauskristallisiert, aber nicht von oben nach unten, sondern aus der Vielfalt der kulturellen Prozesse heraus als kultureller Prozeß, in Selbstorganisation, ohne die Vielfalt zu bedrohen. Herbert Marcuses Forderung, sich auf das gesellschaftlich notwendige Maß von Repression zu beschränken, hat mit diesen sozusagen vom Volksganzen entwickelten Mindestnormen auf der Metaebene eine späte Verwirklichung erhalten.

Der wachsende Gestaltungsbedarf
Wir können die ganzen bisherigen Beobachtungen auch unter einem anderen Vorzeichen abhandeln, nämlich jenem einer Optionenflut, die einen wachsenden Selektionszwang, oder positiv formuliert, einen Gestaltungsbedarf mit sich bringt. In der Tat ist die Vielfalt der Optionen in den letzten 50 Jahren weit rascher gewachsen als die Nutzungsmöglichkeiten, die durch unsere Zeit-, Geld- und Aufmerksamkeitsbudgets begrenzt sind, auch wenn diese zweifellos ebenfalls zugenommen haben. Unter diesem Aspekt verlagert sich die Problematik auf die Frage, welche Wahrnehmungsfilter wir im Selektionsprozeß benützen und wie wir sie entwickeln. Die von der herrschenden Klasse vorgegebenen Regeln von Sitte und Moral waren in dieser Hinsicht natürlich einfach und wirksam, und diese Art der Selektion wird in manchen Bereichen unserer Gesellschaft denn auch noch gepflegt. Der zunehmend vorherrschende Weg der Selektion ist aber jener über die individuelle Biographie, die über die Teilhabe an zahlreichen kulturellen Prozessen zu einer individuellen Selbstbeschreibung führt, die wiederum eine Selektion nach individuellen Sinnkriterien ermöglicht. Das ist der Kern der »Individualisierung«, die schon vor 30, 40 Jahren von Soziologen als Hauptmerkmal des sogenannten Wertewandels identifiziert wurde (Klages). Diese Auffassung kann auch heute noch aufrechterhalten werden – allerdings unter der wesentlichen Bedingung, daß sie nicht mit Vereinzelung, Atomisierung, Vereinsamung etc. gleichgesetzt wird, wie dies wertkonservative Kreise in aller Regel tun, sondern als Ergebnis vielfältiger kultureller Prozesse verstanden wird, was auch bedeutet, daß das Individuum nur als ein Wesen verstanden werden kann, das neben seiner Erbmasse durch ein vielfältiges kulturelles Netzwerk definiert ist und dieses seinerseits mitdefiniert.

Dieses Muster bezieht sich auf drei Lebensbereiche, angefangen bei den Kaufentscheidungen, die nicht zu trennen sind von den Lebensstilen und Inszenierungen, die mit der Selbstbeschreibung verbunden sind; hier geht es um die Selektion in den immer unübersehbareren Sortimenten von Lebensmitteln, Haushaltsgeräten, Ausstattungselementen, Medien, Urlaubs-, Unterhaltungs-, Bildungs- und sonstigen Freizeittätigkeiten, deren Vielfalt durch die Entwicklung zum neuen Handwerk und zur schrankenlosen Substitution zwischen »make or buy« bzw. zwischen verschiedensten Kombinationen von Waren und Dienstleistungen noch einen weiteren Quantensprung vollzogen hat.

Ein zunehmender Gestaltungsbedarf ergibt sich aber auch aus der ständigen Verlagerung definierbarer und damit routinisierbarer Tätigkeiten auf die Technik, die, wie schon früher erwähnt, dem Menschen die nur schwer definierbaren Tätigkeiten übrigläßt. Es handelt sich um Tätigkeiten, die ständig sich wandelnden Gegebenheiten angepaßt werden müssen, also um die Tätigkeiten mit innovativem, kreativem, unternehmerischem Charakter, die Fähigkeiten voraussetzen wie Offenheit für Neues und Ungewohntes, Innovation, Lern- und Assoziationsvermögen, soziale und kommunikative Kompetenz, ganzheitliches, visionäres Denken und Fühlen, Gestaltwahrnehmungsvermögen etc. Diese Fähigkeiten werden also zunehmend prämiert, und zwar auch außerhalb des Arbeitslebens.

In eine ähnliche Richtung deuten die zunehmenden Einflußmöglichkeiten, die einzelnen Menschen und Gruppen in den heutigen dialogischen Organisationen zufallen. Auch dies gilt in zunehmendem Maße nicht nur in der Arbeitswelt, sondern im Zeichen der neuen Polis auch in der Politik, in der Kultur und im sozialen Leben.

Antworten auf das Problem der »Sustainability«
Anzumerken ist, daß die Überforderten unserer Gesellschaft, auf die im nächsten Kapitel näher eingegangen wird, zwar in mancher Hinsicht von diesen Entwicklungen ausgeschlossen bleiben, daß aber ihre – und damit auch unsere – einzige Chance auf die Dauer darin liegt, daß sie den Anschluß finden. Obwohl gegenwärtig nicht viele Anzeichen darauf hindeuten, wird eine Gesellschaft, die so großes Gewicht auf die verantwortliche Mitgestaltung des »Individuums« (im oben angedeuteten Sinne), auf die Dauer Wege finden müssen, die Zahl der hiervon ausgeschlossenen Menschen schrittweise zu vermindern. Deshalb gehe ich davon aus, daß sogar in den Armenghettos der kulturelle Gestaltungsdruck zunehmen wird.

Ähnliches gilt natürlich auch für den Ausbruch aus der Falle der Unterentwicklung, in der noch immer ein Großteil der Weltbevölkerung gefangen ist. Auch hier haben wir es im Kern ja nicht mit einem Problem des physischen Ressourcenmangels oder gar des verfügbaren Kapitals zu tun, sondern mit dem einer sozialen Organisation, welche die Nutzung des vorhandenen Produktionspotentials und der vorhandenen Absatzmöglichkeiten unterbindet. Eine politische Revolution mag oft eine notwendige Bedingung der Abhilfe sein, aber nie eine hinreichende, denn die eigentliche Voraussetzung ist ein kultureller Prozeß, der aus der Falle herausführt.

Damit ist auch der Bogen geschlagen zu einer weiteren Entwicklung, die ein kulturelles Zeitalter geradezu herbeizwingt, nämlich zu der Notwendigkeit, nach Wegen der weltweiten wirtschaftlichen Entwicklung zu suchen, die langfristig tragbar und wünschbar sind. Seit vielen Jahrzehnten haben wir Raubbau an unseren natürlichen Lebensgrundlagen betrieben, was die Gestaltungsoptionen künftiger Generationen zunehmend bedroht. Wir haben auch Raubbau an den menschlichen und kulturellen Ressourcen betrieben, in deren Dienst die wirtschaftliche Entwicklung ja eigentlich stehen sollte. Während der Paradigmenwechsel im Begriff ist, in den höchstentwickelten Regionen eine Wende herbeizuführen, betreibt der Teufelskreis der Unterentwicklung anderswo weiter sein Zerstörungswerk.

Hoffnung können wir uns nicht von einem Anhalten der Entwicklung versprechen, selbst wenn sie politisch möglich wäre, denn der heutige Zustand ist nicht »sustainable«. Voraussetzung des Anhaltens wäre überdies eine ökologische Weltdiktatur, und Konsequenz wäre ein mörderischer Verteilungskampf. Beides wäre weit schlimmer als die Probleme, die damit gelöst werden sollten. Die Lösung kann nur in einer fortschreitenden Abkoppelung der Wertschöpfung vom Verbrauch an natürlichen Ressourcen, aber auch an menschlichem und kulturellem Entwicklungspotential liegen. Schon im letzten halben Jahrhundert war der Produktivitätsfortschritt verknüpft mit einer ständigen Substitution natürlicher Ressourcen durch Informationsverarbeitungsleistungen »Intelligentere« Materialien, Verfahren, Strukturen und Produkte waren seine Träger. In dem Maße, wie Routineprozesse an die Technik delegiert und neue Organisationsmodelle entwickelt wurden, hat bereits eine nächste Phase eingesetzt: die Kulturisierung der Wertschöpfungsprozesse. Kulturelle Entwicklung ist offenkundig nicht zwangsläufig an den Einsatz von natürlichen Ressourcen gebunden, und sie steht im Dienst der humanen und kulturellen Potentiale, statt sie zu verbrauchen.

Kulturelles Zeitalter, das bedeutet also auch eine fortschreitende »Entmaterialisierung« der Wertschöpfung. Das ist ein Hauptgrund, in ihm einen Attraktor zu vermuten, denn hinter der Suche nach Attraktoren steht ja die Hypothese, daß sich Systeme unter wachsendem Streß Gestalten suchen, die sie wieder lebens- und entwicklungsfähig machen. Allerdings trennen uns heute noch Welten von einer Entwicklung, die als weltweit langfristig tragfähig und wünschbar bezeichnet werden könnte. Neben den politisch-kulturellen Bedingungen in den unterentwickelten Regionen sind es natürlich die Energiepreise, die dafür verantwortlich sind. Sie haben noch bei weitem nicht das erforderliche Niveau erreicht, um all die Umstellungsprozesse lukrativ zu machen, die eine Belastung künftiger Generationen durch unseren heutigen Energiekonsum vermeiden würden.

Dafür, daß der Druck in dieser Richtung anhält, sorgt aber auch der weltweite Standortwettbewerb: In dem Maße, wie immer komplexere Tätigkeiten automatisierbar werden, können auch Niedriglohnländer mit relativ wenig qualifizierten Arbeitskräften Massenerzeugnisse herstellen. Nur die Verlagerung auf kulturelle Leistungen, auf nicht automatisierbare komplexe Gestaltungsleistungen vermag die hohen Arbeitskosten hochentwickelter Länder zu tragen. Das ist einerseits eine Frage der internationalen Arbeitsteilung, d. h. der Konzentration auf Wertschöpfungsleistungen, die andere Länder gar nicht oder nicht in so hoher Qualität erbringen können, und andererseits bringt das Gewicht der maßgeschneiderten Leistungen auch einen gewissen Beziehungsschutz mit sich: Sie beruhen auf einem langfristigen Beziehungsaufbau, den man nicht um eines geringfügigen Preisvorteils willen leichtfertig aufgibt.

Da die hochentwickelten Länder aber diesen Weg gefunden haben, um weiterhin eine überlegene Lebensqualität aufrechtzuerhalten, wirken sie damit auch wieder vorbildhaft, was die Herausbildung des kulturellen Zeitalters weltweit beschleunigt. Im Zuge dieser Entwicklung entsteht offenbar auch zunehmend Verständnis dafür, daß das Vorbild nicht zur Nachahmung einer bestimmten Kultur führen darf, sondern lediglich zur Einsicht in die Notwendigkeit einer Entwicklung aus den eigenen kulturellen Stärken heraus.

Unternehmensführung und Politik im kulturellen Zeitalter

– Eine Organisationseinheit führen heißt Dialoge führen, als animierender Partner und Katalysator.

– Das zukunftsentscheidende Kapital ist die kulturelle Qualität des Humanpotentials, d.h., erstens man benötigt Mitarbeiter, die profundes fachliches Know-how verbinden mit kommunikativer und sozialer Kompetenz, ungehemmter Kreativität, weitem Horizont, vielfältig entwickelter Persönlichkeit sowie ausgeprägter Neugier und Lernfähigkeit, sowie zweitens eine Organisation, welche die Weiterentwicklung dieser Qualifikationen fördert, deren eigenständigen Einsatz ermöglicht und verantwortliches Handeln verlangt und belohnt.

– Die Organisationskultur, d.h. die Beschreibung der Organisation, die die Beteiligten und Betroffenen im Kopf haben, wirkt als koordinierter, sich selbst reproduzierender Code und kann durch den Dialog und die aus ihm entstehenden Strukturen und Politiken verstärkt und weiterentwickelt werden.

– Entscheidungen sind Resultat von offenen Meinungsbildungsprozessen der Beteiligten und Betroffenen, die ihre Ziel-, Wunsch- und Wertvorstellungen, ihr Sachwissen, ihre Ideen und ihre Emotionen einbringen.

– Am leichtesten geht das in kleinen Teams, die überall zur Grundzelle sich vielfältig überlagernder Netzwerke werden; es entwickeln sich aber zunehmend auch Methoden, um solche Meinungsbildungprozesse im größeren Verbund zu gestalten.

– Routinetätigkeiten werden konsequent an die Technik delegiert, außer solchen, die bewußt Menschen überantwortet werden (Rituale, entspannende Tätigkeiten, soziale Dienstleistungen).

Ergebnis: Das kulturelle Zeitalter
Soweit die Entwicklungen, die sich gegenseitig hochschaukeln zu einem kulturellen Zeitalter. Aber was verstehen wir überhaupt darunter? Wodurch unterscheidet es sich vom industriellen bzw. hyperindustriellen Zeitalter, in dem wir noch mit einem Fuß stehen? Die Antwort ist zugleich eine Zusammenfassung der wichtigsten Tendenzen, die das kulturelle Zeitalter charakterisieren:

1. Die Leitfrage des wirtschaftlichen Erfolgs verlagert sich vom »Wieviel« zum »Wie« und zum »Was«, d. h. zu Fragen, die im Kern kulturellen Charakter haben: Waren und Dienstleistungen haben mir dabei zu dienen, meinem Leben und meinem Umfeld im Rahmen des Möglichen die Qualität zu verleihen, die meinen Vorstellungen entspricht. Anders ausgedrückt, sie sollen mir bei einer sinnvollen Lebensgestaltung helfen. Als sinnvoll empfinde ich, was meiner Selbstbeschreibung entspricht. Dies herauszufinden oder zu verdeutlichen, ist eine Kommunikationsaufgabe, die mit einem wachsenden Prozentsatz der Güter und Dienstleistungsangebote verbunden ist.

2. Innerhalb der dem Endprodukt vorgelagerten Wertschöpfungsnetzwerke verlagern sich die menschlichen Tätigkeiten zunehmend auf kulturelle Leistungen. Das bedeutet, daß Selbstorganisation, d. h. Koordination durch Kommunikation zum zentralen Organisationsprinzip wird, daß auch für die Arbeitswelt die Frage nach dem Sinn zu einem zentralen Leitprinzip wird und daß die kulturelle Qualität des Humanpotentials (Menschen und Organisationen) zur entscheidenden Zukunftsinvestition wird. Die bereits seit 50 Jahren andauernde fortschreitende Substitution natürlicher Ressourcen durch Informationsverarbeitung setzt sich fort in Form der Substitution automatisierbarer Informationsverarbeitung durch kulturelle Prozesse innerhalb der menschlichen Tätigkeiten.

3. Der Anteil kultureller Güter an der Gesamtproduktion steigt an. Sie verkörpern einerseits die zentralen Rohstoffe, Vorprodukte und Hilfsmittel für die Wirtschaft des kulturellen Zeitalters (Investitionsgüter) und andererseits die erforderlichen Gestaltungs-, Verständigungs-, Lern- und Reflexionshilfen für den Endverbraucher.

4. Dementsprechend wird das kulturelle System zum »Hauptwachstumsgewerbe« dieses Zeitalters.

5. Kultur als Code sozialer Systeme gewinnt zentrale Bedeutung als Koordinationsinstrument für Organisationen in der Wirtschaft, in der Politik und in anderen Bereichen. Gleichzeitig entwickelt sie sich mit Hilfe der Koordinationsprozesse weiter und differenziert sich aus. Wir beobachten einen Prozeß, der zu einer wachsenden Vielfalt, aber gleichzeitig auch Stärke und Bewußtheit der verschiedenen Kulturen führt, in denen sich ein Individuum bewegt. Dieser Prozeß kann innerhalb einer Organisation nicht verordnet, wohl aber »geführt« werden, indem Dialoge geführt werden;

Leitbilder, die nicht Ausfluß solcher Prozesse sind, spiegeln zwar auch eine bestimmte Kultur, aber gewöhnlich nicht jene, die sie auszudrücken versuchen.

6. Der interkulturelle Dialog wird zum zentralen Mittel, um Selbstverstärkungsprozesse in Richtung wachsender Diskrepanzen zu überwinden, wie sie sich in der Zweidrittelgesellschaft, in der Nord-Süd- bzw. Ost-West-Beziehung, aber auch innerhalb von Unternehmungen, vor allem multinationalen, oder von Vielvölkergemeinden immer wieder einstellen. Der interkulturelle Dialog besteht im Kern darin, daß die Beteiligten die Unterschiede zwischen den Kulturen der interagierenden Systeme erkennen und aus der gegenseitigen Kenntnis ihrer Kulturen Kooperationsansätze entwickeln, die der beiderseitigen Selbstbeschreibung entsprechen und deren Stärken nutzen.

7. Das kulturelle Entwicklungspotential bzw. die Faktoren, die ihm zugrunde liegen, wird zum zentralen Standortfaktor hochentwickelter Länder im zunehmenden weltweiten Wettbewerb.

8. Als Konsequenz dieser Entwicklungen kommt es zu einer wachsenden gegenseitigen Durchdringung nicht nur der Teilsysteme Kultur und Wirtschaft, sondern auch des wirtschaftlichen und kulturellen Denkens: Wirtschaftliche Kriterien dringen in die Kultur ein und umgekehrt (Münch). Genauer gesagt, betrifft die gegenseitige Durchdringung das Viereck Kultur – Wirtschaft – Politik – Privatleben. Jedenfalls dürfte die Fortsetzung des »Projekts Moderne« auf einer neuen Basis davon abhängen, daß dies der Fall sein wird. Eine entscheidende Voraussetzung dafür dürfte darin bestehen, die Vorherrschaft der öffentlichen Hand im kulturellen System zu beseitigen.

Kapitel 7:
Die Zweidrittelgesellschaft

Mit einer Mischung aus Faszination und Beklemmung wagt der Erzähler mit Anja einen Abstecher ins Industriequartier. Provokative Modetrends, deprimierende Immigrantenschicksale, aufgepeitschte religiöse Ekstatiker, Faustrecht, eine ganz neue Interpretation des interaktiven Marketings, das Geschäft mit der Gewalt – so etwa lassen sich die Eindrücke zusammenfassen, die er aus dieser Gegenwelt nach Weindorf zurückträgt.

Einkaufen mit Anja

Mein zweiter Nachmittag mit der Familie Mendoza führt mich in eine andere Welt. Anja hat mir vorgeschlagen, sie auf einem Ausflug in ihr früheres Quartier zu begleiten. Sie bittet Percy, mir seine alte Lederjacke zu leihen, damit ich nicht so geschniegelt wirke. Sie selbst trägt ein bestimmt 30 Jahre altes Jeans-Jäckchen über einem in allen Farben schillernden hauchdünnen Seidengilet und darunter jenes gerade in Mode gekommene unsägliche Kleidungsstück, das Micro genannt wird – eigentlich ein verbreiterter Gürtel aus Stretchmaterial, der nicht ganz bis zum Po-Ansatz reicht. Zum Hauptkleidungsstück werden damit die »Killings« genannten Leggings – Nachfolger, die genaugenommen nichts anderes als zum Modemittelpunkt gewordene Strumpfhosen oder Strümpfe sind –, in diesem Fall ein zum Gilet assortiertes Spitzengewebe aus bunten Flammen, die ostentativ den zentralen Blickpunkt umzüngeln, den offenkundig aufknüpfbaren Latz im Schritt, von dem zu allem Überfluß ein goldenes Kettchen herunterbaumelt. Die Wirkung wird unterstrichen durch goldschimmernde, sehr hochhackige Pumps mit Fesselbändern an den endlos langen, durchtrainierten Tänzerinnenbeinen. »Gefällt's dir, mein Aufzug?« fragt Anja kokett. »Ganz schön provokativ«, sage ich nach dem ersten Schreck. »Ach, das ist noch gar nichts gegen alles, was du heute nachmittag zu sehen bekommst! Der wirkliche Hit sind die bunten Strapse. Dann kann man sich immer noch überlegen, ob man einen G-String dazu trägt oder sich einfach mit dem tollen Genitalschmuck behängt, der jetzt in Mode kommt. Aber das wollte ich dir heute doch nicht antun!« In der Tat habe ich an diesem Nachmittag das Gefühl, daß das Spiel mit sexueller Provokation und Gewalt das Leben in den heruntergekommenen

Vierteln beherrscht. Doch ich greife vor. Consuelo, die mit uns bis Großkirchen fahren wird, betrachtet die Freundin bewundernd und sagt ehrfürchtig »Abseitig!« – offenbar das derzeit höchste Kompliment unter jungen Leuten.

Modetrends

Auf der einen Sitzbank im Mini fühle ich mich fast etwas bedrängt zwischen den beiden jungen Frauen, die mir ihre erotische Power schon so vielfältig demonstriert haben. Wohl deshalb kann ich mir eine Bemerkung über die heutige Mode nicht versagen. Erotik sei ja seit jeher wichtig gewesen, aber das Verhüllen habe doch immer stärker gewirkt als das Zurschaustellen. »Das ist so ein typisches Grufti-Argument«, entgegnet Anja. »In Wirklichkeit wagt ihr nur nicht, zuzugeben, wie sehr ihr nach all dem« – dabei zupft sie an ihrem Goldkettchen – »lechzt.« Consuelo, modegeschult, ergänzt: »Natürlich ist bloßes Zurschaustellen langweilig. Deshalb spielt die Mode ja auch immer mit dem Wechsel zwischen Verhüllen und Enthüllen. Aber wenn man ihr den Lauf gelassen hat, dann hat sie das Spiel zwischen den Extremen immer weiter auf die Spitze getrieben und dabei ein Tabu nach dem anderen gebrochen, bis wieder irgendwelche diktatorischen Sittenwächter dagegen eingeschritten sind.« – »Zum Spiel zwischen den Extremen«, greift Anja den Faden auf, »gehört auch das Ausspielen sozialer Gegensätze. Zu provozieren ist sicher auch eine Art der Selbstbestätigung in den Slums. Aber da die Reichen die Slummode immer begierig aufnehmen, statt sich von ihr abzugrenzen, müssen wir immer mehr provozieren.« – »›Wir‹ sagt sie«, denke ich, »noch immer.«

Wir lassen den Mini in Großkirchen stehen und nehmen die S-Bahn ins Industriequartier der nahen Großstadt, das immer noch so heißt, obwohl längst keine Industrie mehr da ist. Der dortige S-Bahnhof strotzt vor Dreck und herumliegenden Abfällen, zwischen denen einige zerlumpte Gestalten nach etwas Brauchbarem suchen. Die Szene, die mich den ganzen Nachmittag nicht mehr loslassen wird, saugt mich sofort ein und löst in mir eine Mischung aus Faszination und Beklemmung aus. Zuerst springen mir die auffälligen Gestalten ins Auge. Es sind vor allem die Jungen, mehr Männer als Frauen. Am häufigsten ist nach wie vor der Jeans- und Lederjacken-Look, dazu Borstenköpfe, weniger glattrasierte als früher, ohne Unterschied zwischen den Geschlechtern, abgesehen von den üblichen Dreitagebärten. Daneben aber entsteht offensichtlich eine neue Männermode, die dem alten Rom und der Renaissance entsprungen zu sein scheint: gegürtete Tunikas, mit einer den weiblichen Micros nachempfundenen Saumlänge, darunter Strumpfhosen mit einem ausgeprägten Genitallappen, der oft gepanzert und gepolstert daherkommt. Überhaupt läßt sich dieser Aufzug mal martialisch – mit Leder, Nieten, waffenbehängtem Gurt und Kampfstiefeln –, mal geckenhaft variieren – mit hochhackigen Schnallenschuhen, seidenen Materialien und baskenmützenartigem Kopfputz. Die Frauen tragen teils Micros in allen Kombinationen – den angekündigten Genitalschmuck kann ich allerdings hier noch nicht entdecken, wohl aber alle Varianten bunter Strapse –, teils hüllen sie sich in einen düsteren, alles verhüllenden Schlabber-Look, der jetzt wohl zum Ausweg aus der Eskalation der Provokation wird. Anja stellt diese Vermutung allerdings in Abrede: »Das sind dieselben Figuren. Die tragen einmal dies und einmal jenes.«

Nach einer Weile realisiere ich freilich, daß es gar nicht diese auffälligen Gestalten sind, die im Straßenbild vorherrschen. Die Mehrzahl der Passanten sind eher die etwas älteren Leute, vor allem Männer, unter ihnen offenkundig viele Ausländer, nach ihrem Aussehen oder einzelnen Sprachfetzen zu beurteilen, in unauffälligen, aber abgetragenen Anzügen, die oft zu klein oder zu groß sind; sie gehen in Turnschuhen oder Schlappen und tragen Tüten mit sich. Auffallend viele haben schlechte Zähne. Dann bemerke ich einige Kopftücher tragende Frauen, und ich stelle fest, daß man daraus nicht mehr ohne weiteres auf eine islamische Herkunft schließen kann. Bei einigen tippe ich eher auf Rußland. Auch hagere Turbanträger und ältere Sari-Trägerinnen entdecke ich – und dazwischen umhertollend schmutzige Straßenkinder in allen Farben und Fetzen.

Mir fällt auf, daß sie das einzige lebhafte Element sind. Anders als in früheren Großstadtvierteln herrscht hier keine Geschäftigkeit und Hektik, sondern teils ein Herumlungern, teils ein langsames Sichdahintreibenlassen, das ich aber nicht als Schlendern empfinde, weil es eher etwas Stumpfes, Apathisches hat. So hatte ich mir ein multikulturelles Stadtviertel früher nicht vorgestellt.

Die Multikulturalität ist freilich unverkennbar, nicht nur unter den Passanten, sondern auch in den Geschäften, die die Straßen säumen – Straßen mit durchlöchertem Asphalt, der das Geschepper der hier vorherrschenden 20 Jahre alten Limousinen und das Kreischen der zahllosen kleinen Motorräder noch zu intensivieren scheint. Der Verkehr ist laut, aber nicht sehr dicht. Obwohl jeder, der es sich leisten kann, ein altes Auto oder mindestens ein Motorrad kauft, herrschen die Fußgänger vor. Offenbar werden die Autos, die ihren Dienst versagen oder im Unterhalt zu teuer werden, einfach stehengelassen und zerfallen allmählich am Straßenrand. »Ein ehemaliger Bekannter hat sich darauf verlegt, sie einzusammeln, notdürftig instand zu setzen und damit Stock-Car-Rennen quer durchs Viertel zu veranstalten. Es gab Tote und Verletzte, aber sein Erfolg war nicht zu bremsen«, erzählt Anja amüsiert, »bis seine Gefährten aus Versehen die Karre eines Mafiabosses abschleppten. Seine Rache muß so schrecklich gewesen sein, daß die ausgedienten Vehikel jetzt wieder alle am Straßenrand verrotten.«

Immigrantenschicksale

Die Geschäfte: Einige Discountmärkte mit kleinem Sortiment, aber vielen Zugeständnissen an die Lebensgewohnheiten der wichtigsten Volksgruppen, auch bei den Inschriften, dazwischen Ramsch- und Altwarenläden, nach ihrer Häufigkeit zu urteilen ein schwunghaftes Geschäft, und dann die zahlreichen kleinen Buden mit großenteils fremdländischen Inschriften. Im Gegensatz zu den Straßenhändlern mit Handwerkskunst aus Afrika, die hier offenkundig fehl am Platz sind, scheint der Verkauf von arabischen Lebensmitteln trotz einer ausgesprochen dürftigen Ladenausstattung ebenso über die Runden zu kommen wie der Berater für Immigranten aus Bangladesch. Sein Laden erinnert an die Herkunft dieses Ausdrucks, hat er doch einfach einen Laden zur Straße hin heruntergeklappt und sitzt dahinter, um Briefe an Angehörige in der fernen Heimat zu schreiben, Unterkünfte und Gelegenheitsarbeiten zu vermitteln, Behördengänge vorzubereiten etc.

Ich kann hier die Vielfalt dieser kleinen Läden nicht entfernt beschreiben. Natürlich gehören auch Wettbüros und andere mehr oder weniger legale Spielangebote, der Drogenverkauf und ein ebenfalls ausgeprägt multikulturelles Sortiment von Massagesalons und sonstigen Prostitutionsdiensten dazu. Mitten in diesem Gewimmel zieht mich Anja in ein Geschäft, dessen armenischen Hintergrund ich aus der Anschrift unschwer errate. Nachdem sich meine Augen an die Dunkelheit gewöhnt haben, erkenne ich ein eher kümmerliches Sortiment, hauptsächlich aus Kunstgewerbe bestehend und – Büchern, vielen Büchern. In einem Ladenwinkel schreckt eine bleiche Gestalt auf, die sich bei näherem Zusehen als recht hübsche, aber völlig verhärmte junge Frau entpuppt. Als sie Anja erkennt, lächelt sie, erhebt sich mühsam, schließt sie in die Arme und bricht in Tränen aus.

»Was ist denn los? Geht es dir so schlecht?« fragt Anja bekümmert. Da strömt es wie ein Wasserfall aus der Freundin heraus. Anja übersetzt mir bruchstückhaft die Geschichte. Wie ich schon erraten hatte, waren die beiden im selben Nachtlokal aufgetreten. Als Anja es verlassen hatte, faßte sich die Freundin ein Herz und eröffnete mit Hilfe von Landsleuten dieses Geschäft. Es zeigte sich, daß vor allem Bücher sich gut verkauften. Es bestand ein Hunger nach Büchern in armenischer Sprache, und nach Kriegsende taten sich immer mehr Bezugsquellen dafür auf. Sie konnte sich mit ihrem Kleinen nun gerade knapp durchbringen in ihrer Behausung, dem einzigen Hinterzimmer des kleinen Ladens.

Bis die Türken kamen. Man möge sie nicht mißverstehen. Die hier wohnenden Türken seien im allgemeinen freundliche Leute. Mit einigen sei sie sogar befreundet. Aber eines Tages sei die türkische Mafia aus Deutschland hier angekommen, um die türkischen Geschäfte in ihre Hand zu bringen. Und dabei seien ihre Schläger auf dieses armenische Geschäft gestoßen und auf die Idee verfallen, bei ihr ebenfalls Schutzgelder zu kassieren und sie nebenbei etwas zu drangsalieren. Die verhängten Schutzgelder habe sie sowieso nicht aufbringen können. Ihre armenischen, ja sogar ihre türkischen Freunde hätten versucht, sie zu schützen, aber das habe die Bande nur noch gewalttätiger werden lassen. Immer wieder seien sie eingedrungen, hätten die Ware auf die Straße gekippt, und da sie nicht habe zahlen können, hätten sie sich statt dessen ihrer bedient, jedesmal etwas brutaler. Der Kleine sei völlig traumatisiert gewesen. Sie habe ihn schließlich bei Freunden untergebracht, wo er apathisch vor sich hin vegetiere. Und das Schrecklichste sei – sie bricht wieder in Tränen aus –, ins Nachtlokal könne sie nicht zurück. Auch dort herrsche inzwischen die türkische Mafia, und außerdem sei sie nicht mehr attraktiv genug.

Mit meiner Frage, ob sie denn keinen Polizeischutz erhalte, ernte ich nur ungläubiges Erstaunen. Wie kann man nur so naiv sein! Hätte sie es der Polizei gemeldet, stünde sie nicht hier vor uns. Andere hätten es getan. Die Polizei habe eifrig Protokolle aufgenommen, sogar die Patrouillen vermehrt und ihre Dankbarkeit für die Hilfe bei der Identifizierung der Drahtzieher im Hintergrund bekundet – aber offenkundig war sie diesen nicht rechtzeitig auf die Schliche gekommen, um die Rache an den Informanten zu verhindern.

In der Tat, bei unseren weiteren Gängen fällt mir auf, daß die Polizei sich wie eine Besatzungsmacht verhält, die möglichst jede Provokation verhindern möchte: Sie ist mit Hundepatrouillen und vergitterten Bereitschaftswagen präsent, aber sie handelt nach dem Motto der drei chinesischen Äffchen und tut, als ob sie nichts angehe, was unter ihren Augen passiert – es sei denn, sie wird in einer Weise herausgefordert, die ihr Eingreifen unvermeidbar macht.

Anja verspricht ihrer Freundin, sie werde sich umhören und nach einer

Lösung suchen, und führt mich dann an ihre frühere Wirkungsstätte. Sie, die den Aufstieg geschafft hat, ist dort offenkundig willkommen. Die Belegschaft umringt sie und bestürmt sie mit Fragen. Das Lokal ist noch geschlossen. So kann man Erinnerungen austauschen, während die letzten Vorbereitungen für die Show getroffen werden. Man bewundert sich gegenseitig, und dazu gibt es einigen Anlaß. Hier sehe ich zum ersten Mal, an einer Serviererin im Micro, diese aufreizend baumelnden Genitalklunker und sogar das männliche Gegenstück dazu, ein zur Tunika getragenes goldenes Schneckenhaus ...

Als Anja vom Besuch bei ihrer armenischen Freundin berichtet, herrscht plötzlich Schweigen. Nur eine Tänzerin wagt schließlich zu sagen, man müsse den Chef doch auch begreifen. Er könne sich hier keine Drogis leisten. Damit allerdings löst sie höhnisches Gelächter aus. Alle wissen, daß die Drogensucht mit hinterhältigsten Mitteln herbeigeführt wird, um die Mitarbeiterinnen und Mitarbeiter in Abhängigkeit zu bringen. Leidet aber ihre Arbeitsfähigkeit darunter, werden sie freilich in der Tat auf die Straße gesetzt. Das Gespräch ist zum Stillstand gekommen. Niemand weiß, wo die verlängerten Ohren des Chefs gerade lauern.

Straßentänze

Bedrückt verläßt Anja das Lokal und schlägt zum Schluß des Nachmittags – abends muß sie ja rechtzeitig zur Hauptprobe wieder zu Hause sein – einen Besuch im Supermarkt an der Stadtgrenze vor. Auf dem Weg zum Bahnhof hören wir von Ferne ein kreischendes Geräusch, dessen Quelle wir uns allmählich nähern. Offenkundig handelt es sich um einen Fall von »Scream«, der neuesten sogenannten Musikgattung, die aus dem Gekreisch von Kreissägen, menschlichem Geschrei und dem Baß von Preßlufthämmern einen psychedelischen Lärm zusammenmixt, der offenkundig Trance und meditative Entrückungszustände herbeizuführen vermag. Wir biegen um die Ecke, und mit der Musik springt uns das Bild entgegen:

Vor einer Batterie von Röhrenverstärkern und einem Tunikamann am Synthesizer hängt ein (kunst-?)blutüberströmter nackter Mann am Kreuz und kreischt mit schmerzverzerrtem Gesicht in ein vor ihm hängendes Mikrophon. Um ihn herum eine offenbar verzückte Masse von Menschen, die im Rhythmus der Musik tanzen, schreien und sich gegenseitig die nackten Oberkörper blutig geißeln. Nach einer Weile verstehe ich das rhythmische Geschrei: Ein biblisches Sündenbekenntnis, gefolgt vom Gelübde, auf ewig Jesus zu folgen. Wir überqueren rasch den Platz, entrinnen aber nicht den ausschwärmenden Jüngerinnen und Jüngern in weißen Tunikas, die uns auffordern, dieser geschundenen Welt zu helfen, indem auch wir unsere Sünden bereuen. Sozusagen als Eintrittskarte sollten wir für zehn Franken eine dieser mit kleinen Nägeln – »garantiert sterilisiert« – gespickten Peitschen erstehen; an der Garderobe dort drüben könnten wir auch die der Geißelung hinderlichen Bekleidungsstücke in Gewahrsam geben, gegen eine kleine Gebühr versteht sich. Wir machen, daß wir weiterkommen, aber ich kann doch nicht umhin, als Souvenir eine dieser Geißeln zu erstehen, was von der Verkäuferin mit einem wütenden Blick vermerkt wird.

In der S-Bahn stelle ich fest, daß die Fahrt zum Einkaufszentrum um diese Tageszeit offenbar üblich ist – zur Versorgung jener, die Arbeit haben, und als Vergnügungsritual für die anderen, denen danach zumute ist. Also wieder dasselbe Volksgemisch wie bei der Ankunft, nur wesentlich dichter. Anja wird von einer Gruppe Jugendlicher in Leder angemacht, was ihr sichtlich Spaß macht und sie zu allerlei koketten Spielchen herausfordert. Sie sollte doch mehr gelernt haben, denke ich und beobachte mit Unbehagen, wie die Burschen sich im vollen Wagen allmählich an sie herandrängen und zudringlich werden, was Anja zwar mit warnenden Blicken, aber ohne größere Beunruhigung quittiert. Als einer sich aber an ihrem Goldkettchen zu schaffen macht, trifft ihn plötzlich ihr Knie, und er weicht jaulend zurück. Die übrigen Passagiere verdrücken sich ängstlich in die Ecken. Anja steht allein inmitten der lauernden Jugendlichen und blitzt um sich. Ihre gespannten Oberschenkel signalisieren Alarmbereitschaft. »Na – wagt es doch, ihr Feiglinge!« ruft sie ihnen zu allem Überfluß zu. Nur einer wagt es und spürt plötzlich eine harte Schuhspitze am Kinn. Die übrigen sind sichtlich erlöst, als der Zug sich verlangsamt und die befreiende Station ankündigt.

»Gefällt es dir eigentlich, dich in Gefahr zu begeben?« frage ich Anja beim Aussteigen etwas vorwurfsvoll. »Vielleicht«, entgegnet sie lachend. »Ich habe darüber noch nicht nachgedacht. Aber sicher ist eines: Nur wenn du stark bist und Stärke zeigst, kannst du hier überleben. Und wenn dir jemand etwas will, mußt du ihn mit deinen Mitteln bekämpfen, wo es am besten geht, statt dich kleinzumachen, bis er dich doch irgendwo erwischt, wo du dich nicht wehren kannst. Aber es stimmt: Es macht auch Spaß, stark zu sein und Stärke zu zeigen.«

Wir nähern uns allmählich dem Supermarkt. Wir haben die letzten trostlosen Wohnblöcke hinter uns. Das Einkaufszentrum liegt, bildlich gesprochen, wirklich auf der grünen Wiese, auch wenn diese sich inzwischen weitgehend in Beton und Asphalt und der Rest in Schlamm und Morast verwandelt hat. Der riesige Parkplatz ist offensichtlich überdimensioniert. Die meisten Leute strömen vom S-Bahnhof zu Fuß zum Zentrum – auf so seltsamen Wegen obsiegt die Ökologie, durchfährt es mich. Das Gebäude selbst ist ein riesiger, fast fensterloser Aluminiumkasten aus den achtziger Jahren. Trotz der Trostlosigkeit der Gegend herrscht ein wenig Jahrmarkt-Atmosphäre. Auch hier hat sich ein Ramsch- und Altwarenhandel vor den Pforten niedergelassen. Der Volksmund nennt diesen Platz noch immer den Russenmarkt, obwohl sich dort offenkundig mehr Afrikaner und Araber, vor allem aber mehr abgestürzte Einheimische finden als Russen. In einer Ecke des Parkplatzes zieht ein indischer Fakir beträchtliche Aufmerksamkeit auf sich. Weiter hinten versucht eine etwas angejahrte Popband dasselbe ohne großen Erfolg. Nahe beim Eingang ist wieder eine christliche Erweckungsmission tätig, aber diesmal nur mit Zeugenbekenntnissen. Am entgegengesetzten Parkplatzende deutet ein großes Gedränge teils bunter, teils abgetakelter Gestalten darauf hin, daß dort die lebenswichtige Drogenration zu haben ist. Noch immer gelingt es der Drogenmafia, Süchtige in ihre Abhängigkeit zu zwingen. Jeder gutinformierte Mensch kann heute seine Drogenration vom Arzt oder Apotheker beziehen. Aber gerade in den Quartieren, wo diese Möglichkeit am wertvollsten wäre, sind die Leute in ein Gestrüpp von Illegalität, Ahnungslosigkeit und Erpressung verstrickt, das sie hindert, von ihr Gebrauch zu machen.

Choreographie im Supermarkt

Wir gehen hinein. Die Luft ist kaum zu ertragen: Eine penetrante Mischung aus dem Geruch schlechtgewaschener Menschen und einer offenbar mangelhaft funktionierenden, dafür mit Duftstoffen aufgemotzten Klimaanlage. Es herrscht ein Gedränge, in dem ich mich kaum bewegen könnte, wäre da nicht Anja. Ohne jede Berührungsangst bahnt sie sich einen Weg durch die Menschenknäuel, indem sie ihr Gewicht in die Bresche stemmt und dann die Leute mit Armen, Ellbogen und Hüfte beiseite schiebt. Die Unmutsäußerungen halten sich in Grenzen. Offenbar ist man hier Hautnähe und Gedränge gewohnt. Nicht einmal die helmbewehrten und Fahrradketten schwingenden Jugendlichen beiderlei Geschlechts, die grölend durch die Menge hüpfen, stoßen auf energischen Protest. Die Leute folgen ihnen mit eher neugierigen Blicken, in denen die Frage steht, was die wohl heute wieder anrichten werden.

Ich beginne zu realisieren: Viele Leute sind gar nicht wegen des Einkaufens hier, sondern wegen der Leute. Einkaufen ist ohnehin extrem schwierig. Mein Vorhaben, mir einen Überblick über das Sortiment und die Preise zu verschaffen, scheitert kläglich. Ich kann nur hie und da einen Blick auf Auslagen erhaschen, die nichts als Klarheit ausstrahlen: Standardware zu Billigstpreisen, dort liegend, wo man sie erwarten würde, wenn man sich im Gedränge orientieren könnte, aber auch durch deutliche Hinweisschilder über den Köpfen angezeigt. Darüber hinaus ständig Lautsprecheransagen, die auf besondere Aktionen und Gelegenheiten hinweisen. Offenbar geht es auch darum, die Leute etwas besser zu verteilen und dorthin zu locken, wo der Laden noch nicht überlaufen ist. Vermutlich habe ich hier meinen ersten Laden getroffen, wo Frequenz zur Last wird. Wo die Leute nicht mehr an die Ware kommen können, hört zwangsläufig das Geschäft auf.

Anja winkt mir. Ich versuche, ihr zu folgen. Sie bewegt sich auf einen Aufzug zu. Sie will mich dem Filialleiter vorstellen, einem alten Stammgast von ihr. Sie sagt es mit einem Augenzwinkern, das nach allem, was ich inzwischen weiß, auch angebracht ist. Er springt auf, schließt sie in die Arme, küßt sie, schiebt sie dann etwas von sich weg, betrachtet sie und sagt: »Gut siehst du aus! Eine Wucht. Ei, was haben wir denn da?« und zupft sie am Goldkettchen. Sie schlägt ihm auf die Finger und sagt: »Laß das! Ich bin in Begleitung!« schlingt aber doch andeutungsweise eines ihrer geschmeidigen Beine um seine Hüften, während sie sich mit einer Hand auf dem Schreibtisch abstützt, um ihn ihrerseits von weitem zu betrachten und ihm gleichzeitig einen Blick auf ihren Busen zu gestatten. Die weiße Arbeitsschürze täuscht nicht darüber hinweg, daß der Filialleiter ein attraktiver Mann ist, braungebrannt, graumeliert, blauäugig. »Führst du uns mal deine Kommandobrücke vor?« fragt Anja. Das ist in der Tat der richtige Ausdruck. Aus seinem Glashaus über der Einkaufshalle hat der Filialleiter nicht nur den Überblick, sondern an seinen Monitoren kann er jede Einzelheit des Ladens ständig überwachen, und zwar nicht nur optisch, sondern auch analytisch: Was verkauft sich gerade am besten? Was zieht wessen Blicke auf sich? Entsprechend dirigiert er die Aktionen: Zwei Frauen quasseln fast pausenlos zwischen kurzen Musikeinlagen. Nach einer Weile erinnert er mich an einen Choreographen: Die jungen Mädchen hierhin, die Lederfans dorthin, sogar die Alkis und die Drogis lassen sich mit den passenden, nichtdiskriminierenden Anreden selektieren. Das Publikum scheint den Anweisungen wie hypnotisiert zu folgen. Es weiß, daß die Aktionen und Sonderangebote oft nur minutenlang dauern, bis der angestrebte Zweck erreicht ist.

»Schau mal, gleich geht's los!« ruft Anja begeistert. Tatsächlich – Geschrei und Geklirr. Die behelmte Bande von eben ist im Motorrad-Rayon angekommen und macht sich die Bahn frei für eine Plünderaktion. Der Einfachheit halber schlägt sie eine Scheibe ein, um den Fluchtweg abzukürzen. Der Filialleiter drückt auf einen Knopf und ruft ins Mikrophon: »Aufnahme!« Neben den Sprecherinnen sitzt ein Operateur, der nun die Fernsehkameras einschaltet. Anstelle der Werbesendungen, die bisher über die Großbildschirme an den Hallenwänden flimmerten, erscheint dort die Plünderszene in Großaufnahme. Der Filialleiter gibt den Damen an den Mikrophonen ein Zeichen. »Sie sehen, liebe Gäste, es ist wieder einmal soweit. Unsere allwöchentliche Plünderungsaktion, hm ...« verkündet die einschmeichelnde Frauenstimme selbstironisch. »Sie wissen es ja bereits – Sie brauchen sich keine Sorgen zu machen. Unsere schwarzen Sheriffs leisten immer ganze Arbeit.« Da kommen sie auch bereits herangestürmt, effektvoll über die Wiese und hinein durchs eingeschlagene Fluchtfenster, den Plünderern mit Schildern und Schlagstöcken den Rückzug abschneidend. »Versuchen Sie bitte nur, sich vom Kampfplatz fernzuhalten, dann sind Sie völlig in Sicherheit«, fährt jetzt die zweite, ebenso wohltuend sanfte Frauenstimme fort. »Und sollten Sie unter den Plünderern jemanden entdeckt haben, der Ihnen nahesteht, seien Sie unbesorgt. Unser Sicherheitsdienst ist bekanntlich kein Schlägertrupp, sondern sorgt lediglich für Ruhe und Ordnung.« Die Plünderer lassen einen Teil des Raubguts fallen und versuchen, sich zum Hauptausgang durchzuschlagen. Die erste Frauenstimme meldet sich wieder: »Liebe Gäste, gehen Sie bitte den Plünderern aus dem Weg, dann geschieht Ihnen nichts.« So wird die Bahn augenblicklich frei, aber von der Gegenseite her stürzt ein weiterer Trupp von Sicherheitsleuten herbei, und draußen fahren mehrere Bereitschaftswagen der Polizei vor. Die Jugendlichen zögern. Da meldet sich der Filialleiter: »Liebe junge Gäste, bitte ergeben Sie sich unserem Sicherheitsdienst. Er wird Sie leider der Polizei übergeben müssen, aber wenn Sie sich uns ergeben, wird dies in zivilisierter Form geschehen!« Da scheint die jungen Leute die Panik zu ergreifen. Kopflos stürmen sie durch den Ausgang und versuchen, an der Polizei vorbeizukommen. Diese aber empfängt sie mit Schlagstöcken. Andere junge Leute auf dem Vorplatz haben offenbar nur auf diesen Moment gewartet. Sie stürzen sich ins Getümmel. Im Nu ist eine riesige Straßenschlacht im Gange. Die Polizei versucht sich gegenüber der wachsenden Übermacht geordnet zurückzuziehen, während Verletzte – vor allem auf ihrer Seite – von heulenden Ambulanzen weggebracht werden.

Derweil meldet sich drinnen wieder die einschmeichelnde Frauenstimme: »Sie sehen – leider geht die Polizei nicht so schonend um mit den jungen Leuten wie unser Sicherheitsdienst, für den jeder ein Kunde ist. Überzeugen Sie sich selbst, daß Sie hier drinnen bei uns am sichersten sind. Unsere Devise heißt: Wir schließen niemals. Wir stehen Ihnen, liebe Kundinnen und Kunden, zu jeder Tages- und Nachtzeit zur Verfügung und zur Seite. Scheuen Sie sich nicht, noch etwas bei uns zu verweilen, denn wenn sie jetzt draußen zwischen die Fronten geraten, kann es ungemütlich werden.« Die zweite Frauenstimme fährt fort: »Hier bei uns haben Sie den besten Überblick.« Der Geräuschpegel des Kampfgetümmels vor dem Ausgang, das jetzt auf dem Bildschirm verfolgt werden kann, wird zur Illustration etwas angehoben. Dann wieder die Stimme: »Wir wissen schon – irgendwann müssen Sie ja doch nach Hause. Aber dann machen Sie wenigstens vorher einen Abstecher in unsere Sicherheitsabteilung. Dort sind jetzt gerade neue Schutzhelme eingetroffen – Aktion für nur Fr. 9.50 das Stück. Unsere gepolsterten Anoraks bieten wir Ihnen heute zum Sonderpreis von Fr. 29.50 an, und als ganz besonderen Leckerbissen empfehlen wir Ihnen die polizeilich zugelassenen Elektroschlagstöcke, die jeden Gegner für entscheidende Sekunden außer Gefecht setzen, für sage und schreibe Fr. 19.50 das Stück!«

In der Tat, so einen Elektroschlagstock möchte ich jetzt ganz gerne für die Rückfahrt in der S-Bahn. Ein Menschenstrom drängt sich zur Sicherheitsabteilung, über ihm die Frauenstimme: »Draußen tobt der Kampf unvermindert weiter. Aber unser Sicherheitsdienst steht wie ein Mann vor dem Eingang. Und denken Sie daran – auch außerhalb dieser vier Wände stehen wir Tag und Nacht zu Ihrer Verfügung. Radio Stadtrand gibt Ihnen 24 Stunden heiße Tips für Ihren Lebensunterhalt und Ihre Sicherheit und nimmt zu jeder Zeit Ihre Anrufe entgegen ...«

»Interessant, nicht?« fragt mich Anja. Der Filialleiter ergänzt: »Wir haben eine direkte Verbindung zum Lokalfernsehsender. Manchmal bringt er die Szenen live oder in den Lokalnachrichten. Das bringt Frequenz – aber im Augenblick haben wir fast zuviel davon!« Anja schaut auf die Uhr. »Au weia – wir müssen unbedingt die nächste Verbindung nach Großkirchen erreichen, sonst komme ich zu spät zur Hauptprobe. Tschüß!« Spricht's, haucht dem Filialleiter einen Kuß hin und geht seelenruhig zum Ausgang, schlüpft durch die Phalanx der schwarzen Sheriffs hindurch, schleicht dieser entlang zum Ende des Gebäudes, zieht Schuhe und Strumpfhosen aus und umgeht weiträumig das Getümmel, indem sie durch den Morast zum Bahnhof watet. Dort hebt sie einen Fuß nach dem andern in einen Trinkwasserbrunnen, säubert ihn und schlüpft zu meiner Erleichterung wieder in Strumpfhosen und Schuhe. Unnötig zu sagen, daß wir den nächsten Zug erreichen, wenngleich die Passagiere uns etwas befremdet mustern, weniger wegen Anjas Aufzug als wegen meiner dreckstarrenden Schuhe und Hosenbeine.

Analytischer Anhang über die Zweidrittelgesellschaft

In den letzten 20 Jahren hat sich aufgrund einer Reihe von Entwicklungen, die im Mittelteil dieses Kapitels aufgezeigt werden, in den OECD-Ländern eine Tendenz ergeben zur Auseinanderentwicklung der Gesellschaft in eine wohlhabende, aber schrumpfende Mehrheit und eine arme, perspektivlose und gleichzeitig wachsende Minderheit der Überforderten, die sich zunehmend in Ghettos gegeneinander abschotteten. Zwar zeigt die einleitende Beschreibung der gegenwärtigen Situation neuerdings einige Lichtblicke auf, aber das darf nicht darüber hinwegtäuschen, daß das Problem die Kohäsion der OECD-Gesellschaft weiterhin bedroht und nur durch einen drastischen Umbau der Sozialsysteme, des Bildungsangebots, des Arbeitsmarktes sowie der Umwelt- und Entwicklungspolitik zu bewältigen sein wird. Dieser hat in einigen OECD-Ländern eingesetzt und ist im dritten Teil des Kapitels in großen Zügen beschrieben.

Schon sehr bald nach dem Ende der goldenen sechziger Jahre des letzten Jahrhunderts kam die Befürchtung auf, daß ein wachsender Teil der Bevölkerung hochentwickelter westlicher Industrienationen an den Rand der Gesellschaft, in Armut und Perspektivlosigkeit gedrängt werden könnte. Die fortschreitende Slumbildung in Schwarzenvierteln der USA zeigte das Muster auf. Ähnliche Erscheinungen machten sich bald auch in den Arbeitervierteln britischer Großstädte und in den Pariser Arbeitervororten bemerkbar. Seit der Rezession von 1973–75 schien man sich in fast allen westlichen Ländern mit einer von Einbruch zu Einbruch steigenden »Sockelarbeitslosigkeit« abfinden zu müssen. Gegen Ende des Jahrhunderts lag sie in den großen europäischen Ländern irgendwo zwischen 13 und 15 Prozent der Erwerbsbevölkerung. Aber schon in den siebziger Jahren hatte sich der Prozentsatz der Arbeitslosen mit dem steigenden Anteil der Pensionierten, jenem der Kinder und der noch in der Ausbildung stehenden Jugendlichen und jenem der freiwillig Erwerbslosen (namentlich Hausfrauen) in einzelnen Ländern summiert zu zwei Dritteln der Gesamtbevölkerung, die vom restlichen Drittel unterhalten werden mußten, soweit vom erwerbswirtschaftlichen Teil des Lebensunterhalts die Rede ist.

Aber nicht deswegen ist es zum Ausdruck »Zweidrittelgesellschaft« gekommen, denn nicht alle Nichterwerbstätigen gehörten der benachteiligten Minderheit an und nicht alle Erwerbstätigen der bevorzugten Mehrheit. Es war vielmehr die letztere, auf mindestens zwei Drittel veranschlagt, die den Ausdruck prägte, allerdings zu einer Zeit, als der ständig steigende Lebensstandard – von Jahrzehnt zu Jahrzehnt und von Generation zu Generation – noch als Normalfall galt. Erst in den neunziger Jahren wuchsen ja jene Jugendlichen auf, die als erste nicht mehr von der Erwartung ausgingen, den Lebensstandard und die Lebensqualität ihrer Eltern aufrechterhalten oder gar übertreffen zu können.

Die Zweidrittelgesellschaft ist also der vorläufige Endpunkt einer Entwicklung, die den Nachkriegsboom der Jahrhundertmitte ablöste – diese in der Weltgeschichte wohl einmalige Wohlstandsexplosion, in deren Verlauf das Bruttosozialprodukt-Wachstum weltweit zum zentralen Erfolgsmaßstab der Nationen wurde. Wie bereits früher erwähnt, wurde 1968 zum Scharnierjahr, von dem an das Bewußtsein um sich griff, daß die Bäume weder gesellschaftlich noch ökologisch, noch konjunkturell in den Himmel wachsen würden. Weltweit wich überdies der Entwicklungsoptimismus der Nachkriegszeit in den siebziger und achtziger Jahren zunehmend der Ernüchterung. Einige Erfolgsgeschichten im Fernen Osten vermochten nicht darüber hinwegzutäuschen, daß sich der Nord-Süd-Graben im Pro-Kopf-Einkommen jedenfalls in absoluten Zahlen weiter vertiefte und daß das Wirtschaftswachstum in den meisten Entwicklungsländern vor allem einer kleinen Oberschicht zugute kam, die zum Teil ihr möglichstes tat, um zufließende Kapitalien postwendend wieder in Industrieländern anzulegen.

Der weltweite Verlauf der Dinge stand in engem Zusammenhang mit dem kalten Krieg, der zu einer immer radikaleren Zweiteilung der Welt zwischen Ost und West führte. Entwicklungshilfe hatte hier vor allem die Funktion, Einflußsphären zu schließen, zu sichern und militärisch aufzurüsten. Auch die engen Verbindungen zwischen lokalen Oligarchien, dem organisierten Verbrechen und terroristischen Bewegungen gediehen unter diesen Rahmenbedingungen besonders gut und wurden zu einem gewichtigen Hindernis einer gedeihlichen Entwicklung. Der Zusammenbruch des Sowjetimperiums hatte einen tiefgreifenden Einfluß auf diese Tendenzen. Versuchen wir den Verlauf seit den neunziger Jahren im zeitlichen Ablauf zu schildern, lassen sich etwa die folgenden großen Linien identifizieren:

Licht und Schatten in der sozialen Entwicklung der OECD-Länder ...

In den westlichen Industrieländern setzte sich die Tendenz zur steigenden Sockelarbeitslosigkeit noch etwa bis zur Jahrhundertwende fort. Die dann allmählich einsetzende Wende war zum Teil demographisch bedingt: Der Eintritt der geburtenschwachen Jahrgänge in den Arbeitsmarkt führte zu einem Arbeitskräftemangel zunächst in den Tätigkeiten mit den breitesten Qualifikationen, der sich aber schrittweise auf immer weitere Bereiche ausdehnte. Zu einem wachsenden Teil waren es aber politische und gesellschaftliche Gegenreaktionen auf den Aussteuerungsprozeß, die sich politisch auswirkten. Auf diese werden wir noch zurückkommen.

Ähnlich verhielt es sich mit den übrigen Hintergründen der Marginalisierung: Die Immigrationswellen sind zwar auch heute, im Jahre 2005, noch am Ansteigen, mit starken Fluktuationen und Richtungswechseln je nach der Stoßrichtung der Repressionsbemühungen der Einwandererländer. Aber wir sehen heute doch Licht am Ende des Tunnels, und zwar aufgrund einer dreifachen Entwicklung: Erstens nimmt der Erfolg der Entwicklungsanstrengungen in den ärmsten Ländern zu. Zweitens hat sich die Lage in den ostmitteleuropäischen Länder so stark verbessert, daß die GUS-Emigranten meist schon dort hängenbleiben. Drittens verzeichnen die westlichen Industrieländer wachsende Erfolge bei der Integration der Immigranten, aufgrund der Gegenreaktionen auf die Zweidrittelgesellschaft, die noch zu beschreiben sein werden.

Das Problem der immer zahlreicheren älteren Menschen hat sich, rein demographisch gesehen, durch die Zuwanderung etwas entschärft, aber die Belastung des Gesundheits- und Sozialsystems wird hoch bleiben, bis die geburtenschwächeren Jahrgänge das Rentenalter erreichen werden. Dagegen ist eine gewisse qualitative Entlastung spürbar, indem höheres Alter nicht mehr so häufig mit Überforderung durch die Komplexität des Umfeldes gleichzusetzen ist wie noch vor zehn Jahren: Ein wachsender Prozentsatz der heute ins Rentenalter Eintretenden ist bereits durch die Informationsgesellschaft geprägt und vermag den eingeübten Umgang mit heutigen Lebensformen und Technologien auch bis nahe an die Pflegebedürftigkeit aufrechtzuerhalten. Auch bedeutet Rentenalter heute nicht mehr automatisch eine Guillotine, die alle beruflichen Aktivitäten auf einen Schlag kappt. Allerdings steigt die Zahl der Pflegebedürftigen in den höchsten Altersgruppen absolut weiter an. Daran würde nur der erhoffte Durchbruch in der Verhinderung des Alzheimer-Syndroms – der häufigsten Todesursache der westlichen Industriegesellschaften – etwas ändern. Aber der Ausbau der Hilfsdienstleistungen – seinerseits eine Frucht der Zweidrittelgesellschaft – sorgt wenigstens für eine gewisse Erhöhung der Lebensqualität dieser Gruppe.

Stark vermindert hat sich das Risiko der Alleinerziehenden, zu Opfern der neuen Armut zu werden, auch dies ein Ergebnis der Gegenreaktion auf die Zweidrittelgesellschaft. Dadurch können wir heute auch hoffen, mir der Zeit das Problem der Jugendlichen, die gar nie eine Chance zur Entwicklung ihres persönlichen, beruflichen und sozialen Fähigkeitspotentials erhalten haben, in den Griff zu bekommen. Bis heute ist deren Prozentsatz allerdings trotz aller Gegenmaßnahmen in den meisten westlichen Ländern noch angestiegen, besonders aufgrund der hohen Zahl junger Immigrantenfamilien, die zum Teil nach wie vor weit unterhalb der offiziellen Armutsgrenze dahinvegetieren.

In den USA präsentiert sich die Lage ähnlich, allerdings mit einer bedrückenden Ausnahme: Die schwarze Bevölkerung entspricht nach wie vor voll dem Bild der Zweidrittelgesellschaft, weil in den Slums der amerikanischen Großstädte der Teufelskreis aus Analphabetismus, organisiertem Verbrechen, Drogen, sozialer Desintegration und mangelhaften sozialen Dienstleistungen sich in den letzten Jahrzehnten weiter vertieft hat und ein viel weiterer Weg in Richtung einer gesellschaftlichen Reintegration zurückzulegen bleibt.

Demgegenüber ist Japan in gewissem Maß ein Sonderfall geblieben. Obwohl die Emanzipation der Frauen und die Verlagerung der wirtschaftlichen Probleme auf sozial mangelhaft abgesicherte Zulieferbetriebe auch dort die familiären und betrieblichen Netze gelockert hat, sind die marginalisierten Bevölkerungsgruppen, auch statistisch gesehen, eine Randerscheinung geblieben. Dazu trugen auch der hohe allgemeine Bildungsstand und die noch immer leicht überdurchschnittlichen Wirtschaftswachstumsraten bei. Hinzu kam die besonders erfolgreiche Abschottung gegen unerwünschte Einwanderer; sie wird erleichtert durch die Insellage des Landes, aber auch durch die ausgeprägte Resistenz der japanischen Gesellschaft gegen die Aufnahme von Ausländern, die verhinderte, daß Japan in Entwicklungsländern als gelobtes Land wie die USA und Westeuropa gelten konnte. Hinzu kam, daß die wichtigsten Herkunftsländer der Armutsflüchtlinge von Japan weit entfernt liegen. In dieser Hinsicht war es auch ein Glücksfall, daß China, das größte Bevölkerungsreservoir der Erde, seit 20 Jahren zu einem Wachstumspol geworden ist, so daß chinesische Auswanderer in der Regel nicht dem Typus der Armutsflüchtlinge zuzuordnen sind, sondern jenem der tüchtigen Glückssucher.

... und der übrigen Weltregionen
Während die GUS-Länder sich noch immer nicht aus ihren politischen Wirren befreit haben, können die ostmitteleuropäischen Staaten heute als konsolidiert gelten. Per Saldo nehmen die Wanderungsströme nach Westeuropa von Jahr zu Jahr ab, und der Prozentsatz der Armutsflüchtlinge, die aus schierer Not ihre Heimat verlassen, sinkt zugunsten höher qualifizierter Emigranten, die nach besseren beruflichen Chancen suchen.

Tiefgreifend gewandelt hat sich die Situation in den Entwicklungsländern. Zwar gibt es noch immer jedes Jahr Hunderttausende von Armutsflüchtlingen, die ihr Land verlassen, um zu überleben. Sie stammen nach wie vor vor allem aus den Maghreb-Ländern, Schwarzafrika und aus dem indischen Subkontinent, wo auch das hoffnungsloseste der Entwicklungsländer liegt – Bangladesch, dessen Probleme sich durch die weltweite Klimaveränderung zusätzlich verschärft haben. Aber die friedliche Entwicklung im Nahen Osten und im Süden Afrikas hat gerade in den wichtigsten Auswanderungsregionen Entwicklungspotentiale mobilisiert, die bereits seit einigen Jahren die Wanderungsströme von Jahr zu Jahr schrumpfen lassen. Eine ähnliche Entspannung ist in den USA eingetreten. Zwar nimmt die spanischsprechende Bevölkerung weiter zu und prägt zunehmend die Politik in Florida und Kalifornien, aber die Zahl der Zuwanderer nimmt ab, und deren Qualität nimmt zu, beides als Folge einer dynamischen Entwicklung in Zentralamerika. Hauptstichworte: Industrialisierung Mexikos im Rahmen der NAFTA, Zusammenbruch des kommunistischen Regimes in Kuba.

Generell hat der Wandel der Entwicklungspolitik, der 1996 anläßlich der Weltgipfelkonferenz über soziale Entwicklung feierlich proklamiert wurde, eine deutliche Verlagerung der Prioritäten von einer bloßen Maximierung der Bruttosozialprodukt-Wachstumsraten zu einer human und ökologisch nachhaltig tragfähigen Entwicklung gebracht. Hauptmerkmal ist eine hohe Priorität auf breiter Allgemeinbildung und einer den lokalen Bedingungen und Stärken sowie den ökologischen Umständen angepaßten Entwicklung, die eine hohe Partizipation der Bevölkerung beinhaltet und die ländliche Kaufkraft und Selbstversorgung stärkt, in Verbindung mit einer dezidierten Liberalisierung der Handelsströme zugunsten der Entwicklungsländer.

So läßt sich heute ohne großes Risiko die Prognose wagen, daß von dieser Seite her das Wachstum sozialer Ungleichgewichte sowohl weltweit als auch in den hochentwickelten Ländern nur noch verlangsamt und in wenigen Jahren überhaupt zum Stillstand kommen wird.

Entwicklungen, die sich zur Zweidrittelgesellschaft hochschaukeln

- Aussteuerung von Arbeitskräften, die dem Wettlauf mit der Technik und den Qualifikationsanforderungen der Intrapreneur-Tätigkeiten nicht mehr genügen, zusätzlich beschleunigt durch intensiven globalen Standortwettbewerb.

- Überforderung durch Optionenflut zusammen mit Aussteuerung produziert Fundamentalismus, Xenophobie, Anomie, Überschuldung, Abhängigkeiten.

- Auflösung der Kleinfamilie produziert Alleinerziehende, die vom Absturz in die Armut bedroht sind.

- Wachsende Zahl älterer Menschen, die überfordert und im turbulenten Umfeld nicht mehr eigenständig handlungsfähig bzw. pflegebedürftig sind.

- Wachsende Zahl von Immigranten mit immer geringeren Kenntnissen vom Einwanderungsland und immer geringeren Ausgangsqualifikationen; die OECD-Welt importiert die ungelösten Probleme der übrigen Welt.

- Steigende Mindestanforderungen an Bildung, Qualifikationen und Persönlichkeitsentwicklung sowie steigende Miet-, Energie-, Transport-, Müllabfuhr-, Dienstleistungs- und sonstige Preise bewirken steigende Armutsgrenze.

- Soziale Ausgleichssysteme sind quantitativ zunehmend überfordert, genügen qualitativ den steigenden Anforderungen an maßgeschneiderte soziale Dienstleistungen immer weniger und behindern die zur Überwindung der Zweiteilung erforderliche Flexibilität.

- Im Zuge der wachsenden Ghettoisierung wächst auch die Zahl der Jugendlichen, die von vornherein ohne Perspektiven aufwachsen.

- Die durchschnittliche Arbeitsproduktivität – und mit ihr die durchschnittliche Kaufkraft – steigt nur noch langsam, wenn überhaupt, so daß die Verteilungskämpfe immer härter werden.

Die Ursachen der Zweidrittelgesellschaft
Vor diesem in mancher Hinsicht beruhigenden Hintergrund sei nun aber doch die Entwicklung der letzten 15 Jahre in Westeuropa nachgezeichnet, die nicht anders als dramatisch genannt werden kann: Der Wettlauf zwischen Mensch und Technik hat in dieser Zeit eine ständig wachsende Zahl von Menschen aus der Arbeitswelt herausgedrängt – in die Dauerarbeitslosigkeit, den vorzeitigen Ruhestand und immer häufiger in den sozialen Notstand. Die Ursache war ein ausgeprägter internationaler Rationalisierungswettbewerb. Die Arbeitskosten vor allem jener Tätigkeiten, die im Rahmen routinierter Abläufe wohldefiniert waren, wurden zum wichtigsten Rationalisierungspotential, weil wohldefinierte Tätigkeiten am leichtesten an die Technik zu delegieren waren und weil die Leistungsfähigkeit der letzteren sich geradezu explosiv erhöhte. So verloren immer höher qualifizierte Arbeitskräfte trotz ständig zunehmender Leistung diesen Wettbewerb.

Verschärft wurde diese Entwicklung überdies durch den weltweiten Standortwettbewerb: Nicht nur die Technik konkurrierte im Bereich der wohldefinierten Tätigkeiten mit den Arbeitskräften der Hochlohnländer, sondern auch die Arbeitsbevölkerung in Niedriglohnländern. Solche fanden sich nicht nur im Fernen Osten, sondern auch in Mittelosteuropa. Die daraus folgenden Standortverlagerungen wirkten auf eine noch konsequentere internationale Arbeitsteilung hin, die für Hochlohnländer nur komplexe, hohe Eigenständigkeit verlangende Beschäftigungen übrig ließ. Die Tatsache, daß mit zunehmender Delegation wohldefinierter Tätigkeiten an die Technik der Arbeitskostenanteil in diesem Bereich abnahm und sogar Rückverlagerungen hochautomatisierter Produktionsprozesse in Hochlohnländer möglich wurden, verstärkte diesen Effekt, auch wenn er mit einem Beschäftigungszuwachs für die letzteren verbunden war. Daß die Arbeitskosten in den Niedriglohnländern im Verlauf dieser Entwicklung ebenfalls anstiegen und dort eine Tendenz zu höher qualifizierter Arbeit und einer ähnlichen Aufspaltung des Arbeitsmarktes erzeugten, bremste zwar ebenfalls die Arbeitsplatzvernichtung in den Hochlohnländern, nicht aber die Marginalisierung jener Arbeitskräfte, die den Anforderungen der verbleibenden Tätigkeitstypen nicht gewachsen waren.

Diese Entwicklung bezog sich nicht nur auf die Industrie, sondern erfaßte mit eben solcher Konsequenz auch die klassischen Dienstleistungen, die bis in die achtziger Jahre hinein die von der Industrie freigesetzten Arbeitskräfte noch absorbiert hatten. Unerschlossenes Nachfragepotential gab es zwar im Bereich der öffentlichen und sozialen Dienstleistungen in rauhen Mengen, aber da gerade die hier aufzuzeigende Entwicklung zur Zweidrittelgesellschaft dessen Finanzierungsgrundlage in Frage stellte, konnte es nur unzureichend, in manchen Ländern sogar nur in abnehmendem Maße genutzt werden.

Per saldo ergab sich in den OECD-Ländern eine ständig steigende Sockelarbeitslosigkeit in Verbindung mit zunehmenden Einkommensdisparitäten.

Zwar stieg die durchschnittliche Arbeitsproduktivität infolge der erzwungenen Konzentration auf Tätigkeiten, die mit den hohen Arbeitskosten vereinbar waren, weiter an und wurde auch großenteils in zusätzliche Kaufkraft umgesetzt. Aber das reichte nicht aus, um im Arbeitsmarkt eine Nachfragedynamik zu generieren, die über die Absorption des Produktivitätszuwachses hinaus noch zusätzliche Arbeitsplätze geschaffen hätte.

Zu diesem Aussteuerungsmechanismus gesellte sich ein weiteres qualitatives Problem: Um in der Informationsgesellschaft lebensfähig zu bleiben, bedurfte es eines wachsenden Geschicks im Umgang mit deren zunehmender Optionenflut. Die Aufgabe einer Selektion der Güter und Dienstleistungen, der Informations-, Aus- und Weiterbildungs- sowie Unterhaltungsangebote, der Feriendestinationen und beruflichen Entwicklungsmöglichkeiten, die sich sinnvoll einfügten in das eigene Zeit- und Kaufkraftbudget, in den eigenen Lebenspfad und die mit ihm verbundenen Stärken und Schwächen, Vorlieben und Abneigungen – sie überforderte eine wachsende Zahl von Menschen. Nicht nur waren die durchaus vorhandenen neuen Betätigungsfelder einer wachsenden Minderheit nicht mehr zugänglich, sondern auch außerhalb des Berufslebens griff die Überforderung um sich. Die Konsequenz war zunehmende Passivität und Hilflosigkeit. Die Flucht in die Abhängigkeit von Leitfiguren, Moden, Drogen etc. oder in fundamentalistisch vereinfachte Welt- und Feindbilder war die Folge. Das war eine kulturelle Falle; war sie einmal zugeschnappt, war der Aufbruch zu eigenständiger Lebensgestaltung in einem immer komplexeren Umfeld kaum noch zu schaffen.

Besonders die immer zahlreicheren älteren Leute waren dieser Gefahr ausgesetzt, aber auch jene, die von Tag zu Tag um das nackte Überleben zu kämpfen hatten. Dazu gehörten vor allem die Alleinerziehenden, in ihrer Mehrzahl nach wie vor Mütter, die aus zerbrochenen Partnerschaften stammten, und natürlich ein Großteil der nach Asyl suchenden und übrigen Immigranten. Auch diese beiden Gruppen wuchsen rapide an. Hinzu kamen die Jugendlichen, die aufgrund einer altersbedingten Labilität und/oder unteroptimaler Familienverhältnisse Schwierigkeiten hatten, sich im komplexen Umfeld zu orientieren. Im Lauf der Jahre nahm ihre Zahl schon deshalb zu, weil jene der desorientierten Eltern anstieg.

Die sozialen Netze erwiesen sich als ungenügend, um mit dieser Kumulation von Problemen fertig zu werden. Das galt einerseits rein quantitativ: Finanzielle Ausgleichssysteme, die für einige Prozent der Bevölkerung gedacht gewesen waren, sollten plötzlich für ein Drittel reichen. Es galt andererseits aber auch qualitativ: Als verhängnisvoll erwies sich ihr binärer Charakter: Man war entweder normal berufstätig oder abhängig vom sozialen Netz, als Arbeitsloser, Sozialhilfeempfänger, Rentner oder Gesundheitsgeschädigter. Lange Zeit gab es kaum Zwischenlösungen und damit auch kaum Anreize, als nicht Erwerbstätiger etwas hinzuzuverdienen, es sei denn schwarz. Überdies handelte es sich im wesentlichen um administrierte Finanzierungssysteme, während maßgeschneiderte soziale Dienstleistungen, die auch Auswege aus der Sozialfalle hätten aufzeigen und unterstützen können, hoffnungslos unterdotiert blieben. Sie waren nicht finanzierbar, aber es gab auch keine Anreize für nicht oder nur teilweise Erwerbstätige, die klaffenden Lücken in diesem Bereich auszufüllen.

Die Eigenschaften einer Zweidrittelgesellschaft

– Eine zunehmende Aufspaltung der Gesellschaft hochentwickelter Länder in zwei sich zunehmend gegeneinander abschottende Teile, denen die meisten Menschen eindeutig zuzuordnen sind.

– Sie unterscheiden sich nach Bildungs- und Qualifikationsniveau, Kaufkraft, Beschäftigung, Status, Teilhabe an den Möglichkeiten moderner Zivilisation und an den Gestaltungsmöglichkeiten im beruflichen, politischen und sonstigen Umfeld, Kriminalität, Wohnort etc.

– Die Unterschiede und die räumliche, soziale, berufliche und kulturelle Abgrenzung zwischen den beiden Teilen vertiefen sich.

– Die »Unterschicht« ist eine Minderheit, aber sie wächst, erreicht in manchen Ländern ein Drittel der Gesamtbevölkerung oder mehr. Sie versinkt zunehmend in die Perspektivlosigkeit, Verelendung und Kriminalität. Es bilden sich Armenghettos, die faktisch vom organisierten Verbrechen regiert werden. Die Möglichkeiten, den Übergang in die »Oberschicht« zu finden, werden immer prekärer.

– Die »Oberschicht« ist eine breite mittelständische Bevölkerungsmehrheit, die jedoch eher schrumpft, aus demographischen Gründen, aber auch wegen der ständigen Gefahr, in die »Unterschicht« abzusinken. Im übrigen aber vermag sie mit den Herausforderungen des kulturellen Zeitalters umzugehen und von dessen Möglichkeiten zu profitieren. Auch sie zieht sich zunehmend in Ghettos – bevorzugte Stadtquartiere und ländliche Siedlungskerne – zurück.

– Weltweit gibt es Entsprechungen zur Zweidrittelgesellschaft: In Entwicklungsländern ist die Distanz zwischen Unter- und Oberschicht weit größer, und die Oberschicht repräsentiert eine Bevölkerungsminderheit, zuweilen eine verschwindend kleine. Die Anführungszeichen sind hier weggelassen, weil es sich in der Regel um eine echte herrschende Klasse, nicht um einen breiten Mittelstand handelt. Die Unterschicht alimentiert zunehmend die »Unterschicht« der hochentwickelten Länder.

So trug das Sozialsystem zum Problem bei, statt es zu mildern. Der Teufelskreis aus Armut, Abhängigkeit, Passivität und Ausgrenzung nahm seinen Gang. Das perspektivlose Drittel wurde zunehmend in Armenghettos gedrängt, wo die Entwicklungsmöglichkeiten vollends fehlten und wo Sozialneid, Fremdenhaß, Verwahrlosung, Gewalt, Kriminalität, Prostitution und Drogen ein Gebräu bildeten, das vom internationalen organisierten Verbrechen zielstrebig gepflegt und ausgenützt wurde. Das letztere regierte de facto eine wachsende Zahl von Industriestädten und Altstadtquartieren. Damit vollzog sich zwangsläufig auch die Ghettoisierung der wohlhabenden Mehrheit, die sich in sichere und gepflegte Wohnquartiere in den historischen Stadtzentren, in Vororten und in aufblühenden ländlichen Siedlungszentren zurückzog. Die einzige Brücke zwischen den beiden Ghettos wurden die Dienstboten, die sich eine breite Mittelschicht wieder leisten konnte, und die auf Ausbeutung der Schwachen basierenden Vergnügungen, die diese in den Armenghettos suchte.

Wege aus der Armutsfalle
Die Diagnose zeigt aber bereits die Richtung der Gegenreaktionen an, die sich zum Teil spontan, zum Teil aufgrund politischer Prozesse herausgebildet haben und die um die Jahrtausendwende herum allmählich, wenn auch viel zu langsam, zu greifen begannen: War die Zweidrittelgesellschaft bis vor kurzem von einer ausgeprägten Abwärtsmobilität geprägt gewesen, während ein Ausbruch aus den Armutsghettos kaum noch möglich schien, sind seit einiger Zeit zunehmende Anzeichen einer neuen Aufwärtsmobilität festzustellen. Eines davon ist die weitere Entwicklung der neuen Dienstbotenbiographien: Der räumliche Ausbruch aus dem Ghetto ist in aller Regel auch ein kultureller, da zwangsläufig eine enge Verbindung zu Lebensstil und Lebenshaltung der neuen »Herrschaften« entsteht. Hinzu kommt, daß der stark steigende Bedarf nach persönlichen Dienstleistungen – Sicherheitsdienste, Hauslieferung, Pflege, Reinigung, Gartenunterhalt etc. – alle möglichen Formen des Kleinunternehmertums fördert, vor allem seitens jener Armen, die über Dienstboten Zugang zu den wohlhabenderen Vierteln haben und nicht von einem Absteigertrauma gelähmt sind. Bedarf nach persönlichen Dienstleistungen gibt es natürlich auch in den Armenghettos, bei den Alten und Kranken, bei den Armen und bei jenen, die nach Wegen aus der Armutsfalle suchen, aber hier sind sie noch immer kaum finanzierbar.

Dafür, daß aus diesen Bedürfnissen allmählich eine Welle von Kleinstunternehmen für persönliche Dienstleistungen werden konnte, war eine Reihe von Voraussetzungen erforderlich, die heute in Westeuropa in unterschiedlichem Masse erfüllt sind und die gleichzeitig auch andere Auswege aus dem Problem der Zweidrittelgesellschaft unterstützen:

In allererster Linie gehört dazu die Abkehr vom binären sozialen Sicherungssystem. Während einige Länder den Weg einer schrittweisen Lockerung einschlugen – etwa durch die Möglichkeit einer Teilzeitarbeit mit Teilzeit-Erwerbsausfallentschädigung –, entschlossen sich andere zu einem radikalen Schnitt, indem sie sämtliche staatlichen Sozialversicherungen ersetzten durch eine negative Einkommensteuer nach dem Modell von Milton Friedman:

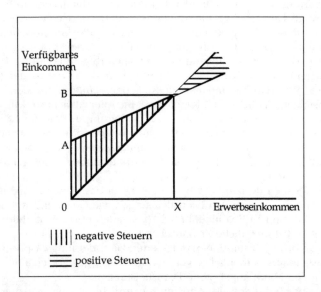

Die Steuerprogression wird vom Erwerbseinkommen X an nach unten in den negativen Bereich fortgesetzt, bis beim Erwerbseinkommen 0 das Existenzminimum A ausbezahlt wird. Dem Individuum bleibt es überlassen, den ihm entsprechenden Punkt zwischen Erwerbseinkommen 0 und X (oder darüber, im Bereich der positiven Steuern) zu wählen. Es kann zum Beispiel bei Arbeitslosigkeit etwas hinzuverdienen, wodurch sein Einkommen steigt, wenn auch nicht ganz im Maß des zusätzlichen Verdienstes, oder es kann sich entschließen, nur eine Teilzeitarbeit anzunehmen und den Rest seiner Zeit sozialen Dienstleistungen wie Kindererziehung oder Krankenpflege zu widmen.

Dänemark und Holland haben dieses System überdies verbunden mit einem Obligatorium des öffentlichen Dienstes – sei es im sozialen Bereich, sei es in Form von Wehrpflicht –, in den auch die Erziehung der eigenen Kinder einbezogen ist. Es ist mit einem Zeittauschsystem verknüpft: Jede anerkannte öffentliche Dienstleistung – dazu zählt auch die Kindererziehung – wird gutgeschrieben und berechtigt zum Bezug sozialer Dienstleistungen für den eigenen Bedarf.

Der Ersatz aller öffentlichen Ausgleichssysteme durch die negative Einkommensteuer und das Zeittauschsystem bedeuten, daß das Existenzminimum – auch jenes an sozialen Dienstleistungen – für alle garantiert ist, daß es aber jedem einzelnen überlassen ist, wieweit er darüber hinausgehen will, sei es durch Erwerbsarbeit, sei es durch private Versicherungen, die individuell oder auf Unternehmens- und Verbandsbasis abgeschlossen werden können. Das bedeutet, daß das in der schweizerischen Alterssicherung angelegte »Drei-Säulen-Prinzip« radikalisiert und verallgemeinert wird: Die negative Einkommensteuer bewirkt eine Sicherung des Existenzminimums für jede Person und ersetzt alle anderen finanziellen Absicherungssysteme der öffentlichen Hand: Arbeitslosenversicherung, Sozialhilfe sowie Alters-, Invaliden- und Hinterbliebenenrente. Ihr Maximum bei Einkommen Null entspricht ungefähr dem Niveau der früheren Sozialhilfe. Wer darüber hinaus seinen Lebensstandard für den Fall von Arbeitslosigkeit, Erwerbsunfähigkeit oder im Alter absichern will, schließt sich zu diesem Zweck einer Kollektivversicherung an, die von Unternehmen, Verbänden und Gewerkschaften angeboten wird. Das ist die zweite Säule. Die dritte Säule ist die private Kapitalanlage. Die Systemlogik verlangt, daß die Beiträge an die zweite und dritte Säule von der Einkommensteuer befreit sind.

Das Drei-Säulen-Prinzip bezieht sich auch auf das zweite Element der sozialen Sicherung, die sozialen Dienstleistungen wie Gesundheits- und Altenpflege, Sozial- und Laufbahnberatung, Umschulung und Weiterbildung: Neben das öffentlich-rechtliche Zeittauschsystem, das mit entsprechenden, zum Teil auch an private Institutionen delegierten Dienstleistungsdispositiven verbunden ist, treten betriebliche, verbandliche und gewerkschaftliche sowie auf dem freien Markt angebotene Dienstleistungen.

Die Flexibilität des Sozialsystems muß natürlich mit einer entsprechenden Flexibilität der Arbeitsverhältnisse verknüpft sein, wenn der Zweck einer optimalen Anpassung der Nachfrage an das Angebot im Arbeitsmarkt erreicht werden soll. Dort, wo auch dieser Weg mit Konsequenz beschritten wurde, hat das Individuum die Wahl zwischen dem Status des selbständig erwerbenden Auftragnehmers, der für verschiedene Auftraggeber tätig sein kann, jenem des Angestellten auf Auftragsbasis (d. h. Entlohnung entweder je nach Leistung oder entsprechend einem fixen Betrag) oder des Angestellten auf Zeitbasis (Stunden-, Tages-, Wochen-, Monatshonorar), wobei auch diese Formel gewöhnlich alle Arbeitszeitvarianten zuläßt. Die Flexibilität erstreckt sich im Rahmen des Möglichen auch auf den Arbeitsort (Heimarbeit, wohnortnahe Bürogemeinschaft, unterwegs, mit allen Kombinationsmöglichkeiten).

Haupthindernis bei diesen Neuerungen waren die Gewerkschaften, deren Kollektivvertragsmonopol dadurch untergraben wurde. Überlebt haben nur jene, die sich als Dienstleistungsorganisationen für ihre Mitglieder definierten: Sie leisten Hilfe bei der Ausarbeitung von Arbeitsverträgen, bei der Gründung von Kleinunternehmen und bei der sozialen Absicherung gegen neue Formen der Ausbeutung, die natürlich mit der Heimarbeit und den leistungsabhängigen Honoraren leicht um sich greifen können, und sie entwickeln eine breite Dienstleistungspalette im Bereich der zweiten Säule der sozialen Absicherung und der sozialen Dienstleistungen.

Nicht in allen Ländern haben sie diese Umstellung rasch genug geschafft. Sie hat sich aber in den letzten Jahren sehr beschleunigt – einfach dadurch, daß die Pionierländer sich über höheren Wohlstand, niedrigere Arbeitslosigkeit und weit geringere soziale Unruhen und Kriminalitätsraten ausweisen konnten.

Ein drittes Komplement dieser Auswege aus der Armutsfalle, das sich zum Teil überschneidet mit den im Drei-Säulen-System bereitgestellten sozialen Dienstleistungen, ist ein flexibles System der lebenslangen Aus- und Weiterbildung und beruflichen und persönlichen Entwicklung. Auch hier wurde in den erfolgreichsten Ländern ein hochdifferenziertes Mischsystem gewählt: kontrollierter Wettbewerb für die Schulbildung aller Stufen, kombiniert mit einem Bildungsbonus, der für materiell gleiche Startchancen sorgt, Hauptgewicht auf privaten Anbietern für die weiterführenden Aus- und Weiterbildungsangebote, aber ergänzt durch staatliche Dienste, wo dies im Interesse des gleichen Zugangs zu Bildungs- und Entwicklungschancen erforderlich scheint.

Auswege aus der Zweidrittelgesellschaft

– Überwindung der weltweiten Entwicklungsdisparitäten im Rahmen einer Strategie des »Sustainable Development«;

– Umbau der Sozialsysteme: Kombination des finanziellen Ausgleichs mit einem System individualisierter sozialer Dienstleistungen, beides nach dem Drei-Säulen-Prinzip: Basissicherung des Existenzminimums, die Wiedereingliederungsanreize und Flexibilität unterstützt, nichtstaatliche kollektive Versicherungen und Dienstleistungen für die Wahrung des Besitzstandes, individuelle Zusatzvorsorge;

– Flexibilisierung des Arbeitsmarktes;

– breitgefächertes, flexibles Bildungsangebot zur Befriedigung des Bedürfnisses nach lebenslanger individualisierter Bildung und Weiterentwicklung sowie zur aktiven (Wieder-)Eingliederung der Perspektivlosen;

– konsequente Durchsetzung des ökologischen Verursacherprinzips im Hinblick auf eine langfristig tragfähige Entwicklung durch Lenkungsabgaben, die über eine Erhöhung der Arbeitsintensität und den internationalen Standortwettbewerb auf eine Milderung der Beschäftigungsprobleme hinwirken.

Dies reichte jedoch erfahrungsgemäß nicht, um zu verhindern, daß das breitgefächerte Angebot vor allem von den wohlhabenderen Schichten benutzt wurde, während die Analphabetisierung der Armenghettos ihren Lauf nahm. Es bedurfte deshalb besonderer Attraktionen, um deren Bewohner – nicht nur, aber vor allem die Jugendlichen – in den Bildungsprozeß hineinzuziehen. Auf diesem Gebiet hat sich das britische Vorbild durchgesetzt. In Englands Armenghettos entstand zuerst ein Netz von Aus- und Weiterbildungsinstituten, die gemischtwirtschaftlich betrieben werden und ihren Absolventen vom ersten Tag an einen benutzerfreundlichen Zugang zu den neuesten Multimedia-Netzen eröffnen. Auf dieser Basis können die Schüler selbst unter kundiger Anleitung spielerisch ihr neues Lebensprojekt und die zugehörigen Qualifikationen entwickeln. Das Projekt ist in Realisierungsschritte aufgeteilt, die immer wieder von Supervisions-, Weiterentwicklungs- und Bildungsphasen abgelöst werden. Auch dazwischen steht das Beratungszentrum zur Verfügung. Ein heute gesamteuropäisches Clearing-System stellt den Erfahrungsaustausch und die Information über Kooperations- und Beschäftigungsmöglichkeiten sicher.

Die anfängliche Skepsis, ob Ghetto-Kids für die Nutzung einer solchen Möglichkeit motivierbar seien, hat inzwischen einhelliger Begeisterung Platz gemacht. An sich bedurfte es dieses Experiments nicht, um zu beweisen, daß sozial benachteiligte Menschen in aller Regel gleich begabt sind wie andere und daß es »nur« darum geht, ihnen die Wege zur Nutzung des Potentials aufzuzeigen, indem man sie mit den Mitteln des »Edutainment« attraktiv gestaltet.

Einen letzten Beitrag zum Ausweg aus der Problematik leistete die Ökologiedebatte. Sie führte zur verbreiteten Erkenntnis, im Interesse des langfristigen Überlebens der menschlichen Gesellschaft und der Erhaltung der Lebensgestaltungsoptionen für künftige Generationen müßten für die Beanspruchung natürlicher Ressourcen Preise festgelegt werden, die mögliche Belastungen, die sich für das Umfeld und die Zukunft ergeben, einschließen. Infolgedessen haben sich zuerst in Westeuropa und Japan, dann in den USA und schließlich in einer zunehmenden Zahl weiterer Länder Lenkungsabgaben durchgesetzt, die von Jahr zu Jahr schrittweise erhöht werden, bis ein nach menschlichem Ermessen langfristig tragbares Verhalten erreicht ist. Dadurch ist der Anreiz, den Arbeitsplatz zu rationalisieren, zugunsten der Rationalisierung des Einsatzes natürlicher Ressourcen zunehmend abgebaut worden.

Allerdings haben sich jene Stimmen nicht durchgesetzt, welche die Einkommensteuern durch eigentliche Ökosteuern ersetzen wollten. Dagegen sprach nicht nur die Überlegung, daß das Steuersubstrat durch die Steuerwirkung zunehmend zusammenschmölze, sondern auch die Tatsache, daß es bei der Einkommenssteuer nicht um eine Arbeitsteuer, sondern um eine Belastung je nach wirtschaftlicher Leistungsfähigkeit geht. Nur auf dieser Grundlage ließ sich auch die negative Einkommensteuer einführen. So blieb es in den meisten Ländern bei ökologischen Lenkungsabgaben, deren Ertrag mehr oder weniger vollständig an die Steuerzahler zurückerstattet wird –

natürlich unabhängig von ihrem Ressourcenverbrauch, so daß der Sparanreiz voll bestehenbleibt. Die Gegner von Lenkungsabgaben haben zwar immer geltend gemacht, die Preiselastizität der Nachfrage vor allem nach Energieträgern sei viel zu gering, um auf diesem Wege ins Gewicht fallende Einsparungen zu erzielen; einzig die Einkommenselastizität – im Klartext eine Senkung des Lebensstandards – verspreche deutliche Wirkungen. Sie haben aber dabei aus guten Gründen verschwiegen, daß die Wirkung sich langfristig verläßlich und drastisch verschiebender Preisrelationen nicht über kurzfristige individuelle Verhaltensänderungen, sondern über tiefgreifende langfristige Veränderungen der gesamten Produktions- und Siedlungsstrukturen und damit auch der Lebensgewohnheiten zustande kommt. Als Nebenwirkung dieser Umstellung bahnt sich nun auch allmählich eine Substitution von Energie durch Arbeit, d. h. eine Tendenz zu steigender Arbeitsintensität der Wertschöpfung an.

Konsequenzen für die Unternehmenspolitik

– Es liegt im Interesse zukunftsorientierter Unternehmen, die Hinwendung zu ökologischen Lenkungsabgaben zu unterstützen und der Ressourcenproduktivität im Vergleich zur Arbeitsproduktivität mehr Gewicht einzuräumen.

– Flexibilisierung und Automatisierung der Arbeitsverhältnisse fördern.

– Qualität des Humanpotentials ist die entscheidende strategische Ressource und erfordert entsprechende Strategien.

– Auch die Armenghettos sind interessante Absatzmärkte und Arbeitskräftepotentiale, vor allem für schwer automatisierbare Hilfsdienste; verbunden mit adäquaten Wiedereingliederungsangeboten, kann das Geschäft in diesen Gebieten ein zentrales gesellschaftliches Problem lösen helfen. Es erfordert aber der Situation angepaßte Strategien.

– Das Gewicht der freiwilligen betrieblichen und überbetrieblichen Sozialleistungen nimmt zu und wird zum Wettbewerbsfaktor für hochqualifizierte Arbeitskräfte.

– Im Bereich der Aus- und Weiterbildungsangebote entwickelt sich ein neuer Wachstumsmarkt, wo auch gemischtwirtschaftliche Modelle und öffentliche Aufträge wachsende Bedeutung erlangen.

– Es ist nicht nur zwecklos, sondern auch gesellschaftlich schädlich, sich gegen die weltweite Standortkonkurrenz zu stemmen, da diese eine langfristig adäquate Lösung der Probleme beschleunigt.

Die Entwicklung hat ein weiteres Argument der Gegner widerlegt, das gelautet hatte, Lenkungsabgaben könnten nur im internationalen Gleichschritt eingeführt werden. Erstens würden sie sonst die internationale Wettbewerbsfähigkeit untergraben. und zweitens würden sie die ökologischen Probleme nicht lösen, sonder, nur in Länder mit weniger strengen Vorschriften verlagern. Die zweite Erwartung hat sich zwar vorübergehend bestätigt, aber das hat lediglich dazu beigetragen, die erste zu widerlegen. Es hat sich nämlich gezeigt, daß Länder, die dezidiert eine Vorreiterposition eingenommen haben, dadurch eine Verlagerung auf besonders zukunftsträchtige Produktionszweige und -verfahren und sogar einen entsprechenden Beschäftigungszuwachs erzeugt haben, während die Gebiete, in denen sich die ressourcenverschwendenden Produktionsanlagen konzentriert haben, einen Niedergang erlebten. Auf diese Weise ist der weltweite Übergang zu einer langfristig tragfähigeren Entwicklung bedeutend beschleunigt worden, und die Vorreiter hatten es einfacher, der Falle der Zweidrittelgesellschaft zu entrinnen.

Fazit: Noch ist die Zweidrittelgesellschaft das zentrale Problem zumindest der wirtschaftlich am höchsten entwickelten Gesellschaften, aber die Weichen zu dessen Überwindung scheinen gestellt.

Kapitel 8:
Das hybride Management

Die Frage, ob Percy und Juana sich als Manager fühlten, beschwört eine allgemeine Verwirrung herauf. Es zeigt sich, daß nicht nur höchst unterschiedliche Beobachtungen, sondern ebenso unterschiedliche Vorstellungen über Managementrollen zirkulieren. Guidos Bemerkungen machen deutlich, daß das vor einigen Jahrzehnten noch anders gewesen ist. Offenkundig steckt dahinter aber auch nicht einfach eine Umbruchsituation zwischen einem alten und einem neuen Organisationsmodell, sondern eher die Tatsache, daß die Widersprüchlichkeit des Umfeldes ein widersprüchliches Management erfordert. Dessen Aufgaben allerdings sind in den dezentralen kleinen Einheiten von heute im allgemeinen viel breiter gestreut und stärker prozeßorientiert, und viel mehr Ordnungs- und Routinefunktionen sind an die Technik delegiert.

Ein Streitgespräch über eine Begriffsverwirrung

Erinnern Sie sich noch an das lebhafte Gespräch im Kreise der Familie anläßlich des gemeinsamen Mittagessens an meinem ersten Tag in Weindorf? Es war die Rede vom Bier, von Interfabric und von der Privatkundenbank. Am Nachmittag lernte ich die Arbeitsweise der letzteren etwas näher kennen, ebenso die Möglichkeit, bei der Schneiderei Zürcher eigene Krawatten und Foulards zu produzieren. Im Anschluß daran treffen wir uns im Haus Rheinblick zum Apéritif.

Über neue Managementrollen, Macht und Hierarchie

»Fühlen Sie sich eigentlich als Manager?« frage ich Percy. Er stutzt. »Ich weiß nicht. Ich fühle mich als Kleinunternehmer in einer Großunternehmung. Gemanagt wird die wohl von anderen, obwohl ich, zusammen mit Tausenden Kollegen, da mein Wörtchen mitzureden habe.« – »Aber Sie«, sage ich zu Juana gewandt, »sind doch eine waschechte Managerin?« – »Klingt komisch. Meine Hauptaufgabe sehe ich noch im Gestalterischen. Aber der unternehmerische Aspekt, die Führung der Firma, ist im Lauf der Jahre tatsächlich immer wichtiger geworden. Das stimmt.« – »Und Sie, Guido«, fahre ich fort, »sehen Sie die beiden als Manager, wenn

Sie an Ihr früheres Unternehmen denken?« – »Was soll die Frage? Das kann man doch gar nicht vergleichen. Was wir früher Manager nannten, das waren die Direktoren in den noblen Büros, mit Vorzimmerdamen und womöglich noch mit Chauffeur. Das waren die, die die Entscheidungen trafen. Heute ist das ja offenbar alles ganz anders – obwohl, wenn ich's mir recht überlege: Ich habe den starken Verdacht, daß es diese Herren in Percys Bank noch genauso gibt wie früher. Sie reden nur etwas mehr mit den Leuten.«

»Also das glaube ich ganz und gar nicht«, protestiert Consuelo. »Es ist heute wirklich nicht mehr so wie früher. Wie ich heute mittag schon sagte: Unser Betriebswirtschaftslehrer teilte uns mit, wir würden nach der Lehre Topmanagement-Funktionen ausüben!« – »Erklärte er euch auch, was das bedeutet?« – »Er versuchte es, aber es klang irgendwie abstrakt. Er sagte, wir würden in unseren Verantwortungsbereichen alle klassischen Managementfunktionen ausüben. Warten Sie, vielleicht kriege ich es noch zusammen: planen, entscheiden, kontrollieren, dann – ja richtig – führen, organisieren und – ah ja: Außenbeziehungen pflegen. Und natürlich Produktentwicklung und Produktion ... Ja, dazu sagte er: Management sei die Verantwortung für diese Tätigkeiten, aber zum Teil würden wir sie ja auch selbst ausführen.« – »Das bedeutet, daß ihr euch selbst kontrolliert, führt, organisiert und überwacht?« – »Ja, das heißt es wohl.« – »Bedeutet das dann, daß euch niemand vorgesetzt ist?« – »Nein, natürlich nicht.« – »Aber was tun denn die Vorgesetzten?« – »Nun, ich denke, sie sorgen dafür, daß wir unsere Verantwortung wahrnehmen können und daß wir das so tun, daß es für die Firma insgesamt in Ordnung ist.« – »Und wie wißt ihr, was für die Firma in Ordnung ist?« – »Wir erhalten Informationen, Orientierungshilfen, Vorgaben.«

»Seht ihr, wie ich schon immer sagte: Im Grunde hat sich nichts geändert. Was wir früher ›Instruktionen‹ nannten, heißt heute ›Informationen, Orientierungshilfe, Vorgaben‹ – aber die Wahrheit ist doch immer noch, daß die Oberen euch sagen, was sie wollen!« höhnt Guido. »Und das ist gut so. Anders geht es nicht. Auch wenn die euch vorzumachen versuchen, ihr hättet eine Topmanagement-Funktion! Daß ich nicht lache! Da könnte ja jeder kommen und sagen, er sei jetzt Topmanager. Aber wahrscheinlich werden gar nicht so viele auf den Trick hereinfallen. Das heißt doch nur, daß ihr neben der Arbeit auch noch die Verantwortung habt, und die da oben lachen sich ins Fäustchen. Das ist es doch, was die versuchen!«

Niemand reagiert – Consuelo, weil sie nicht weiterweiß; Percy und Juana geben mit einem mitleidigen Lächeln zu verstehen, daß dem Mann nicht mehr zu helfen ist. Wahrscheinlich veranlassen sie mich dadurch, den Advocatus diaboli zu spielen: »Da ist ja schon was dran. Jeder spricht von Selbstorganisation und Intrapreneurship, aber in Tat und Wahrheit gibt es ja doch immer noch eine klare Verantwortung des Topmanagements gegenüber den Eigentümern, aus der es sich nicht davonstehlen kann. Und wenn die Manager selbst die Eigentümer sind, dann wissen sie das auch. Dann werden sie alles abstellen, was ihr Vermögen bedroht!«

»Aber das ist doch gerade der Witz«, wirft Juana ein: »Sie haben doch in den letzten 20 Jahren sehen können, was aus all den Familienunternehmen geworden ist, die die Eigentümer nicht loslassen konnten, und wie jene floriert haben, die die Zeichen der Zeit erkannt und ein Maximum an unternehmerischer Verantwortung an ihre Mitarbeiter delegiert haben!« – »Das wundert mich aus Ihrem Munde zu hören. Sie sind doch selbst auch Miteigentümerin, und Sie sind weit davon entfernt, loszulassen. Sie sind doch wie eine Berserkerin dahinterher, daß nichts schiefläuft!« – »Das ist doch etwas ganz anderes. Wir sind Unternehmer der ersten Generation, und der Erfolg unseres Unternehmens hängt von uns ab. So soll es auch bleiben. Consuelo wird nie meinen Anteil am Unternehmen erben, sondern dieses soll immer in der Hand der engagierten Mitunternehmer bleiben.«

»Dennoch«, entgegne ich, »was tun Sie, wenn Ihre Kollegen etwas tun, was in Ihren Augen gegen das Unternehmensinteresse verstößt?« – »Dann bringe ich das im Team vor, und wir suchen zu einer Grundsatzentscheidung zu gelangen.« »Und wenn das nicht gelingt?« – »Im Extremfall würden wir mit Mehrheit entscheiden, aber das ist noch nie vorgekommen.« – »Weil jemand im Kreis – ich vermute Sie – die starke Figur ist, die in Tat und Wahrheit den Kurs bestimmt.« – »Die Gewichte sind unterschiedlich verteilt, und das ist wahrscheinlich auch besser so. Aber Dialog und Auseinandersetzung bedeuten immer gegenseitige Einflußnahme. Das ist doch legitim.« – »Es geht gar nicht um die Legitimität, sondern um die Frage, ob wirkungsvolles Management nicht Macht voraussetzt und ob deshalb nicht all die schönen Theorien von Selbstorganisation und Chaosmanagement nur dazu dienen, den von den Mächtigen Beherrschten Sand in die Augen zu streuen.«

»Natürlich setzt Management Macht voraus, sei es im Max Weberschen Sinn der Fähigkeit, Dinge auch gegen den Willen der Betroffenen durchzusetzen, sei es einfach in dem Sinn, daß die stärkste und überzeugendste Gestaltungskraft gewinnt.« – »Ist es dann aber nicht besser, dies auch so transparent zu machen, wie das in den klassischen Hierarchien, von denen Guido spricht, der Fall war?« – »Ich habe gar nichts gegen Transparenz, und ich habe auch nichts gegen Hierarchie. Es ist gut, genau zu wissen, wer wofür verantwortlich ist und was ihm dafür für Mittel und Kompetenzen zur Verfügung stehen und was die Konsequenzen sind, wenn er den Erwartungen nicht entspricht.« – »Aber führt das denn nicht schnurstracks zu traditionellen Organisationsmodellen zurück?«

Über Flexibilität und Routine

Juana sieht mich verzweifelt an und sagt dann: »Gut – ich will Ihnen den Unterschied erklären: Es geht nicht um Ideologie, sondern um unternehmerischen Erfolg. Und der ist abhängig vom Umfeld, und dieses hat sich gewandelt, bzw. es wandelt sich immer rascher, und es wird immer vielfältiger, und die Kunden werden immer anspruchsvoller, und die Mitarbeiter werden nicht nur anspruchsvoller, sondern auch qualifizierter, und die technischen Möglichkeiten werden immer größer, vor allem in Richtung Multimedia und maßgeschneiderte Lösungen, und die Konkurrenz wird immer intensiver, immer schneller. Da brauchen wir die Klarheit der Verantwortlichkeiten, sicher, aber wir können nicht festgefügte Organisationen mit starren Strategien und formalisierten Entscheidungen und langen Dienstwegen und Massenprodukten brauchen, die von ameisenartigen Befehlsempfängern hergestellt werden, die für's Nichtdenken bezahlt werden!«
»Aber es gibt Ausnahmen«, wendet Anja ein. »Ich denke da an den Superdiscount-Markt, in dem ich früher eingekauft habe. Da steht der Filialleiter auf der Kommandobrücke und dirigiert die Aktionen, und rund um ihn herum nichts als Befehlsempfänger! Und er selbst ist auch ein Befehlsempfänger. Es gibt 50 solcher Märkte, alle mit demselben Sortiment und derselben Ladengestaltung, und die sind alle an dasselbe Einkaufs- und Logistik- und Rechnungssystem angeschlossen, und sie kriegen alle täglich Hunderte von Anweisungen und Vorgaben, und wenn sie sich nicht daran halten, werden sie sofort entdeckt und bestraft.«
»Ei – du bist aber gut informiert über deinen Marktleiter!« stichelt Juana. »Ist er attraktiv?« Anja macht eine wegwerfende Geste, aber Consuelo zetert mit einer dem Gegenstand ganz unangemessenen Empörung: »Die sind ja auch von gestern, diese Märkte an den Stadträndern!« – »Aber sie funktionieren prima!« bemerkt Percy.
»Also was ist jetzt? Ist nun alles anders, oder ist alles beim alten geblieben?« fragt Guido brummend. »Die Antwort lautet wohl: Es kommt darauf an«, entgegnet Percy. »Wenn ich meine Bank betrachte, so haben wir mit unseren Privatbankteams ein Maximum an unternehmerischer Freiheit und Eigenverantwortung. Aber wir sind angewiesen auf eine große

Menge von zentralen Dienstleistungen, die täglich und stündlich routinemäßig bereitgestellt werden müssen. Und unsere Daten werden vom zentralen Controlling-System ständig verarbeitet, so daß wir selbst, aber auch der Regionalleiter, immer wissen, wo wir stehen und wie sich unsere Erfolgsbeteiligung entwickelt. Und wenn ein Mitglied unseres Teams schlecht arbeitet, dann sehen wir das auch und reden mit ihm über die Konsequenzen.

Ähnlich sieht es im internationalen Geschäft aus: Die zentralen Strategien werden zwar partizipativ entwickelt, aber wenn sie einmal stehen, werden sie knallhart umgesetzt in Entscheide über die bereitzustellenden Ressourcen, d. h. Personal, Systeme, Infrastrukturen, Investitionsmittel und über die einzuschlagenden Verfahren. Das muß blitzschnell und generalstabsmäßig gehen, denn dort, wo wir tätig werden, müssen wir schneller und besser sein als die Konkurrenz, sonst läuft gar nichts. Im täglichen Geschäft spielen dann wieder die Unternehmerteams oder auch die Einzelkämpfer die Hauptrolle – im Handel, in der Anlageberatung, im Emissionsgeschäft oder wo auch immer, und auch dort spielen die zentralen Dienste und Kontrollinstrumente wieder eine Hauptrolle für die Koordination.«

Ich bin beeindruckt und frage Juana: »Sieht das bei Animag ähnlich aus?« – »Teils, teils. Wir sind eine viel kleinere Firma mit viel weniger Routinegeschäften. Das bedeutet unter anderem, daß wir die Funktion Percys und des Topmanagements in Personalunion ausüben. Aber die Verantwortlichkeiten sind trotzdem klar – etwa in meinem Fall auf der einen Seite jene des Projektmanagers und auf der anderen jene des Mitglieds der Geschäftsleitung. Da wir alle mehr dem Typus des freischaffenden Künstlers entsprechen, brauchen wir um so striktere Planungs- und Kontrollinstrumente, um immer ohne größeren Aufwand zu wissen, wo wir stehen. Außerdem ist es um so wichtiger, daß wir jene Abläufe, die sich routinemäßig abspielen, nicht immer wieder von neuem erfinden müssen. So haben wir eine entsprechende Projektabwicklungs-Software, alle möglichen Checklisten, damit wir nichts vergessen, und ein Riesenpaket Standard-Software in unserer Technik, zum Beispiel in den Kameras und in den CAD-Verfahren, die ermöglichen, daß ein Kameramann oder ein Stylist oder sogar wir selbst ohne langes Pröbeln Produkte herstellen können, die gewissen normalen Erwartungen entsprechen.«

»Das klingt eigentlich im Endeffekt doch wieder sehr mechanistisch«, bemerke ich. »Ach, lassen Sie doch den ideologischen Quatsch!« fährt Juana mich an. »Wenn wir uns von allem entlasten, was immer wieder gleich ablaufen kann, dann hat das doch nichts mit mechanistischer Organisation zu tun, sondern damit, daß wir uns den Kopf für kreative Dinge freihalten wollen!« – »Aber je mehr Dinge Sie an die Technik delegieren, desto starrer wird Ihre Organisation!« – »Nein – desto mehr Zeit haben wir, zu überlegen, wo wir mehr Flexibilität und wo wir mehr Routine brauchen! Abgesehen davon: Das Problem Ihrer sogenannten mechanistischen Organisationen ist nicht die Technik, sondern sind die Menschen, die in Routineverrichtungen eingesperrt sind. Und das gibt es bei uns nicht!« – »Aber bei uns gibt es immer noch Tausende davon«, wirft Percy ein. »Ein Devisenhändler zum Beispiel betreibt tagein, tagaus dasselbe Geschäft, und doch kann man seine Tätigkeit nicht an die Technik delegieren, weil er immer wieder situativ entscheiden muß. Deshalb ist er auch motiviert: Er kann dabei extreme Erfolge und Mißerfolge haben. Auf ihn allein kommt es an.«

Über Fremdbestimmung und Selbstbestimmung

»In diesem Sinn ist das für mich auch keine mechanistische Organisationsform, sondern eine dialogische par excellence.« – »Da sehen Sie, was Ihre Unterscheidung bringt: nichts als Verwirrung!« fährt Juana wieder dazwischen. »Nein«, entgegne ich, »genau gesehen verläuft die Grenze haargenau zwischen Tätigkeiten, die von außen definiert sind, und solchen, die vom Tätigen selbst definiert werden. Da gibt es eben die unterschiedlichsten Mischungen. Im Devisenhandel zum Beispiel ist fast alles von außen definiert, nur nicht die punktuelle Entscheidung des einzelnen Händlers in einer konkreten Sekunde, und die Summe dieser Entscheidungen entscheidet letztlich über alles.«

»Aber es gibt auch Tätigkeiten, die wirklich vollkommen fremdbestimmt sind, eben zum Beispiel in diesem Supermarkt«, bemerkt Anja. »Der Filialleiter hat noch einige Entscheidungen zu treffen, vielleicht auch noch sein Team auf der Kommandobrücke – aber der ganze Rest? Und offenbar wollen die Leute das gar nicht anders, und jedenfalls könnten sie nicht anders, denn sie haben keinerlei Qualifikationen. Von Motivation spricht da keiner. Die sind froh, daß sie einen Job haben.« – »Und in Billiglohnländern ist das noch extremer«, ergänzt Consuelo. »Auch sonst sind ja Routine und Fremdbestimmung nicht immer zu verachten«, sagt Percy. »Man kann ja gar nicht ständig die Welt neu erfinden und ist manchmal ganz froh, einmal genau zu wissen, was zu tun ist, und es ohne besondere Konzentration ausführen zu können.« – »Mir kommen die Tränen! Jetzt sind wir dann bald bei der guten alten Zeit gelandet!« spottet Juana.

»Aber worauf ich eigentlich hinauswollte«, lenke ich ab, »was ist eigentlich die Rolle von Managern in modernen Organisationen? Der Markt braucht keine Manager, die Angebot und Nachfrage koordinieren. Brauchen Selbstorganisationsprozesse Manager?«

Über Führung und Anschlußfähigkeit

»Aber das stimmt doch nicht«, protestiert Percy. »Der Markt funktioniert doch auch nur unter gewissen Rahmenbedingungen, deren Definition, Einführung und Unterhalt gemanagt werden muß. Genau dasselbe gilt, wenn wir den Markt in das Unternehmen hineinnehmen, wie es bei uns der Fall ist. Außerdem brauchen Mitarbeiter Führung, auch wenn sie unternehmerisch tätig sind ...« – »Was immer das heißen möge, Führung«, werfe ich ein. »Nun ja, Beratung, Orientierung, Unterstützung, Kritik ...«

»Ich behaupte, es gibt in heutigen Organisationen viel mehr Management als früher«, sagt Juana. »Es ist alles viel prozeßhafter, ständig in Bewegung. Man kann immer weniger Strukturen ein für allemal festlegen, aber man muß um so genauer wissen, welche und für wie lange. Außerdem sind fast alle Erwerbstätigen heute in gewisser Weise Manager, und zwischen ihnen braucht es viel mehr Abstimmung als früher. Und schließlich kennen wir heute so viele unterschiedliche Führungs- und Organisationsmodelle, die alle ihre Vor- und Nachteile haben, daß man ständig am Pröbeln ist.«

»Und somit hat Juana mal wieder ihre außerordentliche Begabung zu Schlußworten unter Beweis gestellt«, spottet Percy. – »Aber ganz und gar nicht. Das Wichtigste habe ich nämlich noch gar nicht gesagt: Früher bewegte sich ein Manager in einer ziemlich geschlossenen Welt, in einer Unternehmenskultur, unter seinen Kollegen und Mitarbeitern, allenfalls noch im Kontakt mit einigen Kunden und Lieferanten, aber alle sprachen mehr oder weniger dieselbe Sprache. Und heute? Da muß ich mich in die Mentalität eines Großherstellers von Waschmitteln vertiefen; für die Produktentwicklung brauche ich den Zugang zu irgendeiner verrückten Musikband, aber ich muß auch die Sprache meines Computer-Software-Entwicklers und jene meines Kameramanns beherrschen. Ich brauche auch einen Überblick über die verschiedenen Medienkulturen und intime Kenntnisse ihrer Publika, um zu wissen, welche Art von Produkt für welchen Träger nun die wirksamste Message für meinen Waschmittelhersteller verbreitet. Und das ist nur eines von den zehn Projekten, an denen ich jetzt gerade arbeite, und von den hundert Produkten, über die ich mich mit meinen Kollegen unterhalte, und ich habe die verschiedenen Gestaltungsansätze, die ich ständig in meinem eigenen Kopf herumtrage und anzapfe, noch gar nicht erwähnt. Hier liegt die eigentliche Herausforderung an heutiges Management, in der Anschlußfähigkeit an verschiedenste Welten, oder genauer in der Fähigkeit, sie zu etwas Neuem zu verbinden. Das ist in einer Bank oder in einer Schneiderei nicht anders.«

Percy pflichtet ihr bei: »Zur Vielfalt der Kundengruppen kommt bei uns die Vielfalt der zentralen Dienstleistungen in der Bank, die ja auch von ganz unterschiedlichen Unternehmenskulturen herkommen. Und bei jedem Kundenbesuch muß ich mich in eine neue Welt versetzen. Das stimmt schon. Man macht eigentlich ständig den Spagat.«

»Also was eigentlich das Neue ist«, brummt Guido, »ist, was ihr alles unter Management versteht. Früher hätte man jemanden wie dich einen Vertreter und jemanden wie dich, Consuelo, eine Verkäuferin und jemanden wie dich, Juana, eine Werbeberaterin genannt. Wenn ihr nun plötzlich alle Manager sein wollt – mir soll's recht sein. Wir können Anja ja dann zur Tanz- und Hausmanagerin ernennen! Prost!« Guido hebt seinen Humpen und sagt: »Ich wäre jetzt dafür, eine Kleinigkeit zu essen, wie ihr es zu nennen beliebt. Einige von uns müssen nämlich heute abend noch zur Gemeindeversammlung!« So hat Guido für einmal das Schlußwort. Percy und die drei Frauen erheben sich folgsam und begeben sich in die Küche.

Analytischer Anhang über das hybride Management

Denkt man genauer über die Rolle des Managers nach, wird man erst gewahr, wie tiefgehend sich die Vorstellungen darüber ständig gewandelt haben. Gleichzeitig zeigt sich aber auch, daß die grundlegenden Managementfunktionen im Übergang von mechanistischen zu dialogischen Organisationen nicht verschwunden, sondern nur anders verteilt worden sind und dadurch zu andersartigen Beziehungsnetzen geführt haben, was freilich auch andere Anforderungsprofile mit sich gebracht hat. Die Hauptschwierigkeit aber ist, daß in der Realität gar nicht ein Übergang von einem alten zu einem neuen Modell stattfindet, weil weder das eine noch das andere für sich allein genommen funktioniert. Es kommt zu vielfältigen Fluktuationen und Verunsicherungen, die erst dadurch überwunden werden können, daß der Manager sich als jemand versteht, der mit professionellem Pragmatismus verschiedenste organisatorische Ansätze, aber auch die immer vielfältigeren Kulturen, von denen die Organisationen ihre Entwicklungsfähigkeit beziehen, miteinander zu verbinden sucht.

In den achtziger Jahren des letzten Jahrhunderts haben wir den bereits mehrfach erörterten Paradigmenwechsel der Organisationsmodelle erlebt – von der mechanistischen zur dialogischen Organisation, auf den kürzesten Nenner gebracht. Damit ging eine starke Verunsicherung der Manager über ihre eigene Rolle einher, die erst in jüngster Zeit einer Klärung Platz macht. Das war darauf zurückzuführen, daß sich zwei schwer miteinander zu vereinbarende Modelle gegenüberstanden, nämlich ein in jahrhundertelanger Praxis eingeschliffenes, das von Generationen von Betriebswissenschaftlern perfektioniert war und die Erfahrungswelt darstellte, in der die Manager jener Zeit verhaftet waren, und ein neues, das als zukunftsträchtig und – gemäß den seit 1968 Allgemeingut gewordenen Ideen – als menschengerecht galt, das aber weder in der betriebswirtschaftlichen Theorie noch in der betrieblichen Praxis die Umsetzung erfahren hatte, die zu einem vertrauensvollen Umgang damit erforderlich gewesen wäre. So schwankten viele Manager hin und her zwischen den vertrauten, aber zunehmend verpönten und den als zukunftsweisend geltenden, aber verunsichernden Rollenvorstellungen – bis sich die Erkenntnis durchsetzte, daß es sich nur um zwei Seiten derselben Medaille handelte. Dafür hat sich der Ausdruck des hybriden Managers durchgesetzt, der, ähnlich wie der zwischen Superdiscount und Nobelboutique pendelnde hybride Konsument der achtziger und neunziger Jahre, einmal den mechanistischen und einmal den dialogischen Rollenvorstellungen entspricht.

Handlungen des Rollenverständnisses

Wie sehen die beiden Rollenmuster aus? *Der Manager einer mechanistischen Organisation* ist verantwortlich für Planung und Organisation seines Verantwortungsbereichs sowie für die Entscheidungen, die sich daraus bzw. aus

Planabweichungen ableiten, für die Anweisungen und Instruktionen, die er zur Implementierung an seine unmittelbaren Untergebenen weitergibt, sowie für Kontrolle und Überwachung der Implementierung. Seine Führungsaufgabe besteht im wesentlichen in der Definition einer funktionierenden Organisationsstruktur, einschließlich zueinander passender Funktionsbeschreibungen seiner direkt Unterstellten, in der klaren Formulierung seiner Anweisungen und Instruktionen sowie in der Kontrolle und Überwachung.

Das klingt in der Analyse vielleicht etwas brutaler und technokratischer, als diese Rolle in der Praxis aussieht. Getreu dem italienischen Wortstamm von »Management« – maneggiare, d. h. bewerkstelligen, deichseln, eigenhändig handeln –, entsprechen die klassischen »Machertypen« besonders gut dieser Rolle: Sie entscheiden, was sie tun wollen, fragen niemanden und setzen mit allen Mitteln durch, was getan werden muß, um das Ziel zu erreichen. Wenn sie allerdings den italienischen Wortstamm zu eng nehmen und alles selbst tun wollen, dann sind sie keine Manager mehr.

Wie sah man die *Managerrolle in dialogischen Organisationen?* Darauf gibt es bis heute keine eindeutige Antwort. Ein extremer Standpunkt war, dialogische Organisationen, die sich in der Auseinandersetzung mit ihrem Umfeld selbst entwickelten, brauchten gar keine Manager. Diese Auffassung leitete sich u. a. von der Beobachtung her, daß dialogische Organisationen sowohl von der Spitze als auch von der Basis her entstehen können. Die ABB der achtziger Jahre hatte eine ganz ähnliche Struktur wie die losen Verbände von Familienunternehmen in der italienischen Bekleidungs- und Lederindustrie derselben Zeit, die offensichtlich nicht über ein gemeinsames Topmanagement verfügten. Das war aber der Punkt: Natürlich brauchten kleine Familienunternehmen auch ein Management; worauf vielleicht verzichtet werden konnte, war lediglich das Topmanagement, das gemäß deutschem und englischem, nicht aber amerikanischem Sprachgebrauch oft mit Management gleichgesetzt wurde.

Aber könnte man denn nicht noch einen Schritt weiter gehen und ins Feld führen, es werde einfach das Prinzip der Koordination mittels zentraler Anweisung ersetzt durch jenes der Koordination mittels Kommunikation; das Grundmodell für das letztere sei der Markt, der ja auch keines Managements bedürfe; in dem Maße, wie Marktmechanismen ins Unternehmen hinein verlagert würden, schwinde damit die Notwendigkeit des Managements dahin? Diese Argumentation ließe außer acht, daß auch ein funktionierender Markt Spielregeln, Zugangskriterien, Infrastrukturen und qualifizierte Partner braucht, was innerhalb des Unternehmens entsprechende Managementaufgaben beinhaltet. Außerdem muß jemand entscheiden, wo effektiv der Markt spielen soll und wo andere Abstimmungsverfahren vorzuziehen sind.

Zur Klärung der Managementrolle in dialogischen Organisationen war es nötig, sich zu besinnen auf die grundsätzliche Funktion des Managers, denn diese war unter der Flut der Managementliteratur der letzten 20 Jahre begraben worden. Im 19. Jahrhundert hatte es den Typus des Berufsmanagers noch kaum gegeben. Der Normaltypus des Unternehmensführers war damals der Unternehmer selbst gewesen, der gleichzeitig Eigentümer und Unternehmenschef war. Er war also Träger des Risikos und der Entscheidungen. In der Managementliteratur der ersten Hälfte des 20. Jahrhunderts bestand die Tendenz, die Unternehmerfunktion in drei Elemente aufzuspalten: Den Risikoträger, den Innovator und den Verwalter. Die faktische Spaltung zwischen der Risikoträger- und der Unternehmensleitungsfunktion in den großen Aktiengesellschaften des Spätkapitalismus führte dazu, die angestellten Unternehmensleiter als »Manager« zu bezeichnen, wobei sie als Personen oder als Gremium die beiden Unternehmerfunktionen des Innovators und des Verwalters in sich zu vereinigen hatten. Ganz stabilisiert hat sich der Managementbegriff allerdings nie. Es gab auch den Office-Manager, der ein reiner Verwalter war, und jenen Managementbegriff, der Management mit »management of change« gleichsetzte, aber von dort auch rasch wieder zum Hauptstrom zurückfand, als klar wurde, daß es dabei im Grunde um ein Optimieren zwischen Bewahren und Erneuern ging.

Was heißt Management in dialogischen Organisationen?
Wie waren also in diesem Sinn die Managementfunktionen in einer dialogischen Organisation zu fassen? Natürlich gab es ebenfalls *Planung und Kontrolle*. Aber im Unterschied zu mechanistischen Organisationen bestanden sie aus einem Prozeß, und zwar in dreifachem Sinn:

1. Die Leitbilder, Visionen, Ziele und Strategien waren in der Auseinandersetzung mit den Beteiligten und den Betroffenen zu entwickeln.
2. Die Kontrolle der Planerfüllung hatte nicht die Funktion, diese um jeden Preis sicherzustellen, sondern diente dazu, Abweichungen zu identifizieren und zum Anlaß für die Frage zu nehmen, wieweit die Planung und wieweit die Unternehmenswirklichkeit angepaßt werden müßten.
3. Die Art, wie der Planungsprozeß organisiert ist, unterliegt selbst einem Veränderungsprozeß, weil sich im Wechselspiel zwischen Planung und Realität das Unternehmen selbst ständig verändert.

Der Manager hat also auch in dialogischen Organisationen die Verantwortung für Planung und Kontrolle. Aber er spielt dabei die Rolle des Katalysators, der den Planungsprozeß in Gang hält, und des Dialogpartners der Beteiligten und Betroffenen, und Planabweichungen enthalten für ihn die Verpflichtung, Innovationen zu initiieren.

Auch dialogische Organisationen sind Organisationen, d. h., sie bedürfen *organisatorischer Entscheidungen*. Diese betreffen aber stärker die Verfahren und Prozesse als die Strukturen. Management beinhaltet die Verantwortung dafür, daß die nötigen Entscheidungen getroffen werden, und die Mitwirkung an solchen Entscheidungen. Auch hier gilt wieder, daß Entscheidungen Ergebnis des Dialogs mit Beteiligten und Betroffenen sind und daß der Manager mithin als Katalysator und Partner im Dialog wirkt.

Organisatorische Entscheidungen betreffen die Verantwortlichkeiten, Kompetenzen und Anreize, die im Idealfall miteinander übereinstimmen müssen. Kompetenzen beinhalten die Verfügbarkeit von Mitteln, unter Einschluß des Humanpotentials.

Organisation, vor allem als Prozeß verstanden, ist von *Führung* kaum zu trennen. Im Verantwortungsbereich des Managers beinhaltet sie die Rolle eines Fazilitators, d. h. der Hilfe bei der Entwicklung der erforderlichen Qualifikationen, der Team-Qualität, der Sinnvorstellungen, des Coaching und der Orientierungshilfe. »Führen heißt Dialoge führen« – das geflügelte Wort, das mit dem unausgesprochenen Doppelsinn von »Führen« und »Anführen« spielt, reicht zwar nicht ganz aus zur Beschreibung dieser Funktion, aber es macht deutlich, was an die Stelle der Anweisungen und Instruktionen der mechanistischen Organisation tritt. In der Praxis ist dies der entscheidende Bereich, in dem das tägliche Geschäft, die laufende Produktion sich abspielt.

Und wo finden in diesem Modell Marketing und Verkauf statt? Der Blickwinkel des Lesers, der diese Frage stellt, liegt quer zur Wertschöpfungskette: Planung, Organisation und Führung beziehen sich in gleicher Weise auf Einkauf, Produktentwicklung, Produktion und Vertrieb, beispielsweise. Die Frage führt aber zu einer weiteren Unterscheidung:

Während in mechanistischen Organisationen beide Dimensionen dieser Matrix – *Wertschöpfungskette und Managementfunktionen* – zentralisiert und gleichzeitig spezialisiert und zeitlich auseinander gezogen werden können, trifft dies auf dialogische Organisationen nicht zu, da sie nach dem Prinzip der losen Koppelung kleiner, unternehmerisch autonomer Einheiten aufgebaut sein müssen, um die Anschlußfähigkeit an ihr komplexes Umfeld und gleichzeitig die Handlungsfähigkeit zu bewahren. Deshalb umfaßt jede Organisationszelle grundsätzlich die gesamte Matrix – die gesamte Wertschöpfungskette und alle Managementfunktionen –, denn im kleinen, kundengruppenorientierten Betrieb des neuen Handwerks kann das Marketing nicht von der Produktentwicklung und die Planung nicht vom täglichen Kundenkontakt getrennt werden. Natürlich brauchen wir dann Instrumente der Komplexitätsreduktion, und das sind die berühmten zentralen Dienste, die ihrerseits nach demselben Prinzip organisiert sind, bis hin zum Topmanagement, das ebenfalls als zentrale Dienstleistung verstanden werden muß.

Das führt zur Frage, wer denn die Managementrollen ausübt. Hier gelangen wir nun zum zentralen Unterschied zwischen mechanistischen und dialogischen Organisationen: Beschränkt sich in den ersten die Managementfunktion auf die *Führungsspitze*, so ist in dialogischen Organisationen *jeder Manager*. Dazwischen gibt es natürlich alle Mischformen etwa von Holding-Strukturen, Hierarchien mit dezentraler Verteilung der Verantwortlichkeiten etc.

Nehmen wir den Extremfall eines Unternehmensnetzwerks, das einzig aus kundengruppenbezogenen Unternehmerteams und unternehmerteambezogenen zentralen Dienstleistungen, einschließlich eines Topmanagements oder auch nicht, besteht. Hier ist klar, daß in jedem Team, auch in den zentralen Dienstleistungen, alle erwähnten Funktionen anfallen und vom Team wahrgenommen werden müssen. Die Dienstleistung des Topmanagement-Teams ist die Katalysator- und Dialogpartnerfunktion im strategischen Dialog des Gesamtunternehmens sowie im Entscheidungsprozeß über die Bereitstellung und die Regeln der zentralen Dienste.

Es leuchtet ein, daß das Anforderungsprofil an Manager in mechanistischen Organisationen von jenem in dialogischen Organisationen fundamental abweicht, obwohl die Funktionen grundsätzlich dieselben sind:

Das neue Managerprofil	
Mechanistische Organisation	**Selbstorganisation**
Autorität	Empathie
Ziele	Vision
Ehrgeiz	Gelassenheit
Entscheidungsfreude	Dialogfähigkeit
Totale Identifizierung mit Unternehmen	Kann auch außerhalb stehen
Eiserne Konsequenz	Geschehen lassen und mitgestalten
Fachwissen	Soziale Kompetenz
Härte gegen Umfeld und sich selbst	Sensibilität für Umfeld und sich selbst
Rational analytisch	Innere Regungen, ganzheitlich

Von den dialogischen Organisationen zum pluralistischen Pragmatismus
Wie kam es aber von diesen scheinbar unüberbrückbaren Gegensätzen zum hybriden Manager? Zunächst einmal ergab sich vor allem in den kleinen kreativen Unternehmen des neuen Handwerks ein innerer Widerspruch zwischen der Funktion des Handwerkers, Künstlers, Produktentwicklers, oder wie auch immer die Kerntätigkeit des Unternehmens lautete, und jener des Managers, da dieser in solchen Fällen meist eine Verwaltungsfunktion wahrzunehmen hatte. Die Überlebensfähigkeit dieser Unternehmen hing davon ab, daß beide Funktionen wahrgenommen wurden, und nicht immer ließen sie sich zwischen verschiedenen Personen aufteilen.

Das war aber nur ein Nebenschauplatz, der allerdings bereits auf das Hauptproblem hinweist: Rein dialogische Organisationen funktionieren nur in seltenen Ausnahmefällen, weil sie auf Verhältnisse zugeschnitten sind, die in dieser Reinkultur nie existieren werden. In aller Regel brauchen wir hybride Organisationen und daher auch hybride Manager. Wir haben es zwar mit hochindividualisierten, regional und lokal ausdifferenzierten und ständig im Fluß befindlichen Märkten zu tun, aber gleichzeitig auch mit globalen, homogenen Massenmärkten, mit der Notwendigkeit, in internationalen Ausschreibungen mitzuhalten, Einkaufsmacht zu entfalten; wir beschäftigen hochqualifizierte, anspruchsvolle Mitarbeiter, die nur über den Sinn ihrer Tätigkeit nachhaltig zu motivieren sind, aber gleichzeitig liefert uns die Zweidrittelgesellschaft immer mehr unqualifizierte Hilfskräfte, die dankbar sind für jede Erwerbstätigkeit, jedoch in keiner Weise auf eigenständige Beschäftigungen vorbereitet sind. Unser Erfolg hängt zwar davon ab, daß wir immer agiler genau jene Produkte und Dienstleistungen entwickeln, die immer anspruchsvollere und individuellere Kunden von uns verlangen, aber gerade diese Agilität entwickeln wir nur, wenn wir nicht ständig in allen Gliedern der Wertschöpfungskette und allen Managementfunktionen mitten im Lernprozeß stehen, sondern wenn alles eingespielt, routinisiert ist, was sich routinisieren läßt.

> ***Motto:*** *»Herr, gib mir die Kraft, zu verändern,*
> *was ich verändern kann,*
> *und die Gelassenheit, zu akzeptieren,*
> *was ich nicht ändern kann,*
> *und die Weisheit, das eine vom anderen*
> *zu unterscheiden!«*

Hybrides Management heißt

– Managen in einem widersprüchlichen Spannungsfeld

– professionell-pragmatische Kombination der jeweils adäquaten Ansätze

– Leben und Denken in verschiedenen Kulturen

– Einnehmen verschiedener Blickwinkel gegenüber dem eigenen Verantwortungsbereich

– sachgerechter Mix zwischen mechanistischem und dialogischem Management

– Unterscheiden, was definiert werden muß und was nicht, und was ich selbst definieren muß und was nicht

– Managen fernab vom Gleichgewicht endgültiger Wahrheiten und vorgefertigter Rezepte

– Kontrolle und Sinnsteuerung durch Dialog verbinden

– Managen zwischen Effizienz und Innovation

– Managen der Beziehungen zu verschiedenen Kulturen, die zur Unternehmensentwicklung beitragen

Mit anderen Worten, wir brauchen mechanistische Organisationen überall dort, wo Dinge sich routinisieren lassen oder routinisiert werden müssen, d. h., wo sie immer gleich ablaufen können, wo Mitarbeiter durch Verantwortung und Entscheidungsprozesse überfordert sind, wo auf der Beschaffungs-, Entwicklungs-, Produktions- oder Absatzseite Homogenität herrscht. Hinzu kommt, daß die Koordination durch Kommunikation dort nicht reicht, wo das Umfeld Machtkonzentrationen erfordert, etwa beim Einkauf oder beim Hereinholen öffentlicher Großaufträge.

Allerdings bedeutet nicht jede Routinisierung auch die Einbindung von Menschen in mechanistische Organisationen, denn wo dem nicht die Menschen selbst im Wege stehen, können gerade die routinisierbaren Tätigkeiten am leichtesten an die Technik delegiert werden. Das geschieht auch in hohem Maße, unter Zuhilfenahme immer raffinierterer standardisierter Software-Pakete. Deshalb ist das dialogische Modell trotz allem heute zum vorherrschendem Muster in der westlichen Gesellschaft geworden. Aber in den letzten Jahren haben sich die Gegengewichte eher verstärkt, durch die Zweidrittelgesellschaft, die Verlagerung von der Arbeitseffizienz zur Ressourceneffizienz und die wachsende Bedeutung von Produktionsstandorten in Osteuropa und in Entwicklungsländern.

Hinzu kommen neue Entwicklungen, die noch gar nicht so richtig zu fassen sind und deshalb zunächst einmal zum Gegenstand von Pilotprojekten werden, die naturgemäß relativ hoch in der Hierarchie anzusiedeln sind, wo es eine solche gibt. Dazu gehört etwa die ausgeprägte Verlagerung vom Verkauf einzelner Produkte und Dienstleistungen zum Anbieten einer dauerhaften Kundenbeziehung, einer ständigen Bereitschaft, mit dem Kunden in den Dialog zu treten, verbunden mit einer intimen Kenntnis der gegenseitigen Möglichkeiten und Bedürfnisse. Auch der starke Bedeutungszuwachs gemischtwirtschaftlicher Organisationsformen ist eine solche in ihren Konsequenzen noch offene Entwicklung. Er hängt zusammen mit der Erfahrung, daß in manchen Bereichen, die für das kommende kulturelle Zeitalter von besonderer Bedeutung sind, weder die zu Ineffizienz und Inflexibilität neigende öffentliche Hand noch die zur Ungeduld neigende Privatwirtschaft allein optimale Lösungen entwickeln, wie etwa das Beispiel der Integration von Jugendlichen aus marginalisierten Verhältnissen zeigt.

So ist per saldo die Entwicklung zum hybriden Manager auch gleichbedeutend mit einer weiteren Professionalisierung des Managements auf breiter Basis: Nicht nur üben immer mehr Menschen Management-Funktionen aus, sondern sie sind auch immer besser imstande, zu überlegen, welche Organisationsformen und Führungsmodelle für welche Aufgaben optimal sind und wie sie am besten miteinander zu kombinieren sind.

Der Pragmatismus der pluralistischen Vielfalt, der generell zum Rüstzeug erfolgreicher Menschen in dieser Gesellschaft geworden ist, ist zuerst von den Managern als Geschäftsgrundlage erkannt oder erspürt worden. Es war mental ein kleiner Schritt von der Erfahrung, daß Organisationen anschlußfähig sein müssen an ein vielfältiges, widersprüchliches Umfeld, zur Einsicht, daß auch der Geist und das Verhalten des Managers anschlußfähig sein müssen an die Widersprüchlichkeit seines Verantwortungsbereichs. Von hier zur Selbstverständlichkeit einer entsprechenden Lebenshaltung zu gelangen war demgegenüber eine Generationenfrage. Die letzten klassischen Unternehmensführer, die noch in traditionellen einwertigen Mustern und mit entsprechenden Verdrängungen groß geworden sind, nähern sich jetzt dem Ruhestand. Die heute 50jährigen haben 1968 in ihrer Pubertät mitgekriegt und bereits eine viel lockerere Haltung gegenüber der Gebrochenheit der erlebten Realität, und aus einigen Pionieren der achtziger Jahre ist heute ein Hauptstrom geworden.

Zwischen Kontrolle und Loslassen
Es ist gar nicht mehr so einfach, heutigen jungen Lesern klarzumachen, wovon hier eigentlich die Rede ist. Wir wollen versuchen, es ihnen noch etwas zu verdeutlichen. Auf das ständige Hin und Her und Nebeneinander zwischen automatischem Funktionieren-Müssen und den permanenten Prozessen des Lernens, der Weiterentwicklung, des Vorantastens haben wir schon hingewiesen. Vielleicht sollten wir noch betonen, wie fast unentwirrbar die Vernetzung zwischen beiden Mustern in der Unternehmenswirklichkeit ist: In jeder einzelnen Tätigkeit gibt es Elemente, die klar definierbar und deshalb auch verbindlich festgelegt sind – formell oder einfach als Usancen –, und direkt daneben Elemente, die eine situative Anpassung an wechselnde Konstellationen verlangen und deshalb ständigen – bewußten oder unbewußten – Gestaltungsaufwand erfordern. Es ist eine entscheidende Managementfrage, welche definierbaren Elemente hierarchisch vorzugeben sind, welche getrost eingefahrenen Routinen überlassen werden sollen und welche der Eigenverantwortung der ausführenden Personen anheimgestellt werden, ebenso, welche Gestaltungsfragen der spontanen und welche der organisierten Beantwortung überlassen werden. Davon, wie die Organisation – d.h. der Manager oder die von ihm in Gang zu haltenden Entscheidungsprozesse – diese Fragen beantwortet, hängt einerseits die Effizienz, andererseits aber auch die Entwicklungsfähigkeit derselben ab.

Eine direkte Verbindung führt von hier zu einer weiteren Gegensatzspannung, die viele Manager früher geradezu als existentiell erlebt haben, nämlich jener zwischen Kontrolle und Loslassen. Wer vom Gedanken besessen ist, eine Organisation unter Kontrolle zu haben, wird dazu neigen, alles formal zu definieren, was definierbar ist, und vielleicht noch etwas mehr. Er wird es überdies vorziehen, alles selbst zu definieren bzw. in einer größeren Organisation sicherzustellen, daß in hierarchischen Kaskaden alles definiert wird, auch wenn das eine Maximierung der fremdbestimmten Elemente an jedem Arbeitsplatz bedeutet. Die Informations- und Kommunikationstechnik hat dafür ja auch die perfekten Management-Informationssysteme der siebziger Jahre entwickelt, welche das Organigramm sozusagen auf dem Reißbrett in ein Informationsleitsystem übersetzen: Anweisungen und Instruktionen von oben nach unten, Kontrollinformation von unten nach oben, immer den Dienstweg entlang und nach dem Geheimdienstprinzip, wonach jede Stelle genau die und nur die Informationen bekommt, die sie zur Ausübung ihrer genau definierten Funktionen benötigt.

Die Erfahrung förderte dann das Paradox zutage, daß die totale Kontrolle zum totalen Kontrollverlust führte. Wir haben das unter dem Titel »Götterdämmerung der Dinosaurier« bereits abgehandelt. Dieser lag die schlichte Tatsache zugrunde, daß das strikte Aufrechterhalten der Kontrollfiktion – denn um nichts anderes handelte es sich – den Verlust der Anschlußfähigkeit an ein sich wandelndes und ausdifferenzierendes Umfeld bedeutete: Der Versuch, die mit Investitionsentscheidungen oder neuen Technologien verbundenen Risiken durch sich zum Teil überlagernde Kontrollsysteme zu minimieren, führte zu einer nicht mehr zu bewältigenden Systemkomplexität, die in sich zusätzliche Risiken schuf. Die Hermetik solcher Systeme produzierte – vor allem, wenn es Risiken waren, die im Unternehmensumfeld als bedrohlich empfunden wurden, weil dieses keinen Einfluß auf sie hatte – zunehmenden Widerstand. Zwischen Moratoriumsverfechtern und Sicherheitsexperten entstand ein Dialog der Taubstummen, der das Problem ständig verschärfte, weil beide immer mehr desselben taten.

Eine ähnliche Abkoppelung von den Bedürfnissen und Erwartungen vollzog sich gegenüber den Mitarbeitern, die zunehmend Sinnbezüge brauchten, während das Kontrollbestreben sie systematisch aus dem System wegdefinierte, und gegenüber den Kunden, deren Wünsche sich vom sich selbst reproduzierenden Kontrollmechanismus wegbewegten. Auch die Innovations- und die Lernfähigkeit wurden aus dem System wegdefiniert. Da nützten auch steigende Investitionen in Forschungs- und Entwicklungsabteilungen nichts, zu denen entweder der Kommunikationsfaden abriß oder die sich selbst in einer zunehmend weltfremden Routine erschöpften. Und schließlich erwies es sich, daß sogar die Effizienz der definierten Abläufe verlorenging, weil sie letztlich auf die zahlreichen informellen Prozesse angewiesen war, wie ein Räderwerk auf Schmiermittel, während diese zunehmend aus dem System herausdefiniert wurden.

Daraus ergab sich folgerichtig die Parole, loszulassen, Selbstorganisationsprozesse zuzulassen, ja sich vollkommen auf sie zu verlassen: Chaos-Management, »Liberation Management« (Tom Peters) lauteten die Schlagworte. Der Manager sah sich mit dem Dilemma konfrontiert, die Verantwortung für Prozesse zu haben, die er in keiner Weise unter Kontrolle hatte. Manche, die den Mut zum Sprung ins kalte Wasser fanden, erlebten die Genugtuung, damit Erfolg zu haben. Andere aber scheiterten: Das Know-how, das in zahlreichen Routineprozessen enthalten war, löste sich in nichts auf. Die Mitarbeiter waren verunsichert. Die Konkurrenz oder die Konjunktur erforderten harte strategische Schnitte, die sich nicht mehr durchsetzen ließen – oder nur über einen Rückfall in die alte hierarchisch-mechanistische Haltung, der die inzwischen andere Erwartungen hegenden Mitarbeiter traumatisierte und die besten zum Verlassen des sinkenden Schiffs bewog.

Dazu trugen auch Mißverständnisse um den Begriff »Selbstorganisation«

bei. Er bezeichnet einerseits die Erkenntnis, daß wir es in unserer Wahrnehmungswelt grundsätzlich mit Selbstorganisationsprozessen zu tun haben. Das bedeutet, daß auch starre, von außen bestimmte, mechanistische Strukturen Ergebnis von – z. B. historischen – Selbstorganisationsprozessen sind. Er bezeichnet andererseits aber eine Führungs- und Organisationsphilosophie, die besagt, daß die Unternehmensentwicklung der Selbstbestimmung der Mitarbeiter zu überlassen sei. Dahinter steckt im Grunde das mehrfach erwähnte »Projekt Moderne« einer möglichst weitgehenden Gestaltungsautonomie des einzelnen Menschen. Da aber gerade die Theorie der Selbstorganisation sozialer Systeme zeigt, daß es in Selbstorganisationsprozessen immer nur begrenzte Autonomie gibt, ist uns heute selbstverständlich geworden, daß die Handlungsautonomie des Individuums zwar ein Wert ist, der unserer Kultur teuer ist, und daß sie innerhalb geeigneter Rahmenbedingungen gleichzeitig auch die Entwicklungsfähigkeit einer Organisation erhöhen kann, daß aber Selbstorganisation als Parole sachgerechtes Management nicht ersetzen kann.

Wanderer zwischen Welten: Vom hybriden zum anschlußfähigen Manager
So setzte sich allmählich die Erfahrung durch, daß die Frage Kontrolle oder Loslassen nicht eine Frage des Entweder-Oder war, sondern eine Frage des Was und des Wie, die in jeder Organisation und Konstellation wieder andere, differenzierte Antworten benötigte. Manager lernten, sich in einem Spannungsfeld zu bewegen, immer fernab vom Gleichgewicht der endgültigen Wahrheiten und Rezepte, und sie lernten dies nicht nur hinsichtlich dieser Frage, sondern auch hinsichtlich der meisten anderen.

Eine von ihnen lautete, wie zu vermeiden war, daß der zuweilen nötige Rückgriff auf hierarchische Führungsmethoden das Vertrauen und die Motivation der MitarbeiterInnen zerstörte, die eine dialogische Organisation am Leben erhalten. In der Tat konnte man argumentieren, daß eine dialogische Organisation von der Sinnsteuerung durch alle Beteiligten und Betroffenen lebte und ihre Leistungsfähigkeit aus der unmittelbaren Resonanz zwischen den Zielen der letzteren und jenen der Organisation schöpfte, die sich daraus ergab. Wenn aber dieselben Menschen plötzlich das Muster der ungefragten Fremdbestimmung erleben mußten – bewirkte dies nicht zwangsläufig eine Zerstörung der Vertrauensgrundlage, welche die Sinnsteuerung benötigt, und damit einen generellen Rückfall in die autoritären Muster von indirekter Motivation mit Zuckerbrot und Peitsche? Die Erfahrung hat gezeigt, daß es in sinngesteuerten Organisationen durchaus möglich ist, sich darüber zu verständigen, was klar geregelt sein muß und in welchen Bereichen oder Fällen dies auch autoritäre Entscheidungsverfahren voraussetzt. Wo allerdings autoritäre Entscheidungen wie ein Blitz aus dem heiteren Himmel in sinngesteuerte Organisationen einfahren, kann das Vertrauenskapital dadurch auch schlagartig verdampfen.

Mechanistisch denkende Manager und Berater, die erste systemische Gehschritte machten, quälten sich vor Jahren mit einer ganz anderen Frage herum, nämlich ob der Manager innerhalb oder außerhalb seines Verantwortungsfeldes zu stehen habe. Sie zu stellen, hätte eigentlich bereits die ihr innewohnende Paradoxie enthüllen müssen, denn so selbstverständlich eine mechanistische Organisation nur von außen, von einem souveränen Beherrscher zu managen war, so selbstverständlich hatte der Manager in diesem Organisationstypus selbst das System zu verkörpern, als verhaltensprägendes Vorbild; er mußte also das vollkommenste Produkt des Systems sein, was ihm wiederum naturgemäß verunmöglichte, dieses von außen zu betrachten und zu managen.

Die Systemtheorie hat uns aber so selbstverständlich aus diesem Dilemma befreit, wie das mechanistische Organisationsverständnis es uns auferlegt hatte, denn Individuen, auch Manager, gehören grundsätzlich zum Umfeld sozialer Systeme, sind also kein Bestandteil von ihnen. Sie üben lediglich eine Rolle aus, deren Bild sie aus ihrer Selbstwahrnehmung und ihrer Wahrnehmung des Systems ableiten. Zu dieser Rolle gehört die Fähigkeit, das System aus verschiedenen Blickwinkeln zu betrachten – aus dem eines Mitarbeiters, dem eines Kunden, eines Kapitaleigners, eines Medienschaffenden, eines Visionärs, auch des Karrieremenschen, der der Manager selbst vielleicht ist –, um zu einem sinnvollen Verhalten zu kommen. Damit löst sich diese Gegensatzspannung auf in eine vielfältige Landkarte – allerdings eine von ständigen tektonischen Umwälzungen geschüttelte –, die aus verschiedenen Richtungen und Entfernungen beleuchtet werden muß, um den richtigen Weg zu finden.

Das führt zu einem weiteren selbstverständlich gewordenen Spannungsfeld, nämlich dem Pendeln zwischen Kulturen. Noch vor 20 Jahren hatte man unter Kultur unwillkürlich »Kulturräume« verstanden, seien sie nun national, regional oder kontinental, und möglicherweise noch die Angehörigen verschiedener Religionstraditionen. Heute hat sich die sprachliche Konvention dahin entwickelt, daß jedes soziale System seine eigene Kultur hat, so daß zwangsläufig jeder Mensch so vielen verschiedenen Kulturen »angehört« wie sozialen Systemen – einer Familie, einer Unternehmung, einer Unternehmensabteilung, einem Wohnort, einer Region, einer Nation, dem Global Village, einer Kirche, einem Sportverein etc.

Wie kommt es zum hybriden Management?

– Paradigmenwechsel des Welt- und Menschenbildes und der Organisationsmodelle; Gleichzeitigkeit des Alten und des Neuen;

– rascher Wandel und zunehmende Widersprüchlichkeit des Umfeldes;

– Notwendigkeit, dem Unternehmen Zugang zu humanen und kulturellen Ressourcen zu verschaffen.

Im Fall des Managers aber denken wir an etwas Spezifischeres. Früher herrschte die Erwartung vor, daß er eine einzige Kultur repräsentierte, nämlich die seines Unternehmens, die Teil einer Kultur der Wirtschaft war. Andere Zugehörigkeiten wurden gewissermaßen als Erholungsräume toleriert, aber bei etwaigen Kulturkonflikten gebührte der Wirtschaft absolute Priorität. Dabei gab es eine Art konzentrischer Kreise: Höchste Priorität gebührte dem eigenen Unternehmen, dann folgte die nationale Wirtschaft, die etwa auch im Gegensatz zu anderen nationalen Wirtschaften stehen konnte, und schließlich so etwas wie die vereinigten Unternehmen aller Länder gegen den Rest der Welt. Manager hatten diese Kultur zu verkörpern. Alles andere grenzte an Verrat.

Heute könnte ein Manager mit dieser Grundhaltung in einem normalen Unternehmen keinen Monat lang überleben. Die Erfahrung hat uns gelehrt, daß die Wirtschaft, die nur immer ihren eigenen Code verstärkt, zum schließlich sich selbst zerstörenden Irrläufer wird: Statt als Instrument der Optimierung zwischen Bedürfnissen und Produktionsmitteln ihrem Umfeld zu dienen, versucht sie dieses in ihren Dienst zu zwingen und alle Lasten, die ihrer Entwicklung hinderlich sind, auf dieses abzuwälzen. Damit beraubt sie sich aber ihrer eigenen Entwicklungsgrundlagen: der natürlichen Ressourcen, aber auch der motivierten Menschen und der neuen Ideen.

Die Konsequenz daraus haben wir im Kapitel über das kulturelle Zeitalter aufgezeigt: Der kulturelle Sektor wird zum Rohstofflieferanten der Wirtschaft. Voraussetzung dafür ist die Fähigkeit zur Kommunikation zwischen der spezifischen Kultur (im Sinne des Systemcodes) des kulturellen Sektors und jener der Wirtschaft. Es versteht sich, daß Manager, die die Sprache des kulturellen Sektors sprechen oder zumindest verstehen, diese Kommunikation besser »managen« können, im Sinne von ermöglichen, fördern, aufrechterhalten und nutzen. Das bedeutet aber umgekehrt, auch die Fähigkeit einer inneren Distanz, einer Relativierung der Wirtschaftskultur zu entwickeln.

Wenn wir vom kulturellen Sektor sprechen, so stülpen wir einen großen Hut über ein hochdifferenziertes Gebilde: Medien als Selbstdarstellungshilfe, bildende Kunst als Designquelle, Naturwissenschaft als Produzentin neuer technischer Möglichkeiten, Psychologie und Soziologie als Lieferanten neuer Organisations- und Führungsansätze etc. – sie alle haben ihre spezifischen Codes, deren Zugang erschlossen werden muß. Aber das gilt natürlich nicht nur für den kulturellen Sektor. Die Erschließung neuer Nachfragepotentiale durch Kommunikation mit Kundengruppen, neuer Humanpotentiale durch Auseinandersetzung mit Mitarbeitern, neuer Kooperationsmöglichkeiten durch interkulturellen Dialog im engeren Sinne – dies alles sind zentrale Aufgaben heutiger Manager geworden und setzen einen »Multimind« mit Anschlußfähigkeit an zahlreiche Kulturen voraus.

Das gilt nicht nur außerhalb, sondern auch innerhalb der Wirtschaft. Der globale Massenhersteller von Computerkomponenten hat eine völlig andere Kultur als die avantgardistische Software-Boutique; wieder eine andere hat der Organisator eines internationalen Transportnetzes, und nochmals eine andere haben die Landwirte, um nur einige Beispiele zu nennen. Und doch muß ich mit allen meine Kooperationsbeziehungen entwickeln können. Je mehr die Unternehmensentwicklung von auf längere Sicht zu entwickelnden und zu pflegenden Beziehungen abhängt – auf seiten von Kunden, Lieferanten, Mitarbeitern und sonstigen Kooperationspartnern –, wie das heute zunehmend der Fall ist, desto mehr wird Management zur Aufgabe des interkulturellen Dialogs im weiteren Sinne. So ist zu erwarten, daß der aus einem Problemempfinden entstandene Begriff des hybriden Managers in absehbarer Zeit verschwinden wird. Er entsprach einer Bewußtseinsphase, die heute überwunden scheint.

Heute sind wir bereits imstande, die Aufgabe des hybriden Managers ins Positive zu wenden, indem wir anschließen an das, was im Zusammenhang mit dem »neuen Handwerk« (siehe Abschnitt »Vive la petite différence!«) gesagt wurde: Dialogisches Management bedeutet, aus der Interaktion mit Kunden und Lieferanten, aber auch mit dem übrigen Umfeld jene Identität herauszuschälen und weiterzuentwickeln, die Resonanz mit dem Umfeld produziert – eben jene kleinen Unterschiede, auf die es ankommt. Der mechanistische Teil besteht darin, das Selbstverständliche, Routinisierbare zu sichern, sei es durch Technik, sei es durch entsprechende Zuliefererbeziehungen.

Kapitel 9:
Der interkulturelle Dialog

Ein Streit, der während eines Szechuan-Essens im Haus Rheinblick ausbricht, zeigt, daß es gar nicht so einfach ist, den richtigen Standpunkt gegenüber dem interkulturellen Dialog zu finden. Die Frage, ob dieser wirklich etwas beiträgt zur Lösung der Weltprobleme, ist offenbar ebenso schwierig zu beantworten wie jene, wo die Grenze verläuft zwischen der Abschottung und jener heimischen Verwurzelung, die wir brauchen, um für andere Kulturen offen sein zu können. Das Ergebnis charakterisiert Percy sarkastisch als »neues Biedermeier«.

Der Dialog zwischen Berner Platte ...

Viel Zeit bleibt nicht zum Abendessen vor der Gemeindeversammlung. Dennoch wartet Anja mit zwölf verschiedenen chinesischen Gerichten auf, mikrowellengerecht vorgekocht vom Sezchuan-Gasthaus in Großkirchen. Guido fingert lustlos mit den Eßstäbchen herum: »Wann gibt's mal wieder eine richtige Berner Platte?« murrt er. Consuelo fährt ihn an: »Anstatt glücklich zu sein, daß wir hier sämtliche Spezialitätenrestaurants der Welt in einer Hand vereinigt haben!« – »Es sieht köstlich aus«, schließt sich Percy an. »Mach dir nichts aus dem übellaunigen alten Eidgenossen!« – »Es sieht wirklich köstlich aus und duftet auch so«, stimmt Juana zu. »Aber ich verstehe Guido schon. Daß wir hier multikulturell vernetzt leben, braucht ja nicht zu heißen, daß wir uns die ganze Zeit quer durch alle Spezialitätenküchen dieser Erde hindurchessen müssen!«

»Das sind ja ganz neue Töne!« werfe ich ein. »Gestern abend vor dem Bildschirm haben wir noch gemeinsam geschwärmt von den medial gestützten Möglichkeiten, sich in andere Wahrnehmungswelten hineinzuversetzen, und heute?« – »Ich kriege allmählich Angst vor dem Erfahrungsbericht, den Sie über diese zwei Tage schreiben wollen!« entgegnet Juana. »Wir bilden hier eine Familie mit spanischen, schweizerischen und armenischen Wurzeln, und wir sind in völlig verschiedenen Berufskulturen tätig und gehören außerdem drei verschiedenen Generationen an. Und weshalb verstehen wir uns so gut? Etwa weil ich einmal Guidos Bier braue, einmal Consuelos Kunden und einmal Anjas armenischen Buchladen besuche? Wenn die Animag ein besonderes Geschick entwickelt hat, in ihrem weltweiten Netz überall Themen verkaufswirksam im Dialog mit verschiedensten Kundengruppen zu entwickeln – ist es darauf zurückzuführen, daß ich oder andere Mitglieder des Animag-Teams schon überall auf der Welt ihre ethnologischen Studien betrieben, mit den Einheimischen gelebt und gearbeitet und so ein enzyklopädisches Wissen über ihre Lebensgewohnheiten gesammelt haben?« Percy ärgert sich: »Können wir denn nicht einfach in Ruhe genießen, was uns Anja aufgetischt hat? Müssen wir jeden Gegenstand zu einer Grundsatzdiskussion aufblasen?« Juana bissig: »Der Gentleman genießt und schweigt, sogar beim Essen, nicht wahr? Aber ich verstehe dich schon. Die Schweizer Art zu diskutieren übertönt wirklich alle Nuancen des Geschmacks. Es gibt jedoch eine Tafelkultur in Gesellschaftskreisen, die in der Schweiz immer ein Schattendasein führte, die eine feingeschliffene Auseinandersetzung als Würze der Haute Cuisine versteht. Aber ganz abgesehen davon brauchst du dich ja nicht beim Essen stören zu lassen, wenn ich mich mit diesem Herrn unterhalte.« Zu mir gewandt fährt sie fort: »Also, was ich sagen wollte: Die Grundbedingung des interkulturellen Dialogs ist nicht, daß man die Dialogpartner und ihre Lebensgewohnheiten kennt, sondern daß man selbst eine starke kulturelle Verwurzelung erfahren und damit deutliche Wahrnehmungsfilter entwickelt hat; erst das vermittelt einem die Sicherheit und Verläßlichkeit der eigenen Orientierung, die einen auch zur Distanz gegenüber der eigenen Kultur und zur Offenheit für andere Kulturen befähigt; auf dieser Grundlage kann man sich eine gewisse Übung in der Auseinandersetzung mit verschiedenen Wahrnehmungsfiltern und mit der Identifizierung ihrer besonderen Eigenschaften erwerben. Natürlich kann das immer wieder neue Eintauchen in fremde Kulturen dabei helfen, aber es kann dann gerade auch wieder die Wahrnehmung für die eigene Zugehörigkeit, für den Wert einer Berner Platte, schärfen. Es ist wahrscheinlich kein Zufall, daß gerade die Entwicklung zur multikulturellen Gesellschaft und die weltweite Explosion der interkulturellen Netzwerke auf allen Tätigkeitsgebieten in unserer Gastronomie zu einem Boom der alteingesessenen Küche geführt hat.«

»Siehst du«, feixt Guido triumphierend zu Consuelo hinüber, »ich verstehe zwar nicht, was sie sagt, aber eines ist klar: Ich bin wieder einmal im Trend! Und von diesem festen Punkt aus kann ich ja auch sagen: Anja – deine Chinoiserien schmecken vorzüglich, auch wenn sie etwas umständlich zu essen sind. Aber das zu lernen, gehört eben zum interkulturellen Dialog!«

... und Szechuan-Küche

»Dieser Chinese ist übrigens ein interessanter Fall«, wirft Percy ein. »Den haben wir hier importiert.« – »Du meinst, er ist nicht freiwillig gekommen?« fragt Anja mit gespielter Naivität. »Blödsinn! Wie du weißt, hat die Privatkundenbank vor zwei Jahren angefangen, ein weltweites Netz aufzubauen, teilweise durch Zellenbildung, teilweise über Partnerbanken mittels eines Franchisingsystems, dem unser Know-how und unsere sonstigen zentralen Dienste angeboten werden. Eine aufstrebende Bank in Schanghai hat dieses Angebot aufgenommen und hat in mehreren chinesischen Entwicklungsregionen Teams nach unserem Modell aufgebaut, eines davon in Szechuan. Die Märkte sind in diesen abgelegenen Gegenden natürlich noch klein, aber entsprechend wenig umkämpft, und die lokalen Kleinunternehmer bilden ein interessantes Kundenpotential. Die Chinesen haben sofort herausgefunden, daß die Szechuan-Küche weltweit einen hervorragenden Ruf hat, während an Ort und Stelle kein Hahn nach ihr kräht. Sie haben blitzschnell einige Gastwirte mobilisiert, um ein internationales Netzwerk zu bestehenden erstklassigen Szechuan-Restaurants aufzubauen und gleichzeitig eine Reihe von bäuerlichen Betrieben auf den Anbau von hochwertigen Spezialprodukten auszurichten; ein begabter Koch wurde auf die Entdeckung und Weiterentwicklung typischer alter Rezepte, die Aus- und Weiterbildung von Küchenpersonal und die Festlegung der Produktspezifikationen für die Bauern angesetzt; auf diese Weise wurde der weltweite Nachschub mit Originalprodukten, -rezepten und -personal organisiert. So ist unser Chinese in Großkirchen gelandet. Er wird jetzt von uns betreut. Wir haben ihm auch eine geeignete Marketingagentur vermittelt; ihr Material – besonders all die Geschichten rund um die Szechuan-Küche – erhält sie von unseren chinesischen Partnern.«
»Das ist ja interessant«, wirft Juana ein: »Solche Aufgaben vermittelst du der Konkurrenz?« – »Ich will mich schließlich nicht dem Verdacht der Cliquen-Wirtschaft aussetzen!« – »Was heißt hier Cliquen-Wirtschaft? Wir sind uns doch alle darüber im klaren, daß unsere gesamte Wirtschaft weitgehend über Netzwerke aus persönlichen Beziehungen läuft! Da ist es geradezu pervers, wenn das Bestehen persönlicher Beziehungen zum Grund wird, ein Geschäft nicht zu vermitteln. Wichtig ist nur die Transparenz und natürlich auch die Offenheit, die gestattet, daß verschiedene Wege miteinander verglichen werden.« – »Na gut – dann werde ich in Zukunft für alle Geschäfte, die auch nur im entferntesten mit eurer Branche zu tun haben, eine Offerte bei euch einholen, bis du mich auf Knien bittest, damit aufzuhören!« – »Das ist wieder diese typische Schweizer Ver-

bohrtheit!« – »Wie war das eben: Aufgrund der eigenen kulturellen Verwurzelung können wir die Distanz zur eigenen und die Offenheit gegenüber der anderen Kultur entwickeln!«

»Ach ja, das gehört eben auch zur Schwierigkeit des interkulturellen Dialogs, daß diese ach so weltoffenen Schweizer so total unfähig sind zur Selbstironie und so bierernst und besserwisserisch auf jeden Versuch reagieren, sie zu einem etwas lockereren Umgang mit sich selbst zu veranlassen! Aber lassen wir das! Es ist sowieso hoffnungslos. Ich wollte dich lediglich darauf aufmerksam machen, daß die Firma Animag an allen Animationsprojekten interessiert ist, die eine ausgeprägte interkulturelle Komponente haben. Diese Szechuan-Geschichte wäre geradezu ein Prototyp gewesen. Stell dir mal vor, was wir alles daraus gemacht hätten! Einen Telekochkurs, eingebaut in eine Szechuan-Kulturwoche mit anschließendem Literaturwettbewerb: Die beste Szechuan-Kurzgeschichte wird an Originaldrehplätzen verfilmt, in Anwesenheit des Preisgewinners.«

»Ja siehst du, deshalb hat mein Kollege von Anfang an gefunden, die Aufgabe sei eine Nummer zu klein für Animag!« kontert Percy. Juana lacht. »Jedenfalls ist es interessant, festzustellen, daß wir alle dasselbe tun. Wo immer sich eine neue Idee abzeichnet, suchen wir Netzwerkpartner, um Partnernetzwerke aufzubauen, und wenn sie die nötige Eigendynamik entwickeln, dann sprechen wir feierlich davon, daß der interkulturelle Dialog mal wieder funktioniert hat.«

Vom Lob der Dialogkultur ...

»Das ist überhaupt wieder so ein abstraktes Gerede«, wirft Anja ein. »Netzwerk, interkultureller Dialog ... Es geht doch um Menschen, die verhungern oder die ermordet und geschändet werden!« – »Natürlich geht es darum«, entgegnet Juana. »Es stimmt schon, daß das ziemlich abgehobene Vokabeln sind. Aber wir haben doch gerade anhand deines Tanztheaters, das wir morgen sehen werden, drastisch beschrieben, was es bedeutet, von der interkulturellen Konfrontation zum interkulturellen Dialog zu gelangen, und was es den Beteiligten bringt. Nur denke ich, darzustellen, wie wir von der interkulturellen Konfrontation zum interkulturellen Dialog gelangen, ist zwar ein Beitrag zur Dialogkultur, die wir dafür benötigen, aber noch nicht der interkulturelle Dialog selbst. Außerdem handelt das Stück von der Problematik, die wir hier bei uns erleben, indem wir gewaltsame Auseinandersetzungen, die uns nicht direkt betreffen, mit Schaudern betrachten, aber auch mit einer gewissen kleinbürgerlichen Behaglichkeit und Wollust angesichts dessen, was da ›weit hinten in der Türkei‹ geschieht, indem die Probleme dann unversehens dann zu uns kommen, uns mit der Realität einer multikulturellen Situation konfrontieren, die bei uns ganz ähnliche Unterdrückungsmechanismen auslöst, wie wir sie zuvor mit Befremden beobachtet haben, und indem eine interkulturelle Symbiose erst möglich wird, wenn beide Seiten zu sich selbst und auf dieser Grundlage zueinander finden. Das Netzwerk ist eigentlich erst die nächste Frage – das, was sich entwickeln kann, wenn ein Ansatz zum Dialog erst einmal gefunden ist.«

»Das ist ja alles ganz schön und gut«, sinniert Anja. »Aber manchmal frage ich mich schon, ob das alles wirklich einen Sinn hat. Wir unterhalten uns hier bei chinesischen Köstlichkeiten über den interkulturellen Dialog, während meine Landsleute und ihre Feinde noch heute um ihr Überleben kämpfen und nie wissen, wann plötzlich wieder eine brandschatzende und vergewaltigende Mörderbande daherkommt, und das ist nur einer von Hunderten derartiger Konflikte auf der ganzen Welt. Und jene, die es schaffen, ihnen zu entrinnen, landen hier in unseren Ghettos. Wenn sie Glück haben, überleben sie als obdachlose Bettler, und wenn sie jung und schön oder intelligent und skrupellos sind, haben sie noch die Alternative, sich in die Hand der Mafia zu begeben. Wer wirklich Glück hat, findet den Absprung, aber das bleiben seltene Einzelfälle. Manchmal frage ich mich, ob die, die zu Hause geblieben sind, soweit sie überlebt haben, wirklich unglücklicher sind als die, die hier gestrandet sind und ohne Perspektive dahinvegetieren.«

... und den Vorzügen des Abschottens

»Ja, und auf der anderen Seite haben wir Leute wie mich und meine Kumpel«, fährt Guido fort. »Keinem von uns hat irgendein interkultureller Dialog« – die verächtlichen Anführungszeichen sind unüberhörbar – »die Beschäftigung zurückgegeben – im Gegenteil. Diese ganze Menschlichkeitsduselei unserer interkulturellen Sozialarbeiter hat nur zur Folge gehabt, daß unsere Unternehmen noch rascher in die Billiglohnländer abwanderten und daß die Türen für die Ärmsten, die uns noch die letzte Drecksarbeit wegnahmen, noch weiter aufgingen! Ich mag dich ja gerne, Anja – aber bleibt mir mit diesem Gewäsch über den interkulturellen Dialog vom Leibe! Wenn es nach mir ginge, würde ich die Schotten dicht machen!« Percy bleibt der Bissen im Hals stecken: »Die Schotten dicht? Spinnst du? Damit nicht nur du arbeitslos bist, sondern auch noch Juana und ich es werden?« – »Arbeitslos würdet ihr nicht, aber vielleicht würdet ihr dann einmal lernen, was wirklich seriöse Arbeit ist, statt mit diesen schöngeistigen Kapriolen Geld einzunehmen von Leuten, die genausowenig gelernt haben, worauf es ankommt im Leben, wie ihr!« – »Aber du kannst doch das Rad der Geschichte nicht zurückdrehen!« protestiert Percy. – »Wer spricht denn von zurückdrehen? Nach vorne drehen will ich es. Ihr werdet es noch sehen. Nach vorne, das heißt: Schotten dicht machen.«

»Ja, aber dadurch, daß du die Schotten dicht machst, schaffst du doch die Probleme nicht ab!« – »Was habe ich denn davon, wenn ich das ganze Elend auf dieser Welt jeden Abend zu sehen bekomme, wenn ich doch nichts dagegen tun kann? Und was haben die da draußen davon, wenn sie wissen, daß ich ihr Elend sehen kann? Die kriegen höchstens noch mehr Wut!« – »Aber es ist ja nicht nur so, daß du nichts dagegen tun kannst. Indem du die Probleme ausblendest, vergrößerst du sie noch. Indem wir die Entwicklungsländer wieder vom Handel mit uns ausschließen, stürzen wir sie noch tiefer in die Armut, und wir vernichten unsere eigenen Zukunftsmärkte und kriegen noch mehr Arbeitslosigkeit!« – »Ach was! Das ganze Elend ist doch erst mit dieser ganzen sogenannten Globalisierung aufgetaucht. Gut, ein wenig haben wir schon immer exportiert, aber vor allem nach Europa und Amerika. Aber sonst haben wir vor allem das produziert, was wir selbst brauchten, und die Chinesen auch. Erst als sie anfingen, für den sogenannten Weltmarkt zu produzieren, haben sich die Afrikaner plötzlich nicht mehr selbst ernähren können. Und dann hat sich die ganze Weltwirtschaft immer mehr aufgeblasen und angefangen, die Umwelt kaputtzumachen, und dann sind überall die fremden Einflüsse gekommen und haben die Leute durcheinandergebracht, bis sie anfingen, sich die Köpfe einzuschlagen, weil sie meinten, die anderen seien an ihrem Elend schuld! Nein, ich bleibe dabei: Ich würde die Schotten dicht machen. Wir würden vielleicht nicht mehr soviel chinesisches Zeug auf den Tisch kriegen und überhaupt ein wenig bescheidener leben, aber dafür gäbe es dann auch wieder Arbeit für alle, nicht nur für die, die so hochgestochen dahinfaseln können wie ihr hier heute abend!«

Percy schüttelt verzweifelt den Kopf. Er weiß nicht mehr, was er seinem Vater entgegenhalten soll. Da sagt Juana heiter: »So unrecht hast du vielleicht gar nicht. Mit dieser extremen weltweiten Arbeitsteilung haben wir wohl wirklich uns allen geschadet. Indem jeder sich nur auf das beschränkt, was er besonders gut kann, richtet er sich ganz einseitig aus und begibt sich außerdem in eine totale Abhängigkeit von allen anderen. Ich glaube, der interkulturelle Dialog hat uns auch die Augen dafür geöffnet, daß ein Organismus, sei es nun ein biologischer oder ein sozialer, eine gewisse Breite des Funktionsspektrums, eine gewisse Ganzheitlichkeit, eine gewisse Redundanz« – »Immer diese Fremdwörter!« knurrt Guido – »Entschuldigung!, daß ein Organismus eine gewisse Kräfteverschwendung, gewisse Überschußreserven braucht und nicht immer auf dem letzten Zacken laufen darf, daß er sich auch einmal zurückziehen und abschalten können muß, daß wir unseren Regenerationsschlaf brauchen, nicht nur als Individuen, daß nur unter derartigen, im landläufigen Sinn unteroptimalen Bedingungen so etwas wie Geborgenheit, Gelassenheit, Nachhaltigkeit entstehen kann. Ich glaube deshalb, du empfindest das ganz richtig: Gerade der interkulturelle Dialog muß uns die Augen dafür öffnen, daß die Mobilität, der Wettbewerb, die Öffnung, das Veränderungstempo, die Leistungsmaximierung, die Menge der Wahlmöglichkeiten auch ihre Grenzen brauchen. Aber ich denke, gerade indem der interkulturelle Dialog bei den Beteiligten auch den Blick für die eigenen kulturellen Gegebenheiten schärft, trägt er dazu bei, daß sie sich auf das Wesentliche besinnen, auf das, was sinnvoll ist, indem es ihrer eigenen Kultur entspricht.«

Fazit: Das neue Biedermeier?

»Au weia, da hast du die Kurve mal wieder gekriegt!« murmelt Guido anerkennend. »Aber das ist das Problem mit euren Pirouetten: Am Schluß ist einem so trümmlig, daß man gar nicht mehr weiß, wo einem der Kopf steht!« – »Ich wollte sagen«, entgegnet Juana sanft, »daß uns vielleicht gerade die Auseinandersetzung mit den Problemen, die du erwähnt hast, beibringen wird, uns vermehrt zu fragen, was für uns mit unserer Erfahrungswelt wirklich wesentlich ist, und uns etwas mehr selbst zu beschränken und zu bescheiden, d. h. auch wieder mehr Arbeiten zu verrichten, für die wir uns zu gut fühlten, und unsere Aufmerksamkeit mehr auf die Probleme in unserer engeren Umgebung zu richten, zu deren Lösung wir wirklich beitragen können.«

»Was ist denn das jetzt wieder für eine neue Masche? Läutet die Animag das Biedermeier-Zeitalter ein?« protestiert Percy. »Das hätte ja ich sagen können!« entgegnet Juana neckisch. »Aber so falsch ist es auch gar nicht. Es gab ja immer diesen Wechsel zwischen ›Mir gehört die Welt‹ und dem Rückzug in die Idylle der Weltabgeschiedenheit. Die heutige Spielart der Idylle steht ja nur in einem scheinbaren Widerspruch zur Explosion der kulturellen und medialen Vielfalt. Diese ist ja auch eine Explosion der Komplexität und des Veränderungstempos, auf die wir eben reagiert haben mit dem Muster der Netzwerke kleiner, relativ autonomer

Einheiten, sei es in virtuellen Organisationen, sei es in Form der räumlichen Dezentralisierung, wie wir sie hier in Weindorf erleben. Wir lösen das Problem, das Guido empfindet, zwar nicht mit Abschottung, aber wir lösen es, indem wir einerseits lauter kleine, relativ autonome, d. h. auch relativ autarke Welten schaffen, die uns vertraut sind, und indem wir sie andererseits durch diese Netzwerke verbinden, die uns ermöglichen, von draußen hereinzuholen, was uns die Lebensqualität dieser kleinen Welten zu erhöhen scheint. Finde ich gar nicht so schlecht, wenn ich's mir recht überlege.« Spricht's und schiebt sich mit grazil geführten Stäbchen einen Appetithappen in den Mund. Anja und Guido wiegen beide nachdenklich den Kopf, ertappen sich dabei und brechen in Gelächter aus. Percy schaut auf die Uhr und sagt: »Nun, nachdem Animag einmal mehr ihre kommunikative Kompetenz unter Beweis gestellt hat, ist es höchste Zeit geworden, zum nächsten dialogischen Highlight überzugehen, nämlich zur Weindorfer Bürgerversammlung!«

Analytischer Anhang über den interkulturellen Dialog:

Die interregionale Variante des interkulturellen Dialogs hat in den letzten Jahrzehnten eine wachsende weltweite Rolle gespielt. Die Umstrukturierung der Welt und die neue regionale Vielfalt im Gefolge des Zusammenbruchs des Sowjetimperiums hat den Globus zu einem Pulverfaß werden lassen; gleichzeitig haben die zum Vorschein gelangende Vielfalt und die wachsende Nähe weltweit zu einem Graben zwischen sich eher abschottenden und zum Dialog bereiten Kulturen geführt. Aus der Kooperation zwischen den letzteren entwickelte sich eine übergreifende Dialogkultur mit den zugehörigen Koppelungsmedien. Deren Erfolg zeigt, daß der interkulturelle Dialog zwar nicht alle Weltprobleme zu lösen vermag, aber der zentrale Ansatz zur Mobilisierung des Potentials ist, der im Spannungsverhältnis zwischen verschiedenen Kulturen liegt.

Die verlorene Unschuld des Begriffs

Jeder Dialog hat eine interkulturelle Komponente, sogar jeder innere Dialog zwischen den verschiedenen Geistern, die ein Individuum bevölkern. In einem Zeitalter, in dem alles mit allem in Beziehung steht und sich alles gleichzeitig immer mehr ausdifferenziert, ist es schwierig, sich darüber klarzuwerden, wovon man spricht, wenn von interkulturellem Dialog die Rede ist. Vor 20 Jahren war das einfacher: Mit »Kulturen« assoziierten wir in der Regel in diesem Zusammenhang gewisse Regionen, die für die »Angehörigen« einer Kultur »Heimat« bedeuteten, wobei umstritten war, ob das eine Region oder ein Staat war oder sein sollte, wieweit das Verbindende eine gemeinsame Sprache, eine gemeinsame Geschichte oder gemeinsame Rasse war oder sein sollte. Vor zehn Jahren war es bereits komplizierter: Da hatten wir gelernt, daß auch jede Unternehmung, jede Organisation ihre Kultur hat.

Heute sehen wir es so, daß jeder Mensch im Lauf seines Lebens mit einer unabsehbaren Zahl von Kulturen in Berührung kommt und sich vielen von ihnen mehr oder weniger zugehörig fühlt, so unterschiedlich oder widersprüchlich sie auch sein mögen. In der Auseinandersetzung zwischen ihnen entwickeln sich auch verbale und nichtverbale Sprachen oder Sprachvarianten – Koppelungsmedien der Verständigung, die wie die Kulturen selbst spezielle Ausprägungen übergeordneter Formenwelten sein können. Die Vielfalt der sozialen Systeme, der zugehörigen Kulturen und der Koppelungsmedien, mit denen der heutige Mensch in Berührung kommt, ist eine Konsequenz nicht nur der regionalen Ausdifferenzierung, sondern auch der funktionalen, der Vielfalt der möglichen Lebensmuster und Lebenspfade, der Kombinationen von Arbeits-, Familien- und sonstigen Lebensgestaltungsformen; noch einmal potenziert wurde sie seit zehn Jahren durch das Umsichgreifen der virtuellen sozialen Systeme, die sich losgelöst von jeder räumlichen Dimension entwickelten, zunächst in der Unternehmenswelt, dann im kulturellen Teilsystem und schließlich auch in der Politik. Wir haben deshalb zwangsläufig die Naivität eingebüßt, mit der noch vor zehn Jahren von interkulturellem Dialog geprochen werden konnte. Dennoch empfinden wir, daß mit dem Satz »Alles ist interkultureller Dialog« nichts gewonnen ist, denn die Problematik, die wir vor zehn Jahren meinten, ist nach wie vor mit uns, und sie muß nach wie vor auf dem Weg des interkulturellen Dialogs angepackt werden. Aus heutiger Sicht müßten wir sie wie folgt umreißen:

Erfolgsbedingungen
Vor 15 Jahren, als Konsequenz des Zusammenbruchs des Sowjetimperiums, hat sich die geographische Struktur der Weltkulturlandschaft schlagartig neu formiert: Einerseits erlebten wir einen Globalisierungsschub der Märkte, der Unternehmensorganisationen, der Kommunikationsnetze und -medien, der politischen Sitten und Wertvorstellungen, der Wahrnehmung von Bedrohungen wie Weltökologie, Migration, Entwicklungsdisparitäten, weltweiten Mafianetzen etc. Gerade dadurch aber schärfte sich der Blick für die gleichzeitige Gegenbewegung einer explosiven regionalen Ausdifferenzierung. Als ob der Deckel des kalten Krieges von einem Dampfkochtopf entfernt worden wäre, quoll überall das Eigenleben hervor. Die regionalen Konfliktpotentiale multiplizierten sich, potenziert durch die leichte Verfügbarkeit von Kommunikationsmitteln und wirksamen Waffen, unter Einschluß der beschleunigten nuklearen Proliferation. Wir erlebten die Welt zunehmend als Pulverfaß, an dem überall verantwortungslos gezündelt wurde, und überall waren Kräfte am Werk, die die Situation je nach Interpretation auszunützen oder in den Griff zu bekommen versuchten, zum Teil in der räumlichen Dimension – durch dezentrale Verdichtung, durch Abschottung, durch die Organisation kontinentaler Blöcke und den wenig erfolgreichen, aber gefährlichen Versuch der Etablierung neuer Großreiche wie in Rußland und China –, zum Teil aber auch in einer nicht regional gebundenen kulturellen Dimension wie dem islamischen Fundamentalismus oder den weltweiten kriminellen Netzwerken.

Dabei zeigte sich auf weltweiter Ebene etwas Ähnliches, wie wir es mit dem Ausdruck Zweidrittelgesellschaft in der OECD-Region beobachtet haben: der Graben zwischen jenen Kulturen, die in der Ausdifferenzierung mitschwammen und daraus ihr Lebenselement entwickelten, und jenen, die sie als Überforderung wahrnahmen und sich abzuschirmen versuchten. In der Tat wurde ja die Entwicklung zur Zweidrittelgesellschaft dadurch akzentuiert, daß diese weltweite Disparität in dem Maße, wie sie auf der regionalen und lokalen Ebene nicht zu bewältigen war, in die OECD-Welt importiert wurde. Aus heutiger Sicht können wir verkürzt sagen, daß das Grundproblem darin bestand, überforderte Kulturen zu befähigen, sich in den Ausdifferenzierungsprozeß hineinzugeben, fit zu machen für den interkulturellen Dialog. Entsprechend dieser Problemdiagnose hatte dieser eine ausgeprägte regionale, aber auch eine starke virtuelle Dimension. Und innerhalb beider Dimensionen gab es einerseits eine konkrete Ebene, nämlich den Versuch, über kooperative Projekte, die gegenseitige Lernprozesse beinhalteten, Synergien zwischen beteiligten Kulturen herauszubilden, und andererseits eine sogenannte Metaebene, auf der eine übergreifende, verbindende Dialogkultur mit den zugehörigen Koppelungsmedien entwickelt werden mußte, damit gegenseitiges Lernen möglich wurde.

Natürlich läßt sich dies nur im Rückblick mit dieser Klarheit analysieren, aber wenn wir uns heute vergegenwärtigen, wo es gelang, überforderte Kulturen anschlußfähig zu gestalten und wo nicht, wird deutlich, daß damit die entscheidenden Erfolgsbedingungen formuliert sind. Am simpelsten war es in Mitteleuropa. Daß die Lebensbedingungen in Tschechien, Ungarn, Polen, Slowenien, dem Baltikum, Kroatien, der Slowakei – in dieser Reihenfolge – sich den westeuropäischen weitgehend angenähert haben, wurde gar nicht als Erfolg des interkulturellen Dialogs wahrgenommen, weil die historischen Gemeinsamkeiten, die in vier Nachkriegsjahrzehnten aufgepfropften Unterschiede bei weitem überwogen. Damit war die verbindende Dialogkultur gegeben. Dagegen wirkt auch heute noch die Wasserscheide zwischen Ost-Rom und West-Rom, die Jugoslawien entzweigerissen hat und Rußland bis heute zwischen asiatischer Despotie und abendländischer Aufklärung hin und her schwanken läßt. Der russische Westen von St. Petersburg bis Königsberg böte ähnliche Bedingungen wie das übrige Ostmitteleuropa, wenn nicht gleichzeitig Bedacht genommen werden müßte auf Moskauer Empfindlichkeiten und Eifersüchte. Was in der Hauptstadt als Subversion wahrgenommen wird, wird unterdrückt. Was aber als Erfolg machiavellistischer Moskauer Machthaber dargestellt werden kann, die virtuos mit verteilten Rollen spielen, schafft Entwicklungsspielräume.

Weshalb ist der interkulturelle Dialog so wichtig geworden?

– Nach Ende des kalten Krieges entwickelte sich in der sich globalisierenden Welt eine immer näher zusammenrückende – sich gegenseitig auf den Leib rückende – kulturelle Vielfalt. Zunehmend wurde diese nicht nur zur täglich wahrgenommenen Medienwirklichkeit, sondern auch zur Alltagsrealität im »wirklichen« Leben, weil die OECD-Länder durch den unausweichlichen Import eines Teils der ungelösten Weltprobleme zu multikulturellen Gesellschaften wurden.

– Die alten Macheransätze des Kommunismus und des Kapitalismus – brachiale einseitige Übertragungen fertiger Rezepte – hatten ihre Untauglichkeit bewiesen und waren von der vorherrschenden kulturellen Grundhaltung her nicht mehr akzeptabel.

– Auch außerhalb der geographischen Dimension hat sich die Erfahrung durchgesetzt, daß Grundlage jeder Entwicklung das Lernen, Grundlage des Lernens der Dialog, jeder Dialog ein interkultureller Dialog und jeder interkulturelle Dialog gegenseitiges, d.h. synergetisches Lernen ist.

Zu lernen, was für Wirklichkeitsvorstellungen, Prioritäten und Werthaltungen in den Köpfen der Kooperationspartner zu vermuten sind, diese zu respektieren, in das eigene Handeln einzubeziehen, und gleichzeitig dem Partner einen analogen Lernprozeß zu erleichtern – das ist das A und O des interkulturellen Dialogs. Die Grundhaltung des gegenseitigen Lernens, die voraussetzt, daß man sich nicht im Besitz von universell anwendbaren Patentrezepten wähnt, sondern an jedes Projekt mit einer radikal pragmatischen Grundhaltung herangeht, in die freilich die in einer Vielzahl ähnlicher Projekte gesammelten Erfahrungen eingehen – das ist die Grundlage der sich allmählich entwickelnden weltweiten Dialogkultur, die auch Ausdruck eines entsprechenden virtuellen Kooperationsnetzwerks ist, das die Unternehmenswelt und die Politik durchzieht und seine Gestaltungskraft aus der Vielzahl der einbezogenen lokalen, regionalen, nationalen, kontinentalen und virtuellen Kulturen schöpft.

Erfolgsgeschichten
Es läßt sich naturgemäß nicht eindeutig verorten, aber man darf doch feststellen, daß es besonders stark mit der Europäischen Union verbunden ist und diese zu einer nicht in traditionellen Kategorien festzumachenden Weltmacht hat heranwachsen lassen. Demgegenüber sind die beiden anderen Exponenten der Nachkriegstriade ins Hintertreffen geraten. Japan hat zwar eine überlegene Fähigkeit entwickelt, auf neue Nachfragetrends seismographisch zu reagieren, aber das Eigengewicht seiner im Kern insular gebliebenen Kultur hindert es daran, seinen Einfluß in einer Weise geltend zu machen, die von seinen Partnern als wirklich kooperativ empfunden würde; vor allem im pazifischen Raum ist es trotz aller wirtschaftlichen Stärke kulturell isoliert geblieben. Auch die USA haben es nie verstanden, über den fundamentalistischen Schatten ihrer missionarischen Gesellschaftsverfassung zu springen. Demgegenüber hat China gewaltig an Einfluß gewonnen, was zunächst natürlich durch das Eigengewicht seiner riesigen Menschenmassen zu erklären ist, die, einmal befreit von den planwirtschaftlichen Fesseln, mit Fleiß und Pragmatismus ein Wirtschaftswunder von beeindruckenden und unter ökologischen Gesichtspunkten auch beängstigenden Ausmaßen zustande gebracht haben. Hinzu kam das Netzwerk der chinesischen Diaspora im gesamten asiatischen und amerikanischen Raum, das gewissermaßen als chinesische Variante einer weltweiten Dialogkultur bezeichnet werden könnte.

Vielleicht die erstaunlichste Erfolgsstory des interkulturellen Dialogs ist die Auseinandersetzung mit dem islamischen Fundamentalismus und die Entwicklung im Mittelmeerraum, die – im Rückblick betrachtet – auf der einfachen Erkenntnis beruhte, daß nicht jeder Moslem ein Fundamentalist, nicht jeder Araber ein Moslem und nicht jeder Moslem ein Araber ist. Schon die simple Bereitschaft, die konkreten historischen Erfahrungen und Interessen an Ort und Stelle zur Kenntnis zu nehmen, ermöglichte im Anschluß an die ebenfalls dieser Wurzel entstammende Politik der Aussöhnung zwischen Israel und seinen Nachbarn eine Ausdifferenzierung der Machtstrukturen, welche die Fundamentalisten für jedermann sichtbar zu dem werden ließen, was sie von Anfang an waren: extremistische Minderheiten, die als Sprachrohr der Überforderten, Frustrierten und Verzweifelten einen Einfluß gewonnen hatten, der den Interessen der Bevölkerungsmehrheit zuwiderlief. Ein »Westen«, der zu dieser pragmatisch-partnerschaftlichen Grundhaltung fähig war, konnte, auch im Iran, nicht länger Erzfeind des Islams verteufelt werden. Nach dem unvermeidlichen Bürgerkrieg in Algerien ermöglichte diese Haltung auch dort, mit der herrschenden islamischen Befreiungsfront ins Gespräch zu kommen und zu einer pragmatischen Kooperationspolitik zu finden. Ob es allerdings möglich sein wird, über den islamischen Süden der ehemaligen Sowjetunion allmählich auch Moskau aus dem Lager der Kriegstreiber in jenes der Pragmatiker hinüberzuziehen und die gewaltigen Energien zu befreien, die heute an den Rändern der GUS, bis nach Bulgarien und Rumänien hinein durch Angst und Abwehr gebunden sind, bleibt auch heute noch ungewiß.

Eine weitere Erfolgsstory des interkulturellen Dialogs können wir seit 15 Jahren im afrikanischen Süden verfolgen, von wo sie sich allmählich den Weg nach Norden bahnt. Es wird allerdings nicht einfach sein, im kulturellen Vakuum, das Jahrzehnte des Kolonialismus und der Despotie zwischen dem neudemokratischen Süden und dem islamischen Norden Afrikas hinterlassen haben, nachhaltige Anknüpfungspunkte für neue Entwicklungen zu finden, aber die Hoffnung, daß auch hier schließlich die Prägekraft erfolgreicher Kooperationsansätze ihre Wirkung entfalten werde, scheint nach wie vor erlaubt.

Weiche Lösung für harte Probleme
Wir wollen hier nicht einen Weltentwicklungsbericht verfassen und sämtliche Weltregionen Revue passieren lassen, sondern lediglich aufzeigen, wie überzeugend sich der interkulturelle Dialog als einziger Ansatz zur Befreiung aus den Fallen und Teufelskreisen der Unterentwicklung bewährt hat. Es hat sich auch immer wieder gezeigt, daß die synergetische Zusammenführung verschiedener kultureller Stärken und Erfahrungsschätze geeignet ist, aus dem Dilemma zwischen wirtschaftlicher Entwicklung und Zerstörung der eigenen Lebensgrundlagen herauszuführen, denn es sind ja gerade die brachialen, großräumigen, ohne Rücksicht auf die spezifischen Werte und Gegebenheiten verpflanzten Wachstumskonzepte, die den Humus weggeschwemmt haben, der in den Empfindlichkeiten der jeweiligen Kulturen und Landschaften verborgen war. Seit an einer Vielzahl von Beispielen sichtbar wurde, wie oft das Klotzen mit Kapitalien, Investitionsgütern, Technologien und Standardrezepten Entwicklungswüsten zurückgelassen hat und wie das behutsame Anknüpfen an das Vorhandene in aller Regel zu einer tragfähigen Eigendynamik führt, ist der Ruf nach »sustainable development«, nach einer nachhaltigen Entwicklungskooperation, mit konkreten Inhalten gefüllt worden.

So ist heute bei aller Turbulenz, bei aller Bedrohlichkeit der vielfältigen Konflikte und trotz immer noch wachsender Fragilität der Weltökologie eine gewisse Zuversicht erlaubt. Sie gründet sich darauf, daß die Lösung der Weltprobleme nicht mehr im Ruf nach einer Weltordnungsmacht, in der mechanistischen Machermentalität eines neuen Ökosozialismus und weltweit mobilisierbarer Einsatztruppen gesucht wird, sondern daß die neue Weltordnung bereits im Entstehen begriffen ist, in Gestalt dieses sich vielfältig ausdifferenzierenden Netzwerks von interkulturellen Dialogen, von dem diese Zeilen einen wenigstens skizzenhaften Eindruck vermitteln wollen.

Die Parole des interkulturellen Dialogs hat es nicht leicht gehabt in den neunziger Jahren des letzten Jahrhunderts. Sie hatte Mühe, ernst genommen zu werden, verständlicherweise. Denn war es nicht eine allzu abstrakte, um nicht zu sagen esoterische Antwort auf so reale Probleme wie die brutale ethnische Säuberung in Bosnien-Herzegowina, die Hungerkatastrophen in Nordostafrika und die sich abzeichnende Weltklimakatastrophe? Sollten die Millionen Arbeitslosen in den OECD-Ländern im interkulturellen Dialog Beschäftigung finden? Und war dieser nicht eine neue Formulierung jener intellektuellen Eskapisten, die von multikultureller Gesellschaft und Reintegration der Marginalisierten faselten, statt jene zu unterstützen, die bereit waren, die Ärmel hochzukrempeln und Ordnung zu schaffen?

Insofern hatte der interkulturelle Dialog dieselben Schwierigkeiten wie alle Antworten auf die Probleme der Jahrtausendwende, die nicht der Weltsicht der Überforderten entsprachen. Es waren Antworten, die sich dezidiert dem Bedürfnis nach vorschneller Komplexitätsreduktion verweigerten und sich damit in Gegensatz setzten zur populistischen Demagogie, die wohl die größte Bedrohung der turbulenten Weltgesellschaft darstellte. Auf der Ebene des Diskurses war es unmöglich, den Überforderten klarzumachen, daß die ständigen bürgerkriegsähnlichen Wirren in Rußland, die materielle Not, die mit ihnen verbunden war, und die wachsende Bedrohung des Friedens in Europa, die vom immer aggressiveren russischen Chauvinismus ausging, direkte Folgen dieses demagogischen Populismus waren und daß die wenigen Entwicklungsinseln, die sich im Meer russischer Perspektivlosigkeit halten

Was sind die Bedingungen des interkulturellen Dialogs?

– Fit für den interkulturellen Dialog sind Kulturen, die ihrer selbst sicher, genügend in sich verwurzelt sind, um sich gegenüber anderen Kulturen öffnen, sich mit ihnen auseinandersetzen und damit auch sich selbst in Frage stellen zu können.

– Der interkulturelle Dialog produziert selbst jene übergreifende Dialogkultur und die zugehörigen Koppelungsmedien, die ihn unterstützen, und ist damit ein sich selbst verstärkender Prozeß.

konnten, von nichts anderem als diesem interkulturellen Dialog lebten. Den Arbeitslosen in Europa war auch kaum zu vermitteln, daß es eine rationale Politik sein könnte, eine Entwicklungskooperation zu pflegen, als deren Konsequenz Hunderttausende von Arbeitsplätzen in Billiglohnländer verlagert wurden, und daß die Millionen von Wirtschaftsflüchtlingen eine Folge und nicht eine Ursache der nicht bewältigten Probleme internationaler Arbeitsteilung waren. Das war um so weniger möglich, als gewisse Elemente der populistischen Diagnose ja auch ihre Berechtigung hatten: Es traf durchaus zu, daß ein Teil der Arbeitslosen in den OECD-Ländern auch auf lange Sicht zu den herrschenden Minimalarbeitskosten keinen Arbeitsplatz mehr finden würde. Ebenso traf es zu, daß die seit 1997 laufende WTO-Runde noch immer keinen Ansatz gefunden hat, wirksame Sanktionen gegen soziales und ökologisches Dumping in die WTO-Regeln zu integrieren.

Mit anderen Worten war es eine Tatsache – genaugenommen eine Selbstverständlichkeit –, daß der interkulturelle Dialog nicht die Antwort auf alle Probleme der Weltgesellschaft sein konnte; allerdings war gerade die Neuformulierung der WTO selbst eine besonders anspruchsvolle – offenbar zu anspruchsvolle – Aufgabe eines interkulturellen Dialogs, denn wie sollte soziales und ökologisches Dumping angesichts der unterschiedlichen Werthaltungen und Prioritäten der beteiligten Delegationen definiert werden? Auch daß die Probleme der Zweidrittelgesellschaft nicht einfach durch Festschreibung von wohlfahrtsstaatlichen Besitzständen gelöst werden konnten, sondern u. a. auch eine Flexibilisierung der Arbeitsverhältnisse in allen Richtungen voraussetzten, war eine Tatsache, an der sämtliche interkulturellen Dialoge dieser Welt nichts zu ändern vermochten. Allerdings – jene in Armenghettos dahinvegetierenden Kinder von Immigranten und von einheimischen Obdachlosen, die in eines der attraktiven lokalen Projektentwicklungsprogramme einbezogen wurden, begannen etwas zu ahnen vom Zusammenhang zwischen interkulturellem Dialog und Lebensperspektive, auch wenn ihre materielle Situation damit nicht um Größenordnungen besser wurde als jene ihrer Leidensgenossen in Mexiko City oder São Paulo.

Es bleibt eine Tatsache, daß Routinearbeit in der Massenerzeugung von Gütern und Dienstleistungen in den OECD-Ländern kaum noch eine Chance hat, weil sie entweder an die Technik delegiert oder in Regionen mit billigeren Arbeitskräften verlagert wird. Gleichzeitig aber steigt im Zuge des interkulturellen Dialogs, der wachsenden Vielfalt und Ausdifferenzierung der Lebensverhältnisse und der demographisch und sozial bedingten Bedürfnisse nach sozialen Dienstleistungen die Nachfrage nach maßgeschneiderten Produkten und Dienstleistungen in praktisch allen Tätigkeitsbereichen. Dabei ist es nicht so sehr eine Frage der fachlichen Qualifikationen als vielmehr der Lernfähigkeit und der persönlichen Initiative, was der einzelne Mensch daraus macht. Wieweit es gelingt, dieses in jedem Menschen angelegte Potential freizulegen und zur Entfaltung zu bringen, ist wiederum in erster Linie eine Frage des interkulturellen Dialogs – in diesem Fall vor allem auch jener Spielart, die innerhalb der OECD-Länder zum Tragen kommen muß.

Ähnlich wie innerhalb von Organisationen können wir sagen, zur vollen Entfaltung des Potentials bedürfe es der Harmonie zwischen dem Sinnbewußtsein verschiedener Beteiligter und Organisationszellen. Harmonie entsteht, indem Spannungen durch Auseinandersetzungen sichtbar oder genauer hörbar gemacht und dann »akkordiert«, d. h. so aufeinander abgestimmt werden, daß sie zusammenspielen, sich gegenseitig unterstützen, statt sich zu behindern. Harmonie, Stimmigkeit zwischen den Möglichkeiten einer Region – den eigenen und jenen, die aus der Kooperation mit anderen entstehen – und ihrer Selbstbeschreibung ist eine andere Umschreibung dessen, was eine systemische Betrachtung der Entwicklungspolitik in den achtziger Jahren ins Bewußtsein gerückt hatte.

Kapitel 10:
Kultur der Vieldeutigkeit

Consuelo bringt den Berichterstatter in eine Bedrängnis, aus der sich die Erkenntnis ergibt, daß in einer multikulturellen Gesellschaft nichts für so selbstverständlich gehalten werden sollte, daß es nicht gesagt werden müßte. Daran schließt sich die Entdeckung an, wie wenig wir über das Funktionieren unseres inneren Kaleidoskops wissen, was Anlaß gibt zur Vorführung eines audiovisuellen Kaleidoskops, das eine Ahnung davon vermittelt, wie das Verständnis unterschiedlicher Geister und Kulturen multimedial und interaktiv gefördert werden könnte.

Consuelos Besuch

Am Morgen nach der denkwürdigen Gemeindeversammlung höre ich halbwach die Frühaufsteher frühstücken, habe aber keine rechte Lust, mich zu ihnen zu gesellen, sondern döse noch etwas vor mich hin. Da höre ich ein undefinierbares Geräusch; leise hebt jemand meine Bettdecke auf, und plötzlich spüre ich, wie sich ein nackter Körper an mich schmiegt. Sprachlos zucke ich zur Seite und schaue mich um: »Consuelo! Was machen Sie denn hier?« Ich habe sie noch nie gesiezt; jetzt tue ich es unwillkürlich, wohl um Distanz zu wahren und in der gleichzeitigen Erkenntnis, daß sie eine Frau ist, nicht ein Lehrmädchen, wie ich bisher gedacht zu haben schien. Sie zittert am ganzen Leib, schmiegt sich noch enger an mich und schluchzt: »Ich möchte mit dir schlafen!« Wieder zucke ich zusammen. Ein Sturm widerstreitender Gefühle tobt in meinem Kopf: Ihre Direktheit schockiert mich. Ich darf auf den Antrag nicht eingehen. Schließlich ist sie doch noch ein Lehrmädchen, und dann noch im Hause meiner Gastgeber. Aber werde ich der Versuchung widerstehen können? Sie ist hübsch, und ihr geschmeidiger, schlanker, zitternder Körper erregt mich.

Ich versuche mich zu fassen: »Weshalb möchten Sie mit mir schlafen?« – »Bitte sag du zu mir! Ich fühle mich so verlassen!« – »Aber warum denn? Und warum kommst du gerade zu mir?« – »Anja« – sie bringt es kaum heraus –, »Anja hat einen Mann!« schluchzt sie. Und dann der gestrige Abend, denke ich. Nun geht mir ein Licht auf. »Und jetzt willst du dich an ihr rächen, indem du dir ebenfalls einen Mann nimmst?« – »Ach, ich weiß nicht. Nein, ich will mich einfach trösten, glaube ich. Und ich will wissen, wie das ist.« Ich bin erneut alarmiert: »Du meinst, du hast noch nie einen Mann gehabt?« – »Außer den üblichen Knutschereien – nein.« – »Du meinst, du bist noch Jungfrau?« Da lacht sie ein wenig: »Nein, das denn doch nicht.« Ich wage nicht weiter zu fragen. Ich streichle sie etwas, worauf sie erneut aufschluchzt und mich mit Armen und Beinen umschlingt. Mein Konflikt wird sich bald mit Naturgewalt lösen, wenn das so weitergeht, denke ich.

Doch da klopft jemand an die Tür. O Schreck – welch ein Jammer – die Erlösung! denke ich ungefähr gleichzeitig. Juana fragt: »Ist Consuelo bei Ihnen?« Und diese ruft zu meinem Entsetzen ganz munter: »Ja, ich bin hier. Komm nur herein!« Juana öffnet die Tür und stockt: »Was ist denn hier los?« fragt sie mit einer Stimme, die Enttäuschung über meine Person signalisiert. Consuelo löst sich von mir, setzt sich im Bett auf und antwortet: »Er kann nichts dafür, Juana! Ich habe ihn einfach so überfallen.« – »So, und weshalb, bitte? Ich habe dich überall gesucht. Du mußt doch weg!« – »Nein, ich kann nicht. Ich bin krank!« schluchzt Consuelo. – »Und was hast du denn, das sich nur im Bett fremder Männer heilen läßt?« Da wird sie von einem Schluchzanfall geschüttelt. Juana setzt sich aufs Bett und nimmt sie in die Arme. »Was ist denn, mein Kleines?«

Welch ein Bild! Das nackte Mädchen kuschelt sich in den Schoß der aparten Mutter, deren Schlafrock dadurch arg in Unordnung gerät, und dies alles auf meinem Bett ... Doch die beiden Frauen beachten mich nicht mehr.

»Erzähl mir doch, was los ist!« Wieder die tränenerstickte Stimme: »Anja hat einen Mann!« – »Ach so. Ja, weißt du, das ist sicher ein Schock für dich. Das verstehe ich. Aber früher oder später mußte das ja kommen. Sie hat schließlich viele Männer gehabt in ihrem Leben.« – »Aber nicht seit wir beisammen sind!« – »Ich will dir ja nicht noch mehr weh tun – aber bist du da so sicher? Hat sie es dir gesagt?« – »Das brauchte sie gar nicht zu sagen. Das war doch selbstverständlich, so wie wir uns liebten.« – »Ich glaube, es ist Zeit, daß du eines lernst, Consuelo: Fast nichts auf dieser Welt ist selbstverständlich. Früher war das vielleicht anders, als die Leute ihr Leben lang in derselben Gesellschaft verbrachten und jeder sich den Erwartungen entsprechend verhielt – und selbst da ... Aber heute, wo wir alle aus so verschiedenen Ländern kommen und so verschiedene Biographien und Berufe haben, da erlebt man eine Enttäuschung nach der anderen, wenn man Dinge für so selbstverständlich hält, daß sie nicht gesagt werden müssen.«

»Du meinst, sie hat mich ständig betrogen?« – »Nein, das meine ich nicht, denn für sie es das vielleicht gar kein Betrug. Vielleicht kam sie gar nicht auf die Idee, daß du aus eurer Beziehung irgendein Treuegelöbnis ableiten würdest. Vielleicht war ihr nun gerade selbstverständlich, daß eure Beziehung ihren Männerbeziehungen in keiner Weise im Wege stand?« – »Du meinst, sie sei ein hemmungsloses Tier?« – »So empfindest du das. Ich würde das ganz anders nennen. Sie ist lebenslustig und erfahren, aber sie weiß ganz genau, was sie will und was nicht, und sie hat auch ihre eigene, mir sehr eindrückliche Moral.« – »Aber sie hat mich hintergangen. Sie hat mir alles verheimlicht!« – »Auch dessen bin ich nicht sicher. Vielleicht fühlte sich Anja gar nicht verpflichtet, dir etwas zu sagen. Dann hätte sie dich weder hintergangen noch dir etwas verheimlicht. Wie hast du es denn erfahren?« – »Von dir!« – »Von mir? Ich weiß doch selbst nichts davon!« – »Aber du hast gestern gesagt, sie scheine diesen Filialleiter ja gut zu kennen!« – »Oje – da hat uns mein Frotzeln mal wieder einen Streich gespielt! Aber du kannst doch nicht daraus ableiten, daß sie mit ihm etwas hat!« – »Aber ich habe sie nachher gefragt. Wenn sie sich wenigstens entschuldigt hätte! Aber nein, sie hat mir sofort begeistert die ganze Geschichte in allen Einzelheiten geschildert!« Sie schluchzt erneut. Juana streicht ihr übers Haar und sagt: »Aber daran siehst du doch, daß sie überhaupt kein Unrechtsbewußtsein empfand! Sie wollte dir keinerlei Schmerz zufügen.«

»Ja, wenn jemand aus einem kaukasischen Gebirgsstamm kommt, darf man offenbar nichts anderes erwarten!« Juana setzt Consuelo energisch ins Bett zurück und zieht ihren Schlafrock über Busen und Oberschenkeln zusammen, während sie mir einen halb entschuldigenden, halb koketten Blick zuwirft, und sagt dann: »Also jetzt hör mir mal gut zu! Du weißt ganz genau, daß die Armenier kein kaukasischer Gebirgsstamm sind, sondern eines der ältesten Hochkulturvölker Europas, eines, das uns schon früher besonders viele hochgebildete und tüchtige Emigranten beschert hat. Abgesehen davon haben auch sogenannte Gebirgsstämme und Wilde gewöhnlich eine hochentwickelte, differenzierte Ethik und Kultur, nur daß sie nicht der unseren entspricht. Mich stört es empfindlich, daß du aus einer persönlichen Enttäuschung heraus sofort rassistische Töne entwickelst!«

»Schon gut, Juana, ich weiß. Aber man darf doch wohl auch mal Wut zeigen. Und außerdem – meines Wissens sind die Armenier Christen. Davon scheint aber bei Anja nichts hängengeblieben zu sein!« Juana streichelt sie nachsichtig: »Ich muß gestehen, ich kenne die armenische Kultur zuwenig, um zu wissen, wie stark Anjas Werte und Verhaltensweisen durch sie geprägt sind. Aber was ich sehr deutlich sehe, ist die Prägung durch ihre Biographie – eine Biographie des Herausgerissenwerdens aus der Geborgenheit, der Vergewaltigung und Ausbeutung, verbunden mit einer Persönlichkeit von unbändigem Lebenswillen, sinnlich-ästhetischer

Intensität und praktischer Intelligenz; ich glaube, ihre ersten Lebensjahre müssen glücklich gewesen sein, voller unverkrampfter Liebe, und alles weitere hat ihr beigebracht, daß man auf sich selbst gestellt ist und über alles hinwegkommt, wenn man nicht in Selbstmitleid versinkt und nicht zu zimperlich und skrupulös ist. Aber ich habe noch nie irgend etwas Böswilliges oder Hinterhältiges an ihr entdeckt! Ich glaube, was du jetzt erlebst, ist dein ganz ureigenes Problem in einer verwirrenden Welt, und nicht eines, das dir Anja aufgehalst hat. – Und wenn du meinst, ein Schäferstündchen mit diesem netten Mann hier würde dir besser über den Schmerz hinweghelfen, dann will ich dir nicht davorstehen!« Spricht's und erhebt sich, nicht ohne mir maliziös zuzulächeln.

»Nein, bleib doch noch hier, Juana!« fleht Consuelo. »Ach, du würdest dich wohl sicherer fühlen, wenn wir uns zu dritt vergnügten?« Schelmisch läßt sie mich einen Blick unter ihren Morgenmantel erhaschen. Consuelo lacht: »Vielleicht?« – »Ja, aber leider muß ich dir nun dazu sagen, daß meine eigene Herkunft und Biographie mich daran hindern, diesen ja vielleicht durchaus verlockenden Gedanken zu verwirklichen. Im Gegensatz zu Anja dir gegenüber habe ich Percy tatsächlich gewisse Versprechungen gemacht. Zwar verpflichten sie mich nicht zu absoluter Treue, wohl aber zu einer gewissen Offenheit, und ich kann mir schwer vorstellen, daß es unserer Beziehung guttun würde, wenn ich ihm erzählte, ich hätte eben mit meiner Tochter und unserem Hausgast einen flotten Dreier veranstaltet! Also – ich verlasse euch jetzt, und wenn ihr fertig seid, kommt zum Frühstück!« Unnötig zu sagen, daß nach diesen nüchternen Worten die Luft raus ist. Consuelo drückt mir noch einen keuschen Kuß auf die Stirn und huscht dann zurück in ihr Schlafzimmer. Mit einer Mischung von Bedauern und Erleichterung, aber voll uneingeschränkter Bewunderung für Juanas Krisenmanagement mache ich mich an meine Morgentoilette.

Frühstück mit Juana und Consuelo

Am Frühstückstisch erwartet mich Juana mit komplizenhaftem Lächeln: »Na, hat Consuelo den großen Schmerzenheiler schließlich doch verschmäht?« Ich fühle mich etwas unbehaglich, und der Auftritt Consuelos stürzt mich erneut in einen Widerstreit der Gefühle. Sie, bisher immer zurückhaltend im Hintergrund geblieben, hat sich in die letzte Hausdreßmode gestürzt – ein lilaseidenes, loses Nichts aus Höschen und um den Hals geschlungenen, über der Brust gekreuzten Trägern. »Du willst unseren Gast wohl völlig um den Verstand bringen?« lacht Juana. Consuelo setzt sich, nun offenbar doch etwas befangen. »Aber im Ernst«, fährt Juana fort, »das ist doch heute morgen mal wieder ein typisches Beispiel, wie wenig wir voneinander, ja sogar von uns selbst wissen, wie wenig Ahnung wir haben, was für Programme wir im Kopf haben, wie diese zustande gekommen sind und was sie auslöst. Nehmen Sie mich! Nie im Leben hätte ich es für möglich gehalten, daß ich jemandem vorschlagen würde, mit ihm und meiner Tochter zusammen Liebe zu machen. Aber die Situation heute morgen hat das ausgelöst – und es war nur halb im Scherz, glauben Sie mir! Solche Momente erleben wir doch immer wieder. Es ist, als ob in der nie dagewesenen Vielfalt der Signale, die wir empfangen, eine entsprechend größere Zahl von Auslösern verborgen wäre für Programme, von deren Existenz wir keine Ahnung hatten.«

Ich versuche, mich trotz der eben vernommenen Eröffnung und der unübersehbaren Präsenz der zwei verwirrenden Frauen auf ein vernünftiges Gespräch einzulassen. »Ja, Sie haben heute schon zweimal versucht, bei mir ein anderes Programm einzuschalten, und leider ist es Ihnen jedesmal gelungen. Zumindest ist es Ihnen gelungen, meine Aufmerksamkeit vom anderen Programm vorübergehend abzulenken, obwohl es natürlich weiterläuft und um meine Aufmerksamkeit konkurriert, dabei tatkräftig unterstützt vom Aufzug dieser jungen Dame!«

»Trefflich beobachtet! Wenn Sie von ›ihrer Aufmerksamkeit‹ sprechen, frage ich mich allerdings, wer das ist, der da dem einen oder anderen Programm die Aufmerksamkeit widmet. Werden die Programme nur durch Signale von außen ausgelöst? Oder gibt es so etwas wie einen Betriebschef? Haben wir Zugriff dazu? Ist es vielleicht dieselbe Instanz, welche die Aufmerksamkeit mal dem einen, mal dem anderen Prozeß widmet? Oder ist es eine andere, höhere Instanz, während die Aufmerksamkeit mehr so dem Typus des Beleuchters entspricht, der die Scheinwerfer mal hierhin, mal dorthin richtet? Und wessen Befehlen gehorcht er dabei? Einem Regisseur? Oder wiederum Signalen von außen? Oder den Programmen selbst? Ist es überhaupt sinnvoll, von Programmen zu sprechen? Gibt es vielleicht Aufschaukelungsbewegungen zwischen Nervenzellengruppen, die mal dies, mal jenes produzieren und die vielleicht einfach verschränkt sind mit gewissen älteren Routinen, z. B. vererbten, wie den instinktiven Hypothesen über die Wirklichkeit und das zweckmäßige Verhalten? So viele Fragen und keine einzige klare Antwort! Ist es nicht schrecklich?«

Sie lehnt sich theatralisch zur Theke zurück und zeigt dabei so viel Bein, daß sich meine Aufmerksamkeit sofort auf ein anderes Programm verlagert. Aber sie selbst läßt sich nicht beirren: »Wir haben in unserem

Gehirn irgendeine Art von Kaleidoskop, dessen Funktionsweise wir noch immer nicht richtig kennen, und es schüttelt sich in einer Weise, von der wir keine Ahnung haben, in Verbindung mit einem Umfeld, das genauso ein Kaleidoskop ist, nur ein noch vielfältigeres. Und da gibt es Menschen wie diese da« – sie deutet auf Consuelo –, »die meinen, sie könnten genau sagen, was richtig und falsch ist, und im nächsten Moment überraschen sie sich selbst mit den unmöglichsten Aktionen. Wir sind einfach out of control. Ist es nicht wundervoll?« Sie streckt und reckt sich, daß mir Hören und Sehen vergeht.

»Nun, eines können wir, glaube ich, feststellen!« sage ich, nachdem ich die Fassung halbwegs wiedergewonnen habe: »Es gibt so etwas wie ein informelles Resonanzphänomen, das ganz nach dem Prinzip ›Wie du mir, so ich dir‹ oder ›Wie man in den Wald schreit, so schreit's heraus!‹ funktioniert; wäre ich nun ebenfalls noch im Schlafrock, könnte ich Ihnen zeigen, was ich meine«, und strecke und recke mich ebenfalls.

Sie lacht: »Das gefällt mir, dieses Resonanzphänomen. Wir haben ja keine Möglichkeit, aus unserem Käfig herauszusehen, aber wir spüren die Resonanz der Signale anderer, und je breiter das Frequenzspektrum unseres Resonanzkörpers, desto breiter das Spektrum der Signale, die uns zum Schwingen bringen, und je breiter das Spektrum der Signale, die uns zum Schwingen bringen, desto weiter wird die Bandbreite unseres Resonanzkörpers.« Dabei läßt sie ihre Hände über ihren ganzen Körper krabbeln, als ob von ihm die Rede wäre.

Ein Kaleidoskop auf Bildplatte

»Kommen Sie, ich zeige Ihnen was!« sagt sie mit jener Stimme, mit der Verführer früher die Besichtigung ihrer Briefmarkensammlung anboten. Consuelo versteht es offenbar genauso. Sie steht auf und zischt: »Ich hasse deine Spielchen!« – »Ach du liebe Zeit! Da war aber nichts mit dem Resonanzphänomen! Komm, ich will dir doch deinen neuen Liebhaber nicht wegnehmen. Ich wollte euch nur die neue Produktion eines Kollegen zeigen, weil sie mit unserem Thema etwas zu tun hat. Es wird dich auch interessieren!«

Ich etwas enttäuscht und Consuelo leise maulend, folgen wir Juana in den Dachraum zum Multiscreen. »Es ist zwar eine ganz konventionelle Bildplattentechnik, aber ich finde es außerordentlich gelungen. Es war gedacht als Beitrag zu einem Kongreß über neue Animationsformen, der aber ins Wasser gefallen ist, weil eigentlich niemand was wirklich Neues zu bieten hatte. Auch mein Kollege hier nicht, aber es kann ja auch manchmal was interessant sein, ohne neu zu sein, nicht?« Mit diesen Worten streckt sie sich wohlig auf die Wohnlandschaft hin. Ich setze mich in dezentem Abstand, was Consuelo offenbar bewegt, sich ostentativ an mich heranzukuscheln. Langsam beginne ich Tantalusqualen zu leiden.

Juana befiehlt »Thirty-one!« und veranlaßt damit den Apparat, die entsprechende Konserve einzulegen. Es ist zwar in der Tat zunächst einfach ein Film, der über den hochauflösenden Großbildschirm läuft, aber ein absolut enervierender. Bilder scheinen in einem unidentifizierbaren Wirrwarr und in frenetisch unregelmäßigen Folgen kreuz und quer durcheinanderzustürzen, und unterstrichen wird dieser Eindruck durch eine Musik, die ich nur als chaotische Kakophonie empfinden kann. Als Vorspann blitzen in verschiedenen Sprachen und Schriften Schlagzeilen wie »Multiscreen«, »Multimind«, »Multimedia«, »Multiculti« auf, wobei die Übersetzungen zum Teil Nonsenseworte sind wie zum Beispiel »Vielschirm«, »Vielgeist«, »Vielmittel«. Mit der Zeit aber ergeben sich kurze Momente von identifizierbarer Gestalt: Hier ein gotischer Dom, dort eine Skinheads-Horde, hier eine Beethoven-Symphonie, dort die Lightscream-Band. Allmählich kristallisieren sich länger dauernde Gestaltmomente heraus. Juana wippt im rasch wechselnden Rhythmus der Musikfetzen und macht sich einen Spaß daraus, möglichst prompt auf den neuen Sound einzuschwenken. Das bringt Consuelo endlich auf eine Idee, sich wieder ins Spiel zu bringen. Sie erhebt sich und tanzt zu den verschiedenen Rhythmen, wobei sie gleichzeitig noch den Charakter der Musik zu übersetzen versucht: Entfesselt bei der Lightscream-Band, spitzentanzend bei Debussy, lasziv-entrückt bei Tristan und Isolde ...

Dennoch bin ich zunächst enttäuscht: ein kulturgeschichtlicher Verschnitt, eine Art Hyper-Potpourri, das man bis vor kurzem wohl postmodern genannt hätte. Eindrücklich ist allerdings der Rhythmus des Rhythmen- und Themenwechsels, der mich zunehmend in den Film hineinzieht, und die Kontrapunktik zwischen den kulturgeschichtlichen Gegenständen und den Menschen, die ihnen oft in ganz anderem Rhythmus gegenübertreten: New Yorker Banker, Soldateska in einem Bürgerkrieg, tibetische Mönche, afrikanische Pygmäen etc. Einzelne Figuren aus diesen Gruppen werden zunehmend herausgehoben und schließlich persönlich vorgestellt mit ihren wichtigsten biographischen Daten und eindringlichen Porträtaufnahmen.

»Nun sagen Sie – wo wollen Sie sich hineinversetzen?« fragt Juana. Die Wahl fällt mir schwer. »Zerbrechen Sie sich nicht zu sehr den Kopf! Sie haben mehrere Chancen!« Ich tippe also zunächst auf das junge Mädchen von nebenan. Vielleicht lerne ich dabei etwas über Consuelo? Die

Darstellerin stellt sich zunächst etwas eingehender vor und lädt den Betrachter dann ein, in ihren Kopf hineinzuschlüpfen. Juana wirft ein: »Nicht etwa reine Phantasie, sondern beruht auf empirischen Studien!« Nun sehe ich dieselben Bilder und höre dieselbe Musik wie vorher, aber sie sind völlig anders geordnet, eben wie sie ein junges Mädchen von heute empfinden würde. Für mich eher frustrierend: ein frenetischer Schnittrhythmus. Kaum habe ich eine Szene erkannt, ist schon wieder eine andere da. Dabei stehen die Extreme scheinbar beziehungslos nebeneinander: ein kaukasischer Bürgerkrieg, ein physikalisches Experiment, ein Disco-Schuppen, ein Beratergespräch, eine Sexszene. Consuelos Tanzerei zeigt mir, daß sie sich in diesem Tempo ganz zu Hause fühlt. Ich aber protestiere: »Das geht mir alles viel zu schnell!« – »Vor allem die letzte Szene, nehme ich an«, foppt Juana mich anzüglich. »Aber auch das hat mein Kollege vorausgesehen. Es gibt nämlich ein Programm, um andere Leute allmählich auf die jeweilige Sichtweise einzustimmen.« Sie wiederholt die Szenenfolge. Die Schnitte werden langsamer. Jetzt bin ich wirklich beeindruckt. Ich spüre, daß jeder Clip eine ganze Lebenswelt beinhaltet und seine ganz eigene Resonanz auslöst – einmal natürliche Flucht- und Wutinstinkte, dann die intellektuelle Faszination, dann das erotische Sichvergessen. Jede dieser Lebenswelten hat ihre eigene Ästhetik und Sprachenwelt.

Consuelo aber gerät aus dem Tritt und setzt sich gelangweilt hin. »Ich möchte jetzt mal sehen, was in so einem alten Knacker vor sich geht«, sagt sie aufsässig. »Gut«, sagt Juana, »probieren wir es mal mit diesem leicht angegrauten Journalisten hier!« Ich kann mich mit dem Typ tatsächlich ganz gut identifizieren und bin auch geschmeichelt, denn er gefällt mir ausnehmend. Wieder das Kaleidoskop, aber diesmal ganz anders geschüttelt. Zu den meisten Szenen stellt sich eine viel größere Distanz ein. Das analytische Gehirn wird stärker angesprochen als die anderen Ebenen. Auch die emotionalisierenden Szenen kommen ästhetisierend verfremdet an. Es gibt eindeutige Unterschiede zwischen Szenen, in denen ich mich selbst wiederfinde, und solchen, die ich nur als Kuriositäten betrachte. Der Wahrnehmungsfilter wird deutlich: Es ist die Ebene des rationalen Diskurses. Gleichzeitig wird aber auch ihre starke emotionale Wertbehaftung sichtbar: Das Beratungsgespräch wirkt ganz nah, die Bürgerkriegsszene völlig fremd, wenn auch mit dem Erschauern über das Abartige verbunden, das man doch irgendwo in sich sieht, aber lieber verdrängt.

Consuelo gähnt ostentativ: »Mein Gott, ist das langweilig!« – »Gut, hören wir auf damit!« sage ich. »Ich möchte jetzt mal das Borstenkopfmädchen erleben.« Die Borstenköpfe sind bekanntlich die Nachfahren der Skindheads. Im Unterschied zu früher sind die Mädchen von den Jungen in Frisur, Aufzug und Gestik kaum mehr zu unterscheiden, was sie allerdings in ihren provozierenden Plastik- und Lederklamotten noch aufreizender macht.

Die Vorführung fesselt mich. Die Szenen sind von ganz unterschiedlicher Intensität. Das Beratungsgespräch oder das physikalische Experiment etwa werden nur kurz angetippt und sofort wieder ausgeblendet, offenkundig sowohl unverständlich als auch uninteressant und deshalb aus dem Wirklichkeitsbild zu streichen. Intensiv durchgezogen werden dagegen Szenen, die anheizen, indem sie die eigenen starken Feindbilder und Solidaritäten betonen. Am eindrücklichsten bei der Bürgerkriegsszene, in der sich das Subjekt eindeutig auf der Seite der Soldateska befindet, die im Machtrausch wehrlose, etwas fremdartig wirkende Zivilisten niedermetzelt. Auch die Sexszene, wie sie das Borstenkopfmädchen erlebt, erhält einen gewalttätigen Sound und Rhythmus. Consuelo tanzt wieder mit. Fast beängstigend, wie sie Gewalt an sich zu erleben und gleichzeitig Gewalttätigkeit auszustrahlen vermag!

»Und jetzt der Pueblo!« schlägt Juana vor. Ein altersloser Indianer mit vager Biographie stellt sich vor. Ich bin verblüfft. Er betrachtet die Szenen aus ähnlicher Distanz wie der angegraute Journalist, aber anders als beim letzteren haben alle Szenen das gleiche Gewicht. Der Indianer betrachtet sie mit Gleichmut, man könnte sagen buchstäblich mit Gleich-Gültigkeit, von einem Standpunkt der Gleich-Wertigkeit, aber erstaunlicherweise verbunden mit totalem emotionalem Engagement: Es sind Bilder, Szenen eines Welttheaters, die da vorbeiziehen, aber der Betrachter selbst identifiziert sich mit ihnen, fühlt auf allen Seiten mit und begreift, was sich abspielt, nicht indem er es analysiert, sondern über die Resonanz einer tieferen Schicht – sollte ich sagen des kollektiven Unbewußten?

Multikulti-Instrumente

Als das Licht im Raum angeht, habe ich den Eindruck, aus einem tiefen Traum zurückgerufen zu werden. Consuelo, selbstvergessen am Boden kniend, scheint aus einem Trancezustand aufzuwachen. Auch Juanas Blick kehrt nur langsam aus der Ferne zurück. »Schön, nicht?« fragt sie lächelnd. »Phantastisch!« antworte ich begeistert. »Zum ersten Mal habe ich wirklich hautnah erlebt, wie arm meine Erlebniswelt ist. Und ich dachte immer, sie verkörpere die abendländische Quelle der Weltkultur! Weshalb wird diese Bildplatte nicht eingesetzt, zur Bewußtseinserweiterung?«

»Das wird sie, keine Angst! Dafür werde ich schon sorgen! Bewußtseinserweiterung ist nur eine Möglichkeit, und nicht einmal die wichtigste nach meiner Meinung. Ich glaube, den größten Nutzen hätte das Produkt als Lernmittel überall dort, wo es um gegenseitiges Verständnis geht: an den Schnittstellen der Zweidrittelgesellschaft, im interkulturellen Dialog, im Bezugsgruppendialog von Organisationen etc.«

»Aber ist da wirklich ausgewogenes Lernen möglich? Es gab da das Programm, um jemanden wie mich mit der Perspektive des jungen Mädchens vertraut zu machen, aber wie führen Sie zum Beispiel das Borstenmädchen in meine Welt ein?« – »Zugegeben, das ist schon schwieriger, weil in gewissen Bereichen einfach die Anschlußfähigkeit fehlt. Aber mein Kollege arbeitet daran, wie er zum Beispiel die Experimentalphysik in die Welt des Borstenmädchens einführen kann. Wahrscheinlich geht es letztlich nur über mehr Interaktivität: Das Mädchen muß seine aggressive Freund-Feind-Haltung am physikalischen Experiment abreagieren können und so den Zugang finden. So wird die ganze Geschichte leider immer komplizierter. Das Ganze ist ohnehin teuer genug, denn wir können ja nicht ein für allemal einen Film drehen, sondern wir müssen die Szenen ständig der sich verändernden Erlebniswelt anpassen, und die Typen auch; wir müssen auch zahlreicher und differenzierter werden, wenn wir wirklich anschlußfähig sein wollen. Aber gegenwärtig haben wir Hoffnung, daß das Ganze ein Europaprojekt wird. Dann wäre die Weiterentwicklung gesichert. Und das wäre ja auch wirklich eine Antwort auf die zentralen Probleme und ein Ausdruck der zentralen Stärken Europas!«

»Allerdings, wie ich schon sagte, es bleibt alles noch recht konventionell. Wenn ich mir vorstelle, wie dasselbe Programm aussehen würde als interaktive dreidimensionale VR-Show!« Sie seufzt. »Aber so weit sind wir noch lange nicht. Die Technik ist noch nicht reif und viel zu teuer, und die Benutzergeräte sind noch viel zuwenig verbreitet. Aber wir denken darüber nach, den Film wenigstens mit einer Mindmachine zu verbinden, wahlweise. Das würde schon eine zusätzliche Dimension bringen.«

Juana blickt auf die Uhr. »Mein Gott, wir müssen uns beeilen! Percy erwartet uns ja zum Mittagessen im ›Rebstock‹ – d. h. Sie und mich. Mit dir hat er natürlich nicht gerechnet, Consuelo. Vielleicht sind deine Gemüter jetzt ausreichend abgekühlt, daß du dich ins Geschäft begeben kannst?« Consuelo kniet immer noch etwas gedankenverloren auf dem Boden. Die Frage ihrer Mutter erinnert sie offenbar plötzlich wieder an die Ursache ihrer ganzen Verwirrung. Sie bricht erneut in herzerweichendes Schluchzen aus. Diesmal aber stürzt sie sich gleich in die Arme Juanas, die ihr begütigend übers Haar fährt. »Ist ja gut, mein Mädchen.

Komm wir gehen uns jetzt beide anziehen. Wir wollen doch den armen Menschen hier nicht ewig weiter quälen. Er ist schließlich auch nur ein Mann!« Sie blinzelt mir neckisch zu, erhebt sich dann vom Lager, nicht ohne mir nochmals ein paar tiefe Einblicke gewährt zu haben, und verläßt Arm in Arm mit ihrer schluchzenden Tochter, die mich keines Blickes mehr würdigt, den Raum.

Analytischer Anhang über die Kultur der Vieldeutigkeit

Seit einem Vierteljahrhundert erleben wir eine sich ständig aufschaukelnde Beschleunigung der Veränderung und Ausdifferenzierung unserer Gestaltungsoptionen in allen Lebensbereichen. Da die Möglichkeiten, sie auch zu nutzen, immer mehr hinter den Optionen zurückgeblieben sind, ist die sinnvolle Selektion zunehmend zur zentralen Aufgabe geworden. Eine zusätzliche Dimension gewinnt die Problematik durch die mit ihr verbundene Vielfalt und gleichzeitig wachsende Bedeutung der Kulturen, mit denen jeder Mensch in Beziehung tritt. Dem neuen Bild der Außenwelt entspricht neuerdings auch das Bild unserer Innenwelt, nämlich das eines vielfältigen Netzwerks nach innen und außen lose gekoppelter Persönlichkeiten. In der sich herauskristallisierenden übergreifenden Kultur der Offenheit und Vieldeutigkeit ist zwischen »künstlicher« und »natürlicher« Wirklichkeit nicht mehr zu unterscheiden. Für diese Kultur stehen die »Multikids« der jungen Generation, während die in der älteren Generation vorherrschenden »Individualisten« sich durch eine Selbstzensur der rationalen Distanz an der Ausschöpfung des gesamten Erlebnis- und Entwicklungspotentials hindern. Demgegenüber verstärkt sich mit der Kultur der Vieldeutigkeit auch deren Abwehr durch die verschiedenen Spielarten des Fundamentalismus, die auf der Verabsolutierung ihres jeweiligen Codes beharren und in ihrem Zusammenwirken auch die Gefahr eines die Kultur der Vieldeutigkeit verschlingenden Attraktors aufscheinen lassen.

Nichts Neues in der Post-Postmoderne
Wer erinnert sich noch an die »Postmoderne« der achtziger Jahre? Der immer raschere Wandel aller Dimensionen unserer Lebenswirklichkeit hatte einerseits eine ständige Gegenwartsverkürzung zur Folge, d. h., die kontingente Zukunft und die bereits als passé empfundene Vergangenheit rückten näher. Gleichzeitig aber – und das war der Kern der Postmoderne – wurden die Zeitabfolgen so hektisch und so unterschiedlich je nach Perzeption, daß das Zusammenspiel der verschiedenen kulturellen Codes in immer chaotischere Fluktuationen geriet und wie ein zunehmend aufgedrehter Wasserstrahl nach einer neuen Gestalt suchte, in der die größere Wassermenge den engen Hahn passieren konnte (Erich Jantsch). Diese neue Gestalt war die Postmoderne. Der Trick war einfach: Unter dem Titel »Gleichzeitigkeit des Ungleichzeitigen« (Hermann Lübbe) wurde gewissermaßen die Gesamtheit der vorbeihuschenden Moden und Trends, einschließlich ihrer Entsprechungen in der Vergangenheit, die sie aufnahmen, und der Zukunftsmöglichkeiten, die sie transportierten, zu einer Gesamtgestalt vereint – so, als ob wir mit einem Male nicht mehr die einzelnen Punkte auf einer exponentiell ansteigenden Kurve, sondern ihr Integral betrachtet hätten.

Heute können wir sagen: »Plus ça change, plus c'est la même chose«, denn die Veränderungen haben nicht aufgehört, sich zu beschleunigen und auszudifferenzieren, und auf einem höheren Niveau der Komplexität erleben wir – vielleicht nicht zum letzten Mal – wieder dasselbe: hektische Fluktuationen und dann plötzlich eine neue, übergreifende Gestalt, die sozusagen wieder Ruhe und Ordnung ins Chaos bringt – nicht durch Übervereinfachung, sondern durch einen neuen, übergeordneten Blickwinkel, eine Metaebene, von der aus wir wieder eine Beschreibung für die ganze hektische Vielfalt gewinnen können. Diese Gestalt drückt der Begriff »Kultur der Vieldeutigkeit« aus. Er ist natürlich zu trocken, um auf die Dauer Bestand zu haben. Bis jetzt hat sich zwischen dem seriösen »Multikultur« und dem nicht von ungefähr an »Kuddelmuddel« erinnernden, saloppen »Kultimulti« aber noch nichts mit Bestand herauskristallisiert.

Sprechen wir also von der Sache. Wir haben es mit zwei gleichzeitigen Bewegungen zu tun, die sich gegenseitig hochschaukeln, nämlich einer Beschleunigung und einer Ausdifferenzierung. Wir haben es mit drei Bereichen zu tun, von denen mindestens zwei schwer auseinanderzuhalten sind und alle drei intensiv aufeinander einwirken, nämlich den Optionen menschlichen Handelns, den miteinander kommunizierenden Kulturen und dem menschlichen Geist.

Die Explosion der Optionen
Analysieren wir das Phänomen in der Reihenfolge dieser drei Bereiche. Fangen wir mit den Optionen an: Zunächst die *Beschleunigung*. Sie hat ursprünglich eingesetzt mit der exponentiellen Vermehrung des Wissens und damit der rapiden Abnahme seiner Halbwertzeit. Diese schaukelte sich hoch mit der Veränderung der zivilisatorischen Strukturen, Verfahren, Produkte einerseits und der menschlichen Wahrnehmung andererseits. Hinzu kam eine Auswirkung der Optionenflut und der durch die Globalisierung erzeugten wachsenden Wettbewerbsintensität: Da das Zeitbudget des menschlichen Lebens nur begrenzt vermehrbar war, versuchte man in die immer knappere Zeit immer mehr hineinzupacken, auf der Produktionsseite durch immer lückenloser durchrationalisierte Mensch-Maschinen-Prozesse, deren Rhythmus dann auch in andere Lebensbereiche hinüberschwappte, und auf der Seite der letzteren, indem man die zunehmende Variabilität hintereinanderschaltete, um eine wachsende Zahl von Erlebniswelten konzentriert aufnehmen zu können. Das war ein sich selbst verstärkender Prozeß: Je mehr man in die Zeit hineinzupacken versuchte, desto knapper wurde sie, und desto rascher der Wandel, desto schwieriger die Synchronisierungsprobleme, und desto mehr mußte man in die knappe Zeit hineinpacken …

So schossen die Trends in immer rascherer Folge aus dem Boden, und immer kürzer wurde der Augenblick, indem sie »in« waren. Die Beobachter, die den Managern und Politikern die Befindlichkeit ihrer Kunden zu beschreiben und wenn immer möglich vorauszusagen hatten, und deren Beobachter, nämlich die Medien, die wiederum von den ersteren als Indiz für die Befindlichkeit ihrer Kunden beobachtet wurden – ein Aufschaukelungs- und Beschleunigungsmechanismus für sich! –, sie alle machten diesen Wandel voll mit und verstärkten ihn: Hatten in den sechziger Jahren die langfristig extrapolierbaren Entwicklungen im Zentrum der Aufmerksamkeit gestanden, in den siebziger Jahren die großen Wandlungen (Grenzen des Wachstums, »future shock«, »third wave«, Wendezeit) und in den achtziger Jahren die »Megatrends« und »tendances lourdes«, so waren die neunziger Jahre das Jahrzehnt der Trendbeobachter. Zwar behaupteten auch Szenenstars wie Faith Popcorn, Trends mit zehnjähriger Stabilität zu identifizieren, aber in Wirklichkeit interessierte diese Leute doch einzig der Augenblick, in dem der Spargel seine Köpfchen erstmals herausstreckte (Gerd Gerken). War ein Trend erst einmal erkannt, war er damit eigentlich schon wieder »out«. Und da sich immer mehr Aufmerksamkeit auf diesen Moment konzentrierte, wurden Trends immer schneller entdeckt und verbreitet. Und da immer mehr Leute up-to-date sein wollten und konnten, entstanden neue Trends immer schneller – was nicht zuletzt dadurch erleichtert wurde, daß eigentlich niemand sagen konnte, was ein Trend war. Man erkannte ihn, wenn man ihn sah: Ein Trend ist ein Trend ist ein Trend ...

Soviel zur Beschleunigung. Wenden wir uns nun der *Ausdifferenzierung* zu. Sie begann ganz harmlos mit dem Wirtschaftswachstum der Nachkriegszeit: Da sich die Leute immer mehr leisten konnten, wurden immer mehr Güter und Dienstleistungen zum Wahlbedarf: Man konnte sich entscheiden, ob man lieber ein Rinderfilet oder ein Kinobillett kaufte. Beides war nicht überlebensnotwendig. Hinzu kam die anwachsende frei verfügbare Zeit, als Folge der abnehmenden Arbeits- und der zunehmenden Lebenszeit. Ein weiterer Faktor war die Information: Nicht nur gab es immer mehr Möglichkeiten, sondern man kannte immer mehr davon. Wer zum ersten Mal Wein statt Bier trinkt, kann das eine vom anderen nicht unterscheiden. Je mehr Unterschiede wir kennen, desto mehr von ihnen machen einen Unterschied, könnten wir in freier Abwandlung der Batesonschen Definition von Information sagen.

Von dieser Seite her erhielt nun der kaufkraft- und freizeitbedingte Optionenzuwachs eine ganz neue Dynamik: Mit dem Lebensstandard stieg auch der Bildungs- und Qualifikationsstand. Damit verbreiterte sich der Aufnahmefilter für Informationen und erhöhte sich der Informationsstand, was wieder ein sich selbst verstärkender Prozeß war. Auf diese Konstellation traf nun die Dynamik der Informations- und Kommunikationstechnik: Die Effizienz der elektronischen Informationsverarbeitungssysteme verdoppelte sich während eines halben Jahrhunderts alle 18 Monate (gemessen an Packungsdichte, Tempo und Kosten). Die Informations- und Kommunikationstechnik wurde universal und ubiquitär, d. h., alle nur vorstellbaren multimedialen Verwendungsmöglichkeiten wurden realisiert, die steigende Benützerfreundlichkeit beseitigte praktisch jegliche Zugangsschwellen, und die totale Breitbandvernetzung, verbunden mit zunehmender dezentraler Intelligenz, brachte praktisch jedem Menschen die Verfügung über die gesamten technologischen Möglichkeiten ins Haus. Um genau zu sein: Diese Beschreibung trifft bis heute nur auf wenige privilegierte Regionen wirklich zu, aber dort können wir die Konsequenzen bereits beobachten.

Irgendwo auf diesem Wege, vermutlich für verschiedene Kreise zu verschiedenen Zeitpunkten, kam es zu einem Umkippen der Relation zwischen *Optionen und Möglichkeiten*. Zwar waren die Möglichkeiten seit jeher geringer gewesen als die Optionen. Aber wir hatten lange Zeit einen gewissen Überblick über die Optionen oder glaubten ihn wenigstens zu haben. Wir glaubten die verschiedenen beruflichen Laufbahnen, die Möglichkeiten der Freizeitgestaltung und der Behausung sowie jene des Familienstandes und des Lebensstils einigermaßen zu kennen, und wir dachten auch, einigermaßen zu wissen, was davon zusammenpaßte.

Und dann erlebten plötzlich immer mehr Menschen, daß dem nicht so war. Sie erfuhren die »neue Unübersichtlichkeit« (Habermas) und besaßen keine Vision, um sich in ihr zu orientieren. Die Berufsbilder zerfransten und lösten sich in lebenslange Entwicklungen auf. Auch Milliardären wurde es unmöglich, alle Urlaubsmöglichkeiten auszuprobieren, die sie auch noch gereizt hätten. Die Formen der Lebenspartnerschaft entwickelten eine Vielfalt, die es nicht mehr zuließ, herauszufinden, welches Modell einem denn am besten entsprochen hätte. Von den Millionen von Büchern, Zeitschriften, Filmen und Fernsehsendungen, die uns auch noch interessiert hätten, wollen wir gar nicht reden, ebensowenig von der Vielfalt der Warensortimente und der mit verschiedenen Vertriebstypen verknüpften Lebensstilangebote. Und wie gesagt – dieser Ausdifferenzierungsprozeß beschleunigte sich ständig. Kaum glaubte man sich über etwas orientiert zu haben, war der Kenntnisstand auch schon wieder überholt.

Dieses Umkippen hatte zur Folge, daß das Bedürfnis nach der Vermehrung der Möglichkeiten verdrängt wurde durch jenes nach geeigneten Selektionsverfahren. Die Frage nach dem »Was« und dem »Wie« wurde wichtiger als jene nach dem »Wieviel«. Und auch hier setzte sogleich wieder ein Ausdifferenzierungs- und Beschleunigungsprozeß ein: Die Lebensgestaltungsangebote, die Orientierungs-, Reflexions- und Lernhilfen, die Beratungs- und Selbstentwicklungsangebote überstürzten sich, bis ein immer dringenderes Bedürfnis nach Orientierung über Selektionshilfen aufkam – Datenbankpfadfinder, Bildungsführer, Therapiehandbücher etc., und da und dort finden wir jetzt bereits die Software zur Identifizierung des geeigneten Datenbankpfadfinders ...

Die Explosion der kulturellen Vielfalt

Und bevor wir uns die verzweifelte Frage stellen, ob das denn nie ein Ende nehme, haben wir uns einer zweiten Quelle der Beschleunigung und Ausdifferenzierung zuzuwenden, nämlich der multikulturellen. Sie hat wiederum mehrere Ebenen und Ursprünge. Zunächst besteht natürlich eine enge Verbindung zwischen der Optionenflut und der Kulturenflut, denn je mehr Optionen zur Verfügung stehen, desto größer sind die Differenzierungsmöglichkeiten zwischen verschiedenen Kulturen – Familienkulturen, Organisationskulturen, Regionalkulturen etc. Hinzu kommt, daß die Unterschiedlichkeit der Kulturen eine wachsende Rolle spielt, einerseits wegen der zunehmenden Ablösung von traditionellen Organisationsstrukturen durch Selbstorganisationsprozesse bei der gesellschaftlichen Koordination und andererseits, weil die Optionenvielfalt im Verbund mit weiter unten noch zu beschreibenden Erscheinungen zu einem Zerfall der übergreifenden Kultur geführt hat, welche die abendländische Gesellschaft und von ihr ausgehend auch einen Teil der Welt durch gemeinsam anerkannte Normen und Werte koordiniert hatte.

Auch hier haben wir es wieder mit einem sich selbst verstärkenden Prozeß zu tun, denn je mehr unterschiedliche Kulturen miteinander kommunizieren, desto rascher und vielfältiger verläuft der Ausdifferenzierungsprozeß.

Haben wir diesen bis jetzt auf der sachlichen und sozialen Ebene betrachtet, so müssen wir nun noch die zunehmend wichtigere räumliche Dimension ins Bild einführen: Nicht nur beobachten wir seit bald 20 Jahren eine zunehmende regionale Ausdifferenzierung der Kulturen, aus Gründen, die im Kapitel über die »neue Polis« angeführt sind, sondern gleichzeitig nimmt die Intensität der Kommunikation zwischen diesen Kulturen zu. Dafür gibt es eine Reihe von Gründen, nämlich die wachsenden Möglichkeiten des Reisens und der Telekommunikation, die zunehmende Überschneidung und Kollision der Interessen, das wachsende Bewußtsein der jeweiligen – eigenen und fremden – kulturellen Identität, die Erkenntnis, daß Kultur eine Ressource und interkultureller Dialog eine Synergiequelle ist, die zunehmende Verfügbarkeit von Mitteln und Ausdrucksmöglichkeiten der Auseinandersetzung – der medialen und der gewaltsamen –, die wachsende Wanderungsbewegung und die entsprechend zunehmende kulturelle Vielfalt innerhalb ursprünglich mehr oder weniger homogener Regionen.

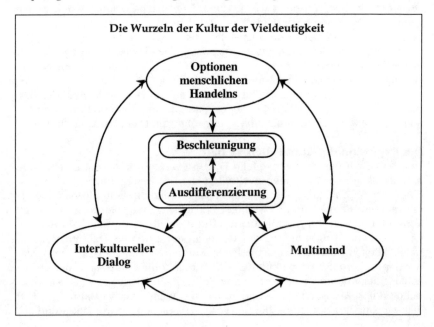

Die Explosion der Geister im Kopf
Beschleunigung, Ausdifferenzierung, Enthierarchisierung – so könnten wir insgesamt das Ergebnis dieser Veränderungen charakterisieren. Das trifft nun für einen weiteren Bereich zu, der mit ihnen in enger Interaktion steht, nämlich den menschlichen Geist. Man kann sich fragen, ob es überhaupt korrekt ist, ihn von den bisher beschriebenen Phänomenen gesondert zu betrachten, denn letztlich beobachten wir ja immer nur deren Resonanz im menschlichen Geist und können nur über diese und nicht über die Phänomene selbst wirklich etwas aussagen. Dennoch ist es vermutlich sinnvoll, zu unterscheiden zwischen der Beobachtung dessen, was der menschliche Geist als Außenphänomene wahrnimmt, und den Ergebnissen unserer Versuche, den menschlichen Geist selbst als Informationsverarbeitungssystem zu beobachten. Genauer gesagt, geht es uns hier weniger um eine Geschichte der Theorie des menschlichen Geistes als um den Wandel der vorherrschenden Vorstellungen vom menschlichen Geist in den letzten 20 Jahren.

Für die achtziger Jahre läßt sich die Synthese wohl etwa folgendermaßen beschreiben: Der Mensch hat eine rechte, mehr auf Gestaltwahrnehmung und Intuition spezialisierte, und eine linke, mehr logisch-analytische Gehirnhälfte, die im Zusammenwirken die kognitive Komponente des menschlichen Geistes verkörpern. Beide zusammen haben das Großhirn, den Bit des Bewußtseins, d. h. der Fähigkeit zur Selbstbeobachtung und Selbstreflexion und zur willentlichen Koordination individuellen Handelns. Es wird dem integrierenden Ich gleichgesetzt, dem Vertreter des Freudschen Realitätsprinzips, der versucht, aus den verfügbaren Möglichkeiten für die Befindlichkeit des Individuums das Beste herauszuholen. Über die Natur des Unbewußten gibt es nach wie vor unterschiedliche Auffassungen, die sich aber gegenseitig nicht ausschließen, weshalb sie hier additiv aufgeführt seien: Im Klein-, Stamm- oder Reptilienhirn sitzen die Emotionen, die sich der Kontrolle durch das Bewußtsein weitgehend entziehen und in urtümlicher Weise ablaufen oder die Äußerungen des Bewußtseins einfärben können. Ein Unbewußtes gibt es auch im kognitiven Teil des Gehirns, denn zahlreiche Sinneswahrnehmungen werden gespeichert und verarbeitet, ohne die Aufmerksamkeit des Bewußtseins in Anspruch zu nehmen. Dann gibt es jenen Teil des Unterbewußten, der durch Verdrängungen zustande kommt und aus dem Untergrund alle möglichen dem Bewußtsein irrational erscheinenden Handlungen erzeugt. Und schließlich gibt es noch jenes Unbewußte, auf das sich C. G. Jung konzentriert hat, das vielleicht eher das Überbewußte heißen sollte, ist es doch eine höhere Instanz, die das Ich von ferne überwacht und bei Bedarf durch bildliche Signale korrigierend Einfluß nimmt. Die Hypothese lautet, daß diese Instanz vererbt ist, weshalb Jung sie auch das kollektive Unbewußte genannt hat. Sie wäre demnach eng verwandt mit der menschlichen Instinktausstattung entsprechend den Beobachtungen der Konrad Lorenzschen Verhaltensforschung. Wahrscheinlich entsprechen die Jungschen Archetypen den Lorenzschen instinktauslösenden Mechanismen. Sie lägen damit eng beim eher verpönten Reptilienhirn und den zahlreichen Abläufen des vegetativen Nervensystems, die sich in der Regel ebenfalls nicht des Bewußtseins bedienen.

Wichtig für unseren Zusammenhang ist die Vorstellung darüber, wie wir Prioritäten setzen. Das Bewußtsein versucht dies mit logisch-analytischen Methoden, die aber immer wieder von anderen Selektionsprozessen überrollt werden: Starke auslösende Eindrücke ziehen die ganze Aufmerksamkeit auf sich, und zwar um so leichter, je länger das mit ihnen assoziierte Bedürfnis unbefriedigt geblieben ist. Das von Lorenz so genannte »Appetenzverhalten« sucht dann geradezu nach solchen Eindrücken. Wir können sagen, es gibt in jedem Augenblick eine Hierarchie der verschiedenen miteinander konkurrierenden Bedürfnisse, in der die länger nicht befriedigten aufsteigen und umgekehrt, ganz wie es die nationalökonomische Grenznutzenlehre annimmt. In gewisser Weise ist in diesem Zusammenhang auch an die Maslowsche Pyramide zu erinnern, obwohl hier eher von spezifischen Bedürfnissen als von den großen Gruppen die Rede ist, die Maslow gebildet hat. Ob diese im übrigen bei jedem Individuum, in jeder Kultur und in jeder historischen Situation in derselben Hierarchie stehen, ist mehr als fraglich.

Vieles von diesem Gesamtbild hat heute noch Bestand. Aber der Blickwinkel hat sich stark verändert: Wir verstehen den menschlichen Geist, wie so manches andere, heute mehr als Prozeß denn als Struktur, und wie so vieles andere differenziert er sich während seines Lebens aus in ständiger Auseinandersetzung mit einem Umfeld, das er ebenfalls als sich ausdifferenzierend erlebt. Im Lauf dieser Ausdifferenzierung des Geistes entwickelt sich eine Vielfalt von verschiedenartigen Routinen, Begriffen, Bildern, Theorien, Sprachen, die sich, wie man vielleicht sagen könnte, zu einer Vielfalt von Persönlichkeiten, Teilsystemen mit je eigenen Codes, bündeln. Sie können durch Resonanzen, durch Wahrnehmungen, die gemäß dem jeweiligen Code einen Unterschied machen, aktiviert werden, und sie können sich auch untereinander aktivieren, untereinander kommunizieren, sich zusammenschalten, sich gegenseitig aufeinander oder auf etwas aufmerksam machen. Wir neigen heute eher dazu, das Bewußtsein so zu beschreiben: Die Teilsysteme selbst schalten die Scheinwerfer ein, mit denen sie etwas beleuchten möchten. In einer Mischung von Kommunikation und Konkurrenz entscheiden sie, was beleuchtet wird. Die Vermutung scheint erlaubt, daß auch das sogenannte Unbewußte in dieses dynamische Netzwerk eingebunden ist und in dem Sinn eben seine Bezeichnung zu Unrecht trägt: Wie andere Teilsysteme, können auch die Archetypen oder Komplexe des Unbewußten auf sich aufmerksam machen oder von anderen Teilsystemen beleuchtet werden. Wo Kommunikation möglich ist, gibt es auch gegenseitige Beeinflussung. Das bedeutet, daß sich eine Koevolution der Teilsysteme denken läßt, die nicht nur eine Ausdifferenzierung, sondern gleichzeitig auch eine Harmonisierung der Kulturen oder Teilpersönlichkeiten des menschlichen Geistes bewirkt. So ist wohl auch die Hypothese erlaubt, daß dadurch der Eindruck einer integrierten Persönlichkeit oder eines willensstarken Ichs entsteht, im Unterschied zu einem zerfahrenen oder gespaltenen Menschen.

Wir haben es also ganz ähnlich wie in modernen Organisationen mit einem sich selbst organisierenden dynamischen Netzwerk von durch Kommunikation lose gekoppelten, teilautonomen Einheiten mit unterschiedlichen Persönlichkeiten zu tun, und so bleibt auch offen, ob zu deren Koordination so etwas wie ein zentrales Betriebssystem analog einem Topmanagement erforderlich ist. Vieles spricht dafür, daß in der Vergangenheit gewisse Entwicklungen im kulturellen Umfeld, etwa die Vorstellung des Descartesschen Geistes, einem Teilsystem, etwa dem logisch-rationalen »Programm«, gestattet haben, über die anderen zu dominieren. Ähnlich wie im Fall des selbstzweckhaft gewordenen Teilsystems Wirtschaft führte dies dazu, daß die anderen Teilsysteme versklavt und damit in ihrer Entwicklung gehemmt wurden und daß sich das beherrschende System damit gleichzeitig von seinen eigenen Erneuerungsressourcen abschnitt.

Sollte dieses Bild der Wirklichkeit entsprechen, so wäre mit dem Übergang zum »Multimind«-Modell der Paradigmenwechsel auch auf der Ebene der Informationsverarbeitung durch das menschliche Gehirn vollzogen worden.

Die Virtualität der Wirklichkeit oder die Wirklichkeit der Virtualität
Könnte der Multimind damit auch zum Connected Mind im Global Village werden? Die Metapher »Connected Mind« läßt an ein verdrahtetes System denken und verdeckt damit die Erkenntnis, daß kommunizierende Systeme gleichzeitig operativ geschlossene Systeme sind (Niklas Luhmann), die nur aufgrund der Beobachtung der Differenzen in ihren eigenen Operationen Hypothesen über die Außenwelt bilden können. Das geschieht freilich auch im Verlauf der biologischen Evolution, in dem sich etwa Sinnesorgane als »gestaltgewordene Theorien« (Konrad Lorenz) herausgebildet haben, Wahrnehmungsfilter also, die sich auf Unterschiede spezialisiert haben, die sich aufgrund ihres arterhaltenden Erfolgs als relevant erwiesen haben. Daraus ergibt sich der Eindruck einer gewissen Verläßlichkeit der Vorstellungen über eine Außenwelt und der Unterscheidung zwischen exogenen und endogenen Differenzen, aber nicht die Möglichkeit einer direkten Beobachtung des Außen. Kommunikation ist also ein komplexer Vorgang der Verarbeitung von Informationen, die auf der Vermutung beruhen und diese verstärken, daß gewisse im Innern beobachtete Differenzen auf Handlungen anderer, ähnlich strukturierter Systeme zurückzuführen sind. Das gilt für soziale Systeme, die sich dabei der Wahrnehmung der mit ihnen in Beziehung stehenden Personen bedienen, genauso wie für die letzteren selbst – und vermutlich gilt es auch für die verschiedenen »Persönlichkeiten« des menschlichen Geistes.

Damit in dieser komplizierten Anlage so etwas wie Verständigung möglich wird, haben soziale Systeme semantische Konventionen entwickelt, daß gewisse Unterschiede gewisse Bedeutungen haben sollen, konventionell »Koppelungsmedien« genannt. Sie sind verknüpft mit den vererbten Relevanzhypothesen, die in den Sinnesorganen und, sagen wir, dem kollektiven Unbewußten angelegt sind. Sie sind aufgrund der Unwahrscheinlichkeit ihrer Gestalt im weißen Rauschen der wahrnehmbaren Unterschiede identifizierbar und in einer Wechselwirkung verbunden mit den Codes der kommunizierenden Systeme, d. h. im Fall der sozialen Systeme mit ihren Kulturen; sie enthalten deren Selbstbeschreibung, d. h. die Hypothesen über die Unterschiede zwischen innen und außen. Wechselwirkung bedeutet in diesem Fall, daß die Koppelungsmedien sich einerseits den Hypothesen über die innere und äußere Wirklichkeit der kommunizierenden Systeme anpassen, andererseits aber auch diese Hypothesen mitgestalten. In einer Koevolution zwischen den Koppelungsmedien und den beteiligten sozialen Systemen bildet sich so eine übergreifende Kultur aus, die als Identität eines übergreifenden sozialen Systems wahrgenommen wird und auf deren Ebene wiederum in analoger Weise eine Verständigung möglich wird, die aber immer prekär bleibt und gerade dadurch ihre Veränderungsdynamik bewahrt.

Das bedeutet, daß auch die Unterscheidung zwischen »wirklicher« und »künstlicher« Außenwelt nur aufgrund kultureller Konventionen und der ihnen zugrundeliegenden Hypothesen möglich ist. Was wir beispielsweise mit einer Naturszene – einer Vollmondnacht, einer Alpwiese oder einem Liebesakt – verbinden, ist durch unsere kulturellen Konventionen und vererbten Wirklichkeitshypothesen programmiert: durch die Gedichte, Romane, Filme, Erzählungen, die in unsere Wirklichkeitsinterpretationen eingegangen sind, aber auch durch die Struktur unserer Sinnesorgane und instinktgebundenen Emotionen. Eine »unmittelbare« Naturwahrnehmung gibt es nicht.

Umgekehrt ist aber auch unsere Wahrnehmung von Artefakten geprägt durch unsere eigene »Natur«, also durch die vererbten Codes, deren Resonanz sie in Bewegung setzen. »Kulturprodukte« werden also nicht mehr und nicht weniger »unmittelbar« wahrgenommen als die sogenannte Natur. Die Unterscheidung zwischen »Natur« und »Kultur« ist somit selbst wieder ein Ergebnis der Koevolution, die sich in der Verschränkung zwischen vererbten und kulturellen Bedeutungswelten abspielt, und damit eine Frage von Konventionen, die sich im Lauf der Zeit ändern können.

Wir haben somit keine Möglichkeit, zwischen »unmittelbarer« und »künstlicher«, kulturell erzeugter Wirklichkeit »objektiv« zu unterscheiden. Das bedeutet in einer Zeit der Explosion kultureller Wirklichkeiten, virtueller Realitäten, die im Zuge der Beschleunigung, Ausdifferenzierung und Enthierarchisierung auf der Ebene der Handlungsoptionen, Kulturen und Gehirne stattgefunden hat, eine grundlegende Wandlung unserer Erlebniswelt.

Multikids ...
Wie reagieren nun verschiedene soziale Gruppen auf diese sich in mehrfacher Hinsicht überschlagenden Wahrnehmungsveränderungen? Der Attraktor, der sich hinter den chaotischen Fluktuationen allmählich herauskristallisiert, scheint eine spielerisch-experimentierende Grundhaltung gegenüber der Vielfalt der angebotenen Erlebniswelten zu sein, die im Lauf des Lebens zur Herausbildung gewisser individueller Präferenzen und kulturbildender Gruppierungen führt. Dieses »Zukunftsmodell« ist vor allem bei jungen Men-

schen sichtbar, die in einer relativ behüteten frühen Kindheit ein gewisses Urvertrauen entwickeln und darauf aufbauend in ihren ersten Bildungsjahren einen breiten Horizont von Wahrnehmungsmöglichkeiten entwickeln konnten.

Sie gehen unbefangen an die gebotene Vielfalt heran und nehmen die von den Älteren beklagte »kognitive Dissonanz« der Erlebniswelten nicht als solche wahr, weil die Vielfalt sich widersprechender kultureller Codes für sie eine selbstverständliche Realität ist. Diese sind für sie zunächst einmal »gleich-gültig« und »gleich-wertig«. Sie entwickeln eine für die Älteren kaum nachvollziehbare Virtuosität, sich blitzschnell in verschiedene Welten einzuklinken, sie vorbehaltlos als ihre eigene zu erleben, um dann wie Schmetterlinge zur nächsten zu flattern: Wie eine gewalttätige Anarchistenkultur funktioniert, ist ihnen genauso geläufig wie die Welt meditativer Versenkungskulte oder der Intellektualismus »rationaler Diskurse«. Sie sprechen auf die verschiedenen Erlebniswelten mit ihren verschiedenen »Persönlichkeiten« an und empfinden das nicht, mit einem von der älteren Generation geprägten Ausdruck, als »Multiphrenie«.

Wenn es für sie so etwas wie einen übergeordneten Code gibt, so ist es jener der Offenheit gegenüber allen Codes – zeitweilig auch solcher, die diese Offenheit ablehnen, wobei Offenheit dann bedeutet, die Falle dieser Codes nie zuschnappen zu lassen, sondern sich immer wieder ausklinken zu können. Dies gelingt allerdings nicht immer, gerade weil sie unbefangen in jede Erfahrungswelt eintauchen und sich vorübergehend, und sei es nur für Sekunden, mit ihr identifizieren. Es gehört aber zum gemeinsamen Offenheitscode dieser »Multikids«, daß diese Falle die größte Gefahr ist, die ihnen droht. Deshalb gehört zu ihrer Kultur eine gewisse innere Distanz zu jeder Wirklichkeit, was sie in den Augen der Älteren als zynisch erscheinen läßt. Auch dieser innere Widerspruch zwischen dem Hineintauchen mit jenem Teil der Persönlichkeit, der auf diese spezifische Welt anspricht, und der Distanz anderer, dabei im Hintergrund bleibender Persönlichkeitsinstanzen wird von ihnen mit Gelassenheit hingenommen.

Im Lauf ihrer Biographie bilden sich dann gewisse Präferenzen heraus, Affinitäten, die sich aus ihren persönlichen Stärken-Schwächen-Profilen und aus dem Erfahrungshintergrund ergeben, in den sie hineingeboren wurden, und die natürlich auch wieder auf ihr Persönlichkeitsprofil zurückwirken. Das ist ein Koevolutionsprozeß, der zu einer individuellen Ausdifferenzierung und zur Bildung von Gruppen mit ähnlichem Profil führt, die entsprechende sich selbst verstärkende Kulturen bilden. Diese schotten sich aber niemals ab, sondern entwickeln sich in gegenseitiger Beeinflussung weiter. Es handelt sich um dynamische »Szenen«, die an Tätigkeitsschwerpunkte, an regionale Identitäten, an ästhetische Vorlieben gebunden sind, was sich natürlich alles nicht gegenseitig ausschließt. Räumlich gesehen, haben diese Szenen zum Teil »virtuellen« Charakter, d. h., es entstehen weltweite Netze. In diesem Sinn können wir dann in der Tat von Connected Minds im Global Village sprechen.

Die oft kritisierte »Sinnentleertheit« dieser Lebenshaltung liegt lediglich im Auge des Betrachters, der sie nicht nachvollziehen kann: Die Multikids sind durchaus zu einer multiplen Selbstbeschreibung fähig, die ihnen eine situative Selektion ermöglicht zwischen Optionen, die gerade Sinn haben, und anderen. Sie sind lediglich nicht bereit, im Interesse eines logischen Kohärenzgebots auf Erfahrungs- und Entwicklungspotentiale zu verzichten.

... Individualisten ...
Damit ist auch der Gegensatz zur Position des traditionellen Individualismus angedeutet, dem naturgemäß eher jene Vertreter der älteren Generation anhängen, die vom traditionellen Bildungsbürgertum und, direkt oder indirekt, von der 1968er Kultur geprägt sind. Hier ist die Vorstellung eines Persönlichkeitszentrums, das durch eine logisch-kohärente Wertehierarchie geprägt ist, noch dominant. Auch in dieser Wertehierarchie spielt zwar die Offenheit gegenüber allen Möglichkeiten eine zentrale Rolle, aber mehr in dem Sinne, daß man anderen diese Möglichkeiten überläßt und sich auch selbst Ausflüge dorthin gestattet, aber immer von einem festen Standpunkt aus, der sich etwa umschreiben läßt als Selbstkontrolle auf der Basis des Kantschen kategorischen Imperativs. Erfahrungen, die die Selbstkontrolle durch das rational-analytische Programm transzendieren, werden als bedrohlich erlebt und vermieden, so daß eine ständige Selbstzensur durch rationale Distanz das Ausschöpfen des gesamten Erlebnis- und Entwicklungspotentials behindert. Eine gewisse Verwandtschaft mit der Angst der Multikids vor dem Zuschnappen der Falle abgeschotteter Erfahrungswelten ist hier freilich nicht von der Hand zu weisen.

Gleichwohl werden die Multikids von den Individualisten der älteren Generation scheel angesehen, was einerseits mit Neid gegenüber allem, was sie sich erlauben, zu tun hat, andererseits aber auch mit dem Vorwurf der »Verantwortungslosigkeit« ihres Tuns. Es fällt den Individualisten eben schwer, nachzuvollziehen, daß das Eintauchen in verschiedene Welten nicht gleichbedeutend ist mit der Ablehnung der Verantwortung für das eigene Tun, d. h. der Auseinandersetzung und Selbstreflexion darüber, sondern daß diese durch verschiedene kulturelle Codes lediglich eine unterschiedliche, nicht immer rational-analytische Färbung erhält. Der Kantsche Imperativ ist in allen Kulturen in irgendeiner Weise präsent, und sei es in Form der aggressiven Mißachtung. Emotionale Solidarität oder kontemplative Rücksicht auf das Ganze etwa, die sich in gewissen Szenen entwickelt, begründen eine sinnliche Intensität der Verantwortung, die dem rational-analytischen Programm fremd ist. Insofern ist vielleicht die Hypothese erlaubt, daß der Kantsche Imperativ in gewisser Weise Teil eines genetischen Programms ist, das allen Kulturen zugrunde liegt.

Immerhin darf man feststellen, daß die hier beschriebenen Individualisten zwar einen Teil ihres Potentials brachliegen lassen, aber Selektionsmechanismen entwickelt haben, die sie in der Multiwelt ganz lebenstauglich machen, auch im Hinblick auf die immer vitalere Kompetenz zum interkulturellen Dialog, denn sie sind nicht unfähig zur Auseinandersetzung zwischen ihrer Erlebniswelt und anderen. Sie werden denn auch von den Multikids mit einer Mischung von mitleidiger Empathie und »benign neglect« betrachtet.

... und Fundamentalisten

Andere Selektionsmechanismen, die ebenfalls vom Bedürfnis eines in sich kohärenten Sinnsystems ausgehen, haben da wesentlich mehr Probleme. Wir wollen sie vereinfachend als verschiedene Ausprägungen des Fundamentalismus bezeichnen, weil sie auf der Verabsolutierung ihres eigenen und der Ablehnung aller anderen Codes beruhen.

Dazu gehören zunächt einmal die zwar allmählich aussterbenden, aber ihre Machtpositionen verbissen verteidigenden Anhänger des industriellen Paradigmas, die noch immer in einer Welt Newtonscher Maschinen leben und davon ausgehen, Probleme eindeutig identifizieren und mit eindeutig zuzuordnenden Maßnahmen unter Kontrolle bringen und planmäßig lösen zu können. Nennen wir sie die *Technokraten*. Sie führen zwar nur noch Rückzugsgefechte, die in der Wirtschaft mit dem Untergang der meisten Dinosaurier weitgehend abgeschlossen sind. In den traditionellen politischen Institutionen und Verfahren sind sie aber nach wie vor stark vertreten. Das ist auf deren Fähigkeit zurückzuführen, sich auf die Beschäftigung mit jenen Problemen zu beschränken, die ihrer Beschreibung von politischem Handeln entsprechen, auch wenn sie sich in einer Welt befinden, die in den Augen der meisten anderen, einschließlich der in ihrer Zahl ständig abnehmenden Wähler, weitgehend irrelevant ist. So ziehen sie sich zurück auf jene Rituale des Schattenboxens und symbolischer Politik, die innerhalb der formalisierten Verfahren und Legislaturperioden abzuwickeln sind. Sie büßen damit zunehmend ihre Relevanz ein, während die von den meisten Menschen als wirklich empfundenen Probleme allmählich von anderen Prozessen und Gruppierungen besetzt werden. Damit wirkt die traditionelle Politik zwar nicht mehr gestaltend, aber sie entwickelt doch noch einen erheblichen »nuisance value«. Sie absorbiert Gestaltungsenergien, und sie verhindert die längst überfällige Neudefinition des »Projekts Moderne«.

Zu reden ist weiter von jenen Fundamentalisten, die der tiefen Überzeugung sind, daß sie Zukunftsvorstellungen entwickelt haben, die für die ganze Gesellschaft glücksbringend wären, und die dafür nicht nur missionieren – das würde diese Gesellschaft locker wegstecken –, sondern auch alles und alle bekämpfen, die diese Vorstellungen nicht aktiv unterstützen, nach dem Motto: »Wer nicht mein Freund ist, ist mein Feind.« Dabei bedienen sie sich nicht nur der Diffamierung, sondern suchen auch Allianzen – mit politischen Institutionen, terroristischen Organisationen, fundamentalistischen Sekten und Religionen etc., um Machtzentren etwa im Stil von Ökodiktaturen zu errichten. Das wird ihnen zwar nicht gelingen, aber auch sie binden und vernichten erhebliches Entwicklungspotential. Sie rekrutieren sich großenteils aus denselben sozialen Gruppen, aus denen sich die traditionellen Individualisten und Technokraten rekrutieren. Wenn wir sie als *Utopisten* etikettieren, so wollen wir damit keinesfalls das Nachdenken über Utopien pauschal diskreditieren.

Alsdann sind jene Szenen zu erwähnen, die von der kulturellen Vielfalt emotional und kognitiv überfordert sind und sich deshalb dezidiert abschotten, indem sie einen Code entwickeln, der alles Unpassende ausblendet oder zum Feindbild stempelt und sich damit zunehmend verengt. Ihre Angehörigen entstammen fast ausschließlich dem marginalisierten Drittel der wirtschaftlich hochentwickelten Regionen bzw. den benachteiligten vier Fünfteln der Weltbevölkerung. Ihre Hauptmotive sind Sozialneid, Frustration, Existenzangst und Orientierungsnot. Ihre Aktivisten sind vor allem die jungen Leute, aber alle Gruppen haben ihre Sympathisantenszenen bei den älteren Anwohnern. Einzelne von diesen nehmen auch die Chance wahr, sich zu charismatischen Führern von Jugendbewegungen aufzuschwingen. Diese haben meist faschistoiden, fremdenfeindlichen, gewalttätigen Charakter. Wir wollen sie vereinfachend die *Faschoszenen* nennen. Sie verstärken ihre Identität durch ihre Aggressivität gegen Feindgruppen, die sie der einfacheren Identifizierbarkeit halber meist in ihrer räumlichen und sozialen Nachbarschaft finden. Oft sind es ähnliche Gruppierungen, was dann zu einer ständigen Eskalation der Gewalt führt. Diese wird zielbewußt geschürt von kriminellen Organisationen, die davon in vielfältiger Weise profitieren, zum Teil auch von religiösen Sekten und Erweckungsbewegungen. Zuweilen bilden sich auch spontane Koalitionen, die zwar meist von kurzer Dauer sind, aber immer wieder ganze Stadtteile in bürgerkriegsähnliche Schlachten verwickeln. So sind die Faschoszenen die Hauptwurzel der zum Teil fast apokalyptisch anmutenden Entwicklungen in den Armenghettos.

Wie gehen wir um mit der Vieldeutigkeit?

– Multikids: Offenheit, sich spielerisch-experimentierend auf alle Kulturen einlassend, ohne sich von ihnen einfangen zu lassen; Integration in dynamische Szenen und virtuelle Netze.

– Individualisten: Offenheit von einem rational-analytisch dominierten, festen Standpunkt aus; Selbstkontrolle schränkt Erlebnismöglichkeiten ein.

– Fundamentalisten: Verabsolutierung der eigenen Kultur, Ablehnung aller abweichenden Kulturen, d. h., Abschottung und Feindseligkeit blockieren Lernmöglichkeiten und erfordern angesichts der fortschreitenden Veränderung im Umfeld wachsende Radikalisierung.

Ähnlich gesinnte Gewaltgruppen aus verschiedenen Städten entwickeln auch Verbindungen und Elemente gemeinsamer Strategien, was zur Folge hat, daß oft ganze Landstriche, ja ganze Nationen von Gewalteruptionen überzogen werden, was indirekt die traditionellen Machtinstitutionen stärkt, die ihr militärisches und politisches Potential entsprechend ausbauen. So ist die Gefahr nicht von der Hand zu weisen, daß mit der Ausbreitung der Armenghettos die ganze Kultur der Vieldeutigkeit in einem Strudel der Gewaltherrschaft untergeht. Man wird sich in Erinnerung rufen müssen, daß chaotische Fluktuationen Bifurkationen enthalten, hinter denen sich mehrere Attraktoren verbergen. Was sich im ehemals oströmischen Teil Europas in den frühen neunziger Jahren zusammenbraute, hatte durchaus die Qualität eines Attraktors, der wie ein schwarzes Loch den gesamten Inhalt dieser Schrift hätte verschlingen können. Vieles spricht jedoch dafür, daß er seinen Zeitpunkt verpaßt hat, auch wenn er immer wieder bedrohliche Eruptionen zustande bringt.

Schließlich muß noch die Rede sein vom *religiösen Fundamentalismus*. Dieser unterscheidet sich, wenigstens im »Abendland«, aber auch in weiten Teilen der islamischen Welt, ganz eindeutig von der Welt der Kirche. Zwar rufen Angehörige älterer Generationen immer wieder nach der Kirche als Instanz, die mit eindeutigen übergeordneten Werten und Normen Ordnung und Orientierung ins Chaos der kulturellen Vieldeutigkeit bringen möge. Aber durch eben diesen Anspruch hat sie weitgehend die Anschlußfähigkeit gegenüber der heutigen Gesellschaft eingebüßt und ist praktisch irrelevant geworden. Die Zahl der Kirchen, in denen allsonntäglich Gottesdienste stattfinden, ist in den letzten 25 Jahren um 90 Prozent geschrumpft, und auch in den verbliebenen Gotteshäusern trifft man höchstens ein kleines Häufchen Unentwegter.

Allerdings haben sich im Schoße der Kirche zum Teil Bewegungen entwickelt, die wachsende Resonanz gefunden haben, aber dann auch in aller Regel von den kirchlichen Institutionen ausgestoßen wurden. Sie entsprechen jenem Muster des religiösen Fundamentalimus, von dem hier die Rede ist und das mehrheitlich außerhalb der etablierten Kirchen, in organisierten Sekten oder spontanen Gruppierungen, entstanden ist. Es antwortet auf dieselben Motive und Bedürfnisse wie die Faschoszenen, vielleicht mit dem Unterschied, daß es vor allem Menschen anzieht, die nicht nur in einer überblickbaren Welt geborgen sein, sondern darüber hinaus auch noch im Bewußtsein leben wollen, gut zu sein bzw. im Dienste einer höheren Macht zu stehen. Darin stehen sie wiederum den »Utopisten« nahe.

Was sie im Unterschied zu den traditionellen Kirchen – vor allem zur protestantischen – anziehend macht, sind zwei Eigenschaften. Erstens stellen sie nicht Doktrinen, sondern die Identifizierung durch Erlebnisqualitäten ins Zentrum: Christus, der leibhaftig am Kreuz hängt und von einer durch aufpeitschende Musik in Trance versetzten Menge beklagt wird, Kali, deren Doppelnatur in orgiastischen Ritualen einverleibt wird, der heilige Krieg, der tatsächlich geführt wird, etc. Zweitens koppeln sie sich unmittelbar an emotionale Mangelerfahrungen der Benachteiligten und Überforderten an: Über Generationen unterdrückte Demütigungen der islamischen Kultur durch das Abendland, das sich sowohl in seiner technokratischen als auch in seiner multikulturellen Ausprägung vortrefflich als Feindbild eignet, die emotionale Verlassenheit von Immigranten und ihren Kindern, die Wut der Perspektivlosen auf die spielerische Verantwortungslosigkeit der Bevorzugten ... So ist es nicht weiter erstaunlich, daß diese religiösen Bewegungen in unseren Städten eine ähnliche Klientel anziehen wie die Faschoszenen und daß zwischen beiden zum Teil enge Symbiosen entstehen. Gleichzeitig ist der religiöse Fundamentalismus eine wichtige Komponente im weltweiten interkulturellen Dialog: Viel hängt davon ab, ob der internationale Terrorismus, das organisierte Verbrechen und einige machtbesessene Diktatoren die radikalen islamischen und hinduistischen Bewegungen für ihre Zwecke vereinnahmen können oder ob es den auf weltweite Synergien gerichteten Kräften gelingt, eine auch emotionale Anschlußfähigkeit ihnen gegenüber zu entwickeln. Beruhigend ist, daß mit dem Frieden im Nahen Osten die synergetischen Kräfte im offiziellen Islam klar die Oberhand gewonnen haben. Aber gleichzeitig hat dieser zunehmend Mühe, die Verbindung mit den radikalen Elementen aufrechtzuerhalten. So gilt auch weltweit, was wir für unsere Städte festgestellt haben: Hinter den chaotischen Fluktuationen der multikulturellen Welt verbergen sich mehrere Attraktoren.

Die entscheidende Weichenstellung
Aus der Sicht eines Individualisten mit einem Anfangsverständnis für Multikids, wie sich der Autor einmal einordnen möchte, scheint der Schluß erlaubt, daß die Bifurkation zwischen der Kultur der Vieldeutigkeit und dem alles verschlingenden Fundamentalismus über die weitere Entwicklung der menschlichen Gesellschaft entscheiden wird: Wird sich der abendländische Traum einer sinnorientierten eigenständigen Lebensführung weiter verfolgen lassen? Werden wir die Möglichkeiten haben, dem »Projekt Moderne« eine Gestalt zu verleihen, welche die Ressourcen der neu entdeckten Vielfalt der Erlebnis- und Entwicklungsmöglichkeiten zu nutzen versteht? Oder wird die Überforderung durch die neue Unübersichtlichkeit, die Angst vor dem nicht Beherrschbaren, der Wille zur Macht die Fähigkeit zum spielerischen Umgang mit der Vielfalt erneut vernichten, wie wir es im 20. Jahrhundert immer wieder erleben mußten? Und wo würde die Eigendynamik der Selbstzerstörung diesmal enden?

Kapitel 11: Der Multiscreen

Juana ist eine professionelle Vorkämpferin der Multiscreen-Möglichkeiten und führt sie mit Begeisterung vor: Berichtet wird über die interaktive Show eines Möbelhändlers, die etwa den Stand dieser Disziplin im Jahre 2005 wiedergibt, sowie über die weiter gehenden Möglichkeiten, die sich bereits abzeichnen. Die Frage, ob diese teuren Spielereien angesichts des Elends auf der Welt zu verantworten seien, wird damit beantwortet, daß die Innovation im allgemeinen und die Möglichkeiten der interaktiven Telekommunikation im besonderen gerade auch Antworten auf dieses Problem bringen könnten.

Die Hausbesichtigung

Auf meine besondere Neugierde anläßlich der eingehenden Hausbesichtigung an meinem ersten Abend in Weindorf stößt die Wohnlandschaft mit Medienzentrum im großzügig ausgebauten Dachgeschoß des alten Bauernhauses. »Medienzentrum?« frage ich Juana. »Ist das neuerdings der offizielle Ausdruck?« – »Ziehen Sie etwa ›Multimedia-Einheit‹ vor? Klingt für mich wie eine Kopfgeburt verknöcherter Bürokraten. Oder ›Multiscreen‹? Klingt modern wie alles, noch immer, was aus Amerika kommt. Oder finden wir wirklich kein deutsches Wort, das ankommt?« – »Wenn Sie das nicht schaffen – wer sonst?«
»Einerlei – hier ist es.« Juana kuschelt sich in eine Ecke der Wohnlandschaft, die der Leser bereits von einer späteren Begebenheit her kennt, und befiehlt: »Screen!« Der große, hochauflösende Bildschirm erstrahlt in sanftem Blau. »Aha – der spricht also auch englisch?« – »Ja, leider, wie alle neuen japanischen Erzeugnisse. Die Entwickler der eingebauten Standard-Software hinken immer ein wenig hinterher mit den anderen Sprachen, und bis sie soweit sind, haben sich alle schon mit dem Englischen abgefunden. Ein Grund mehr, in Europa endlich wieder den Anschluß zu finden! Bei den Netzen haben wir den früheren Vorsprung durch politische Querelen eingebüßt, und die Endgeräte – das ist einfach ein Trauerspiel, von den Computern gar nicht zu reden. Dafür sind wir heute ganz stark in der spezialisierten Anwendungs-Software«, ergänzt sie stolz, und ich beeile mich beizufügen: »Dank Animag!« – »Ja«, sagt sie selbstgefällig, »wir sind da tatsächlich an vorderster Front.«

Die »Holzer-Show«

»Nun – ich werde Ihnen mein neuestes Projekt vorführen. Es ist natürlich eine Aufzeichnung, aber live ist es voll interaktiv.« Sie befiehlt: »Two one, start!« Der Vorspann kündigt die »Holzer-Show« an. Holzer ist ein Inneneinrichtungsgeschäft mit angegliederter Produktion. Es ist ein Schlafzimmer zu gewinnen von jenem Mitspieler oder Mitspielerpaar, dem in den Augen der Zuschauer das schönste Schlafzimmer gelingt. Zuerst ein kleiner Rundgang durch das Sortiment, unter kundiger Führung einer attraktiven Sechzigerin, mit Hinweisen auf Stilvarianten, Trends, Farb- und Stoffkombinationen sowie auf die möglichen CAD-Anwendungen, dann die Vorstellung der Bewerber, deren Schlafzimmer aufgrund eingescannter Photos und Grundrisse vom Computer in dreidimensionale Modelle umgesetzt werden, in denen die Kamera herumgehen kann – »Leider immer noch auf dem zweidimensionalen Bildschirm wiedergegeben«, bedauert Juana. Jeden Abend können sich vier BewerberInnen ein Schlafzimmer zusammenstellen, das unter den Augen der Zuschauer entsteht, die ständig ihre Kommentare abgeben.

Die Selbstdarstellung der Bewerber mit ihren Schlafzimmergewohnheiten spielt natürlich bei der Bewertung keine geringe Rolle. Juana zeigt Ausschnitte aus verschiedenen Ausstrahlungen. Da ist der Verführer, der eine perfekte Mädchenfalle aufbaut und den Erfolg an einer leichtgeschürzten Partnerin testet. Da ist das Mittfünfziger-Paar, das sich, von allen Kinder- und Geldsorgen befreit, mit einem neuen Traumparadies für den zweiten Frühling rüstet, oder das junge Mädchen, das sich mit kleinstem Budget eine sturmfreie Bude zwecks Verlust der Jungfernschaft einrichtet, nicht ohne den Erfolg des Unterfangens hautnah zu demonstrieren, nicht zu vergessen die Oldies, die augenfällig machen, daß auch Alter nicht vor Torheit schützt, und schließlich der tragische Clown, der nach endlosen Mißgeschicken ein Schlafzimmer konzipiert, das ausschließlich zum Schlafen da ist. Die Gewinner der verschiedenen Abende treten im Finale jeder Serie nochmals gegeneinander an, was sie zwingt, nochmals einen Zacken zuzulegen.

»Aber das sind doch alles Profis!« bemerke ich ungläubig. »Keineswegs – aber sie erhalten im Vorfeld und während der Show im Hintergrund jede erdenkliche professionelle Hilfe, und natürlich werden sie von einer perfekten Technik unterstützt. Das ist eben der Trick: Menschen wie du und ich und in direkter Interaktion mit dem Publikum, aber ohne Dilettantismus!« entgegnet Juana stolz. Ich bin auch beeindruckt, wie lockere bis anzügliche Unterhaltung kombiniert ist mit einem Intensivkurs in Inneneinrichtung: Ganz beiläufig werden Stilfragen, Farb- und Materialkombinationen und technische Möglichkeiten diskutiert. Gleichzeitig werden die Zuschauer mit dem Wettbewerbseffekt aktiviert und bei der Stange gehalten: Sie können anrufen oder sich auch per Fax oder E-mail melden; der Vergleichsstand wird laufend eingeblendet; zuweilen werden besonders telegene oder groteske Bildtelephonanrufe auch direkt übertragen und Anrufer in kurze Selbstdarstellungsgespräche verwickelt, was wiederum die Hoffnung erhöht, einmal zu den Auserwählten zu gehören.

»Die Einschaltquoten sind traumhaft«, ergänzt Juana, »und die Benutzerquote des Holzer-Home-Shopping-Katalogs, natürlich bei weitem nicht nur für Schlafzimmer, ist sprunghaft in die Höhe geschnellt. Dabei wird immer mehr auch von den interaktiven CAD-Angeboten Gebrauch gemacht. Diese Möglichkeiten können natürlich auch im Shopping-Center an Ort und Stelle genutzt werden, die mit Live-Animation noch eine zusätzliche Attraktion bieten: Das sind dann wirklich Profis, zum Beispiel Schauspieler, die sich ein Zubrot verdienen, indem sie die Nutzungsmöglichkeiten von Wohnlandschaften, Duschen, Küchen etc. vorführen; sie sind darauf trainiert, den Lebensstil der jeweiligen Kunden herauszuspüren und ihn spielerisch aufzunehmen. Aber natürlich bilden sich immer gleich Trauben von Zuschauern, die nur unterhalten werden wollen und die Vorführerinnen und Vorführer zu Höchstleistungen anspornen.«

»Aber ist das nicht ein irrsinniger Aufwand? Kann sich das lohnen?« – »Holzer hat die größten Wachstumsraten in der Branche. Der Effekt ist zunächst einmal, daß jeder, der ›Inneneinrichtung‹ denkt, im gleichen Atemzug ›Holzer‹ denkt. Und Tausende, die gar nie ›Inneneinrichtung‹ gedacht haben, kommen überhaupt erst auf die Idee, daß sie das eigentlich denken könnten, und die denken dann erst recht ›Holzer‹. Dann entwickelt sich eine emotionale Bindung, nicht zuletzt durch die starke Interaktivität, die überall eingebaut ist, so daß die Leute sich individuell aufgenommen fühlen. Und ganz nebenbei überzeugen sie sich von der profunden und breiten Fachkompetenz und erwerben sich gleich auch selbst welche, so daß dann die eigentliche Fachberatung, die natürlich im Hintergrund auch angeboten wird, auf optimalen Voraussetzungen beruht. Hinzu kommt, daß sich die Interaktivität und die starke Home-Shopping-Komponente auch nach hinten auswirken: Es wird, gemessen an den Umsätzen, viel weniger auf Lager eingekauft und produziert als bei der Konkurrenz, so daß ›Holzer‹ nicht einmal teurer zu sein braucht.«

»Das ist nun ›the state of the art‹?« frage ich. – »Es ist etwa das Maximum dessen, was heute möglich ist, wenn man hohe Einschaltquoten erzielen will. Diese verlieren allerdings an Bedeutung, denn die Tendenz zu

Special-Interest-Programmen verstärkt sich, ähnlich wie das vor 30 Jahren im Zeitschriftenmarkt war, weil damit natürlich eine viel gezieltere Kundenansprache möglich ist. In gewissem Sinn gehört auch die Holzer-Show dazu, aber sie verkörpert eigentlich die beste aller Welten, weil sie durch ihren Unterhaltungseffekt zu einer Massenveranstaltung geworden ist. Die gesamte Bevölkerung als Special-Interest-Kunden – wer möchte das nicht? Aber auch Special-Interest-Programme können selten voraussetzen, daß ausgerechnet ihre Kunden über mehr als die übliche Standardausrüstung verfügen, es sei denn, es handle sich zum Beispiel um ein Publikum von VR-Freaks.«

Zukunftsmusik

»Wie stellen Sie sich denn die Super-Show in zehn Jahren vor?« – »Ah – dafür bin ich längst gerüstet! Um ganz vorne zu bleiben, muß man schließlich ständig experimentieren. Die Vorentscheidung lautet: Die Szene muß dreidimensional und interaktiv sein, d. h. von den Beteiligten selbst beeinflußbar. Dreidimensional – das geht über Laser-Aufnahme und -Wiedergabe, aber nicht voll interaktiv: Jeder Kommunizierende kann zwar die Akteure auf der anderen Seite sehen, und die können ihn sehen, und die beiden können aufeinander reagieren, aber sie sind nicht in derselben Szene. Die andere Variante ist die VR-Ausstattung, die mit Simulationsmodellen arbeitet. Das ist die Einschränkung gegenüber der Laser-Technik. Dafür aber können Sie damit für die Beteiligten dieselbe Szene simulieren, die jeder von seinem Standpunkt aus sieht und in der er auch virtuell herumgehen kann. Sie können einen Schritt weiter gehen, indem sie von jedem Beteiligten ein Simulationsmodell aufbauen, das sich entsprechend seinen Bewegungen für die anderen sichtbar bewegt. So ergibt sich für alle eine Szene, die sie aus ihrer Sicht betrachten können und in der die jeweils anderen, repräsentiert durch Simulationsmodelle, auf ein Verhalten unmittelbar reagieren. Vielleicht kommen wir auch einmal so weit, daß wir auf den Helm und die Handschuhe verzichten können, indem wir Kameras über Sensoren steuern, die unmittelbar auf die Bewegungen der Akteure reagieren. Dann könnten wir das wieder mit der Laser-Technik verbinden und einen virtuellen Raum schaffen, in dem die Beteiligten füreinander sichtbar spontan agieren. Aber das ist noch Zukunftsmusik. Auf der heutigen VR-Stufe ist der entscheidende Engpaß die Naturnähe der Simulationsmodelle der Beteiligten, und da kommen wir sehr schnell voran, weil die Rechnerkapazitäten kein Problem mehr sind.

Stellen Sie sich also folgende Szene vor: Ich begebe mich in meinen Cyberspace und rufe die Teleshopping-Mall ab. Ich gehe in diesen glitzernden Palast und schaue mich um, wer sonst noch da ist. Ich begegne also anderen Leuten – genaugenommen ihren Simulationsmodellen –, die sich ebenfalls umschauen. Ich kann mit ihnen sprechen, denn die akustische Kommunikation ist ja kein Problem. Ich treffe zum Beispiel einen attraktiven jungen Mann, der mir gerne beim Aussuchen meines neuen Abendkleides helfen möchte. Einer von uns öffnet die Schnittmuster- und Stoffbank, und dann fangen wir an, an mir, d. h. meinem Simulationsmodell, herumzuschneidern, mit Hilfe der CAD-Software. Werde ich seiner Gesellschaft überdrüssig, weil er mir immer so tiefe Dekolletés verpassen will, schalte ich die Mall aus, klone mein Modell, um ein Mannequin mit denselben Maßen zu erhalten, und arbeite allein daran weiter. Oder ich rufe eine Schneiderin ab, die mir über ihr Simulationsmodell dabei behilflich ist.«

»Haben Sie schon Beispiele realisiert?« – »Im zentralen Studio ja, in noch sehr primitiver Qualität. Sie müssen sich das dort einmal ansehen. Über das öffentliche Netz funktioniert es noch nicht, obwohl die Technik grundsätzlich vorhanden ist. Aber Sie brauchen im Bereich der vertikalen Dienste einen Hochleistungs-Host, in dem die verschiedenen Szenen, Datenbanken und CAD-Verarbeitungsprogramme abrufbar sind und der die Simulationsmodelle der beteiligten Personen aus deren VR-Computer über Konferenzschaltungen empfängt, d. h. mittels seiner eigenen, kompatiblen Software aufbauen und bewegen kann. Das sind natürlich Megaprojekte, die heute noch weit von der Rentabilitätsschwelle entfernt sind.«

Verantwortungslose Spielereien?

»Aber sind das denn nicht Spielereien, deren Nutzen in keinem Verhältnis steht zu den riesigen Entwicklungsanstrengungen und Infrastrukturinvestitionen, die da hineingesteckt werden müssen? Ist denn so was zu verantworten in einer Welt, in der Hunderte von Millionen am Rande des Hungertodes dahinvegetieren? Kann man dann nicht die blinde Wut der Jungen verstehen, die aus Mangel an Perspektiven in unseren Armenghettos herumrandalieren?« – »Die Frage habe ich mir auch öfters gestellt. Ich habe keine definitive Antwort gefunden – vielleicht auch, weil ich ihr etwas ausweiche. Ich habe einfach den Drang, bis an die Grenze der Möglichkeiten und vielleicht noch etwas darüber hinauszugehen. Aber meine vorläufige Antwort lautet: Ist es nicht schön, daß das kulturelle

Zeitalter zu einer Epoche des Homo ludens werden könnte? Ist es nicht besser, wenn wir auf spielerische Weise unsere Gestaltungsmöglichkeiten ausloten und erweitern, statt uns mit moralinsauren Selbstbeschränkungen die Hände zu binden? Würden solche Selbstbeschränkungen nicht unser Entwicklungspotential insgesamt derartig beschneiden, daß wir auch auf die Probleme des Hungers und der Gewalt und der Ökologie keine neuen Antworten mehr finden würden? Liegen solche Antworten nicht vielleicht gerade in neuen Entwicklungen?«

»Woran denken Sie da zum Beispiel?« – »Nun, wir haben zum Beispiel eine interaktive Video-Show entwickelt, welche die Fähigkeit zum interkulturellen Dialog unterstützen soll. Ich bin überzeugt, daß die gemeinsame Projektentwicklung durch Partner, die auf verschiedenen Kontinenten tätig sind, durch solche Mittel riesige Impulse erhalten könnte. Sogar diplomatische Gespräche könnten auf diese Weise erleichtert werden.« – »Kurz – Sie glauben an den Ersatz persönlicher Begegnungen durch diese neuen Medien?« – »Ja und nein. Die Erfahrung hat immer wieder gezeigt, daß persönliche Begegnungen durch nichts zu ersetzen sind. Wir haben es mit Bildtelephon-Konferenzen versucht, wir werden es mit Hologramm-Telephon-Konferenzen und mit VR-Konferenzen versuchen. Immer fehlen entscheidende Komponenten der persönlichen Begegnung. Was ich aber glaube, ist, daß wir die Möglichkeiten des internationalen Dialogs mit diesen Hilfsmitteln vervielfachen können. Statt daß sich ein diplomatisches Gremium alle vier Monate irgendwo auf der Welt trifft, kann es die Meinungsbildung von Tag zu Tag weitertreiben. Wenn sich dann die Knoten schürzen – und das wird vielleicht sogar häufiger der Fall sein als mit den traditionellen Methoden –, dann ist die persönliche Begegnung durch nichts zu ersetzen. Aber sie wird leichter und wirksamer sein, und es werden viele Begegnungen zustande kommen, die sonst vielleicht gar nicht möglich gewesen wären. So wie wir hier miteinander sprechen und uns gleichzeitig der Medien bedienen, ist es für mich nicht eine Frage des Entweder-Oder, sondern je vielfältiger die Mittel des Dialogs und je souveräner wir sie beherrschen, desto wirkungsvoller wird er werden.«

Ich freue mich auf meine zwei Tage in Weindorf. Ich weiß, daß die einzigartige Verbindung von spielerischer Kreativität, zupackender Handlungsfreudigkeit und verantwortungsbewußter Reflexion, die ich in Juana erkenne, allein schon ein unvergängliches Erlebnis bleiben wird, und ich frage mich, ob diese Kombination vielleicht so etwas wie einen Prototyp der Führungspersönlichkeiten des 21. Jahrhunderts repräsentiert.

Analytischer Anhang über den Multiscreen

Autofahren wird man noch lange, aber als zentrale Schlüsseltechnologie hat der Multiscreen das Auto abgelöst. Eine ganze Reihe von technischen und gesellschaftlichen Veränderungen hat dies bewirkt. »Multiscreen« steht für ein komplexes System aus Infrastruktur, Hard- und Software verschiedenster Art. Das macht auch die Diffusion so unberechenbar: Die verschiedenen Systemelemente können sich gegenseitig lange blockieren, aber bei guter Synchronisierung auch zu einem plötzlichen Durchbruch aufschaukeln. Der Stand der Diffusion im Jahre 2005 zeigt, daß die Synchronisierungsbemühungen der Europäischem Kommission nicht ganz den gewünschten Erfolg gehabt haben, so daß nach wie vor ungewiß bleibt, ob der europäische Vorsprung in der Vielfalt der Spezial-Software gegenüber den USA und Japan voll ins Spiel gebracht werden kann.

Noch leben wir in einer Übergangsphase. Aber die Skeptiker, die kurz vor der Jahrhundertwende bezweifelt hatten, daß das Automobilzeitalter mit jenem des Multiscreen zu Ende gehen würde, sind verstummt. Natürlich ist nicht zu erwarten, daß wir in 10, 20 Jahren nicht mehr Auto fahren, und sogar in 50 Jahren wird es noch irgendeine Form des motorisierten Individualverkehrs geben, obwohl bezweifelt werden darf, daß er sich dann noch eines Vehikels bedienen wird, das die Bezeichnung »Auto« verdient, doch das nur nebenbei. Was innerhalb von 20 Jahren geschehen ist bzw. wird – wir stehen, wie gesagt, mitten in der Übergangsphase –, ist die Ablösung des Autos durch den Multiscreen als Schlüsseltechnologie, welche die gesamten gesellschaftlichen Strukturen prägt, nicht im Sinne einer einseitigen Kausalität, sondern weil auch die gesellschaftlichen Strukturen selbst darauf hinwirken.

Die Ablösung des Autos durch den Multiscreen als Schlüsseltechnologie
Wir wollen zunächst ohne Rücksicht auf den Zeitablauf festhalten, welche Entwicklungen sich zu diesem Ergebnis hochschaukeln:

- Die weitere Effizienzsteigerung der Computertechnik macht Informationsverarbeitungskapazitäten für jeden Arbeitsplatz und jeden Haushalt zugänglich, die sich vor wenigen Jahrzehnten nur Großmachtarmeen und Weltkonzerne leisten konnten.

- Die Entwicklung der Breitbandnetzwerke für integrierte digitale Telekommunikationsdienstleistungen eröffnet unlimitierte Kapazitäten für die Übertragung von Daten, bewegten Bildern, Schrift und Ton von Haus zu Haus.

- Benutzerfreundliche Endgeräte ermöglichen das Senden, Empfangen und Aufzeichnen solcher Übertragungen sowie deren dezentrale Verarbeitung in allen erdenklichen Kombinationen.
- Diese wachsenden technischen Möglichkeiten schaukeln sich hoch mit den Bedürfnissen moderner Organisationen nach loser Koppelung dezentraler Einheiten.
- Beides schaukelt sich hoch mit dem Bedürfnis der Menschen nach maßgeschneiderter Lebensgestaltung in vertrauten Verhältnissen.
- Diese Entwicklungen werden verstärkt von der ökologischen und verkehrstechnischen Notwendigkeit einer Verlagerung von der großräumigen Arbeitsteilung zu regionalen Kreisläufen und dezentraler Verdichtung, ohne dabei den Zugang zu den globalen Wissensspeichern und zu Informationen über weltweite Entwicklungen auf allen Gebieten zu verlieren.
- Der Übergang zum kulturellen Zeitalter wird durch die Möglichkeiten des Multiscreen unterstützt und beschleunigt seinerseits dessen Diffusion aufgrund eines wachsenden Interesses an seinen Anwendungsmöglichkeiten und eines wachsenden Angebots an mit ihm verbundenen Dienstleistungen.

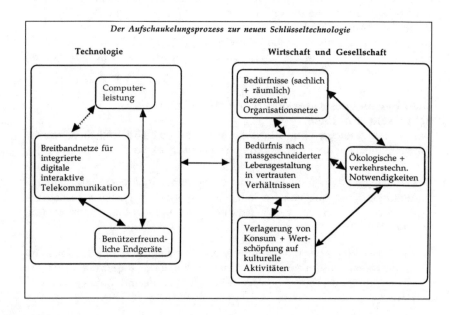

Die Systemelemente
Schauen wir uns die Elemente der Multiscreen-Technologie etwas näher an. So wie das Auto für ein ganzes Netzwerksystem steht, bestehend aus dem Vehikel selbst, dem Straßennetz und deren Produzenten mit Zulieferern und den Energielieferanten, so steht der Multiscreen für ihn selbst und alles, was ihn umgibt:

Da ist zunächst die Telekommunikationsinfrastruktur, d. h. ein Netzwerk von Breitbandkabeln mit voll digitalisierten Schnittstellen, das sich zunehmend der Glasfasertechnik bedient und durch Satellitenverbindungen ergänzt wird. Es ermöglicht im Endausbau die voll digitalisierte Telekommunikation zwischen allen Haushalten und Arbeitsplätzen. Das Grundangebot wird von den zum Teil öffentlich-rechtlichen, zum Teil privatisierten Telekom-Agenturen bereitgestellt. Es wird nach Bedarf ergänzt durch firmeninterne, kommunale und sonstige lokale Feinverteiler.

Darauf baut sich als nächste Schicht das Ganze Spektrum der horizontalen, d. h. allen Benützern angebotenen Dienstleistungen auf. Im Endausbau umfassen diese die Übertragung von Computerdaten, elektronische Post, Zugang zu Datenbanken (einschließlich Text, Bild, Ton, Film und dreidimensionaler bewegter Bilder), Sprech- und Bildtelephon, unter Einschluß des dreidimensionalen bewegten Bildes, Fax sowie die traditionellen Einwegmedien Radio und Fernsehen, letzteres hochauflösend und in Zukunft zweifellos auch dreidimensional; dabei werden auch die Einwegmedien zunehmend interaktiv (d. h., der Fernsehkonsument wird zunächst zu seinem eigenen Programmdirektor und schließlich zu seinem eigenen Programmproduzenten).

Diese horizontalen Dienste werden von Anbietern vertikaler Dienstleistungen für bestimmte Verwendungen und Kundengruppen genutzt, also für Home Shopping, Electronic Banking, neues Handwerk (interaktives CAD), Bildung, Verkehr mit Ämtern, Sozialdienste, Beratungsdienste, Touristikdienste, Versicherungen, kulturelle Angebote etc.

Im Multiscreen zusammengefaßt sind zu diesem Zweck folgende Endgeräte: *Empfangsgeräte* für Daten, stehende und bewegte, zwei- und dreidimensionale Bilder, Ton und Schrift, *Wiedergabegeräte* hierfür, d. h. Bildschirm, VR-Helm, Lautsprecher und Kopfhörer, in der höchstentwickelten Variante auch ein Laserwiedergabegerät für VR-Szenen, *Aufzeichnungsgeräte* wie Datenspeicher, Tonträger, Videodisc, Drucker bzw. Kopierer etc., Hochleistungscomputer zur *Datenverarbeitung* mit Standard-Software für die Verarbeitung von Schrift, Ton, Sprache und Bildern der verschiedenen Kategorien, mit Stimmerkennung, und schließlich *Sendegeräte* für all diese Medien. Zur Nutzung der angebotenen Dienstleistungen ist außerdem die zugehörige *Spezial-Software* (Zugangscodes, CAD-Programme, VR-Programme etc.) erforderlich.

Die Diffusionsproblematik: Corriger la fortune!
Wenn wir diese Auflistung ansehen, wird klar, weshalb der Durchbruch zum Multiscreen so zögerlich erfolgt: Es nützt nichts, wenn die Infrastruktur steht, aber die horizontalen Dienstleistungen hinterherhinken. Diese nützen eben-

falls nichts, wenn die vertikalen Dienstleistungsangebote ausbleiben. Das kann aber entweder darauf zurückzuführen sein, daß die Infrastruktur oder die horizontalen Dienstleistungen nicht flächendeckend angeboten werden, oder darauf, daß nicht genügend Haushaltungen und Arbeitsplätze mit den nötigen Endgeräten ausgestattet sind. Dies wiederum kann dieselben Ursachen wie das mangelnde Angebot vertikaler Dienstleistungen haben oder gerade auf das letztere zurückzuführen sein, oder auf den ungenügenden Entwicklungsstand der Endgeräteintegration, oder auf Lücken in der Anwender-Software, oder ganz einfach darauf, daß die Ersatzinvestitionen für ältere Geräte Zeit brauchen.

Alles, was sich zu einem plötzlichen Durchbruch aufschaukeln kann, wenn die verschiedenen Entwicklungen optimal synchronisiert sind, kann sich gegenseitig blockieren, wenn dies nicht der Fall ist. Wird der Prozeß dem Zufall überlassen, so kann es unter Umständen sehr lange dauern, zumal sich dann einzelne Inseln bilden werden, die untereinander möglicherweise nicht kompatibel sind.

Es ist andererseits offenkundig, daß das Diffusionstempo auf dem Weg vom Auto- zum Multiscreen-Zeitalter eine Schlüsselrolle beim internationalen Standortwettbewerb spielt, und zwar nicht nur mit Blick auf die Wirtschafts- und (quantitative und qualitative) Beschäftigungsdynamik, sondern auch mit Blick auf die langfristige Tragbarkeit (sustainability), auf die Lebensqualität und die kulturelle und politische Dynamik, etwa unter dem Stichwort der Partizipation (Mitgestaltungsmöglichkeiten der Bürger).

Systemelemente der neuen Schlüsseltechnologie

Infrastruktur: Breitbandnetz, voll digitalisierte Schnittstellen, öffentlich und privat, unter Einschluß des Funks.

Horizontale Dienstleistungen: Übertragung/Vermittlung von Text, Ton, stehenden und bewegten Bildern, 2D und 3D, hochauflösend, interaktiv, von Punkt zu Punkt, von Punkt zu Masse und von Masse zu Punkt, auch unter Einschaltung allgemein zugänglicher Datenbanken.

Vertikale Dienstleistungen: Alle Dienste, die unter Nutzung der Infrastruktur und der horizontalen Dienstleistungen von bestimmten Produzenten bestimmten Kundengruppen angeboten werden (wie Home Shopping, Fernunterricht etc.).

Endgeräte («Multiscreen») mit zugehöriger Software für Empfang, Aufzeichnung, Verarbeitung, Wiedergabe und Sendung von Daten, Text, Ton sowie stehenden und bewegten Bildern in 2D und 3D.

Es besteht deshalb ein vitales Interesse an einer synchronisierenden Kooperation zwischen den lokalen, regionalen, nationalen und – im Fall Europas – EU-Behörden sowie zwischen öffentlicher Hand und den Anbietern der verschiedenen Infrastrukturen, Geräte, Dienstleistungen und Software-Angebote. Angesichts der Komplexität des Unterfangens und der widersprüchlichen Vielfalt der mit ihm verbundenen Interessen und Meinungen war von vornherein keine optimale Strategie zu erwarten, schon gar nicht in Europa.

Zwiespältige Lageanalyse
Heute, im Jahre 2005 bestehen in Europa zwar flächendeckende, voll digitalisierte öffentliche und private Breitbandnetze in den wichtigsten Großstadtagglomerationen, jeweils in einem Radius von 20 bis 50 Kilometern. Diese sind durch einzelne Kabel, aber generell durch Satelliten miteinander verbunden. Auch zu den Randregionen und nach Übersee bestehen Satellitenverbindungen. Auf dieser Ebene wären die Voraussetzungen für einen Durchbruch also weitgehend gegeben.

Schwieriger gestaltet sich die Lage aber bei den horizontalen Dienstleistungen. Hier haben die Koordinationsbemühungen der Europäischen Kommission nicht verhindern können, daß sich nationale und zum Teil sogar lokale und regionale Alleingänge entwickelt haben, die nun erhebliche Inkompatibilitäten und damit Verzögerungen mit sich bringen. Die »europäische Informationsregion« ist auf dieser Ebene von ihrer Verwirklichung noch weit entfernt. Aber in der Region der »Zwölf« verfügen alle Länder mit Ausnahme Griechenlands und Irlands über ein ziemlich vollständiges Dienstleistungsspektrum mit Ausnahme der 3D-Dienste, die noch Gegenstand einiger weniger lokaler Experimentalanwendungen sind.

Noch unübersichtlicher ist die Lage bei den vertikalen Dienstleistungen. Hier kann man bestenfalls von einem unkoordinierten Flickenteppich sprechen. Es wird auf den verschiedensten Gebieten experimentiert. In einzelnen Regionen, etwa rund um Bordeaux und Manchester, können wir allerdings bereits ahnen, wie die Dienstleistungspalette künftig aussehen wird.

Dementsprechend befindet sich auch die Multiscreen-Diffusion noch in einem diffusen Stadium. Die Geräte sind noch nicht wirklich zusammengewachsen, und ihre integrierte Nutzung erfordert noch erheblichen technischen Sachverstand. Die Ausstattung der Haushalte und Arbeitsplätze mit Computer, Rundfunk (Radio und Fernsehen), Fax, Videoaufzeichnung und Bildtelephon liegt allerdings – mindestens nördlich der Alpen sowie in Frankreich und im Norden Italiens – jenseits der 50-Prozent-Marke, so daß mit einiger Kombinatorik experimentell und kommerziell zahlreiche Dienste ausgetüftelt werden, die schon fast eine Massennutzung erreichen.

Aber die heutigen Schätzungen deuten darauf hin, daß es noch weitere zehn Jahre dauern dürfte, bis wir wenigstens auf der Hälte des heutigen EG-Gebiets wirklich vom Multiscreen-Zeitalter sprechen können. In den USA und in Japan ist die Entwicklung wesentlich weiter gediehen, vor allem, weil dort die Kompatibilitätsprobleme frühzeitig ausgemerzt wurden. Japan ist auch führend in der benutzerfreundlichen Geräteintegration, aber deren Stand verbreitet sich jeweils rasch. Europa hat seinen Hauptkonkurrenten demgegenüber eine riesige Vielfalt und Kreativität bei der Anwender-Software und den vertikalen Dienstleistungen voraus. Im kulturellen Zeitalter kann dies zum entscheidenden Wettbewerbsfaktor werden, aber leider kann er nur in Kombination mit den anderen Elementen wirklich genutzt werden, so daß einstweilen auch von diesem Ideenreichtum vor allem die überseeischen Konkurrenten profitieren.

Kapitel 12:
Renaissance des Abendlandes

Der Autor hält Rückblick. Die starken Frauen des Hauses Rheinblick haben ihn tief beeindruckt. Eigentlich hätten sie ein Kapitel für sich verdient, denn ihre Art steht für einen wichtigen Attraktor der künftigen Gesellschaft. Aber nicht nur in dieser Hinsicht bedeutet die Familie Mendoza für ihn so etwas wie einen Mikrokosmos und Spiegel all dessen, was unsere Zukunft prägen wird. Weindorf verkörpert damit auch die neuen Möglichkeiten Europas, die nicht mehr in einem festgefügten Bundesstaat zu suchen sind, sondern in einem vieldimensionalen Netzwerk von Beziehungen zwischen agilen Zellen, die alle ihren je eigenen Sinn suchen – die neue Dimension des abendländischen Traums, die auch weltweit ihre Gestaltungskraft entfaltet.

Ein Dankesbrief

Zürich, im April 2005

Liebe Juana

Seit einer Woche bin ich nun damit beschäftigt, meine Weindorfer Eindrücke zu verarbeiten. Dabei wird mir immer klarer, wie reich beschenkt ich von dannen gegangen bin. Ich möchte mich bei Ihnen, bei Consuelo und Anja, bei Percy und bei Guido von Herzen dafür bedanken. Ich kann meinen Dank nicht besser dokumentieren als durch den Versuch einer Bilanz dessen, was ich mitgenommen habe.

Frauen: Gärtnerinnen einer blühenden Gesellschaft

Zunächst einmal habe ich, wie man so zu sagen pflegt, »prächtige« Menschen getroffen: drei faszinierende Frauen, jede in ihrer Art kühn, stark, sensibel, intelligent, kreativ und schön, und zwei Männer, für die ich vielleicht als Mann weniger begeisterte Attribute finde, aber die ich nicht zuletzt deshalb bewundere, weil sie gelernt haben, von den Frauen zu lernen in einer Gesellschaft, die vielleicht deshalb verheißungsvoller aussieht, als wir es vor der Jahrtausendwende erwartet haben, weil sie sich den Frauen geöffnet hat.

Der Paradigmenwechsel, über den wir uns so oft unterhalten haben, hat ja auch viel damit zu tun, daß eine von traditionellen Männerhaltungen geprägte Kultur abgelöst wird durch eine solche, in der die landläufig als weiblich empfundenen Tugenden eine wachsende Rolle spielen: Der verengte Horizont eines auf Punktziele fixierten Blicks, die Hand am Abzug immer schlagkräftigerer und schnellerer Waffen, die ihren Job im Rahmen rational definierter Strategien hart und ohne Rücksicht auf Verluste erledigen – diese Haltung ist der Hand der Gärtnerinnen gewichen, die ihren Blick umherschweifen lassen in der Landschaft, zu der sie selbst gehören und die sie sanft, aber sprühend vor Ideen gestalten, dabei ihr Wissen mit ihrer Lebenserfahrung, ihrer Intuition und mit dem Gestaltenreichtum verbindend, der den weitgeöffneten Schleusen all der widerspruchsvollen Geister entströmt, die sich in ihrem Kopf in olympischer Heiterkeit tummeln, mit Zorn, Tränen und Gelächter.

Wie arm war demgegenüber die alte Männerwelt, die sich pflichtschuldigst bemüßigt fühlte, aus diesem reichen Garten alles auszumerzen, was sich nicht der strikten Kontrolle ihrer kausalen Machermaschinen unterzog! Dabei führt Ihr uns täglich vor Augen, daß gerade der scharfe Verstand, mit dem wir Eure tausend Blumen im Zaum halten wollten, selbst zur höchsten Form aufläuft, wenn er sie frei erblühen läßt. Deshalb also ist das größte Kompliment, das ich Guido und Percy an dieser Stelle machen kann, dies, daß sie gelernt haben, von Euch zu lernen.

Netzwerke: Verwandeln Dissonanzen in Resonanzen

Aber nicht nur in dieser Hinsicht verkörpert Eure kleine Welt für mich jene große Welt, von der wir, glaube ich, alle träumen. Ein Mikrokosmos ist sie schon als Netzwerk so verschiedener Kulturen. Und wenn ich Netzwerk sage, so meine ich damit auch, daß sie eine gemeinsame Dialogkultur pflegt, welche die vielfältigen Kulturen, mit denen jede Person in Verbindung steht, zum fruchtbaren Zusammenwirken bringt, aus dem immer wieder neue Gestalten entstehen. Ich habe den Eindruck, einen dieser Knotenpunkte erlebt zu haben, die, indem sie ständig neue Bezüge herstellen, immer neue Vernetzungen gebären. Manchmal konnte ich geradezu körperlich fühlen, wie hier vielfältige Stränge zusammenlaufen und sich im Zusammentreffen mit neuen Energien füllen: die Möglichkeiten neuer Technologien mit jenen der künstlerischen Gestaltungsansätze, Kulturen anderer Weltregionen mit bodenständigem Schweizer Handwerk, Bankwesen mit menschlicher Wärme, gepflegte Lebensart mit Betroffenheit über zerstörerische Auseinandersetzungen, bürgerliches Verantwortungsbewußtsein mit spielerischer Kreativität ...

Dabei wird mir bewußt, daß der Ausdruck »Knotenpunkt« eine falsche Vorstellung ins Bild bringt, denn es geht ja nicht darum, Beziehungen festzuzurren, sondern die Beziehungen, die da zusammenlaufen, gegeneinander und miteinander schwingen zu lassen, damit aus Dissonanzen neue Resonanzen entstehen können. Ihr seid so etwas wie Netzwerkgärtner, und alle BewohnerInnen des Hauses Rheinblick hegen ihre eigenen Netzwerke: Sie, Juana, kümmern sich um Ihr Netzwerk von Design, Kommunikation und Multimedien, Percy um das Netzwerk von Bankbeziehungen und Lebensunternehmern und um jenes des politischen Gemeinwesens, Guido um das Netzwerk der einsamen Herzen und jenes der Bierkultur, Consuelo um jenes des Handels und des Schneiderhandwerks, und Anja verbindet das Netzwerk von Haushalt und Küche mit jenem des Tanzes und jenem, das dereinst einmal die Zweidrittelgesellschaft überwinden könnte. Und Sie alle zusammen sind darum besorgt, daß diese Netzwerke in Ihrem kleinen Kreis zusammenfließen und sich gegenseitig mit neuen Energien aufladen können.

Wahrscheinlich ist das, was ich bei Ihnen erleben durfte, noch zu neu, als daß ich es schon in passende Worte kleiden könnte. Aber irgendwo habe ich das starke Gefühl, den Keim eines neuen, hoffnungsfreudigen Zeitalters erlebt zu haben. Mit Ihrer Sprachgewalt könnten Sie es zweifellos eindrücklicher beschreiben als ich, aber ich bin nun einmal derjenige, der diesen Dankesbrief schreibt. So werde ich versuchen, es in meine eigenen Worte zu fassen.

Grundmuster: Lose gekoppelte, kleine Zellen

Ich habe erlebt, daß in dieser neuen Welt globale Dimensionen, Tempo der Veränderung und Vielfalt der Optionen nicht im Gegensatz stehen zur kleinräumigen Geborgenheit und persönlichen Mitgestaltung des unmittelbaren Umfeldes, und das, obwohl bzw. gerade weil unmittelbares Umfeld nicht nur räumlich zu verstehen ist, sondern auch virtuell: Das Haus Rheinblick und Weindorf gehören genauso dazu wie Ihre Partner in den USA oder die Privatkundenbank in Szechuan. Die Unmittelbarkeit, d. h. auch die subjektive Eingrenzung der Wahrnehmungsfilter sind ja geradezu das Mittel, um in der ganzen Turbulenz und Unübersichtlichkeit Gelassenheit und Gestaltungskraft zu bewahren, und die Offenheit für den inneren und äußeren Dialog ist das Mittel, um im Strom der Veränderung und Vielfalt mitzuschwimmen und die Lernfähigkeit, die auch Erlebnisfähigkeit bedeutet, aufrechterhalten zu können.

Ich habe das Grundmuster dieses Jahrhunderts erlebt: kleine, relativ autonome Netzwerkzellen, die eigenständig gestalten, was sie eben eigenständig gestalten können, und die dabei durch ständige Auseinandersetzung mit einem ähnlich gestalteten und gestaltenden Umfeld mit diesem lose gekoppelt sind und sich mit diesem syn-ergetisch entwickeln. Ich habe es erlebt bei Animag, bei der Privatkundenbank, bei der Schneiderei Zürcher, bei der neuen Polis von Weindorf und natürlich im Haus Rheinblick selbst. Ich habe erlebt, daß auch einzelne Menschen die unternehmerische Verantwortung für ihr eigenes Leben und für ihr unmittelbares Umfeld – wie auch immer sie dieses definieren mögen – am wirkungsvollsten wahrnehmen können, wenn sie sich in diesen Strukturen bewegen und sich selbst in dieser Weise definieren. Dabei fällt mir erneut auf, daß es eigentlich irreführend ist, von »Netzwerkzellen« und »Strukturen« zu sprechen, weil es sich ja um ein Zusammenwirken von Beziehungsprozessen und durch sie in Fluß gehaltenen Gestalten handelt, für das mir kein geeigneter Ausdruck einfällt. Aber ein Gegenbild zu den Dinosauriern steigt auf, die zu groß und für ihre Größe zuwenig intelligent und infolgedessen zu schwerfällig sind: das Bild von intelligenten kleinen Amöben, die ständig miteinander in Verbindung stehen und sich mit größter Agilität in den Wirbeln und Stromschnellen des Lebensflusses tummeln.

Projekt Moderne: Neue Grundlagen

Ich denke, daß wir damit neue Antworten auf uralte abendländische Träume in der Hand halten, und zwar sowohl auf der philosophischen Ebene des Selbst- und Weltverständnisses als auch auf der politischen Ebene der Gestaltung von Meinungsbildungs- und Entscheidungsprozessen. Ich will ihn mal den Traum der bürgerlichen Emanzipation nennen, d. h. der Fähigkeit und Möglichkeit zur eigenständigen Gestaltung des eigenen Lebens und zur verantwortlichen Mitgestaltung des unmittelbaren Umfeldes. Wir wissen ja, und wir haben uns auch darüber unterhalten, daß dieser Traum, der zuletzt das Etikett »Projekt Moderne« verpaßt erhalten hatte, an das Welt- und Menschenbild des Industriezeitalters gebunden war und folgerichtig mit dessen Dinosauriern untergegangen ist. Zwar hatten die Organisationsmaschinen des Industriezeitalters dem Menschen den Weg zur totalen Beherrschung seines Umfeldes eröffnet, aber da er selbst Teil dieses Umfeldes war, wurde er mitbeherrscht, und da Beherrschung in einer Welt, die auf Austausch und Synergie ausgerichtet ist, auf Zerstörung hinausläuft, wurde er selbst mitzerstört. Der Versuch, die Betroffenen mit demokratischer Entscheidungsfindung an ihrer eigenen Beherrschung teilhaben zu lassen, trug im Endeffekt lediglich dazu bei, den inneren Grundwiderspruch des Projekts Moderne unübersehbar zu machen und den Niedergang des industriellen Organisationsmusters zu beschleunigen.

Heute – und in dieser Überzeugung hat mich der Aufenthalt bei Ihnen bestärkt – können und sollten wir wieder anfangen, über das Projekt Moderne nachzudenken, denn wir haben weit bessere Grundlagen dafür als im letzten Jahrhundert. Wir wissen, daß Rationalität nicht entsteht durch Unterdrückung aller Regungen, die sich nicht in ein Schema der logisch-analytischen Kausalität fügen, sondern durch Offenheit gegenüber allen Kräften, die in uns angelegt sind, denn sie alle bergen Lern- und damit Lebens-, Gestaltungs- und Entwicklungschancen. Wir wissen ferner, daß Rationalität sich nicht einzig über analytische Mittel-Zweck-Modelle erschließt, sondern über alle sinngesteuerten Vorgänge, d. h. über alle Prozesse, die bewußt oder unbewußt verschiedene mögliche Wege daraufhin befragen, wieweit sie mit der Selbstbeschreibung des wählenden Individuums oder des sozialen Organismus übereinstimmen. Wir wissen, daß die Lern-, Lebens-, Gestaltungs- und Entwicklungsfähigkeit sich gerade dadurch am meisten entfaltet, daß wir das gesamte Potential unserer Wahrnehmungs- und Handlungsmöglichkeiten pflegen, statt einen einzigen Modus zu prämieren und die anderen zu unterdrücken oder zumindest zu kanalisieren. Und schließlich wissen wir, daß die Möglichkeit der Mitgestaltung unseres unmittelbaren Umfeldes nicht dadurch am größten ist, daß wir es zu kontrollieren und zu beherrschen versuchen, sondern dadurch, daß wir ver-antwortlich mit ihm umgehen, d. h. indem wir offen und sensibel sind für die Erwartungen, die Hoffnungen und Befürchtungen, die es uns entgegenbringt, und deutlich machen, wie wir darauf reagieren. Daß es sich dabei um einen Dialog handeln muß, um ein gegenseitiges Lernen, das darauf beruht, daß alle Beteiligten diese Haltung entwickeln, versteht sich.

Weindorf: Neue Verkörperung des abendländischen Traums

Wir haben wenig über Europa gesprochen in diesen zwei Tagen, die mir wie ein ganzer Lebensabschnitt vorkommen. Das ist die einzige Lücke, die ich empfinde. Aber vielleicht sollte ich es nicht als Lücke empfinden, denn es hat wohl seinen Sinn, daß mir, als dem glühenden Europäer, der ich immer war, jetzt, beim Versuch, eine Bilanz zu ziehen, die Frage aufsteigt, was das alles eigentlich für Europa bedeute, und daß mir dabei bewußt wird, daß wir vielleicht anfangen dürfen, den abendländischen Traum neu zu denken. Neu denken müssen wir ihn nicht nur auf der philosophischen Ebene, sondern auch hinsichtlich der Frage nach den politischen Strukturen. Weindorf – das ist für mich Europa. Es ist Europa als Verkörperung eines neuen Ansatzes zum Projekt Moderne, aber es ist es auch als Prototyp einer neuen, verbesserten Version der antiken Polis, eben als Gemeinwesen, das von seinen Bürgern in gemeinsamer Verantwortung verwaltet und gestaltet wird. Daß die Polis die politische Grundstruktur des antiken Griechenland war und daß der zentrale Ort, an dem es sie lebte, das Forum war, scheint mir symbolträchtig für die postindustrielle Moderne.

Ich denke, aus dem bisher Gesagten geht mit aller Klarheit hervor, daß die Idee, Europa als gemeinsamen Gestaltungsraum einer abendländischen Kultur und als Garanten für deren inneren und äußeren Frieden in Form eines Bundesstaates nach dem amerikanischen oder schweizerischen Modell zu errichten, überholt ist. Sie ist ein gutgemeintes Produkt des Industriezeitalters, und ich selbst, ebenfalls ein solches Produkt, habe ihr jahrzehntelang mit Begeisterung angehangen. Heute aber sind die Staaten des Industriezeitalters im Niedergang oder bestenfalls in Auflösung begriffen. Wenn wir uns von den Organisationsmodellen des Industriezeitalters lösen, schaffen wir es vielleicht, aus Europa das erste staatliche Gebilde des postindustriellen Zeitalters zu machen. Wir werden vielleicht eines Tages realisieren, welch ein Glück wir gehabt haben, daß dem Modell des europäischen Bundesstaates im letzten Jahrhundert immer wieder unüberwindliche Felsblöcke in den Weg gelegt wurden – durch die französische Nationalversammlung, durch Charles de Gaulle, durch Margaret Thatcher, durch die Stimmbürger Dänemarks, durch das deutsche Bundesverfassungsgericht, durch den griechischen Chauvinismus, durch die jugoslawische Tragödie, durch die Weigerung der USA, das atlantische Verteidigungsbündnis der Situation nach dem kalten Krieg anzupassen, etc.: Heute kommt es mir vor, als habe irgendeine Selbstorganisationskraft der europäischen Kultur immer den entscheidenden Schritt verhindert, um Europa für die Erfüllung des abendländischen Traumes freizuhalten.

Denn was ist Europa heute anderes als ein vielfältiger Prozeß von Netzwerkbeziehungen, die in agiler Weise aufnehmen und umsetzen, was an Problemen und Gestaltungsansätzen auftaucht? Wenn ich sage, Weindorf symbolisiere für mich Europa, so trifft dies nicht nur auf die Art zu, wie dort ein Gemeinwesen verwaltet und gestaltet wird, und ich sage es auch nicht nur deshalb, weil so vieles auf dieser Ebene der Polis geregelt wird. Weindorf steht darüber hinaus auch für die Art, wie Gestaltungsbereiche in Europa vernetzt sind, eben vielfältig und pragmatisch. Von Weindorf aus reichen die Animag- und Privatkundenbank-Netze rund um die Welt, und über Consuelo ist der Ort mit dem Interfabric-Netz verbunden. Seine Medieninfrastruktur ist europäisch, seine Anbindung ans Verkehrsnetz ist zum Teil eine Angelegenheit der Agglomeration, zum Teil eine des Bundes, und zum Teil eine europäischer Fluggesellschaften. Mit seiner Administration und Rechnungsführung ist es an den Verbund der Hochrhein-Gemeinden angeschlossen, und regionalpolitisch lehnt es sich an Baden-Württemberg an. Seine Schulen unterstehen kantonaler und seine Wehr- und Sozialdienstpflichtigen schweizerischer Gesetzgebung. Daß es als Schweizer Gemeinde erst vor drei Jahren Teil der Europäischen Union geworden ist, erscheint heute schon fast als Treppenwitz der Weltgeschichte.

Was aus dieser bunten Aufzählung für mich deutlich hervorgeht, ist, daß die vielfältigen Vernetzungen nicht hierarchisch geordnet sind. Das alte föderalistische Prinzip wirkt zwar nach, aber es wird zunehmend unterwandert durch andere Kriterien: Eine Gemeinde kann einem Schweizer Kanton, aber einem grenzüberschreitenden Gemeindeverbund angehören, und sie kann ihr eigenes weltweites Beziehungsnetz entwickeln. Politische Gebietskörperschaften im traditionellen Sinn lösen sich auf in eine Vielfalt von Netzwerken, die pragmatisch spezifische Funktionen wahrnehmen. Wen stört es heute noch, daß die Europäische Union traditionelle bundesstaatliche Strukturen für Angelegenheiten des Binnenmarktes und der Außenwirtschaftspolitik hat, während die Währungsunion in einem technokratischen Verbund der beteiligten Zentralbanken organisiert ist, daß die Außenpolitik Gegenstand der Abstimmung zwischen nationalen Regierungen bleibt, die aber von Fall zu Fall EU-Projekte mit stringenteren Entscheidungsstrukturen definieren, und daß jene Mitglieder, die sich an der gemeinsamen Verteidigungspolitik beteiligen, mit den Amerikanern und den Russen zusammen eine Dreipfeiler-NATO zu bilden versuchen, um endlich die ehemals kommunistischen Osteuropäer in die WeU aufnehmen zu können, während gleichzeitig die vier Länder, welche die europäische Schnelleingreiftruppe stellen, dieser eine strikte Einsatzdoktrin und Kontrollstruktur verpaßt haben?

Europa als vielfältiger Netzwerkprozeß – auch das könnte Teil der Verwirklichung des abendländischen Traums sein. Wahrscheinlich ist es kein Zufall, daß die Europäer selbst immer über Schwäche und Handlungsunfähigkeit jammern, während die EU von außen als mächtiges Gebilde mit weltweit dominierendem Einfluß wahrgenommen wird: Jene Europäer, die die Klage führen, denken immer noch in traditionellen Machtstrukturen und haben noch gar nicht realisiert, daß das Netzwerk Europa gerade dadurch, daß es sich nicht auf ein Organisationsmuster der Vergangenheit festgelegt hat, überall in der Welt als agile Gestaltungskraft wirkt und wahrgenommen wird und mit traditionelleren Mächten wie den USA und Japan, ohne es zu wollen, ständig Hase und Igel spielt!

Die Mendozas: Inbegriff der Dialogkultur

Jetzt muß ich mich entschuldigen: Die Europalücke, die ich in meinem Weindorf-Fazit empfunden habe, ist mit mir durchgegangen. Vielleicht ergibt sich ein anderes Mal die Gelegenheit, diese Punkte zu vertiefen? Ich will also zum Thema zurückkommen, und das ist der Dank. Es ist mir ein Anliegen, nicht nur für die vielfältigen Anregungen zu danken, die ich für meine Arbeit erhalten habe, sondern auch für die noch vielfältigeren Emotionen, Genüsse und Verführungen. Die Frauen im Hause Rheinblick haben mich verwöhnt mit ihrer Zuwendung und ihren ungewöhnlichen Reizen in einer Weise, die mir jedesmal heiße und kalte Schauer durch die Adern jagt, wenn ich daran denke; sie haben mich überdies in Erlebniswelten getaucht, die in mir ein ästhetisches und emotionales Gewitter ausgelöst haben; dazu gehörten natürlich auch die vielfältigen kulinarischen Freuden, die Sie und Anja mir beschert haben. Alle BewohnerInnen des Hauses haben mich beschämt und verwöhnt mit ihrem vorbehaltlosen menschlichen Vertrauen und der Offenheit und Intensität, mit der sie an jedes Thema herangegangen sind. Und Sie alle haben mir das Wertvollste geschenkt, über das Sie verfügen: Ihre Zeit. Ich hoffe nur, daß unsere lebhaften Diskussionen auch Ihnen zuweilen etwas gebracht haben. Zumindest eines haben Sie mir ja gesagt: Sie haben sich »köstlich geärgert«. Ich denke, das ist ein Kompliment, das der abendländischen Dialogkultur wohl ansteht, und deshalb möchte ich mich abschließend dafür bedanken, daß Sie sich von mir haben ärgern lassen. Ich wünsche mir sehr, Sie alle gelegentlich wiederzusehen und gewisse Fäden weiterzuspinnen. Vielleicht bietet das, was ich aus diesen Eindrücken machen und Ihnen selbstverständlich zuschicken werde, einen Anlaß dazu. In der Zwischenzeit wünsche ich Ihnen von Herzen, daß das Haus Rheinblick weiterhin ein lebendes Symbol für die Verwirklichung abendländischer Träume bleiben möge!

Herzlich Ihr XY

Analytischer Anhang über die Renaissance des Abendlandes

Das Schlußkapitel zeigt, wie Europa gerade mit Hilfe der Mißerfolge nach Abschluß des wenig durchdachten Maastricht-Vertrags zu seinem Kern gefunden hat, nämlich zur Dialogkultur, zum Umgang mit der Vielfalt und den in ihr enthaltenen Paradoxien und Widersprüchen. Auf dieser Grundlage entwickelt sich das erste postindustrielle Staatsgebilde, das eher ein vielfältiger Suchprozeß als eine festgefügte, klare Struktur ist. Es ist ähnlich schwierig zu beschreiben wie die vielfältig fließende Welt, in der es sich bewegt, und es wird auf vielen Teilgebieten verdrängt durch konzentrierte Machtstrategien seiner Konkurrenten. Dennoch entfaltet es durch die Vielfalt seiner Netzwerke eine Allgegenwart und einen Einfluß im Konkreten, der es zum Strahlungszentrum des Weltdorfs werden läßt.

Die Kunst, mit Vielfalt und Widersprüchen umzugehen

Was ist »Abendland«? Es ist zunächst einmal ein geographischer Begriff – Europa, wo die Sonne untergeht, weil westlich davon vermeintlich nur noch Wasser kommt, im Gegensatz zum Morgenland, wo die Sonne aufgeht, vom Abendland aus gesehen, und zum Reich der Mitte, wo sie niemals untergeht. Das Abendland ist aber auch ein kultureller Begriff: Es repräsentiert jene Kultur – oder zumindest Zivilisation –, die heute die Weltgesellschaft prägt oder mindestens tüncht, auch wenn sofort beizufügen ist, daß die kulturelle Wiege des Abendlandes im Morgenland liegt und daß die Globalisierung der abendländischen Lebensart erst perfekt wurde mit Hilfe der »Neuen Welt«, die ihre Identität in der Emanzipation vom Abendland gefunden hat; wie ein heimtückischer Virus überwindet sie gerade deshalb alle kulturellen Immunsysteme, einschließlich des abendländischen selbst, weil von ihrem abendländischen Ursprung nur eine leere Hülle übriggeblieben ist, der alle Infizierten, einschließlich der Neuen Welt selbst, ihren autochthonen Kern zur Verfügung stellen, soweit er überlebt hat.

Die Frage, ob es sinnvoll ist, von einer Renaissance des Abendlandes zu sprechen, ist angesichts der Tatsache, daß eine abendländische Identität kaum noch aufzuspüren ist, nur allzu berechtigt. Dennoch bejahen wir sie mit Überzeugung, und zwar gerade wegen dieser Tatsache. Die abendländische Identität war immer eine vielfältig gebrochene. Sollte es so ewas wie einen Kern der abendländischen Kultur geben, so wäre er nicht in irgendeiner Wahrheit oder Überzeugung oder Lebensform zu suchen, sondern in der Spannung, der Paradoxie, der Auseinandersetzung, dem Kampf, dem Dialog zwischen verschiedensten Wahrheiten, Überzeugungen oder Lebensformen. Wenn die Wiege abendländischen Denkens im antiken Griechenland läge, so wäre sie gekennzeichnet von den Diadochenkämpfen und Verwechslungskomödien seiner Götter, den Auseinandersetzungen seiner Philosophen und den Kriegen zwischen so gegensätzlichen Kulturen wie Athen und Sparta. Aber die Wiege liegt ja nicht nur dort, sondern auch in der jüdisch-christlichen Tradition, genauer gesagt in der Auseinandersetzung zwischen zwei mehr oder weniger monotheistischen Traditionen, deren eine von einer ausgeprägten Dialogkultur geprägt ist, während die andere sich über jahrhundertelange Religionskriege hinweg entwickelte, nachdem sie zunächst einmal die heidnische Antike im Hegelschen Sinne in sich aufgehoben hatte.

So ist es auch nicht das »Projekt Moderne« im Sinn der prometheischen Emanzipation, die das Abendland ausmacht, sondern der nie auflösbare Gegensatz zwischen den unterschiedlichen Arten, mit Unterschieden umzugehen – hier Nathan der Weise und Voltaire, dort der Großinquisitor, Hitler und die ethnische Säuberung –, der den Kantschen Imperativ und die UN-Charta hervorgebracht hat, aber auch die Vernichtung der Indianer und das koloniale Herrenmenschentum. Die Aufklärung und die von ihr produzierten Verdrängungen des hochindustriellen Bildungsbürgertums, die sich in den Gewalteruptionen des 20. Jahrhunderts entluden und das Irrationale der Aufklärung selbst verhüllten – sie gipfelten in der Irrationalität der ihre eigenen Grundlagen zerstörenden industriellen Rationalisierung, die von den Epigonen in der Neuen Welt am reinsten durchexerziert wurde. Die Welt als Newtonsche Maschine oder »Jeder soll nach seiner eigenen Fasson selig werden« – die beiden Seiten derselben Medaille, die sich schließlich als Eiserner Vorhang quer durch das Abendland zog und die gesamte Welt zwischen den zwei Gesichtern des Abendlandes aufspaltete, erstarrt und damit sich selbst ad absurdum führend.

Die Götterdämmerung der Dinosaurier auf beiden Seiten, aus ganz verschiedenen und doch wieder denselben Gründen – sie zerschlug den ideologischen Spiegel und befreite die Vielfalt der Brechungen. Noch einmal kam die Stunde des Abendlandes, dessen Beben seit einem halben Jahrhundert immer neue Schockwellen über die Welt verbreitet hatten. Die neue Welle brachte des Pudels Kern ins Licht: Die Erfahrung im Umgang mit der kulturellen Vielfalt und mit der Vielfalt der Ansätze, mit ihr umzugehen. Das war die Quelle, aus der Europa seine abendländische Strahlungskraft wieder schöpfte, und paradoxerweise spiegelte sie sich gerade in der Unfähigkeit seiner Politiker, die überall aufbrechenden Konflikte »in den Griff zu bekommen«, denn die Kunst, diese zuzulassen, ist die Kraftquelle, mit der Europa heute die Welt wieder versorgt …

Weder ein Bundesstaat noch ein Staatenbund, sondern ein vielfältiger Suchprozeß

Damit ist gesagt, daß die schleichende Krise, welche die Europäische Union (EU) in den neunziger Jahren nach der Ratifizierung des Maastrichter Abkommens erfaßte, sich auf längere Sicht als historische Chance entpuppte. Sie zwang nämlich die EU als unersetzlichen Kern der politischen Organisation Europas, ihre Identität zu definieren, und zwar nicht einfach, wie so oft zuvor, um voluntaristische Positionen festzuzurren, sondern als Ergebnis tiefgreifender und zum Teil schmerzlicher Auseinandersetzungen, aus denen

sich wirklich so etwas wie ein entwicklungsfähiger Attraktor »Europa« herauskristallisierte.
  Es ist hier nicht der Ort, die Irrungen und Wirrungen nachzuzeichnen, von den Bürgerkriegswirren im Balkan und an den Rändern der früheren Sowjetunion über die politischen Turbulenzen in mehreren west- und mitteleuropäischen Ländern bis zu den homerischen Auseinandersetzungen in den EU- und den NATO-Institutionen, sondern wir müssen uns damit begnügen, die wichtigsten Fragen und Antworten festzuhalten, die Auskunft geben über diese neu entdeckte abendländische Identität.
  Die erste Frage lautete: Bildet die EU den Nukleus eines europäischen Bundesstaates, d. h. der oft beschworenen »Vereinigten Staaten von Europa«, oder eines Staatenbundes? Die Antwort ist ein dezidiertes »Weder-Noch«: Die EG ist ein Gebilde sui generis, ohne historisches Vorbild, mit folgenden Wesenszügen:

- Politische Prozesse bleiben wichtiger als Strukturen. Das ist aber eine Frage des Gewichts, nicht des Prinzips. Die rechtsstaatliche Verbindlichkeit des »acquis communautaire« wird dadurch nicht beeinträchtigt. Dennoch bedeutet das Selbstverständnis des politischen Europa als Prozeß, der nicht auf einen bestimmten Endzustand zusteuert, einen Paradigmenwechsel, der die EU zum ersten postindustriellen Staatsgebilde macht.

- Politisch umfaßt der Begriff der »Europäischen Union« nicht nur die Verträge von Rom und Maastricht und die durch sie begründeten Institutionen, sondern auch den Europarat und die WEU.

- Gegenstand des Entwicklungsprozesses ist u. a. die Kompetenzaufteilung zwischen den verschiedenen Ebenen der öffentlichen Hand und der Kompetenz, darüber zu entscheiden («Kompetenz-Kompetenz«). Anerkannt ist dabei der Grundsatz der Subsidiarität: Soweit unten wie möglich, soweit oben wie nötig, lautet die Parole. Es liegt in der Natur der Sache, daß sich daraus eine Bewegung von den traditionellen Nationalstaaten nach oben zur EU, aber auch zum Europarat und zur WEU, und nach unten zu den Regionen und Gemeinden ergibt. Die Nationalstaaten verfügen aber nicht über das Monopol der Kompetenz-Kompetenz, sondern diese ist nur in rechtsverbindlich geregelten Fragen sachbezogen festgehalten. Bei neu zu regelnden Fragen hängt ihre Beantwortung stark davon ab, welche Ebene die Initiative ergreift. Das sind seit einigen Jahren immer öfter Gruppen von Regionen und Gemeinden.

- Dementsprechend entwickelt sich eine maßgeschneiderte Vielfalt aus föderativen und konföderativen Lösungen; dabei beschränkt sich die Supranationalität nicht auf die EU-Ebene, sondern es gibt auch auf regionaler und kommunaler Ebene Rechtsinstitutionen, welche die nationalen Grenzen überschreiten. Umgekehrt gibt es auf allen Ebenen, auch der europäischen, Regelungen, die nur auf internationalen Vereinbarungen beruhen. Sie umfassen jene Nationen, Regionen oder Gemeinden, die daran interessiert sind. Somit ist die »géométrie variable« kein Tabu mehr. Auch auf der Ebene des EU-Rechts gibt es Bereiche, die nur für einzelne Mitglieder oder für Gruppen von interessierten Regionen verbindlich sind.

- Insgesamt entsteht somit ein dynamisches Netzwerk von Vereinbarungen und Rechtssetzungen, das sich regional und sachlich maßgeschneidert entwickelt. Dabei wacht der EuGH über die einheitliche Interpretation und Durchsetzung der rechtsverbindlichen Beschlüsse der EU-Institutionen in jenen Gebieten, die ihnen unterstehen. Dieselbe Rolle fällt den Gerichtshöfen des Europarates und der WEU für die in deren Rahmen stattfindenden Rechtssetzungen zu. Koordinationsprozesse stellen sicher, daß Grenzüberschneidungen nicht zu Widersprüchen führen; das führt zuweilen zu heftigen juristischen Auseinandersetzungen, die aber zunehmend auch als Quelle der Innovation wahrgenommen werden.

- Auf der politischen Ebene fällt der Gipfelkonferenz der Staats- und Regierungschefs und der Präsidenten bzw. Generalsekretäre der europäischen Institutionen einschließlich der Europäischen Zentralbank und der WEU die Rolle zu, eine übergreifende Orientierung der Europapolitik zu finden.

Pragmatische Vielfalt der Gewaltenteilung und Demokratie
Die zweite Frage ist mit der ersten eng verknüpft. Sie lautet: Ist die EU ein Rechtsstaat, der nach den Grundsätzen der Gewaltenteilung und der Demokratie funktioniert? Auch sie läßt sich nicht mit einem simplen Ja oder Nein beantworten. Die differenzierte Antwort lautet:

- Auf der nationalstaatlichen Ebene wird diese Frage entsprechend nationalem Recht beantwortet, wobei aber die Mitgliedschaft in der EU und im Europarat an Minimalstandards hinsichtlich der Bürgerrechte gebunden ist.

- Analog wird die Frage auf der Ebene der regionalen und kommunalen Zusammenschlüsse beantwortet.

- Kompetenzabtretungen seitens all dieser Ebenen an übergreifende Institutionen müssen nach dem nationalen, regionalen oder kommunalen Recht demokratisch legitimiert sein. Ob dies voraussetzt, daß die übergreifenden Institutionen ihrerseits durch eigene Parlamente oder Referendumsverfahren legitimiert werden, ist nicht einheitlich geregelt. Im Bereich der EU-Verträge besteht eine demokratische Kontrolle durch das Europäische Parlament und den später hinzugefügten Regionalrat. Auch die WEU-Versammlung und der Europarat sind mit verstärkten Kontrollkompetenzen versehen worden. Diese vier Institutionen bilden auf Gebieten, die eine gemeinsame Willensbildung erfordern, gemeinsame Ausschüsse. Demgegenüber wird die demokratische Fundierung auf der regionalen und kommunalen Ebene eher durch direktdemokratische Meinungsbildungsprozesse gesucht; wo übergreifendes Recht geschaffen wird, entstehen auch die entsprechenden Gerichts- oder Schiedsgerichtsinstanzen, zuweilen auch in Form der Delegation an bereits bestehende Institutionen.

– Natürlich konnte der Vorwurf des unübersichtlichen Institutionen- und Rechtswirrwarrs nicht ausbleiben. In einer Zeit, da Weltkonzerne aus Tausenden von autonomen Kleinstunternehmen bestehen und eher prozeßhaften Netzwerken als statisch definierten Strukturen entsprechen, hat sich allerdings zunehmend die Auffassung durchgesetzt, daß der Vielfalt und Dynamik der Kulturen und Aufgaben auch die Vielfalt und Dynamik der Institutionen entsprechen müsse. Dadurch ist einerseits eine optimale Partizipation der jeweils Beteiligten und Betroffenen gesichert, während andererseits, wiederum analog den Funktionen des Topmanagements von Weltkonzernen, die Gipfelkonferenz und die in ihr vertretenen übergreifenden Institutionen dafür sorgen, daß die Gesamtorientierung nicht untergeht. Auf der Basis des Europäischen Informationsnetzwerks (EIA) sorgen sie für die erforderlichen Rückkoppelungsprozesse mit den Bürgern, die jedoch nicht den Charakter formaldemokratischer Entscheidungen haben. Aber auch hier gilt, daß die Suche nach der europäischen Identität und den adäquaten Strukturen niemals abgeschlossen sein wird, sondern selbst den Kern dieser Identität verkörpert. Die zuweilen mangelnde Transparenz des Gesamtgebildes ist der Preis für einen erheblichen Zugewinn an Transparenz, Partizipation und Flexibilität auf den einzelnen Gebieten, oder anders ausgedrückt, für eine ausgeprägte Anschlußfähigkeit europäischer Politik gegenüber der Vielfalt und Dynamik der von ihr zu beantwortenden Fragen.

Währungsunion durch Eigendynamik statt durch Vertrag
Damit kommen wir zu einzelnen sektoriellen Fragen, die hier natürlich nur auszugsweise aufgeworfen werden können. Im Vordergrund stand bis vor einigen Jahren die Frage, ob Europa eine Währungsunion brauche und wer ihr gegebenenfalls anzugehören habe. Der in Maastricht 1992 festgehaltene unwiderrufliche Übergang zur Währungsunion spätestens 1999 wurde schon knapp zwei Jahre darauf durch die normative Kraft des Faktischen in Frage gestellt: Schon die Krise des EWS im Sommer 1993 begründete die Erwartung, daß bestenfalls zwei oder drei, möglicherweise aber kein einziges der EG-Mitglieder die Bedingungen für die Teilnahme an der Währungsunion erfüllen würden. Da einzelne Zentralbanken eine Lockerung dieser Bedingungen kategorisch ablehnten, war mit der Möglichkeit zu rechnen, daß die Währungsunion zwar formell in Kraft treten, aber keine Mitglieder haben würde.

Die Frage wurde deshalb 1996 und danach neu aufgerollt und wie folgt beantwortet:

- Eine Währungsunion ist zwar eine technische Erleichterung, aber keine Funktionsbedingung für den seit 1993 weitgehend verwirklichten Binnenmarkt.
- Es ist wünschbar, eine währungspolitische Eigendynamik in Richtung wirtschaftspolitischer Konvergenz zu schaffen und den erreichten Konvergenzstand währungspolitisch abzusichern, aber es ist für die Kohärenz der EG gefährlich, nicht erreichte wirtschaftspolitische Konvergenz durch eine Währungsunion herbeizuzwingen, weil dies zu wachsenden strukturellen und damit schließlich auch politischen Divergenzen und damit in letzter Konsequenz zum Auseinanderbrechen des Gesamtgebildes führen kann.
- Es ist unerwünscht, daß inflationäres Gebaren über automatische Beistandsmechanismen in stabilere Länder exportiert wird.
- In diesem Sinn wird zwar am Ziel einer Währungsunion und an der Schaffung einer europäischen Zentralbank im Jahre 1999 festgehalten, aber technisch ein anderer Weg eingeschlagen, den die britische Regierung seit langem propagiert hatte: Der Eurofranken, wie die neue Europawährung schließlich getauft wurde, sollte nicht am 1. Januar 2000 die nationalen Währungen der Mitgliedstaaten ersetzen, sondern als Parallelwährung neben sie treten. Den Verhandlungen zwischen der EZB und nationalen Zentralbanken blieb es dann überlassen, zu welchem Zeitpunkt ein Land den Eurofranken als gesetzliches Zahlungsmittel neben der Landeswährung zulassen oder die letztere ganz aufheben würde. Auch gab es keinerlei Einschränkungen in der nationalen Wechselkurs- und Haushaltspolitik.

So entstand eine Stabilitätskonvergenz, die einen mächtigen Sog zugunsten des Eurofrankens auslöste, aber jenen Ländern, die sich nicht sofort in das Stabilitätskorsett begeben wollten, noch eine gewisse Handlungsfreiheit beließ. Allerdings engte sie sich durch die nun in der Gegenrichtung wirkende normative Kraft des Faktischen – auch wo er nicht gesetzliches Zahlungsmittel ist, erfreut sich der Eurofranken als internationale Transaktions- und Anlagewährung wachsender Beliebtheit – rasch ein.

Das vorläufige Zwischenergebnis dieses Kurses ist, daß heute de facto überall in Europa mit Eurofranken bezahlt werden kann, daß aber die nationalen Währungen nach wie vor eine gewichtige Rolle spielen, einerseits als Stabilitätssicherung gegenüber allfälligen inflationären Anfechtungen der EB, andererseits als Zuflucht finanzschwacher Länder, die ihr Heil in Abwertungen und Budgetdefiziten suchen. Da dies aber den Sog zum Eurofranken verstärkt, werden solche Versuche in aller Regel gekoppelt mit gemeinsamen Stützungsaktionen, zu denen sich die stärkeren Länder aber nur in Verbindung mit entsprechenden Sanierungspaketen bereit finden. So hat sich auch hier der pragmatische, flexible Weg als wirksamer erwiesen, nachdem die früheren Dogmen beseitigt waren.

Außen- und sicherheitspolitische Identität durch Differenzierung
Die vierte zentrale Frage lautete: Hat Europa auch eine außen- und sicherheitspolitische Identität, und wie ist sie gegebenenfalls zu verwirklichen? Die Antwort auf den ersten Teil der Frage lautet positiv, denn das Ziel, das Entstehen neuer Weltenbrände in Europa ein für allemal auszuschließen, war ja die zentrale Raison d'être des ganzen Unterfangens gewesen. Schwieriger war der zweite Teil. Einer klaren Antwort standen vor allem drei Hindernisse im Wege: Die Außen- und Sicherheitspolitik gehörte nach wie vor zum eisernen dogmatischen Bestand der nationalen Souveränität. Das Festhalten daran wurde gestützt durch die Vielfalt und Widersprüchlichkeit der nationalen Interessen, Kulturen und historischen Traditionen. Außerdem hatte sich Europa nach dem Zweiten Weltkrieg daran gewöhnt, mit diesem Zustand zu leben, weil es die Sicherheitspolitik an die beiden Supermächte und nach dem Zusammenbruch des Sowjetimperiums an die Vereinigten Staaten abgetreten hatte.

Damit lag auf der Hand, unter welchen Bedingungen eine europäische Identität zu entwickeln war:

1. Die Frage mußte entdogmatisiert werden. Auch hier gilt, daß es nicht eine Außen- und Sicherheitspolitik gab, sondern ein Konglomerat von Aufgaben und zum Teil widersprüchlichen Interessen, das pragmatisch angegangen werden mußte. So mußten gewisse Fragen zwingend auf gesamteuropäischem Niveau geregelt werden. Dazu gehörten jene, die infolge der Zollunion mit der gemeinsamen Handels- und Außenwirtschaftspolitik und mit den vier Freizügigkeiten zwangsläufig verknüpft waren. Hier war die supranationale Lösung seit langem eingeführt und wurde schrittweise ausgedehnt, zum Beispiel auf eine gemeinsame Einwanderungspolitik. Viele sicherheitspolitischen Fragen riefen ebenfalls nach gesamteuropäischen Lösungen. Darunter gab es aber solche, die mit Kooperationsvereinbarungen geregelt werden konnten, wie etwa die koordinierte Bekämpfung des organisierten Verbrechens. Andere erforderten supranationale Institutionen, so die Regelung der interkontinentalen Beziehungen auf militärischem und ökologischem Gebiet. Das bedeutete aber wiederum nicht, daß die nationalen Armeen insgesamt europäisiert werden mußten; so behielten nationale Verbände im Rahmen spezieller bilateraler Beziehungen etwa der ehemaligen Kolonialmächte oder im Rahmen von UN-Aktionen ihre Berechtigung, während sich für die Sicherung der europäischen Binnen- und Außengrenzen eine Mischung zwischen nationalen und europäischen Verbänden aufdrängte. Auch auf diesem Gebiet wurde also eine pragmatische, d. h. sachbezogene und differenzierte Politik nach dem Subsidiaritätsprinzip eingeschlagen.

2. Dadurch blieb den einzelnen Ländern und neuerdings zunehmend auch Regionen und Gemeinden unbenommen, ihre speziellen Interessen und Beziehungen zu pflegen. Die Vielfalt der interkulturellen Dialoge, die im sich zunehmend regionalisierenden Global Village zum Hauptinstrument

der Außenbeziehungen wird, war anders gar nicht zu entwickeln. Die Entkrampfung auf der dogmatischen Ebene förderte auch die Bildung von Koordinationsverfahren und Gremien, wo immer das Bedürfnis danach sichtbar wurde, ohne daß hierzu eine Mitwirkung gesamteuropäischer Institutionen erforderlich war.

3. Voraussetzung einer gemeinsamen europäischen Sicherheitspolitik auf jenen Gebieten, auf denen eine solche erforderlich war, blieb die Emanzipation von den USA. Auch diese Diskussion mußte sich zunächst entkrampfen, damit sich beidseits des Atlantiks die Einsicht durchsetzen konnte, daß Emanzipation und Allianz sich nicht ausschlössen, aber daß die NATO, einschließlich ihrer Eurogruppe, ihres Kooperationsrates und der aus ihr hervorgegangenen KSZE von ihrer Tradition und Struktur her nur Instrumente der Allianz und Kooperation und nicht einer gemeinsamen europäischen Sicherheitspolitik sein konnte, und daß sie nur mit den drei Flügeln USA, EG und GUS auf die Dauer funktionieren konnte. Es bedurfte eines zähen Ringens, bis das Gefäß der WEU zur EVU (Europäische Verteidigungsunion) werden und damit endlich der Bogen zur 50 Jahre zuvor gescheiterten EVG wieder geschlagen werden konnte.

Variable Geometrie der europäischen Grenzen
Von hier aus führt ein direkter Weg zur Frage nach den Grenzen Europas. Genauer genommen lautet sie, wer wo mitmachen darf. Geographisch gesehen stellte sie sich namentlich mit Bezug auf die asiatischen Gebiete Rußlands und Kaukasiens sowie die Türkei, und kulturell stellte sie sich darüber hinaus für Israel. Nur letzteres wurde mit Blick auf eine integrierte Mittelmeerpolitik gänzlich abschlägig beschieden. Angesichts der pragmatischen Vielfalt und Flexibilität des Integrationsprozesses sind fast alle Länder, die nach dem geographischen Kriterium mitmachen dürften, den À-la-carte-Kunden zuzurechnen.

Für das gesamte Menü – Vollmitgliedschaft in EU, Währungsunion, EVU, Europarat – haben sich bis heute nur die ursprünglichen Sechs sowie Großbritannien und Spanien entschließen können. Die EG zählt demgegenüber heute genau doppelt so viele Mitglieder wie anläßlich der Ratifizierung des Maastricht-Vertrags. Zu den früheren EFTA-Ländern mit Ausnahme Norwegens und Islands sowie den vier angrenzenden ostmitteleuropäischen Ländern und Slowenien sind noch Malta und Zypern hinzugestoßen. Aber nicht alle 24 gehören auch der Währungsunion und der EVU an. Die früheren Neutralen und Ostblockstaaten sind aber mit der letzteren über einen Kooperationsrat verbunden, der als Vorstufe der Mitgliedschaft gilt. Die meisten EU-Mitglieder, auch die ostmitteleuropäischen, gehören der NATO an, ebenso die nordamerikanischen Staaten und die GUS. Nur im Europarat sind sämtliche sogenannten europäischen Länder vereinigt, mit Ausnahme Serbiens, das sich den Menschenrechtsverpflichtungen bisher nicht unterziehen wollte. In EU-Fragen zeichnet sich so etwas wie ein innerster Kreis der EU-

und Währungsunionsmitglieder ab, der neben den genannten acht noch die ehemaligen EFTA-Länder, nicht aber Irland, Griechenland und Portugal umfaßt. Mit den Nicht-EU-Mitgliedern Osteuropas, einschließlich der balkanischen, bestehen weitgehende Freihandels- und Kooperationsabkommen, zum Teil mit einer Evolutionsklausel, die eine spätere Mitgliedschaft offenhält.

Es wäre ein hoffnungsloses Unterfangen, alle Gruppierungen aufzuzählen, die sich unterhalb der gesamteuropäischen Institutionen herausgebildet haben und die sich auch vielfach überschneiden. Es sei deshalb nur ein einzelnes, bezeichnendes Beispiel herausgegriffen, nämlich der Schweizer Kanton Basel-Stadt: Er ist Mitglied einer der zwölf Schweizer Kantonszusammenschlüsse, die je einen Vertreter in den EU-Regionalrat entsenden. Mit Basel-Land, dem Elsaß und Baden-Württemberg zusammen bildet er die Regio Basiliensis. Diese gehört dem Rat der Alpenregionen an, in dem die ost- und südostfranzösischen, die norditalienischen, die süddeutschen und die österreichischen Länder sowie Slowenien und Kroatien vertreten sind; es handelt sich um den politisch und wirtschaftlich stärksten europäischen Regionalverbund. Außerdem hat Basel-Stadt gemeinsam mit den schweizerischen, deutschen und elsässischen Nachbarstädten einen kommunalen Agglomerationsverbund aufgebaut. Zusammen mit 20 weiteren größeren Städten in ganz Europa ist dieser Mitglied des Verbundes der EIA-Pilotstädte (EIA = Europäischer Informationsraum), und ähnliche Verbünde sind gerade im Bereich der Entwicklung und Erprobung neuer Entsorgungs- und Transportkonzepte, im Aufbau begriffen.

Kulturelle Identität durch Offenheit und Dialog

Eine letzte Frage lautet: Wie äußert sich die kulturelle Identität Europas? Es ist eine Frage, die vor allem auch die Außenwelt fasziniert und irritiert. Hohn und Spott über die verwirrende Vielfalt dieses Gebildes vermischen sich mit Neugier und Achtung vor dessen Allgegenwart nach dem Prinzip von Hase und Igel. Die Frage ruft nach negativen und positiven Antworten, denn was es nicht gibt, ist ebenso wichtig wie das umgekehrte:

Es gibt keine zentrale Doktrin oder Strategie europäischer Kulturpolitik. Dagegen enthalten die Zutrittskriterien der verschiedenen Institutionen einige verbindende Werte, die etwas über die gemeinsame Identität aussagen. Sie gehen aber nur in einem – allerdings wesentlichen – Punkt über die Menschenrechte (unter Einschluß der demokratischen Beteiligungsrechte) hinaus, nämlich indem sie die Gleichheit aller vor dem Recht relativieren durch das Recht von Minderheiten, sich als Gruppen politisch zu organisieren und dafür besonderen Schutz zu beanspruchen. Wir haben hier leider nicht die Möglichkeit, allen Definitionsproblemen, die zu diesem Zweck überwunden werden mußten, auf den Grund zu gehen. Da inzwischen die UNO im Begriff ist, die Souveränität ihrer Mitglieder durch ähnliche Bestimmungen einzugrenzen, darf man sagen, daß dies sicher nicht die Ebene ist, auf der sich Europas kulturelle Einzigartigkeit manifestiert.

Die EU ist nach einigen untauglichen Versuchen auch wieder davon abgekommen, ihre Identität gegen kulturelle Verschmutzung aus Übersee abzuschirmen, wie das in den neunziger Jahren durch Mindestquoten für europäische Sendungen im Fernsehen u. ä. versucht worden war. Wie erinnerlich, war dies vor allem gegen den sogenannten amerikanischen Kulturimperialismus gerichtet gewesen. Aber es wurde sogar in Paris mit der Zeit erkannt, daß solche leicht umgehbaren Einschränkungen in Tat und Wahrheit den amerikanischen Einfluß nur verstärkten und die europäische Wettbewerbsfähigkeit schwächten. Es zeigte sich sogar, daß gerade die immer neuen universellen Popkultursignale aus Hollywood die ideale Kulisse abgaben, vor welcher Manifestationen der europäischen Vielfalt und Differenzierung zur Wirkung gelangen konnten.

Wenn wir nun nach den positiven Ansätzen einer europäischen Kulturpolitik suchen, so lautet die Zusammenfassung: alles, was der Freiheit des Informationsaustausches, dem Zugang zu Informationen und Infrastrukturen, der Offenheit und Vielfalt kultureller Entwicklungen, dem Austausch von Erfahrungen und Anregungen und dem interkulturellen Dialog dient.

Von dieser Grundhaltung her sind die folgenden Programme zu sehen: die Errichtung des europäischen Breitbandnetzes und einer vollen Palette horizontaler Dienstleistungen im Telekommunikationsbereich, die koordinierte Förderung kommunaler Konzepte des Zugangs zu computergestützten interaktiven Lernprogrammen, die Pilotprojekte zur politischen Meinungsbildung mit Unterstützung interaktiver Telekommunikation, die europäischen Regeln des Zugangs zu Datenbanken, die Wettbewerbsregeln im Bereich der Medien, der Bildung, der wissenschaftlichen Forschung und Entwicklung und der Kunst, die Freizügigkeit des Zugangs zu Bildungsinstitutionen und Tätigkeiten, die »Heiratsvermittlung« bei der Bildung von regionalen und kommunalen Verbänden für Erfahrungsaustausch und Gemeinschaftsentwicklungen auf kulturpolitischen Gebieten, die Unterstützung des Aufbaus von kulturpolitischen Datenbanken und das Amt für interkulturellen Dialog.

Das letztere sei etwas näher beleuchtet. Es ist natürlich vernetzt mit allen anderen Bestrebungen. Sein Auftrag ist die Unterstützung und Förderung des interkulturellen Dialogs. Es unterhält eine Datenbank, in der möglichst alle Erfahrungen und Erkenntnisse im interkulturellen Dialog abrufbar sind. Sie ergeben sich aus konkreten Beispielen aus der öffentlich-rechtlichen Entwicklungs- sowie Ost-West-Kooperation, aus allen Bereichen des interkulturellen Managements, aber auch aus Forschungsprojekten. Auf dieser Basis identifiziert und vergibt das Amt interessante Aufträge für Forschungs- und Pilotprojekte. Auf diese Weise sollen ständig neue, weiter verwendbare Erkenntnisse über vielversprechende Ansätze zur friedlichen Bewältigung interkultureller Konzepte, zur Schaffung gegenseitigen Verständnisses, zum gemeinsamen Lernen und zur kooperativen Entwicklung neuer Lösungen zusammengetragen und weitervermittelt werden. »Kunden« des Amtes sind Diplomaten, Entwicklungshelfer, Manager, Gewerkschaftler, Wissenschaftler,

Medienschaffende, Filmemacher, Vertreter der Marketing-, Werbe- und PR-Branche, Sozialhelfer, Lehrkräfte, Politiker, Unterhändler, Künstler etc. bzw. die sie beschäftigenden Institutionen. Der Aufzählung sind kaum Grenzen gesetzt.

Allgegenwart durch Anschlußfähigkeit statt Machtkonzentration
Vielleicht ist dies die am originärsten europäische Errungenschaft nicht nur im Rahmen der Kulturpolitik, sondern überhaupt, denn wenn wir heute die Frage nach der Rolle Europas in der Welt stellen, dann dürfen wir sie wohl folgendermaßen beantworten:

Nach Kriterien, wie sie noch vor zehn Jahren üblich waren, hat Europa in der heutigen Welt zwar ein beachtliches Gewicht, das aber seinem Potential bei weitem nicht entspricht; die Fortschritte waren in dieser Zeit kläglich gering. Zwar stellt das heutige Europa, je nach den zugrunde gelegten Grenzen, fast doppelt so viele Einwohner wie die USA und mehr als dreimal soviel wie Japan. Sein Bruttosozialprodukt übertrifft das aller anderen Regionen der Welt, und seine Importe und Exporte werden von keinem anderen Land oder Kontinent auch nur annähernd erreicht.

Europa hat es aber nicht geschafft, dieses Potential auch voll zu nutzen. Sein Wirtschaftswachstum ist trotz des riesigen Nachholbedarfs seines Ostens nicht größer als jenes der USA und wird von praktisch allen anderen Weltregionen übertroffen, vor allem natürlich vom benachbarten China. Sein durchschnittliches Pro-Kopf-Einkommen wird heute sowohl von Nordamerika als auch von Japan und einigen weiteren fernöstlichen Ländern übertroffen; nur einige Gebiete Westeuropas, vor allem rund um die Alpen, stehen nach wie vor an der Weltspitze. Das Durchschnittseinkommen Osteuropas wird von dem in China bereits deutlich übertroffen.

Außerdem ist Europa nach wie vor nicht imstande, mit einer Stimme zu sprechen und seine globalen Interessen im Rahmen einer Gesamtstrategie deutlich zu machen und durchzusetzen. Schließlich hat es auch in seiner Sektorenpolitik versagt: Seinen Vorsprung in der Telekommunikation hat es verloren, von der Chips-Großfabrikation und der Computer-Entwicklung gar nicht zu reden. In der Unterhaltungselektronik und im Automobilmarkt sind die Japaner unangefochtene Herrscher, in der Weltraumfahrt die Amerikaner. Der alte Kontinent hat es also, nach dieser Lesart, nicht geschafft, seine Sklerose zu überwinden.

Wie aber sieht es aus, wenn wir nicht die früheren Kriterien von Größe, Kohärenz, Durchschlagskraft und Bruttosozialprodukt zugrunde legen, sondern mehr zukunftsorientierte? Etwa so:

Europa bildet heute ein Netzwerk von einer Dichte, Differenziertheit und Eigendynamik, die wir weltweit vergeblich suchen. Es hat nach außen, zu einer sich regionalisierenden und ausdifferenzierenden Welt, einen Reichtum an maßgeschneiderten interkulturellen Beziehungen entwickelt, der es ohne besondere Kraftakte zum neuen Zentrum des Global Village macht, denn es gibt weltweit keine gegenwärtige oder potentiell bedeutsame Entwicklung, die nicht über eine Kooperationsbeziehung von Europa mitgestaltet wird und gleichzeitig neue Impulse nach Europa bringt.

Diese europäische Allgegenwart ist nicht meßbar, aber allen Beteiligten sehr bewußt. Sie erzeugt jedoch kaum Abwehr oder Gegenpositionen, weil sie sich nicht aus einer Demonstration und aus dem Einsatz von konzentrierter Macht und Größe ergibt, sondern aus den gegenseitigen Einflußmöglichkeiten kooperativer Beziehungen, die in erster Linie für die direkt Beteiligten und Interessierten sichtbar sind, nicht aber in den »Topnews« für die Weltöffentlichkeit.

Die vielfältigen Beziehungsnetze haben die für die Führer großer weltweiter Verhandlungen oft frustrierende Konsequenz, daß ihre europäischen Gesprächspartner sich zwanglos durchsetzen können, weil sie die Gesichtspunkte aller Beteiligten gut kennen, bei vielen von ihnen auf Sympathien rechnen können und Win-Win-Pakete schnüren können, in denen höchstens jene auf der Verliererseite stehen, die mit Kräftekonzentration und Tunnelblick ihre Strategie durchzusetzen versuchen.

Es trifft zu, daß die Europäer auf einigen besonders umkämpften Märkten gegenüber den übrigen Mitgliedern der Triade und auch einigen neueren Konkurrenten hoffnungslos unterlegen sind und dadurch einiges an wirtschaftlichem Entwicklungspotential eingebüßt haben.

Aber das ist der Preis dafür, daß Europa sich vermehrt auf seine spezifischen Stärken besinnt, und die liegen eher dort, wo die Wachstumsmärkte von morgen zu vermuten sind, während Japaner und Amerikaner zunehmend die Konkurrenzkämpfe von gestern ausfechten: Wichtiger als die Hardware wird die Software; wichtiger als die Software werden ihre gestalterischen und inhaltlichen Grundlagen und Anwendungen; wichtiger als die Massenfabrikation wird das neue Handwerk; wichtiger als die großräumige Arbeitsteilung wird die Organisation der kommunalen und regionalen Netzwerke und deren Verbindung zum Global Village; wichtiger als die Effizienz der Routine wird jene der Gestaltung und des Dialogs; wichtiger als die technische Ausrüstung und das Fachwissen wird die kommunikative Kompetenz des Humanpotentials; wichtiger als die Größe wird die Vielfalt; wichtiger als das Bruttosozialprodukt wird die Lebensqualität ...

Vor dem Hintergrund dieses Wandels können wir heute sagen, daß der Vergleich der Pro-Kopf-Einkommen und der Wachstumsraten von Jahr zu Jahr an Aussagekraft verliert. Von Jahr zu Jahr steigt in Ländern mit veralteter nationaler Buchhaltung der Anteil der ins Bruttosozialprodukt eingehenden Wertschöpfung, der in Wirklichkeit eine Verschlechterung der Lebensqualität bedeutet oder nach sich zieht oder das künftige Entwicklungspotential vermindert. Gleichzeitig steigt der Anteil der Wertschöpfungsleistungen außerhalb des monetär-kommerziellen Bereichs, die weder in der nationalen Buchhaltung noch in der Kaufkraftstatistik ihren Niederschlag finden. Das Zurückbleiben Europas in den Bruttosozialprodukt-Wachstumsraten und Pro-Kopf-Quoten ist also lediglich ein Ausdruck der abnehmenden Abhängigkeit von selbstzweckhaft verzerrenden nationalen Buchhaltungen.

So können wir abschließend festhalten, daß Europa mit Hilfe verschiedener Krisen, die eine Rückbesinnung auf seine spezifisch abendländischen Stärken eingeleitet haben, eine neuartige weltweite Prägekraft entwickelt, die es mehr als frühere Varianten abendländischer Ausstrahlung verdienen dürfte, von seinem Umfeld rezipiert zu werden.

Das erste postindustrielle Staatsgebilde
Verschiedentlich war in früheren Passagen dieser Schrift die Rede von einem neuen organisatorischen Grundmuster. In letzter Konsequenz handelt es sich um sich selbst entwickelnde Netzwerke von Beziehungen, die sich aus sich selbst entwickelnden Netzwerken von Beziehungen ergeben. Diese Formulierung soll den fraktalen Charakter dieses Musters deutlich machen, die Selbstähnlichkeit der Strukturen, die sich zeigt, wenn der Beobachter näher herangeht oder sich weiter entfernt; sie soll aber gleichzeitig auch aufzeigen, daß es sich nicht unbedingt um eine hierarchische Struktur von der Art handelt, daß jeweils eine Einheit der nächsthöheren Ebene mehrere Einheiten der niedrigeren Ebene umfaßt. Es handelt sich nicht um Beziehungen zwischen Netzwerken, sondern um Beziehungen zwischen Beziehungen, die sich aus Netzwerken von Beziehungen ergeben und aus denen sich wiederum Netzwerke ergeben können. Dieses Grundmuster haben wir in den Menschen der heutigen Gesellschaft und in ihren Organisationen entdeckt. Europa führt uns seit einigen Jahren vor Augen, daß auch im politisch-öffentlichen Bereich das mechanistische Zeitalter zu Ende gegangen ist. Deshalb dürfen wir es als das erste postindustrielle Staatsgebilde bezeichnen.

Nachwort zur 2. Auflage

Ein Buch über die Zukunft ist eine verderbliche Ware: In den Augen der Leserinnen und Leser rückt die »Stunde der Wahrheit« unerbittlich näher, auch wenn der Autor noch so eindringlich betont, es gehe nicht um Prognosen, sondern um Anregungen zum Weiterdenken (und -handeln). Sogar ich selbst ertappe mich immer wieder dabei, meine Aussagen von früher an den inzwischen eingetretenen Entwicklungen zu messen, und ich gestehe freimütig, daß ich mich gerade dadurch ermutigt fühle, in den Druck einer unveränderten 2. Auflage einzuwilligen.

Einiges würde ich heute sogar dezidierter formulieren. Ich würde z. B. sagen, die Figur der »Lebensunternehmerin« werde jene des »Arbeitnehmers« im »kulturellen Zeitalter« ablösen. Andere Aspekte würde ich ausbauen: Die Arbeit mit meinem Team, die ja einen entscheidenden Anteil am Inhalt des Buches hat, würde mich heute veranlassen, das Thema »Zweidrittelgesellschaft« als mögliche Weichenstellung zu einem Alternativszenario zu benützen. Sollten die Überforderungen und Defensivreaktionen beim Übergang zum kulturellen Zeitalter überhandnehmen, könnte das System in eine autoritär-faschistoide Gesellschaft kippen, die die hier sonst beschriebenen Entwicklungen in den Untergrund verdrängen würde. Auch darin läge eine Anregung zum Weiterdenken und -handeln.

Es gibt natürlich auch Einzelheiten, die ich heute anders sehe. So entsprang der Schweizer EU-Beitritt im Jahre 2001 angesichts der seitherigen Entwicklung wohl doch eher dem Wunschdenken. Umgekehrt verriet die Tatsache, daß im Jahre 2001 gleichwohl immer noch in Schweizer Franken gerechnet und bezahlt wurde, eine Skepsis gegenüber den Plänen zur Wirtschafts- und Währungsunion, die den ökonomischen Sachverstand höher gewichtete als den politischen Willen der Akteure, einen vermeintlich unumstößlichen Sachzwang zu schaffen. Oder die Elektrominis, die sich in die Fernsteuerung der Ortsnetze einklinken und dadurch die Symbiose zwischen privaten und öffentlichen Verkehrsmitteln schaffen, würde ich heute nicht mehr als Huckepack auf die S-Bahn verfrachten, weil ich belehrt wurde, daß dies das Gegenteil der angestrebten Öko-Effizienz bedeuten würde.

Viele Entwicklungen sind rascher verlaufen, als vor zwei Jahren angenommen, andere weit zögerlicher. Aber das bedeutet gleichzeitig: Die

Grundrichtung und die mit ihr verbundenen Fragestellungen haben sich bewährt. Deshalb wagen wir es, den Leserinnen und Lesern eine unveränderte 2. Auflage zuzumuten.

Rüschlikon, im März 1997
Christian Lutz

Literaturverzeichnis

Arendt, Hannah: Zur Zeit, Politische Essays, Rotbuch-Verlag, Berlin 1986
Bateson, Gregory: Geist und Natur. Eine notwendige Einheit, Suhrkamp, Frankfurt a. M. 1982
Bell, Daniel: Die nachindustrielle Gesellschaft, Campus, Frankfurt a. M./New York 1989
Brown, Spencer G.: Law of Form/Gesetze der Form, Suhrkamp, Frankfurt a. M. 1992
Brown, Spencer G.: Probability and Scientific Inference, Longmans, London etc. 1958
Cecchini, Paolo: Europa '92, Der Vorteil des Binnenmarktes, Nomos-Verlagsgesellschaft, Baden-Baden 1988
Fourastié, Jean: La grande métamorphose du XXme siècle, 1961
Gerken, Gerd: Die neue Gleichgültigkeit – Warum die Weisheit wächst, wenn die Trends nicht mehr stimmen, in: Gottlieb Duttweiler Institut (Hrsg.): Trend-Trotter, GDI-Schrift Nr. 80, S. 29–44, Rüschlikon 1992
Godet, Michel: Future Studies, A Tool Box for Problem Solving, futuribles/Gerpa, Paris 1991 (mit weiteren Angaben über methodische Standardwerke)
Gorz, André: Wege ins Paradies, aus dem Französischen im Rotbuch-Verlag, Berlin 1983
Habermas, Jürgen: Die neue Unübersichtlichkeit, Suhrkamp, Frankfurt a. M. 1991
Hornstein, Robert/Laura Carstensen: Psychology; The Study of Human Experience, 3. Aufl. Harcourt Brace Yovanovich, San Diego etc. 1991
Inglehart, Ronald: Kultureller Umbruch. Wertwandel in der westlichen Welt, Campus, Frankfurt a. M./New York 1989
Jantsch, Erich: Die Selbstorganisation des Universums, Hanser-Verlag, München 1979
Kant, Immanuel: Kritik der reinen Vernunft, Meiner, Hamburg 1990
Klages, Helmut: Traditionsbruch und Modernisierung. Perspektiven der Wertewandelgesellschaft., Campus, Frankfurt a. M./New York 1992
Königswieser, Roswita/Christian Lutz (Hrsg.): Das systemisch-evolutionäre Management, 2. Auflage, Orac-Verlag, Wien 1992
Kuhn, Thomas S.: Die Struktur wissenschaftlicher Revolutionen, Suhrkamp, Frankfurt a. M. 1973
Laszlo, Erwin: Evolution, die neue Synthese, Europa-Verlag, Wien 1987
Lorenz, Konrad: Die Rückseite des Spiegels, dtv, München, 4. Auflage 1980
Luhmann, Niklas: Soziale Systeme. Grundrisse einer allgemeinen Theorie., Suhrkamp, Frankfurt a. M. 1984

Lutz, Christian: Das Ende der Familie? in gdi-impuls, Heft 1, S.14–21, Rüschlikon 1992
Lutz, Christian: Der Brückenbauer. Das Denken Gottlieb Duttweilers, dargestellt anhand seiner Schriften, Edition M, Zürich 1988
Lutz, Christian: Die Kommunikationsgesellschaft – Ein Leitbild für die Politik und Wirtschaft Westeuropas, GDI-Schrift Nr. 45, Rüschlikon 1986
Marcuse, Herbert: Der eindimensionale Mensch. Studien zur Ideologie der fortgeschrittenen Industriegesellschaft, Luchterhand, Darmstadt/Neuwied 1985
Maturana, Humberto R.: Biologie der Realität, Suhrkamp, Frankfurt a. M. 1993
Maturano, Humberto R./Francisco Varela: Der Baum der Erkenntnis, Scherz, Bern/München/Wien 1987
Meadows, Dennis (et al.): Die Grenzen des Wachstums. Bericht des Club of Rome zur Lage der Menschheit, Dt. Verlags-Anstalt, Stuttgart 1987
Münch, Richard: Dialektik der Kommunikationsgesellschaft, Suhrkamp, Frankfurt a. M. 1990
Naisbitt, John: Megatrends – Ten New Directions Transforming Our Lives, Warner Books, New York 1982
Obrist, Willy: Archetypen, Walter-Verlag, Olten 1990
Orwell, George: Farm der Tiere, Diogenes, Zürich 1974
Orwell, George: 1984, Ullstein, Frankfurt a. M./Berlin/Wien 1984
Peters, Tom: Jenseits der Hierarchien. Liberation Management, Econ, Düsseldorf/Wien/New York/Moskau 1993
Piore, Michael J./Charles F. Sabel: Das Ende der Massenproduktion – Studie über die Requalifizierung der Arbeit und die Rückkehr der Ökonomie in der Gesellschaft, Wagenbach, Berlin 1985
Popper, Karl: Die offene Gesellschaft und ihre Freiheit, dt. Ausgabe, Francke-Verlag, Bern 1957
Prigogine, Ilya/Isabelle Stengers: Dialog mit der Natur, Piper-Verlag, Zürich 1981 (mit weiterführenden Literaturangaben)
Riesman, David: Die einsame Masse. Eine Untersuchung der Wandlungen des amerikanischen Charakters, Luchterhand, Darmstadt 1956
Taylor, Frederick Winslow: Die Grundsätze wissenschaftlicher Betriebsführung, München 1913
Toffler, Alvin: Die dritte Welle – Zukunftschance. Perspektiven für die Gesellschaft des 21. Jahrhunderts, Goldmann, München 1987
Warnecke, Hans-Juergen: Revolution der Unternehmenskultur. Das fraktale Unternehmen., Springer-Verlag, Berlin 1993
Watzlawick, Paul: Lösungen. Zur Theorie und Praxis menschlichen Wandels, Huber-Verlag, Bern/Göttingen/Toronto 1992
Watzlawick, Paul: Wie wirklich ist die Wirklichkeit? Wahn, Täuschung, Verstehen, Piper-Verlag, München/Zürich 1990
Wilber, Ken: Das holographische Weltbild, Scherz-Verlag, Bern, 2. Auflage 1986

Wyss, Werner: »New Marketing«. Konsequenzen aus dem Paradigma-Wechsel des Konsumenten, Demoscope, Adligenswil 1987

Zeitler, Herbert/Wolfgang Neidhardt: Fraktale und Chaos. Eine Einführung, Wissenschaftliche Buchgesellschaft, Darmstadt 1993

Schweiz morgen – Vier Szenarien zur schweizerischen Zukunft, Bericht der Eidgenössischen Expertenkommission an den Bundesrat, Bundesamt für Konjunkturfragen (Hrsg.), Bern 1991

Die klassischen Kenntnisse und Fähigkeiten eines Managers genügen nicht mehr, um weiterhin Spitzenleistung zu erzielen.

**Wirtschaftsverlag
Langen Müller Herbig**

Nichts funktioniert mehr wie bisher. Erfolgsrezepte von gestern führen zum Mißerfolg von morgen, was sich schon heute in ehedem renommierten und marktführenden Unternehmen abzeichnet. Gefragt sind in erster Linie neue Denk- und Handlungsmuster, denn viel zu selten blicken viele Manager über den Tellerrand der eigenen Branche und stellen sich aktuellen Fragen und Problemen.